全国高等院校规划教材·财经管理系列

管理学理论与实务

主　编　任广新　陈葆华
副主编　闫　岩　张满林

北京大学出版社
PEKING UNIVERSITY PRESS

图书在版编目(CIP)数据

管理学理论与实务/任广新,陈葆华主编. —北京: 北京大学出版社,2016.2
(全国高等院校规划教材·财经管理系列)
ISBN 978-7-301-26032-6

Ⅰ.①管… Ⅱ.①任…②陈… Ⅲ.①管理学–高等学校–教材 Ⅳ.①C93

中国版本图书馆CIP数据核字(2015)第156069号

书　　名	管理学理论与实务
著作责任者	任广新　陈葆华　主编
策 划 编 辑	温丹丹
责 任 编 辑	温丹丹
标 准 书 号	ISBN 978-7-301-26032-6
出 版 发 行	北京大学出版社
地　　　址	北京市海淀区成府路205号　100871
网　　　址	http://www.pup.cn　新浪微博:@北京大学出版社
电 子 信 箱	zyjy@pup.cn
电　　　话	邮购部 62752015　发行部 62750672　编辑部 62765126
印 刷 者	北京溢漾印刷有限公司
经 销 者	新华书店
	787毫米×1092毫米　16开本　18.5印张　460千字
	2016年2月第1版　2019年5月第2次印刷
定　　　价	38.00元

未经许可,不得以任何方式复制或抄袭本书之部分或全部内容。
版权所有,侵权必究
举报电话: 010-62752024　**电子信箱:** fd@pup.pku.edu.cn
图书如有印装质量问题,请与出版部联系,电话:010-62756370

前　言

管理涉及的范围非常广泛，大到治理国家、管理企业，小至个人的生活安排，都离不开管理的知识和技能。随着全球知识经济的发展，信息科技的突飞猛进，环境的不断变化，大数据时代的到来，管理也在不断地发生变化，对管理者技能、知识和素质的要求越来越高。

管理学是一门建立在经济学、心理学、行为学、社会学、数学等基础之上的综合性和实践性很强的应用性学科，是经济管理类应用型、复合型人才学习掌握管理相关知识体系的重要基础。

管理学是经济管理类专业的一门核心专业课程，本书从管理实践需要出发，以管理学与管理者、组织环境、组织、决策、计划、战略、人力资源管理、激励、领导、沟通、控制与组织文化、创新与企业家精神为编排顺序，符合人们的认知和企业运营规律，培养学生作为管理者应当具备的综合能力，提高学生科学分析问题和解决问题的能力。本书编写吸收百家之长，同时注重教学模式的转变，教师充当"导演"和"导师"角色，突出学生"做—学—析—玩—悟—践"一体化流程式的管理理论学习和训练，具体说明如下。

1. "做"——典型任务导入

以任务情境导入为起点，让学生开始就接受一项任务，分成小组，各有分工，在"做"中启发学生思考，真正地以任务导向，将"训练"贯穿每一章的始终。

2. "学"——模块知识学习

根据任务所涉及的知识，将每一章分成不同的模块，让学生在完成任务的过程中，学习管理理论和方法。

3. "析"——案例故事分析

每一个模块后都有经典案例或故事，每章最后都有一个综合案例分析，书中案例不求大，只求说明问题，让学生在讨论中强化理解管理相关知识。

4. "玩"——做游戏学管理

每一章后边都提供一个管理游戏，不用过多道具，容易组织，简单实用，让学生在"玩"中"悟"出管理的智慧和方法，总结分享，互助提高。

5. "践"——实务项目训练

每一章结束后除技能自测题外，都提供一个实训项目，多数是让学生到企业中调研，接触社会，参加实践，形成报告，总结分享，教师点评。

本书深入浅出，图文并茂，让学生积极参与，不枯燥，做到管理原理、管理方法和管理实践三者有机地紧密结合，注重提高学生管理综合素质和能力，可作为应用型本科院校、职业院校、成人高校的教材和参考书，也可作为需要学习管理知识、提高管理能力的自学者的重要读本。

本书由北京吉利学院任广新教授、陈葆华教授担任主编，北方工业大学闫岩副研究员、渤海大学张满林教授担任副主编。编者均有管理实践经验，全书共分十二章，参编人员及分工是：张满林编写第一章，陈葆华编写第二、九、十章，任广新编写第三章，朱冰编写第四、五章，敖文、任广新编写第六章，闫岩编写第七、八章，万振华编写第十一、十二章。

本书在编写过程中参阅了国内外管理学方面的一些教材、著作和期刊，并引用了部分企业的资料，在此向有关作者和企业表示诚挚的谢意。

由于我们的水平有限，书中难免有不妥或疏漏之处，敬请广大读者批评指正。

编者

2016.2

本教材配有教学课件，如有老师需要，请加QQ群（279806670）或发电子邮件至zyjy@pup.cn索取，也可致电北京大学出版社：010-62765126。

目　　录

第一章　管理学与管理者 ·· 1
　　任务导入 ··· 1
　　模块一　管理与管理者 ··· 2
　　模块二　管理者做什么 ··· 6
　　模块三　如何成为一名成功的管理者 ······································· 10
　　模块四　管理学 ·· 13
　　模块五　管理理论发展史概述 ·· 16

第二章　组织环境 ·· 32
　　任务导入 ·· 32
　　模块一　组织与环境 ··· 33
　　模块二　宏观环境 ·· 36
　　模块三　微观环境 ·· 38
　　模块四　内部环境 ·· 42

第三章　组织 ·· 48
　　任务导入 ·· 48
　　模块一　组织认知 ·· 49
　　模块二　组织设计 ·· 53
　　模块三　组织运行 ·· 80
　　模块四　组织变革 ·· 85

第四章　决策 ·· 95
　　任务导入 ·· 95
　　模块一　什么是决策 ··· 96
　　模块二　决策的原则和类型 ··· 98
　　模块三　决策流程 ··· 102
　　模块四　决策方法 ··· 104
　　模块五　决策误区 ··· 109
　　模块六　不同岗位的决策 ··· 112

第五章　计划 ··· 118
　　任务导入 ··· 118
　　模块一　什么是计划 ·· 119
　　模块二　计划的重要性 ··· 122
　　模块三　计划的类型 ·· 124
　　模块四　制订计划的步聚 ·· 126
　　模块五　制订计划的方法 ·· 128
　　模块六　计划实施 ··· 133

第六章　战略 ··· 138

任务导入 ………………………………………………………………………… 138
　　模块一　战略与战略类型 ………………………………………………………… 139
　　模块二　制定战略 ………………………………………………………………… 144
　　模块三　战略实施 ………………………………………………………………… 149
第七章　人力资源管理 ………………………………………………………………… 155
　　任务导入 ………………………………………………………………………… 155
　　模块一　人力资源规划 …………………………………………………………… 156
　　模块二　招聘选拔 ………………………………………………………………… 157
　　模块三　培训与开发 ……………………………………………………………… 160
　　模块四　绩效管理 ………………………………………………………………… 164
　　模块五　薪酬管理 ………………………………………………………………… 167
　　模块六　劳动关系管理 …………………………………………………………… 169
　　模块七　职业生涯管理 …………………………………………………………… 172
第八章　激励 …………………………………………………………………………… 178
　　任务导入 ………………………………………………………………………… 178
　　模块一　什么是激励 ……………………………………………………………… 179
　　模块二　激励的基本理论 ………………………………………………………… 181
　　模块三　激励基本类型 …………………………………………………………… 186
第九章　领导 …………………………………………………………………………… 194
　　任务导入 ………………………………………………………………………… 194
　　模块一　什么是领导 ……………………………………………………………… 195
　　模块二　领导风格 ………………………………………………………………… 199
　　模块三　领导理论 ………………………………………………………………… 202
　　模块四　如何做一名出色的领导 ………………………………………………… 209
第十章　沟通 …………………………………………………………………………… 218
　　任务导入 ………………………………………………………………………… 218
　　模块一　沟通的原理 ……………………………………………………………… 219
　　模块二　沟通类型 ………………………………………………………………… 222
　　模块三　沟通障碍 ………………………………………………………………… 229
　　模块四　管理者沟通技巧 ………………………………………………………… 232
第十一章　控制与组织文化 …………………………………………………………… 239
　　任务导入 ………………………………………………………………………… 239
　　模块一　什么是控制 ……………………………………………………………… 240
　　模块二　控制类型 ………………………………………………………………… 247
　　模块三　什么是组织文化 ………………………………………………………… 249
　　模块四　组织文化的形成 ………………………………………………………… 255
　　模块五　组织文化控制 …………………………………………………………… 258
第十二章　创新与企业家精神 ………………………………………………………… 266
　　任务导入 ………………………………………………………………………… 266
　　模块一　管理变革 ………………………………………………………………… 267
　　模块二　创新 ……………………………………………………………………… 271
　　模块三　创新与组织发展 ………………………………………………………… 277
　　模块四　企业家精神 ……………………………………………………………… 282

第一章　管理学与管理者

【学习目标】

■ 能力目标
1. 描述不同层次管理者所需的技能和执行的职能之间的区别。
2. 分辨管理者的不同类型和特点。

■ 知识目标
1. 知道什么是管理。
2. 了解管理者的职责。
3. 熟悉并能解释三种管理技能,理解管理者的三种管理角色。
4. 掌握管理职能,知道管理者的类型和特点。
5. 了解管理理论的发展历程、理解不同管理学派的主要观点。

■ 素质目标
1. 通过资料收集、课外调查和课堂研讨,树立管理者的思维及职业规划意识。
2. 通过小组集体学习和训练,培养团队协作精神。

【本章内容概要】

　　本章帮助学生了解谁是管理者,如何成为一个成功管理者,管理者做什么,以及管理者之间的差别。管理,就是通过计划、组织、领导和控制等职能的发挥来分配、协调以人为中心的组织资源,以有效实现组织目标的社会活动。管理者是指通过有效和高效率地利用资源实现组织目标的人,不同层次的管理者职责是不同的。要成为一名管理者需要三个方面技能:技术技能、人际技能和概念技能。为了通过他人达到组织目标,管理者需要对资源进行计划、组织、领导和控制。

任务导入 ▶

写一份题为《如何成为一名优秀的管理者》的报告

一、任务目的
畅谈梦想,理性定位,为成为一名优秀的管理者,做好职业生涯规划。

二、任务形式
讨论,撰写报告,分享成果。

三、任务要求
（1）根据班级人数,分组,每组 6～8 人,开始讨论,畅谈一下自己的梦想,将来要成为什么岗位或职位的人;(每组 1 个人主持,畅所欲言,说真心话)
（2）讨论想成为该职位的人需要具有哪些知识、技能和素质;
（3）根据大家讨论的内容,自己撰写职业生涯规划报告大纲;

(4) 小组代表分享自己如何成为该职位优秀管理者的基本思路；

(5) 以学生为主体，教师把管理及管理者相关知识贯穿到讨论之中；

(6) 课后结合本章各模块知识，完善自己的报告。

四、任务成果标准

至少形成1000字的报告，语言通顺，层次清晰，书写规范，结合本章知识点，有自己的想法；在教师指定时间提交。

五、教学建议

(1) 在讨论过程中对学生所熟悉的岗位或职位进行分析。

(2) 课上形成大纲，课后完成报告（可以采用手写、Word电子文档或PPT等方式）。

(3) 涉及知识点让学生查找本书或相关书籍，由教师引导，启发式学习。

模块一　管理与管理者

一、什么是管理

（一）管理的含义

对于"管理"，人们从不同的角度出发，有着不同的理解。从汉语词典来看，管理一词是"管辖""处理"的意思，但在管理活动中，管理的含义远非如此。是在"管辖""处理"的含义基础上延伸出更为广泛的意义。

管理学界对于关于管理概念的认识，至今仍未有一个公认和统一的解释。科学管理之父——泰勒认为管理是一门如何建立目标，然后经过他人的努力用最好的方法来达到目的的艺术。现代管理学之父——彼得·德鲁克认为管理是把一群乌合之众变成一个有效率、有目的、有生产力的特殊过程。美国管理学家、管理过程学派主要代表人物之一——哈罗德·孔茨认为管理是设计和维持一种良好的环境，使人在群体里高效率地完成既定目标。美国著名的管理学教授，斯蒂芬·P.罗宾斯认为管理是指同别人一起，通过别人使活动更有效地完成的过程。

实际上，管理就是管（领导、指挥与负责）与理（决策、计划、组织、控制与协调）。管理的本质就是使用正确的程序，保证人尽其才、物尽其用，实现组织目标的过程。因此，我们认为：管理，就是通过计划、组织、领导和控制等职能的发挥来分配、协调以人为中心的组织资源，以有效实现组织目标的社会活动。关于管理定义的理解，注意以下几方面。

1. 组织是为了完成某些特定目的的人们的系统性安排

组织具有以下三个特征：一是每个组织都有一个明确的目标；二是每个组织都是由两个或两个以上的人组成；三是每个组织都建立了一种系统性的结构，用以规范和限制组织成员的行为。因此，组织是一种由人组成的、具有明确目的和系统性结构的实体。

2. 管理的目的是有效实现目标

所有的管理行为，都是为实现目标服务的。有效实现目标，就是使各类组织的一切职能活动既有效率，又有效益。

3. 实现目标的手段是计划、组织、领导和控制

任何管理者，大到国家总理，小到企业班组长，要实现管理目标就必须实施计划、组织、领导、控制等管理行为与过程。这是一切管理者在管理实践中都要履行的管理

职能。

4. 管理的本质是协调

要实现组织目标,管理职能执行的直接目标与结果必须使资源与活动协调。因此,所有的管理行为在本质上都是协调问题。

5. 管理的对象是以人为中心的组织资源与职能活动

一方面,指出管理的对象是各种组织资源与各种实现组织功能目标的职能活动;另一方面,强调了人是管理的核心要素,所有的资源与活动都是以人为中心的。管理,最重要的是对人的管理。

> **讨论**:根据已有的经验,说说自己心目中的管理含义。
> **思考**:自己对管理的理解与观点与书中的说法有差距吗?

(二)管理是科学与艺术的统一

1. 管理是一门科学

管理作为科学,就是指人们发现、探索、总结和遵循客观规律,在逻辑的基础上,建立系统化的理论体系,并在管理实践中应用管理的原理与原则,使管理成为在理论指导下的规范化的理性行为。如果不承认管理的科学性,不按规律办事必然会受到规律的惩罚,导致管理的失败。

2. 管理是一门艺术

管理者在实际工作中,面对千变万化的管理对象,因人、因事、因时、因地制宜,灵活多变地、创造性地运用管理技术与方法,解决实际问题,从而在实践与经验的基础上,创造管理的艺术与技巧。这就是所谓管理是艺术的含义。如果把管理只当成科学,排斥管理的艺术,完全按管理的原理与原则去刻板地解决管理问题,则必然会碰壁,不能取得成功。

3. 管理是科学与艺术的结合

管理既是科学,又是艺术,这种科学与艺术的划分是大致的,其间并没有明确的界限。说管理是科学,是强调其客观规律性;说管理是艺术,则是强调其灵活性与创造性。而且,这种科学性与艺术性在管理的实践中并非截然分开的,而是相互作用的,共同发挥管理的功能,促进目标的实现。

> **思考**:有人认为"管理的实践重于理论,艺术多于科学",你赞同这个说法吗?请阐述理由。

(三)为什么要管理

人类自远古时代就知道"合群"能够抵御危险、征服自然。显然,"合群"的目的无非是为了集结个人的力量,发挥集体的更大的作用。要实现这一目的,在人类这种群体的"组织"中,就存在着合作、协作或协调的问题,这就是管理。所以,管理是伴随着组织的出现而产生的,是协作劳动的必然产物。

1. 管理是共同劳动的产物

在多个人进行集体劳动的条件下,为使劳动有序进行,获得劳动成果,就必须进行组织与协调,这就是管理。因此,管理是共同劳动的客观要求。

2. 管理在社会化大生产条件下得到强化和发展

随着生产力的发展、生产社会化程度的提高、企业规模的扩大,资源配置越来越复杂,生产各环节的相互依赖性越来越强,这些都要求更高水平和更大强度的管理。管理在社会化大生产条件下迅速得到强化与发展。

3. 管理广泛适用于社会的一切领域

凡有人群的地方都需要管理。从远古时期到现代社会,从工商企业,到政府机关、事业单位及其他一切组织,从治国安邦,到生产经营、社会生活,无不存在着管理,无不需要管理,无不依赖管理。因此,管理具有普遍性。

4. 管理已成为现代社会极为重要的社会机能

随着社会的高度现代化,管理作为不可缺少的社会机能,其作用日益增强。管理是保障社会与经济秩序,合理配置资源,有效协调与指挥社会各类活动,调动人的积极性,实现社会及各组织目标的关键性手段。没有现代化管理,就没有现代化社会。

【参考资料】

20世纪80年代,美国的邓白氏公司(Dun and Bradstreet, Inc.)对管理与企业运营关系有较为系统深入的研究,结果表明,美国企业失败的原因列在前位的主要是管理方面的问题(如表1-1所示)。

表1-1 美国企业失败的原因[①]

失败的百分比	失败的原因
44%	企业管理者无能
17%	缺乏管理经验
16%	经验失衡
15%	缺乏行业经验
1%	疏忽
1%	欺诈或灾害
6%	原因不详

二、管理者

(一)谁是管理者

1. 管理者

管理者是通过有效和高效率地利用资源实现组织目标的人。有效是指做正确的事,高效率是指正确地做事。管理者能否有效达到组织目标而有效利用资源是决定绩效水平的基础。为达到组织目标而有效运用资源是管理者的责任,也是衡量其业绩的准则。

2. 管理者的层次

管理者一般可分为三个层次:高层管理者、中层管理者和一线管理者,有时也称为战略层、战术层和运作层。处于不同的组织层次的管理者承担着不同的职责。

(1)高层管理者。这层管理者的头衔包括董事会主席、首席执行官(CEO)、总裁以及副总裁、总经理等。大多数组织仅设有少数几个高层管理职位,他们负责整个组织或其主要部分的管理,其职责包括三个方面,一是确定该组织的发展战略、目标和中长期计划;二是协调不同部门的工作;三是对中层管理者工作的进展情况实行监管。高层管理者对组织的成效

---

① 徐子健主编:《管理学》,对外经济贸易大学出版社,2002。

负有全责,他的工作绩效受到组织内外人员的考察,一般向其他的高层主管或董事会报告。

(2) 中层管理者。这层管理者的职务名称包括销售经理、部门负责人等。中层管理者负责制订本部门的工作计划,实施高层管理者制定的战略,他们通常向高层管理者报告和监督一线管理者的工作,其职责是充分利用现有资源以提高组织绩效。为提高效率,他们必须寻找降低成本、节约时间的办法;为提高效益,他们必须清醒地认识组织所设置的既定目标是否合适,并向高层管理者提出改进的建议。

(3) 一线管理者(基层管理者或业务主管)。这层管理者头衔有小组长、领班、护士长等。其职责是负责实施中层管理者们制订的运营计划,对在一线产品生产或服务的非管理人员进行日常的监督管理。一线管理者通常向中层管理者报告。

(二) 管理者类型

管理者一般分为三个类型:一般管理者、职能管理者和项目管理者。

1. 一般管理者

一般管理者是指负责整个组织或多个部门全部管理工作的管理人员,他们不是只对单一资源或职能负责。

2. 职能管理者

职能管理者是指在组织内只负责某种职能的管理人员。这类管理者只对组织中某一职能或专业领域的工作目标负责,只在本职能或专业领域内行使职权和指导工作。职能管理者大多具有某种专业或技术专长。就一般企业而言,职能管理者主要包括以下类别:计划管理、生产管理、技术管理、市场营销管理、物资设备管理、财务管理、行政管理、人事管理、后勤管理、安全保卫管理等。

3. 项目管理者

项目管理者是指为完成某项特定任务,而涉及多个跨部门的人力及其他资源的管理者。例如,某公司为完成一个客户的系统集成项目,特成立一个项目组,该项目经理就是项目管理者,主持开发一种新机型的管理者。

高层管理者和部门中层管理者属于一般管理者,他们监督执行不同活动的多个部门。中层管理者和一线管理者多为职能管理者,他们负责执行督导相互关联任务的一系列活动。

(三) 管理者资源

管理者资源包括人力资源、财务资源、实物资源和信息资源四个类型。

1. 人力资源

人力资源就是指人员,管理者负责让员工完成工作,员工是管理者手中最重要的资源。管理者如何做好员工工作,共同实现组织的目标是贯穿本书始终的焦点。

2. 财务资源

大多数管理者都有一份在一定时期内部门的运作成本预算。换句话说,预算确定了可以支配的财务资源,管理者要监督所领导的部门不浪费任何可支配的财务资源。

3. 实物资源

若想把工作做好,则离不开有效和高效地运用实物资源。如果实物资源不到位或维护不当,就有可能延误交货期和失掉未来的生意。

4. 信息资源

管理者需要信息技术。在竞争激烈的全球化和互联网环境下,经营活动速度不断加快的要求使得信息越来越重要。

【讨论】

1. 你觉得管理者最重要的资源是什么?
2. 对管理者来说,高效和有效哪个更重要? 能否做到既高效又有效呢?
3. 管理者有哪些类型? 这些类型的管理者有本质的区别吗?

【案例】 张力独特的"敬业精神"

张力是北京一家软件开发公司的研发部经理,由于工作颇有成就,深得公司领导的赏识。张力对工作要求特别严格,经常废寝忘食地全身心投入到工作中,甚至没有时间去谈恋爱。张力希望他的下级员工也像他一样,全心全意地投入到公司的工作上。张力的口头禅就是"公司事再小也是大事,个人事再大也是小事"。

张力要求下级上班时间不得闲聊、不得接打私人电话、不得做与岗位工作无关的事情,所有时间都得用在工作上。同时,张力还要求下级养成"早到晚归"的习惯,让下级每天陪自己加班到深夜十一二点钟,即使下级真的无事可做,也不能随便回去。

假如下级没有养成这种习惯,那么加薪晋级的机会就很渺茫,而且很可能被他冷落,再无出头之日,甚至莫名接到调职或解雇的通知。另外,无论什么节假日,张力都会为下级重新规划,以满足他工作的需要,在他眼里根本没有什么周末、国家法定节假日的概念。在张力的领导下,下级总有做不完的工作。张力的行为引起下级的怨言,他们抱怨自己完全没有私人的空间,随时都被经理管理和监督,好像自己是被卖给了公司一样,身心受到严重的限制。一次,张力的一个下极在内部网站的BBS牵头讨论加班要给加班费、工作应该劳逸结合的问题,被张力得知后,没几天这位员工就在绩效考评中被合理规范地"处理"掉了。随后在一个深夜召开的部门会议上,下级终于爆发了自己的情绪,张力的工作也因此陷入了被动,团队士气低落、效率下降、人员流失、管理混乱等问题层出不穷,不久张力被调离本部门。

(资料来源:http://wenku.baidu.com/link? url=T2KtOnU-Y32hS99gGR8NELEwVrUodiz7UUN37D9DFBOOhGGLfSpmHhB23P0y9pmg9JBrmmD2jIVilqtWZfbk9DL0fQ773g-96jmk_VZQE8O,有修改)

【分析】

1. 张力属于什么类型的管理者? 是什么原因导致这不好的结果?
2. 如果你是张力,你会采取什么样的管理艺术带领下级有效地工作?

模块二 管理者做什么

本模块将介绍管理者所执行的四种管理职能和他们扮演的三个管理角色。

一、管理职能

管理的职能就是管理者为了有效地管理所必须具备的功能,或者说管理者在执行其职务时应该做些什么。为了通过他人达到组织目标,管理者需要对资源进行计划、组织、领导和控制。

(一)计划职能

计划职能是指管理者为实现组织目标对工作所进行的筹划活动。计划职能一般包括:调查与预测,制定目标,选择活动方式等一系列工作。任何管理者都要执行计划职能,而且,要想将工作做好,无论大事小事都不可能缺少事先的筹划。计划职能是管理者的首要职能。

(二)组织职能

组织职能是指管理者为实现组织目标而建立与协调组织结构的工作过程。组织职能一般包括:设计与建立组织结构,合理分配职权与职责,选拔与配置人员,推进组织的协调与变革等。合理、高效的组织结构是实施管理、实现目标的组织保证。因此,不同层次、不同类型的管理者总是或多或少地承担不同性质的组织职能。

(三)领导职能

领导职能是指管理者指挥、激励下级,以有效实现组织目标的行为。领导职能一般包括:选择正确的领导方式;运用权威,实施指挥;激励下级,调动其积极性;进行有效沟通等。凡是有下级的管理者都要履行领导职能,不同层次、类型的管理者领导职能的内容及侧重点各不相同。领导职能是管理过程中最常见、最关键的职能。

(四)控制职能

控制职能是指管理者为保证实际工作与目标一致而进行的活动。控制职能一般包括:制定标准、衡量工作、纠正出现的偏差等一系列工作过程。工作失去控制就要偏离目标,没有控制很难保证目标的实现,控制是管理者必不可少的职能。但是,不同层次、不同类型的管理者控制的重点内容和控制方式则是有很大差别的。

管理职能中的各职能关系如图 1-1 所示。

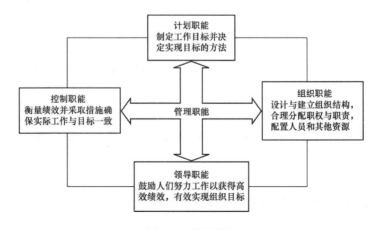

图 1-1 管理职能

(五)不同管理层次的管理者所执行的职能之间的差别

所有管理者都执行计划职能、组织职能、领导职能和控制职能四项管理职能。但是。处于不同层次上的管理者花在每项职能上的时间各不相同。一线管理者在领导职能和控制职能上花费较多的时间,中层管理者在四个职能上花费的时间大体相等,而高层管理者则在计划职能和组织职能上花费的时间较多。具体如图1-2所示。

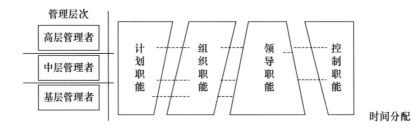

图1-2 不同管理层次管理者所执行的职能之间占用时间差别示意

二、管理角色

(一)人际角色

管理者在处理与组织成员和其他利益相关者的关系时,他们就扮演人际角色。

1. 代表人角色

作为所在单位的领导,管理者必须行使一些具有礼仪性质的职责。如出席聚会、宴请重要客户等。

2. 领导者角色

由于管理者对所在单位的成败负重要责任,他们必须在工作小组内扮演领导者角色。

3. 联络者角色

管理者无论对内对外都起着联络者的角色。

(二)信息角色

管理者确保和他一起工作的人具有足够的信息,从而能够顺利完成工作,这时他们就扮演信息角色。

1. 监督者角色

作为监督者,管理者持续关注组织内外环境的变化以获取对组织有用的信息。

2. 传播者角色

作为传播者,管理者把重要的信息传递给工作小组成员,管理者有时也向工作小组隐藏特定的信息。更重要的是,管理者必须保证员工掌握必要的信息以便切实有效地完成工作。

3. 发言者角色

作为发言者,管理者把信息传递给单位或组织以外的个人。

(三)决策角色

管理者在处理信息并得出结论的过程中即扮演决策角色。

1. 企业家角色

管理者对所发现的机会进行投资以利用这种机会。例如,开发新产品、提供新服务、发明新工艺等。

2. 干扰对付者角色

管理者必须善于处理冲突或解决问题。例如,平息客户的怒气、同不合作的供应商进行谈判或者对员工之间的争端进行调解等。

3. 资源分配者角色

作为资源分配者,管理者决定资源用于哪些项目。

4. 谈判者角色

研究表明,管理者把大量的时间花费在谈判上。谈判对象包括员工、供应商、客户、其他工作小组等。

小测试

下面五种情形各属于哪一类管理角色?
(1) 管理者与职工代表谈判签订新用工合同。
(2) 管理者向员工演示如何填写某些表格。
(3) 管理者早晨上班后阅读当天的报纸。
(4) 管理者开发新的全面质量管理技术。
(5) 管理者处理顾客投诉。

【讨论】

1. 选择一名你熟悉的管理者,举例说明他在工作中如何承担三类管理角色。
2. 管理的三种技能是什么?所有的管理者都需要这三种技能吗?

【案例】 培训部负责人辞职

北京某公司的章总,工龄有三十多年,在行业内也算是前辈,工作态度非常严谨仔细。章总对公司组织的培训工作非常重视,尽管有专门的培训部,但章总从培训课程的内容设置、培训讲师选聘、培训酒店场地签订到培训证书印制、培训现场条幅悬挂、培训期间餐饮菜单等,事无巨细,从头抓到尾。而且章总经常蹲点于培训教室现场,中间还不时打断讲师指正其讲授的内容。一次,章总突然指示培训部下周举办经销商销售顾问培训班和市场经理培训班,完全脱离培训工作实施规划。培训部不得不马上开始确定培训讲师、拟制培训日程表、商谈培训教室、拟定培训通知等事项。由于某种原因,报到的实际人数没有达到理想状态,章总在培训报到现场,果断指示将两个班合并为一个班举办,以节省开销。尽管前期已经安排妥当,培训讲师林教授也强调培训对象不同,培训内容侧重点不一样,最关键是报到时间也不同,不建议两班合并,但章总对这些意见置之不理。结果经销商参训学员得知培训时间突然变更,怨声载道,全部怪罪培训部。章总竟然也在众人面前大声斥责培训部负责人,指责他们的培训工作做得一塌糊涂,然后命令公司其他所有部门负责人全部到培训现场。这下更热闹了,不仅章总亲自指导培训工作,各部门负责人也不时对培训工作提意见,甚至连总经理秘书也插手指挥。可想而知,一个简单的培训工作最终搞得乱七八糟。培训结束第二天,培训部负责人就提交了辞职报告。

【分析】

> 1. 培训部负责人为什么会提交辞职报告?
> 2. 公司管理者的角色定位是什么?

模块三 如何成为一名成功的管理者

在对管理有了初步认识后,接下来我们介绍一名成功的管理者所必需的素质和技能。

一、管理者素质

(一)管理者素质的含义

管理者素质是指管理者的与管理相关的内在基本属性与质量。管理者素质主要表现为品德、知识、能力与身心条件。管理者素质是形成管理水平与能力的基础,是做好管理工作、取得管理功效的极为重要的主观条件。

多年来,人们对如何成为一名成功的管理者进行了大量的研究。美国盖洛普(Gallup)公司曾对282家大公司的782位高层管理人士进行了调查。结果表明,成功的管理者一般具有正直、勤勉和与他人合作的能力。其他重要的品质还包括知识、智慧、领导力、教育、判断力、沟通能力、灵活性以及确定目标和制订计划的能力。

> **小资料**
>
> 心智模式是指由于过去的经历、习惯、知识素养、价值观等形成的基本固定的思维方式和行为习惯。任何一个人都有自己特殊的心智模式,管理者的心智模式状况如何将在很大程度上决定管理者进行管理活动时的思维、行为等,最终直接影响管理活动的效率,从而影响资源配置的效率。管理者良好的心智模式包括:远见卓识、健全的心理和优秀的品质三部分内容。

(二)管理者的基本素质

(1)政治与文化素养。是指管理者的政治思想修养水平和文化基础。包括政治坚定性、敏感性;事业心,责任感;思想境界与品德情操;经营哲学与职业道德;人文修养与广博的文化知识等。

(2)基本业务素质。是指管理者在所从事工作领域内的知识与能力。包括一般业务素质和专门业务素质。

(3)身心素质。是指管理者本人的身体状况与心理条件。包括健康的身体;坚强的意志;开朗、乐观的性格;广泛而高品位的兴趣等。

二、管理技能

要成为一名管理者,需要以下三个方面的技能:技术技能、人际技能和概念技能。

(一)技术技能

技术技能是指管理者掌握与运用某一专业领域内的知识、技术和方法的能力。技术技能包括专业知识、经验；技术、技巧；程序、方法、操作与工具运用熟练程度等。这些是管理者对相应专业领域进行有效管理所必备的技能。管理者虽不能完全成为内行和专家，但必须懂行，必须具备一定的技术技能。特别是一线管理者，更应如此。

（二）人际技能

人际技能是指管理者处理人事关系的技能。人际技能包括观察人，理解人，掌握人的心理规律的能力；人际交往，融洽相处，与人沟通的能力；了解并满足下级需要，进行有效激励的能力；善于团结他人，增强向心力、凝聚力的能力等。在以人为本的今天，人际技能对于现代的管理者，是一种极其重要的基本功。没有人际技能的管理者是不可能做好管理工作的。

（三）概念技能

概念技能或称构想技能，即指管理者观察、理解和处理各种全局性的复杂关系的抽象能力。概念技能包括对复杂环境和管理问题的观察、分析能力；对全局性的、战略性的、长远性的重大问题处理与决断的能力；对突发性紧急处境的应变能力等。其核心是一种观察力和思维力。这种能力对于组织的战略决策和发展具有极为重要的意义，是组织高层管理者所必须具备的，也是最为重要的一种技能。

当今的管理者需要上述良好的管理技能，经验、培训和教育将会帮助他们构建这些方面的管理技能。

> **小测试**
>
> 下面五种情形分别属于哪一种管理技能？
> (1) 感受事物整体和各部分之间关系的能力。
> (2) 激励员工做好工作的能力。
> (3) 计算机数据处理能力。
> (4) 确定工作是否出现误差和予以改进的能力。
> (5) 起草文件的能力。

所有的管理者都需要技术技能、人际技能和概念技能。然而，不同层次的管理者，由于所处的位置、作用和职能不同，对三种技能的需要程度明显不同。高层管理者尤其需要概念技能，而且，所处层次越高，对这种概念技能要求越高。这种概念技能的高低，成为衡量一个高层管理者素质高低的最重要的尺度。而高层管理者对技术技能的要求就相对低一些。与之相反，一线管理者更重视的是技术技能。由于他们的主要职能是现场指挥与监督，所以若不掌握熟练的技术技能，就难以胜任管理工作。当然，相比之下，一线管理者对概念技能的要求就不是太高。各层次管理者对技能需要的比例和所需技能差异如图1-3、表1-2所示。

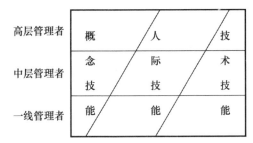

图 1-3　不同层次管理者对管理技能所需比例示意

表 1-2　不同层次管理者所需技能的差异

管理层次	主要管理技能需要
高层管理者	概念技能与人际技能
中层管理者	所有三种技能
一线管理者	技术技能与人际技能

【讨论】

当一名优秀员工被提升到管理岗位时,(1) 通常会提拔到哪一层?(2) 随着岗位的变化,对管理技能和职能要求有怎样的变化?(3) 管理的三种技能是什么?所有的管理者都需要这三种技能吗?

【案例】　升任公司总经理后的思考

郭宁最近被一家生产机电产品的公司聘为总经理。在他准备去接任此职位的前一天晚上,他浮想联翩,回忆起他在该公司工作二十多年的情况。

郭宁在大学时学的是工业管理,大学毕业后就到该公司工作,最初担任液压装配单位的助理监督。刚开始,郭宁真不知道如何工作,因为他对液压装配所知甚少,在管理工作上也没有实际经验,他感到每天都手忙脚乱。可是郭宁非常认真好学,一方面他仔细查阅该单位制定的工作手册,并努力学习有关的技术知识;另一方面监督长也主动指点他,使他渐渐摆脱了困境,胜任了工作。经过半年多时间的努力,郭宁已有能力独担液压装配的监督长工作。可是,公司没有提升郭宁为监督长,而是直接提升他为装配部经理,负责包括液压装配在内的四个装配单位的领导工作。

在郭宁当助理监督时,他主要关心的是每日的作业管理,技术性很强。而当郭宁担任装配部经理时,他发现自己不能只关心当天的装配工作状况,而是要做出此后数周乃至数月的规划,还要完成许多报告和参加许多会议,这样就没有多少时间去从事自己喜欢的技术工作了。当上装配部经理不久,郭宁就发现原有的装配工作手册已基本过时,因为公司已安装了许多新的设备,引进了一些新的技术。这令郭宁花了整整一年的时间去修订工作手册,使之切合实际。在修订手册过程中,郭宁发现要让装配工作与整个公司的生产作业协调起来是很有讲究的。郭宁主动到几个工厂去访问,学到了许多新的工作方法,他也把这些写到修订的工作手册中。由于该公司的生产工艺频繁发生变化,工作手册也不得不经常修订,郭宁对此却完成得很出色。工作了几年后,郭宁不但自己学会了这些工作方法,而且还把这些方法教给了助手,这样,他就可以腾出更多时间用于规划工作,以及参加会议、批阅报告和完成给上级的工作汇报。

当郭宁担任装配部经理6年之后,正好该公司负责规划工作的副总经理辞职,郭宁便主动申请担任这一职务。在经过一番激烈的竞争之后,郭宁被正式提升为规划工作副总经理。郭宁自信拥有担任这一新职位的能力,但由于此高级职务工作的复杂性,使他在刚接任时碰到了不少麻烦。例如,郭宁感到很难预测1年之后的产品需求情况。而且,在新的岗位上郭宁还要不断协调市场营销、财务、人事、生产等部门之间的工作,这些郭宁过去都不熟悉。但是,郭宁还是渐渐适应了并做出了成绩,之后他又被提升为负责生产工作的副总经理。现在,郭宁又被提升为总经理。郭宁知道一个人当上公司最高主管之时,应该自信自己有处理可能出现的任何情况的能力,但他也明白自己尚未达到这样的水平。因此,郭宁不禁想到自己明天就要上任了,今后数月的情况会是怎么样?他不免为此有些担忧。

(资料来源:www.examw.com/mba/guanli/zhanlue/28985/,有修改)

【分析】

1. 郭宁在工作期间担任不同的职务,各有什么不同?
2. 郭宁担任总经理工作后,哪些管理技能是最重要的?你觉得他还欠缺哪些技能?

模块四 管 理 学

一、什么是管理学

管理学是一门研究管理的科学,其研究对象是管理实践活动及其内在规律与特点。管理学是为适应现代社会化大生产的需要而产生的。

(一) 管理学的学科特点

1. 一般性

管理学是从一般原理、一般情况的角度对管理活动和管理规律进行的研究(不涉及管理分支学科的业务和方法的研究)。管理学是研究所有管理活动中的共性原理的基础理论科学,无论是"宏观原理"还是"微观原理",都需要管理学的原理作基础来加以学习和研究,管理学是各门具体的或专门的管理学科的共同基础。

2. 综合性

从管理内容上看,管理学涉及的领域十分广阔,它需要从不同类型的管理实践中抽象概括出具有普遍意义的管理思想、管理原理和管理方法。从影响管理活动的各种因素上看,除了生产力、生产关系、上层建筑这些基本因素外,管理学还有自然因素、社会因素等;从管理学科与其他学科的相关性上看,管理学与经济学、社会学、心理学、数学、计算机科学等都有密切关系,是一门非常综合的学科。

3. 实践性

管理学所提供的理论与方法都是实践经验的总结与提炼,同时管理的理论与方法又必须为实践服务,才能显示出管理理论与方法的强大生命力。

4. 社会性

构成管理过程主要因素的管理主体与管理客体，都是社会人，这就决定了管理的社会性；同时管理在很大程度上带有生产关系的特征，因此没有超阶级的管理学，这也体现了管理的社会性。

（二）管理学的研究内容

1. 从生产力方面

研究如何合理配置组织中的人、财、物，使各要素充分发挥作用的问题；研究如何根据组织目标的要求和社会的需要，合理地使用各种资源，以求得最佳的经济效益和社会效益的问题。

2. 从生产关系方面

研究如何正确处理组织中人与人之间的相互关系问题；研究如何建立和完善组织机构以及各种管理体制等问题；研究如何激励组织内成员，从而最大限度地调动各方面的积极性和创造性，为实现组织目标而服务。

3. 从上层建筑方面

研究如何使组织内部环境与其外部环境相适应的问题；研究如何使组织的规章制度与社会的政治、经济、法律、道德等上层建筑保持一致的问题，从而维持正常的生产关系，促进生产力的发展。

（三）管理学的学习和研究方法

1. 唯物辩证法是学习和研究管理学的方法论基础

管理学源于管理的实践活动，在长期的管理实践中，人们运用历史的、全面的、发展的观点去观察和分析各种管理现象和管理问题，通过对感性积累的经验加工提炼，上升为理性认识即管理理论；反过来又能动地运用有关管理理论去指导管理实践，验证管理理论的正确性和有效性，并进一步发展和完善管理理论。因此，学习和研究管理学，必须以唯物辩证法为总的方法论基础，坚持实事求是的科学态度，深入管理实践，进行调查研究，总结管理实践经验并运用判断和推理的方法，使管理实践经验上升为管理理论。在学习和研究中还要认识到一切现象都是相互联系和相互制约的，一切事物也都是不断发展变化的。因此，必须用全面的、联系的、历史的、发展的观点，去观察和分析管理问题，重视管理学的历史，考察它的过去、现状及其发展趋势，不能固定不变地看待组织及组织的管理活动。

2. 系统方法是学习和研究管理学的主要思维方法

所谓系统方法，是指用系统的观点和方法来研究和分析管理活动的全过程。系统是由相互作用和相互依赖的若干组成部分结合而成的、具有某种特定功能的有机整体。

从管理的角度看，系统有两层含义：第一层含义指系统是一种实体，如组织系统。作为实体系统的组织，一般具有整体性、目的性、动态性、层次性、开放性、功能性、结构性等特征。既然组织是个系统，为了更好地研究组织与组织管理，我们就必须用系统理论来理解、分析和研究组织。第二层含义是指系统是一种方法或手段，它要求在研究和解决组织管理问题时，必须具有整体观、过程观、"开放"与相对"封闭"观、反馈观、分级观等有关系统的基本观点。

我们在学习与研究管理理论和管理活动时，应首先把组织与组织管理活动看作一个系统,对影响管理过程的各种因素及其相互之间的关系进行总体的、系统的分析研究,对管理的概念、职能、原理、方法等管理理论作系统的分析和思考。

3. 理论联系实际的方法

管理学是一门应用性、实践性很强的科学,它是科学性与艺术性的统一。这决定了管理学应更多地采用理论联系实际的方法的学习和研究方法。具体说可以用管理案例的调查和分析、边学习管理理论边从事管理实践,以及带着问题学习等多种形式。通过这种方法,有助于提高学习者运用管理的基本理论和方法去发现问题、分析问题和解决问题的能力。通过理论与实践的结合,使管理理论在管理实践中不断地加以检验,同时,通过对管理实践经验的总结和提升,不断丰富、深化和发展管理理论。

4. 学习和研究管理学的几种常见方法

(1) 观察总结法。按照理论联系实际的要求,研究管理学必须掌握观察管理实践,总结管理经验,并进行提炼概括,使其上升为理论的方法。人们的管理实践,特别是众多优秀管理者的管理经验,蕴藏着深刻的管理哲理、原理和方法,因此有必要运用综合、抽象等逻辑方法,总结人们的管理实践经验,从而形成系统的管理理论来进一步指导管理实践。

(2) 比较研究法。当代世界各国都十分重视管理和管理学的研究,各自形成了有特色的管理科学。学习和研究管理学时,要注意管理学的二重性,既要吸收发达国家管理中科学性的东西,又要去其糟粕;既要避免盲目照搬,又要克服全盘否定;要从我国国情出发加以取舍和改造,有分析、有选择地学习和吸收西方管理的理论和实践经验。在学习和研究外国的管理经验时,至少要考虑到四个不同:即社会制度的不同;生产力发展水平的不同;自然条件的不同;民族习惯和传统文化的不同。这就要求我们学会用比较研究的方法对世界上先进的管理理论和实践进行比较研究,找出各学派的特色,区别其本质,真正做到兼收并蓄,丰富我国管理学的内容,建立具有中国特色的管理科学体系。

(3) 历史研究法。历史研究的方法,就是指要研究管理的发展演变的历史,要考察管理的起源、历史演变、管理思想和管理理论的发展历程、重要的管理案例,从中揭示管理规律和管理学的发展趋势,寻求具有普遍意义的管理原理、管理原则、管理方式和管理方法。

(4) 案例研究法。案例研究法是指对有代表性的管理事例进行系体性分析,从中发现可借鉴的经验、方法和原则,从而加强对管理理论的理解与方法的运用,这是管理学研究和学习的重要方法。事实证明,案例分析法是行之有效的。

(5) 试验研究法。试验研究法是指有目的地在设定的环境下认真观察研究对象的行为特征,并有计划地变动试验条件,反复考察管理对象的行为特征,从而揭示出管理的规律、原则和艺术的方法。如管理学发展史上,泰勒的科学管理原理,就以"时间-动作"的实验性研究为基础。著名的"霍桑试验"就是运用试验研究方法研究管理学的又一典范,通过试验建立起了"社会人"的观念。因此,试验研究的方法是管理学研究的一种重要的方法。

> **思考**:管理学课程侧重于向学生讲授管理学理论还是指导学生怎样当管理者?解释你的观点。

二、为什么要学习管理学

(一) 管理的重要性决定了学习和研究管理学的必要性

管理是有效地组织共同劳动所必需的管理与科学和技术的并列,它们是促进现代社会文明发展的三大支柱或称三驾马车,科学和技术这两个轮子只有加上管理才能跑得更快、更稳。

（二）学习和研究管理学是培养管理人员的重要手段

只有掌握扎实的管理理论与方法,才能更好地指导实践,取得成效。

（三）学习和研究管理学是未来的需要

随着社会的发展,专业化分工将更加精细,社会化大生产将日益复杂,所有这些都需要更加科学的管理。

【讨论】

1. 大学生能否通过管理学课程的学习真正开拓自己的管理技能,为什么?
2. 我们用什么方法学习管理学效果会更好?
3. 我国民营企业创业初期多数是家族式管理,当企业发展壮大后,为什么要请"职业经理人"参与管理?

模块五　管理理论发展史概述

管理理论在历史上曾几经演变,呈现多样风采,下面介绍几个代表性理论。

一、古典管理理论

古典管理理论是指19世纪末20世纪初至20世纪30年代在美国、法国、德国等西方国家形成的管理理论,这一阶段是管理理论最初形成阶段。经过产业革命后,先进资本主义国家的生产力发展已达到一定的高度,科学技术也有了较大的发展,并有了许多新发明,但是管理仍是建立在经验和主观臆断的基础上,缺乏科学的依据。由于企业管理水平落后,这些国家的经济发展和企业的劳动生产率都远远落后于当时的科学技术成就和国内外的经济条件。例如,美国许多工厂的产量都远低于其额定生产能力,能达到60%的都很少。为了适应生产力发展的要求,当时在美国、法国、德国及其他一些西方国家都发起了科学管理运动,从而形成各有特点的管理理论。在美国表现为泰勒及其追随者创建的科学管理理论,即"泰勒制";在法国表现为法约尔创建的一般管理理论;在德国表现为韦伯创建的行政组织理论等。尽管这些古典管理理论表现形式各不相同,但其实质都是采用当时所掌握的科学方法和科学手段对管理过程、职能和方法进行探讨和试验,进而确定一些以科学为依据的理论、原则和方法。

（一）泰勒的科学管理理论

1. 泰勒对科学管理理论的探索

泰勒于1856年出生在美国费城一个富裕的律师家庭。泰勒年幼时就很喜欢科学研究和实验,对任何事情都想找出一种最好的办法。1881年,泰勒25岁时就开始在米德维尔钢铁厂进行劳动时间和工作方法的研究,这为他以后创建科学管理奠定了基础。泰勒的著作主要有《计件工资制》《工厂管理》《科学管理原理》《在美国国会听证会上的证词》等。1912

年泰勒在美国国会众议院特别委员会对泰勒制和其他工厂管理制的听证会上的证词,也是研究科学管理理论的一篇重要文献。泰勒作为科学管理理论的主要倡导者,在管理思想的发展上起着极为重要的作用,被称为"科学管理之父"。

2. 科学管理理论的主要内容

泰勒倡导的以科学为依据的管理理论,有以下几个主要观点。

(1) 科学管理的根本目的是谋求最高工作效率。泰勒认为,最高的工作效率是工厂主和工人共同达到富裕的基础,它能使较高的工资与较低的劳动成本统一起来,从而使工厂主得到较多的利润,使工人得到较高的工资。这样,便可以提高他们扩大再生产的兴趣,促进生产的发展。因此,提高劳动生产率是泰勒创立科学管理理论的基本出发点,是泰勒确定科学管理的原理和方法的基础。

(2) 达到最高工作效率的重要手段,是用科学的管理方法代替旧的经验管理。泰勒认为管理是一门科学,在管理实践中,建立各种明确的规定、条例、标准,使一切科学化、制度化,是提高管理效能的关键。

(3) 实施科学管理的核心问题是,要求管理人员和工人双方在精神上和思想上有一个彻底的变革。1912年,泰勒在美国众议院特别委员会所做的证词中强调指出:科学管理是一场重大的精神变革。泰勒要求工厂的工人树立对工作、同伙和雇主负责任的观念;同时,他也要求领工、监工、企业主、董事会改变对同事、工人以及一切日常问题的态度,增强责任观念。通过这种重大的精神变革,可使管理人员和工人都把注意力从盈利的分配上转移到增加利润的数量上来。当管理人员和工人用友好合作、互相帮助代替对抗和斗争时,他们就能够创造出更多的利益,从而使工人的工资大大增加,使企业主的利润也大大增加,双方之间没有必要再为盈利的分配而争吵。

根据以上观点,泰勒提出了以下的管理制度。

(1) 对工人提出科学的操作方法,以便合理利用工时,提高工效。具体做法是:从执行同一种工作的工人中,挑选出身体最强壮、技术最熟练的,把他的工作过程分解为许多个动作,在其最紧张劳动时,用秒表测量并记录完成每一个动作所消耗的时间,然后按照经济合理的原则加以分析研究,并规定出完成每一个标准操作或动作的标准时间,制定出劳动时间定额。

(2) 在工资制度上实行差别计件制。按照作业标准和时间定额,规定不同的工资率。对完成和超额完成工作定额的工人,以较高的工资率计件支付工资;对完不成定额的工人,则按较低的工资率支付工资。

(3) 对工人进行科学的选择、培训和提高。泰勒曾经对经过科学选择的工人用上述的科学作业方法进行训练,使他们按照作业标准工作,以改变过去凭个人经验选择作业方法及靠师傅带徒弟的办法培养工人的落后做法。这样改进后,生产效率大为提高。

(4) 制定科学的工艺规程,并用文件形式固定下来以便推广。泰勒用了26年的时间进行金属切削试验,制定出了切削用量规范,使工人选用机床转数和走刀量都有了科学标准。

(5) 使管理和劳动分离,把管理工作称为计划职能,工人的劳动称为执行职能。

(6) 泰勒还提出了组织机构上的管理控制原理。泰勒提出规模较大的企业不能只依据职能原则来组织和管理,而必须应用例外原则。

3. 对科学管理理论的评价

泰勒的科学管理理论是为了适应工厂制度和资本主义发展的客观需要而发展起来的，因而有其产生、发展的客观必然性。同时，科学管理又对西方资本主义的发展起到巨大的促进作用。泰勒科学管理理论的贡献主要表现在以下几点。

（1）将科学引进了管理领域，并且创立了一套具体的科学管理方法来代替单凭个人经验进行作业和管理的旧方法。这是管理理论上的进步，也为管理实践开创了新局面。

（2）由于采用了科学的管理方法和科学的操作程序，使生产效率提高了两三倍，推动了生产的发展，适应了资本主义经济在这个时期发展的需要。

（3）由于管理职能和执行职能的分离，工厂中开始有一些人专门从事管理工作。这就使泰勒的管理理论的创立和发展有了实践基础。

当然，科学管理也并不是完美无缺的，泰勒科学管理理论的缺点主要有以下几个方面。

（1）把人看作是纯粹的"经济人"，认为人的活动仅仅出于个人的经济动机，忽视企业成员之间的交往及工人的感情、态度等社会因素对生产效率的影响。泰勒认为，工人的集体行为会降低工作效率，应将工作分解为尽可能由各个工人单独执行的一系列动作，只有使"每个工人个别化"才能达到最高效率。这种看法是错误的和不科学的，这种分解有时是不能实现的；有时虽然可以分解，但人并不是一种机械工具，最终会由于这种分解，只能执行最简单的动作而降低工作兴趣。

（2）把计划同执行分开，发现计划的重要性，并认识到计划是管理的一个独立的部分，是泰勒最有价值的贡献之一。但是计划和执行是同一件工作的不同成分，而不是不同的工作。任何工作，如果不包含这两个成分，就不可能有效地进行。没有认识到这两者的统一性，是泰勒制的最严重的缺点之一。

（二）法约尔的一般管理理论

法约尔是古典管理理论在法国的最杰出代表，他所提出的一般管理理论对西方管理理论的发展具有重大的影响，成为后来管理过程学派的理论基础，也是以后西方的各种管理理论和管理实践的重要依据之一。法约尔长期担任公司的总经理，由于所处地位的关系，他研究的对象与泰勒有所不同，泰勒着重于车间、工厂的生产管理研究，而法约尔着重于企业全面经营管理的研究。

1. 管理职能

法约尔认为经营和管理是两个不同的概念。法约尔把整个企业经营活动概括为六个方面，即技术活动、商业活动、财务活动、安全活动、会计活动和管理活动。在这六项活动中，管理活动居于核心地位。法约尔还指出，管理活动包括五种职能，具体如下。

（1）计划，这是管理的首要职能。

（2）组织，它包括有关组织结构、活动和相互关系的规章制度，以及职工的招募、评价和训练。

（3）指挥，是指对下级活动的指导。

（4）协调，是指结合、统一以及调和所有企业活动与个人活动，以实现共同的目标。

（5）控制，是指为了保证实际工作按已订计划和命令完成的那些活动。

法约尔第一次对管理的一般职能做了明确的划分，使其形成了一个完整的管理过程，因此，他被称为管理过程学派的创始人。

2. 管理原则

法约尔还根据自己的管理经验提出了管理的14项原则：

(1)劳动分工;(2)权利与责任;(3)纪律;(4)统一指挥;(5)统一领导;(6)个人利益服从集体利益;(7)人员的报酬;(8)集中化;(9)等级系列;(10)秩序;(11)公平;(12)人员的稳定;(13)首创精神;(14)团结精神。

法约尔强调指出，管理的14条原则不是一成不变的，应灵活掌握;在同样条件下，几乎从不两次使用同一原则来处理事情，应注意各种可变因素的影响。

法约尔还发现规模较大的组织实行分层后，信息只按权力等级链纵向传递，在不同权力系列的两个组织之间如果存在信息交换的要求，仍按权力等级链传递，既费时间又增加费用。为了弥补这一缺陷，法约尔提出了横向联系的跳板原则，即不同权力系列的同一层次的组织之间，在上级授权的情况下，可以横向传递信息，直接商议解决问题，再分头上报。这种做法称为法约尔桥或跳板原则。设置法约尔桥，既维护了统一指挥原则，又使得横向联系通畅，这一设想在今天仍有现实意义。

此外，法约尔还认为管理能力可以通过教育来获得，他大力提倡在大学和专科学校中讲授管理学，将管理视为一门学科。法约尔关于管理职能、原则和过程等方面的研究，从较高层次上弥补了泰勒科学管理思想的不足，为形成一般管理学做出了巨大贡献。

(三)韦伯的组织理论

韦伯是德国社会学家、经济学家和德国古典管理理论的代表人物。他的关于资本主义发展等论述和思想对西方社会科学具有极其重要的影响。

韦伯对管理理论的贡献主要是提出了理想的行政组织体系理论，他被称为"组织理论之父"。所谓理想的行政组织体系理论，是通过职务或职位而不是通过个人或世袭地位来管理。这是一个有关集体活动理性化的社会学概念。韦伯的理想的行政组织体系理论的主要内容包括如下几方面内容。

(1)把在组织中为了实现目标所需要的全部活动都划分为各种基本作业，作为任务分配给组织中的各个成员。组织中的每一个职位都有明文规定的权利和义务。

(2)各种职务和职位按职权的等级原则组织起来，形成一个指挥体系或阶层体系。每个下级接受他的上级的控制和监督，在对自己的行动负责的同时，还要对自己的下级的行动负责。为此，他必须对自己的下级拥有权力，能发出下级必须服从的命令。

(3)组织中人员的任用，完全根据职务上的要求，通过正式考试或教育训练来实现，每个职位上的人员必须称职;同时，也不能随意免职。

(4)除了某些按规定必须通过选举产生的公职外，管理人员是委任的。

(5)这些管理人员并不是他们所管理的单位的所有者，只是其中的工作人员。

(6)组织中人员之间的关系是一种不受个人感情影响的关系，完全以理性原则为指导。这种公正不倚的态度，不仅适用于组织内部，而且适用于组织同顾客之间的关系。

(7)管理人员是专职的，领取固定的薪金，有明文规定的升迁制度。通过这种制度，在组织的成员中培养集体精神、鼓励他们忠于组织。

(8)管理人员必须严格遵守组织中规定的规则和纪律。组织要明确规定每个成员的职权范围和协作形式，以便正确行使职权，减少摩擦和冲突。

(9)理想的行政组织体系最符合理性原则，效率最高。在精确性、稳定性、纪律性和可靠性方面优于其他组织形式,能高度精确地计算出组织的领导人和成员的成果,所以能适用于所有的各种管理工作和各种大型组织,如教会、国家机构、军队和各种团体。韦伯的管理思想,对以后的管理理论(如社会系统理论等)有一定的影响。

二、行为科学理论

行为科学是研究人的行为的一门综合性科学,它研究人的行为产生的原因和影响行为的因素,目的在于激发人的积极性、创造性、达到组织目标。行为科学的研究对象是探讨人的行为表现和发展的规律,以提高对人的行为预测以及激发、引导和控制能力。

(一)人际关系学说

"行为科学"理论的发展是从人群关系学说开始的,它的产生源于著名的霍桑试验。

1. 霍桑试验

霍桑试验是指20世纪20年代至30年代间,美国有关研究人员在美国西方电器公司霍桑工厂进行了有关工作条件、社会因素与生产效率之间关系的试验。这项试验的代表人物是美国哈佛大学教授梅奥。在这项试验的基础上,梅奥创立了早期的行为科学——人际关系学说。霍桑试验分为以下四个阶段。

(1) 照明试验。照明试验是要证明工作环境与生产率之间有无直接的因果关系。研究人员将接受试验的工人分成两组,一组采用固定照明,称为控制组;另一组采用变化的照明,称为试验组。研究人员原以为试验组的产量会由于照明的变化而发生变化。但结果是,当照明强度增加时,其试验组和控制组产量都提高了;当照明强度减弱时,试验组和控制组的产量非但没有减少,反而还有所提高。试验结果说明,照明度与生产率之间并无直接的因果关系,照明灯光仅是影响产量的一个因素,还有其他因素对工人的劳动生产率产生影响。两组的产量都得到提高,是因为被测试人员对试验发生了莫大的兴趣所致。

(2) 继电器装配室试验。继电器装配室试验目的是通过试验发现各种工作条件变动对生产率的影响。研究人员将装配继电器的6名女工从原来的集体中分离出来,成立单独小组,同时改变原来的工资支付办法,以小组为单位计酬;撤销工头监督;增加休息时间,实行每周工作五天;工作休息时免费供应咖啡等。采取这些措施后,女工们的日产量增加了30%以上。试验一段时间后,梅奥又取消了所有这些优待,但是生产率并没有因此而下降,反而仍在上升。这是为什么呢?梅奥等人发现,是社会条件和督导方式的改变导致了女工们工作态度的变化,因而产量仍在增加。同时也说明,各种工作条件,包括福利待遇,并不是提高工人劳动生产率的唯一因素。

(3) 访谈研究。梅奥还进行了另一方面的试验,即用两年多的时间对两万多名职工进行了调查。调查涉及的问题很广泛,允许职工自己选择话题,提建议、发牢骚等,收到很好的效果,生产量大幅度上升。通过这个试验,梅奥等人又一次发现,物质条件的变化往往对生产率的影响不大,人们的工作成绩还受其他人的因素影响,即不仅仅取决于个人自身,还取决于群体成员。

(4) 观察研究。随后,梅奥又组织了接线板小组观察室试验,目的是想弄清楚社会因素对激发工人积极性的重要性。研究人员选择了14名接线板工人,通过6个月的观察,发现许多行为准则会影响工人的行为。这些准则包括:工作时干多少活、与管理人员的信息交往等。例如,工人的活不应干得太多,也不应干得太少;不应向上司告密同事中发生的事情等。梅奥等人由此得出结论:实际生产中,存在着一种"非正式团体",决定着每个人的工作效率,对每个职工来说,其在群体中的融洽性和安全性比工资、奖金等物质因素有更重要的作用。

通过以上试验,梅奥等人认识到,人们的生产效率不仅要受到生理和物质方面等因素的影响,还要受到社会环境和心理等方面的影响。这个结论对科学管理只重视物质条件,忽视社会环境心理因素对工人的影响来说,无疑是一个很大的进步。根据霍桑试验,梅奥于1933年出版了《工业文明中的社会问题》,提出了与古典管理理论不同的新观点——人际关系学说。

2. 人际关系学说的主要内容

(1) 职工是"社会人"。在人际关系学说产生以前,西方社会流行的观点是把职工看成是"经济人",梅奥等人以霍桑试验的成果为依据,提出了与"经济人"观点不同的"社会人"的观点,强调金钱并非刺激职工积极性的唯一动力,新的激励重点必须放在社会环境和心理等方面,以使人们之间更好地合作并提高生产率。

(2) 企业中存在着非正式组织。由于人是社会的高级动物,在共同工作过程中,人们必然发生相互之间的联系,共同的社会感情形成了非正式群体。在这种无形组织里,有它的特殊感情、规范和倾向,并且左右着群体里每一位成员的行为。梅奥认为,在正式组织中是以效率逻辑为其行动准则的,为提高效率,组织各成员之间保持着形式上的协作;在非正式组织中是以感情逻辑为其行动准则的,这是出于某种感情而采取行动的一种逻辑。非正式组织对组织来说,有利也有弊。管理者应充分认识到非正式组织的作用,处理好正式组织的效率逻辑与非正式组织的感情逻辑之间的平衡,协调好各方面的关系,充分发挥每个人的作用,提高生产率。

(3) 领导能力在于提高职工的满足度。生产率的高低主要取决于职工的士气,即职工的积极性、主动性,而士气的高低则主要取决于职工的满足度。首先,这种满足度表现为人群关系(如职工在工作中的社会地位,是否被上司、同事和社会承认);其次,才是金钱的刺激。职工的满足度越高,士气也越高,生产效率也就越高。所以,领导的能力在于要同时具有技术-经济的技能和人际关系技能,在于如何保持正式组织的经济要求与非正式组织的社会需求之间的平衡。平衡是取得高效率的关键。人际关系学说的出现,开辟了管理和管理理论的新领域,纠正了古典管理理论忽视人的因素的不足。同时,人际关系学说为以后行为科学的发展奠定了基础。

3. 对人际关系学说的评价

梅奥的人际关系学说为管理思想的发展开辟了新的领域,也为管理方法的变革指明了方向,对其全盘否定或全盘肯定都是错误的,它至少在以下几个方面具有重要的借鉴意义。

(1) 在管理的指导思想上,人际关系学说在相当程度上反映了现代化大生产的共同要求。这集中表现在以人为中心的管理思想,重视群体的作用和把系统论、权变论引入到管理中。

(2) 在具体理论方面,人际关系学说存在着"合理内核"的成分。它反映了大多数人的心理规律,对研究调动职工的积极性有一定的借鉴意义。

(3) 人际关系学说提供的管理措施和研究方法具有更广泛的参考价值。

人际关系学说的局限性主要表现在以下方面。

(1) 人际关系学说所提出的理论和措施都以承认和维护私有制为前提。

(2) 人际关系学说所研究的对职工的满足,都是以满足个人需要作为激励动机的根本。

(3) 人际关系学说离开阶级分析来研究人的行为,把人看成抽象的人。

(二) 行为科学理论的发展

在人际关系学说的基础上,行为科学理论在 20 世纪 30 年代到 60 年代期间得到了迅速发展。其中,在该时期最具有代表性的一些理论,直到今天依然非常著名,影响很大。

1. 需要层次理论

马斯洛是美国的人本主义心理学家和行为科学家,他在 1954 年出版的《动机和人格》著作中,提出了人的需要层次理论。在马斯洛看来,人是"需要的动物",人的需要是有层次的。

2. 双因素理论

美国心理学家管理理论家赫茨伯格在 1959 年与别人合著出版的《工作的激励因素》和 1966 年出版的《工作与人性》两本著作中,提出了激励因素和保健因素,简称双因素理论。

3. X 理论和 Y 理论

美国社会心理学家、行为科学家麦格雷戈对传统管理观点和对人的本性的看法提出了疑问,在他出版的《企业的人性方面》,提出了有名的"X 理论-Y 理论"的人性假定。

4. 期望理论

弗洛姆是著名的心理学家和行为科学家,他曾在美国宾州大学和卡内基·梅隆大学任教,并长期担任耶鲁大学讲座教授兼心理学教授。弗洛姆深入研究组织中个人的激励和动机,率先提出了形态比较完备的期望理论模式。弗洛姆在 1964 年出版的《工作与激励》中,提出了期望激励模式。以后又经过其他人的发展补充,成为当前行为科学家比较广泛接受的激励模式。

美国行为科学家劳勒和波特在 1968 年合作出版的《管理态度和成绩》中,提出了波特-劳勒期望激励理论。

三、现代管理理论的丛林

进入 20 世纪 70 年代之后,由于石油危机的影响及新技术革命的出现,使企业经营环境更为复杂多变。跨行业投资、兼并、收购、多元化经营、实现资本的社会化、国际化在全球范围内兴盛起来,这些变化对管理也提出了一些新的要求。许多学者和管理专家都对现代管理问题进行研究,相继出现许多管理理论和新学派,这些理论和学派,在历史渊源和内容上互相影响和联系,形成了盘根错节、争相竞荣的局面,被称为"管理理论的丛林"。

(一) 管理过程学派

管理过程学派又叫管理职能学派、经营管理学派。这一学派是继古典管理学派和行为科学学派之后最有影响的一个管理学派,代表人物就是古典管理理论的创始人之一——法约尔。

管理过程学派的研究对象是管理过程和管理职能。这个学派试图通过对管理过程和管理职能进行分析,从理性加以概括,把应用于管理实践的概念、原则、理论和方法糅合到一起,以形成一个管理学科。管理过程学派认为,各个企业和组织以及组织中各个层次的管理环境都是不同的,但管理却是一种普遍而实际的过程,同组织的类型或组织中的层次无关。把这些经验加以概括,就成为管理的基本理论。通过对理论的研究、实验和传授,改进管理实践。

（二）社会系统学派

社会系统学派是以组织理论为研究重点，从社会学的角度来研究组织的。这一学派的创始人是美国的管理学家巴纳德，他的代表作是 1937 年出版的《经理的职能》。巴纳德把组织看作是一个社会协作系统，即一种人的相互关系的协作体系。这个系统的存在取决于以下三个条件。

(1) 协作效果，即组织目标能否顺利达成。
(2) 协作效率，即在实现目标过程中，协作的成员损失最小而心理满足较高。
(3) 组织目标应和环境相适应。

巴纳德还指出，在一个正式组织中要建立这种协作关系，必须满足以下三个条件。

(1) 共同的目标。
(2) 组织中每一个成员都有协作意愿。
(3) 组织内部有一个能够彼此沟通的信息系统。

此外，巴纳德还对一个管理者提出如下的责任要求。

(1) 规定目标。
(2) 善于使组织成员为实现组织目标做出贡献。
(3) 建立和维持一个信息联系系统。这一学派虽然主要以组织理论为其研究的重点，但它对管理所做的贡献是巨大的。

（三）决策理论学派

决策理论学派的代表人物是著名的诺贝尔经济学奖金获得者，美国卡内基·梅隆大学的教授西蒙。这一学派是在社会系统学派的基础上发展起来的，是当代西方影响较大的管理学派之一。

西蒙认为，决策程序就是全部的管理过程。决策贯穿于管理的全过程。决策过程是从确定组织目标开始，再寻找为达到该项目标可供选择的各种方案，经过比较做出优选决定，并认真执行控制，以保证既定目标的实现。

西蒙采用"令人满意的准则"代替传统决策理论的"最优化原则"。他认为，不论从个人生活经验中，还是从各类组织的决策实践中，寻找可供选择的方案都是有条件的，不是漫无限制的。西蒙还研究了决策过程中冲突的关系以及创新的程序、时机、来源和群体处理方式等一系列有关决策程序的问题。

西蒙的决策理论是以社会系统理论为基础的，之后又吸收了行为科学、系统理论、运筹学和计算机科学等学科的内容，既重视了先进的理论方法和手段的应用，又重视了人的积极作用。

（四）系统管理学派

系统管理学派是运用系统科学的理论、范畴及一般原理，分析组织管理活动的理论。其代表人物有美国的卡斯特、罗森茨韦格等。该理论在 20 世纪 60 年代最为盛行，主要理论如下。

(1) 组织是一个由相互联系的若干要素组成的人造系统。
(2) 组织是一个受环境影响，并反过来影响环境的开放系统。组织不仅是一个系统，同时又是一个受社会系统的分系统，它在与环境的相互影响中取得动态平衡。组织同时要从外界接受能源、信息、物质等各种投入,经过转换,再向外界输出产品。在管理中应用系统管理和系统分析,提高了管理人员对影响管理理论和实践的各种相关因素的洞察力。

(五)社会技术系统学派

社会技术系统学派是第二次世界大战以后在西方兴起的一个较新的管理学派,它是社会系统学派的进一步发展。这一学派是由英国的特里斯特等人通过对英国达勃姆煤矿采煤现场的作业组织进行研究基础上形成的。他们根据对煤矿中"长壁采煤法"研究的结果认为,许多矛盾的产生是由于只把组织看成是一个社会系统,而没有看到它同时又是一个技术系统。技术系统对社会系统有很大的影响,只有使社会系统和技术系统两者协调起来,才能解决这些矛盾从而提高劳动生产率,而管理者的一项主要任务就是要确保这两个系统相互协调。

组织作为一个系统,必须是一个社会技术系统,而不只是一个社会系统。社会技术系统学派的研究内容和成果,有些是符合社会化大生产发展规律的,特别是在当前新技术革命和产业革命的条件下,更有现实意义。

(六)经验主义学派

经验主义学派又称案例学派,其代表人物是美国管理学家德鲁克和戴尔。这一学派的中心是强调管理的艺术性,他们认为,古典管理理论和行为科学都不能完全适应企业发展的实际需要,有关企业管理的科学应该从企业管理的实际出发,以大企业的管理经验为主要研究对象,加以概括和理论化,向企业管理人员提供实际的建议。他们主张通过案例研究经验,不必试图去确定一些原则,只要通过案例研究分析一些经理人员的成功经验和他们解决特殊问题的方法,便可以在相似情况下进行有效的管理。

(七)管理科学学派

管理科学学派又叫作数量学派,是泰勒科学管理理论的继续和发展。管理科学学派正式作为一个管理学派,是在第二次世界大战以后形成的。

管理科学学派认为,管理就是制定和运用数学模型与程序的系统,就是用数学符号和公式来表示计划、组织、控制、决策等合乎逻辑的程序,求出最优的解答,以达到企业的目标。这个学派还提倡依靠计算机管理,提高管理的经济效率。

但管理活动纷繁复杂,并非所有的管理问题都能定量化,能用模型来分析。因此,过分依赖于模型,也会降低决策的可信度,所以在管理活动中,应用一分为二的态度来对待数学模型。

(八)经理角色学派

经理角色学派是 20 世纪 70 年代在西方出现的一个管理学派。该学派以经理所担任的角色的分析为中心,来考虑经理的职务和工作,以求提高管理效率。

经理角色学派认为经理一般都担任十种角色,这源于经理的正式权力和地位。可归纳为以下三类。第一类是人际关系方面的角色,共有三种:挂名首脑的角色、领导者角色、联络者的角色。第二类是经理作为组织信息的神经中枢,充当三种角色:信息接收者角色、信息传播者角色、发言者角色。第三类是决策方面的角色,共分四种:企业家角色、故障排除者角色、资源分配者角色、谈判者角色。经理角色理论受到管理学派和经理们的重视,但是经理的工作并不等于全部管理工作,管理中的某些重要问题,经理角色理论中也没有详细论述。

(九)人际关系学派

人际关系学派把社会科学中的许多理论、方法和技术应用于研究管理中人际间及个人的各种现象。这个学派中大多数学者都受过心理学方面的训练,他们强调职工是由不同的个人所组成,是群体中的一分子,他们的各种需要由组织加以满足。也有些人致力于研究激励和领导的问题,提出了许多对管理者很有益的见解。

(十)权变理论学派

权变理论是20世纪70年代在经验主义学说基础上进一步发展起来的管理理论。权变理论认为,在组织管理中要根据组织所处的环境和内部条件的发展变化随机应变,没有什么一成不变、普遍适用的"最好的"管理理论和方法。权变管理就是依据环境自变数和管理思想及管理技术的因变数之间的函数关系来确定一种最有效的管理方式,它要求具体情况具体分析。

权变理论的出现,对于管理理论有着某些新的发展和补充。主要表现在权变理论比其他一些学派与管理实践的联系更具体一些,与客观的现实更接近一些。但是,权变理论在方法论上也存在着严重的缺陷,主要问题是仅仅限于考察各种具体的条件和情况,而没有用科学研究的一般方法来进行概括;只强调特殊性、否认普遍性;只强调个性,否认共性。

四、现代管理理论的新思潮

20世纪80年代末以来,信息化和全球化浪潮迅速席卷世界,跨国公司力量逐日上升,跨国经营也成为大公司发展的重要战略,跨国投资不断增加。知识经济的到来使信息与知识成为重要的战略资源,而信息技术的发展又为获取这些资源提供了可能;顾客的个性化、消费的多元化决定了企业只有能够合理组织全球资源,在全球市场上争得顾客的投票,才有生存和发展的可能。进入20世纪90年代,信息技术高速发展,全球竞争日趋激烈,经济一体化程度大大提高,这些变化也触及管理学的一些根本问题。在这一时期现代管理理论最新思潮就是企业再造理论和学习型组织。

(一)企业再造

企业再造的思想是美国人哈默和钱皮在1994年出版的《再造企业》中首先系统表述的。哈默与钱皮认为,自斯密以来的企业运营,都是建立在分工论的基础上的,这种效率低下的功能组织不能适应具有顾客主导、竞争激烈、变化迅速为特征的现代企业经营环境。必须彻底摒弃大工业时代的企业模式,即将硬性拆开的组织架构,如市场开发、生产、营销、人事、财务、后勤等功能性部门,按照自然跨部门的作业流程重新组装回去。只有从协作的角度出发,用整体思想重新塑造企业的所有流程,使企业模式与当今时代信息化、全球化相适应,才能大幅度提高企业生产力。显然这种重新组装是对过去组织赖以运作的体系与程序的一种革命。

企业再造的核心是业务程序(或业务流程)的再造。流程再造的最终目标是通过改变工作结构和工作方法来培养企业独特的个性,取得绩效的巨大飞跃。企业再造的思想,将导致传统管理理论与实践出现全面革新。

（二）学习型组织

学习型组织是圣吉在其出版的《第五项修炼》中所倡导的一种新理论。圣吉认为由于组织及组织成员片面和局部的思考方式及由此所产生的行动造成了组织危机，为此需要突破习惯的思考方式，排除个人及组织的学习障碍，重新塑造组织的价值观念、管理方式及方法。圣吉提出要建立学习型组织，并认为"五项修炼"是建立学习型组织的技能。所谓修炼，对于组织而言，就是通过学习和训练，提高组织内部结构和机能对社会、市场变化的适应能力。对个人而言，修炼是指通过学习提高自身的素质。

1. 第一项修炼

自我超越。自我超越就是不断认识自己，认识外界的变化。不断赋予自己新的奋斗目标，突破过去，超越自己。这是一种学习和成长的修炼，也是学习型组织的精神基础。

2. 第二项修炼

改善心智模式。心智模式是一种思维方法和行为模式，往往是人们长期实践经验的总结。通常，人们的一言一行都受到多年形成的固有的思维和逻辑的影响。改善心智模式，就是改善认知模式，要求企业能够不断随着外部环境的变化适时调整，甚至革新企业内部的习惯做法，只有人的思想和逻辑改变，才能使行为发生根本的转变。

3. 第三项修炼

建立共同愿景。建立共同愿景就是建立一个组织成员共同的远景和愿望，并以这个共同愿景感召全体组织成员，使之为这个愿景而奋斗。显然，共同的愿景是组织产生活力和勇气的源泉。

4. 第四项修炼

团队学习。团队学习是发展团队成员整体合作与实现共同目标能力的过程，团队学习的主要形式为深度会谈。通过深度会谈，组织内的成员可以互相帮助、进行沟通、建立共识，使集体思维变得越来越默契，使团队智商达到远远大于个人智商。

5. 第五项修炼

系统思考。通常作为整体的一部分，置身其中而想要看清整体的变化非常困难，久而久之，也就形成了"只见树木不见森林"的思考模式。系统思考的修炼就是要人与组织形成系统观察、系统思考的能力，以系统的观点、动态的观点观察世界，从而决定其正确的行动。

要进行这五项修炼，必须建立学习型组织。学习型组织是指更适合人性的组织模式。这种组织由一些学习团队形成社群，有崇高而正确的核心价值、信心和使命，具有强韧的生命力与实现共同目标的动力，不断创新，持续蜕变。圣吉认为，判断一个组织是否是学习型的组织，有以下四条基本标准：① 人们能不能不断检验自己的经验；② 人们有没有生产知识；③ 大家能否分享组织中的知识；④ 组织中的学习是否和组织的目标息息相关。

（三）虚拟组织

1990年《哈佛商业评论》第6期发表文章《公司核心能力》，作者首先提出了虚拟组织的概念，建议公司将经营的焦点放在不易被抄袭的核心能力上，由此引发后来的虚拟组织热。虚拟组织与传统的实体组织不同，它是围绕核心能力，利用计算机信息技术、网络技术及通信技术与全球企业进行互补、互利的合作,合作目的达到后,合作关系随即解散,以此种形式能够快速获取处于全球各处的资源,从而缩短"观念到现金流"的周期,不仅如此,灵活的虚拟组织可避免环境的剧烈变动给组织带来的冲击。由史蒂文·L.戈德曼、罗杰·N.内格尔及肯尼斯·普瑞斯合著出版的《灵捷竞争者与虚拟组织》是反映虚拟组织理论与实践的较有代表性的著作。

(四)现代管理理论的特点

纵观现代管理理论各学派,虽各有不同,但也不难寻求其共性,其共性可概括如下。

1. 强调系统化

现代管理理论越来越强调运用系统思想和系统分析方法来指导管理的实践活动,解决和处理管理问题,防止片面性和受局部的影响。

2. 更加重视人的因素

管理的主要内容就是管人,以人为中心的管理是现代管理区别于传统管理的重要方面。现代管理理论越来越重视人的因素,重视对人的需要的研究与探索及非正式组织的作用,以保证组织成员齐心协力地完成组织目标而自觉地做出贡献。

3. 注重效率与效果的结合

现代管理理论的内容不只是限于效率的提高,不只是注重如何正确地做事,而是把效率和效果结合起来,关注经营的实际效力,注重做正确的事。要求管理者从整个组织的角度来考虑工作整体效果及对社会的贡献。

4. 重视管理方法和手段的科学化、现代化

随着社会的发展、科学技术水平的迅速提高,现代管理理论发展了一些现代管理方法,如投资决策、线性规划、排队论、博弈论、统筹法、模拟方法、系统分析等。在管理手段的研究和使用也有了突破的进展,如办公设备的自动化、信息处理机的发明,计算机在市场研究、产品设计、生产组织、质量控制、物资管理、人力资源管理、财务管理等领域的应用,从而促进了管理水平的进一步提高。

5. 强调不断创新

管理就意味着创新,就要保证在惯性运行的状态下,不满足于现状,利用一切可能的机会进行变革,从而使组织更加适应社会条件的变化。随着经济一体化和全球化的发展,人们对许多管理理论及其假设提出了疑问,由此而展开的研究使管理理论创新成为可能。

【案例】 联合邮包服务公司的高效管理

联合邮包服务公司(UPS)雇用了15万员工,平均每天将900万包裹发送到美国各地和180个国家。为了实现他们的宗旨"在邮运业中办理最快捷的运送",UPS的管理者系统地培训他们的员工,使他们以尽可能高的效率从事工作。

UPS的工程师们对每一位司机的行驶路线都进行了时间研究,并对每种送货、暂停和取货活动都设立了标准。这些工程师记录了司机等红灯、通行、按门铃、穿过院子、上楼梯、中间休息喝咖啡、上厕所的时间,将这些数据输入计算机,从而制定出每一位司机每天工作的详细时间标准。

为了完成每天取送130件包裹的目标,司机们必须严格遵循工程师设计的程序。当他

们接近发送站时,他们松开安全带,按喇叭、关发动机、拉起紧急制动、把变速器推到空挡上,为送货完毕立即开车离开做好准备,这一系列动作严丝合缝。然后,司机从驾驶室出来,右臂夹着文件夹,左手拿着包裹,右手拿着车钥匙。他们看一眼包裹上的地址把它记在脑子里,然后以每秒 3 英尺(1 英尺≈0.3 米)的速度快步走到顾客门前,先敲一下门以免浪费时间找门铃。送货完毕后,他们在回到卡车的路途中完成登记工作。

(资料来源:http://www.docin.com/p-74926736.html,有删改)

【分析】

1. 你认为衡量一个组织管理学水平的主要标准是什么?
2. UPS 的高效率归功于什么管理?请具体描述其管理内容。

【本章案例分析】 总经理助理的困惑

李鸣之前在一家 IT 公司从事项目管理的工作,现担任一个家族企业(制造型企业)总经理助理一职。公司成立快 10 年了,产品主要面向海外市场。由于公司掌握着核心生产技术,产品成本在市场上相对低廉,具有较强的竞争力。这几年公司利润都保持较大幅度的上升,财务状况非常好,员工已超过 300 人。虽然任职刚满一个月,但李鸣在工作中遇到的困难却不少。

(1) 董事长是企业的创始人,大主意都还需他拿,但李鸣感觉他更像是在做总经理的工作。董事长思路清晰,与总经理之间配合至今还算顺利。董事长喜欢一竿子插到底,而他的很多工作理念总经理并不接受。

(2) 从总经理到各部门主管,管理理念普遍缺失,管理水平还是保持在创业时的水平。总经理是一个反应敏捷、思路清晰的人,但不够威严。

(3) 随着企业的发展,董事长和总经理都希望企业步入正轨,但都精力有限,一直未做。

(4) 基础管理比较薄弱,企业没有工作计划、没有检查、没有考评、没有预算、没有例会(想到什么问题的时候就开会,而且会后问题没有责任人来负责,没有解决时间,开会效率极低)。大家都是靠责任心在工作——是董事长和总经理对现状的基本描述。

(5) 员工安于现状,没有危机意识,企业过于人性化,制度简单,迟到、早退、工作时间上网等现象比较普遍,工作效率仍有很大的提高空间。

(6) 董事长和总经理经常抱怨的事情是命令下达不下去,部门主管不执行,沟通不畅。

(7) 公司的薪酬制度(工资不高,靠的是年底分红。对于中高层管理人员,年薪和年底分红的比例差别非常大),能够留住骨干人员,但是非常不适合新鲜血液的输入。人力资源管理还处于低级水平。

以上是李鸣看到的一些现象,不一定全面。在试用期,经过对现状的调研和与董事长、总经理的讨论,李鸣想把工作重点放在基于目标的绩效管理上,故做了一个绩效管理的框架。由于公司工人占全部员工的 5/6,因此,李鸣想先从公司的管理层着手考核,让部门来确定关键业绩指标。然而,由于基础管理工作过于薄弱,绩效管理想一步到位难度非常大,而且绩效要跟工资和分红挂钩,同时又不能让各方有意见。本来李鸣是想与各部门主管组成一个团队一起进行绩效管理,但想法被总经理否决了,说只能是李鸣和他讨论,理由是各部门主管没有这个能力。

总经理好像对提升管理工作总是缺乏热情(到目前为止,所有的事情都是李鸣找他讨论),也缺乏方向,对李鸣的工作也没有目标、没有具体的工作任务指标,这让李鸣很不习惯。因此,李鸣准备请总经理也把他的工作目标化、量化。

李鸣仔细思考了一番,想作一些调整,先做一些绩效管理的铺垫工作(如计划管理、职位说明、例会制度等建立并执行起来,这些工作在李鸣看来都是为绩效管理真正实施作铺垫)。这些想法只是在实习总结中提出来的,董事长说要和总经理、李鸣一起讨论,不过目前还没有进行。

(资料来源:http://www.pinggu.org/bbs/b72i247662p1.html,有删改)

【讨论】

1. 你赞成李鸣对该公司的问题所做的分析吗?你能作更好的概括吗?
2. 你对李鸣下一步工作的想法是否赞同?
3. 请为李鸣提出处理和解决这些问题的建议。

【做游戏学管理】 看不见与说不清

[目的]
了解企业不同角色的情境,认识管理中的各要素。

[游戏程序与规则]

1. 组织与时间

(1) 5~8人一组。

(2) 时间:20分钟(10分钟讨论,10分钟游戏)。

2. 要求

(1) 3~5名学生扮演工人一起被蒙住双眼,带到一个陌生的地方。

(2) 1~2名学生扮演经理。

(3) 1名学生扮演总经理。

3. 游戏规则

工人可以讲话,但什么也看不见;经理可以看,可以行动,但不能讲话;总经理能看,能讲话,也能指挥行动,但却被许多无关紧要的琐事缠住,无法脱身(他要在规定时间内做许多与目标不相关的事),所有的角色需要共同努力,才能完成游戏的最终目标——把工人转移到安全的地方。

4. 游戏前的准备

要准备好不同角色的说明书以及任务说明书。注意,任务说明书可以由教师根据情况设计,关键是游戏中总经理要有许多琐事缠身。

[讨论]
游戏结束以后,请同学们讨论游戏中反映出的管理问题。

(1) 对不同层次的管理者而言,沟通技能都是至关重要的。

(2) 探讨不同层次管理者在实际工作中所起的作用。

【实务项目训练】 调研企业管理者的工作内容和职责

一、训练目标
(1) 增强对企业管理活动的感性认识。
(2) 了解管理者的工作内容与所需要的管理技能。

二、训练内容
学生自愿组成小组,每组 6~8 人。利用课余时间,选择 1~2 个企事业单位的管理者进行调查与访问,了解不同类型管理者的工作内容和职责,并重点访问中层和基层管理者各 1 名,向他了解其职位、工作职责、胜任该岗位所需要的管理技能;在调查访问之前,每组需根据课程所学的知识经过讨论制定调查访问的提纲,设计调研的主要问题、具体方法和安排。(在访谈小结中要体现出来)

三、训练要求
(1) 每组写出一份简要的调查访问笔录和小结。
(2) 调查访问结束后,利用管理沙龙活动时间,组织一次课堂交流与讨论。
(3) 以小组为单位,由教师打分。

四、训练步骤
(1) 每组组长组织本组调查内容、结论进行阐述。
(2) 教师做归纳总结与评价。

【技能自测题】

一、思考题
1. 你觉得管理重要吗?你对学好管理学充满了信心吗?
2. 管理的三种技能是什么?所有的管理者都需要这三种技能吗?
3. 大学生能否通过管理学课程的学习真正开拓自己的管理技能?为什么?
4. 实际管理中需要管理者具备哪些素质?基层管理者最重要的素质与技能是什么?
5. 管理的四项职能是什么?所有的管理者都执行这四项职能吗?
6. 管理的三种角色是什么?所有的管理者都扮演这三种角色吗?
7. 管理者有哪些类型?这些类型的管理者有本质的区别吗?
8. 对管理者来说,高效率和有效性哪个更重要?能否做到既高效率又有效?
9. 当一名优秀员工被提升到管理岗位时,通常会被提拔到哪一层?随着岗位的变化,对管理技能和职能要求有什么样的变化?
10. 管理学基础课程应该侧重于向学生讲授管理学理论还是指导学生怎样当管理者?请解释你的观点。

二、实训报告
请学生到学校所在地访问三名优秀的管理者或在网上查找优秀企业家的相关资料,写一份报告,讨论如何才能成为一名优秀的管理者。

【参考文献】

[1] 〔美〕罗伯特·N.卢西尔.管理学基础:概念、应用与技能提高[M].2 版.高俊山,戴淑芬,译.北京:北京大学出版社,2007.

[2] 单凤儒,金彦龙. 管理学[M]. 北京:科学出版社,2009.
[3] 张满林. 管理学理论与技能[M]. 北京:中国经济出版社,2010.
[4] 〔美〕海因茨·韦里克,哈罗德·孔茨. 管理学:全球化视角[M].11版. 北京:经济科学出版社,2004.
[5] 〔美〕理查德·L.达夫特,多萝西·马西克. 管理学原理[M]. 原书第5版. 高增安,马永红等,译. 北京:机械工业出版社,2009.
[6] 〔美〕菲利普·L.亨塞克. 管理技能与方法[M].2版. 王汀汀,何训,陈晔,译. 北京:中国人民大学出版社,2007.

第二章　组织环境

【学习目标】

■ 能力目标
1. 分析和界定管理中环境问题的能力。
2. 分析组织内外部环境的能力。

■ 知识目标
1. 知道宏观环境包括哪些因素。
2. 知道微观环境、内部环境包括哪些因素。
3. 掌握 PEST 分析法、波特五种力量模型分析法、SWOT 分析法。
4. 理解价值链分析法。
5. 了解组织与环境的关系。

■ 素质目标
1. 通过资料收集、课外调研和课堂研讨,提高组织能力和思维能力。
2. 通过小组集体学习和训练,培养团队协作精神。

【本章内容概要】

通过本章的学习,帮助读者领会组织与环境的关系,环境关系到组织的生存与发展;理解组织要主动适应环境;知道组织环境包括:宏观环境、微观环境、内部环境;掌握组织内外部环境分析的工具和方法,如 PEST 分析法、波特五种力量模型分析法、SWOT 分析法、价值链分析法;并懂得如何运用这些工具进行环境分析。

任务导入 ▶

欲开设一家高档餐厅的可行性调研分析

一、任务目的

学会运用环境分析工具,对开设一家高档餐厅的可行性进行分析。

二、任务形式

讨论,撰写报告,分享成果。

三、任务要求

(1) 根据班级人数分组,每组 6～8 人,每组通过各种手段查找与开设餐厅相关的各种资讯。

(2) 将调查收集到的资料进行小组讨论。

(3) 结合讨论后的资料,用 PEST 分析法、波特五力模型分析法、SWOT 分析法对环境进行分析。撰写可行性调研报告大纲。

(4) 每组派出一名代表分享可行性调研报告的思路。

(5) 以学生为主体,教师把组织环境的相关知识贯穿到讨论之中。
(6) 课后结合本章各模块知识,完善自己的报告。

四、任务成果标准

至少形成 1500 字报告,语言通顺、层次清晰、书写规范,结合本章知识点,有自己的想法,下次上课时提交。

五、教学建议

(1) 教师要在上课前提前让学生搜集相关资料。
(2) 课上形成大纲,课后完成报告(可以采用手写、Word 电子文档或 PPT 等方式)。
(3) 涉及知识点让学生查找本书内容或相关书籍,由教师引导,启发式学习。

模块一　组织与环境

环境是企业生存与发展的土壤,环境的变化是导致企业进行管理变革的一个最为直接的原因。一个组织能否生存并取得成功,很大程度上取决于是否很好地处理了管理中组织与环境的关系。

组织环境(Organization Environment)是指所有潜在影响组织运行和组织绩效的因素或力量。组织环境可以按不同标准来进行分类:按存在于社会组织内外范围来划分,可分为内部环境和外部环境。内部环境主要是指社会组织履行基本职能所需的各种内部的资源和条件,包括组织人员的社会心理因素、组织文化等因素。外部环境是指组织外部的各种自然和社会条件与因素。其中,外部环境还可以进一步分为一般环境和任务环境。一般环境也称宏观环境,是指各类组织都共同面临的整个社会的一些环境因素。任务环境也称微观环境,是指某个或某类社会组织在完成特定职能任务过程中所面临的特殊环境。

一、组织

组织与环境的关系表现为不断进行的各种投入和产出的交换。组织要从环境中获得投入,然后借助组织的功能将投入转化为产出,再把产出投入环境中,使产出成为其他组织的投入,就像自然界中的生物链一样循环往复。从这方面看,组织是一个开放系统。但在现实生活中的组织并不是一个绝对开放或完全开放的系统。一是,如果来自外部环境的投入和影响因素太多,以致任何一个组织都没有能力全部接受,就只能带来麻烦。例如,有的企业经营状况好、流动资金富裕的情况下,有没有找到合适项目的投资,往往不需要接受外部资金的投入,接受只会产生资金的闲置。二是,组织也不能完全将自身向环境放开。例如,企业要保护商业秘密,有的企业有自己的内部培训资料,尽量不要把资料扩散到组织外部。

由此可见,处于复杂环境中的组织,只能根据自身的条件和能力,有选择地接受外部的投入和向外部提供组织的产出。所以组织是一种相对独立的系统。处理组织与环境关系的关键就是把握好组织的独立和开放的尺度。过于独立意味着封闭,组织将变得僵化和落后;过于开放,组织便没有了自己的东西,没有了特色。组织可以根据自身的特点、工作性质和目标,主动控制其开放程度的大小。

二、组织界线

组织通过组织界线将组织与外部环境隔离开来。在组织界线的作用下,一个组织成为相对独立的整体。组织界线是维持组织相对独立性的有形和无形的壁垒。有形的组织界线可以识别，如企业的围墙、学校的大门等。无形的组织界线是指从外表无法识别、能够影响组织成员行为的众多因素，包括企业文化、行为规范、规章制度等。

每个组织都有而且需要组织界线，组织界线有如下作用。

(1) 借助组织界线可以把组织与外部环境分离开来，尽量避免外部环境可能给组织带来的各种干扰，保证组织工作正常持续进行。

(2) 借助组织界线可以筛选组织的投入，例如，企业的进货控制等。

(3) 借助组织界线可以调整组织的产出，例如，企业的质量规定、实习学生的毕业条件等。

组织界线具有可渗透性。组织界线是组织的一部分，组织的开放性更多地通过组织成员来实现。组织是由人组成的，而一个人往往同时是多个组织的成员。例如，某人可能同时是一家公司的高层管理者、一所大学的博士生导师、某学术组织的会员；他经常走出公司，参与公司以外的各种活动，交流信息，并接受外来信息。组织成员的活动使得组织界线具有不同程度的渗透性，随着经济全球化和一体化的发展，组织界线的可渗透性越来越强。

三、环境对组织的影响

组织是一个相对独立开放的系统，组织的界线具有可渗透性的特征，因此组织与环境之间必然会经常互相发生影响。概括起来，环境对组织有以下三方面影响。

(1) 环境是组织生存的土壤，它既为组织活动提供条件，同时也必然对组织的活动起制约作用。首先，一个组织是否应组建，要根据所在的环境、社会的需要和可能的条件来决定。其次，组织要开展工作，就必须筹集各种生产要素（如人、财、物等），但这需要从环境中获得。最后，组织产出的产品或劳务，又必须拿到组织的外部去进行交换，才能获得收益，从而维持和扩大组织的生产经营活动。

(2) 环境影响组织内部的各种管理工作。环境对组织中的各项管理活动都会产生不同程度的影响。例如，外部市场的竞争加剧，要求企业重新调整内部各部门的分工协作关系以提高竞争力。随着劳动力市场劳动力素质的提高，要求企业领导者采取相应的激励制度和措施，以满足员工的需求。总之，管理者必须对可能影响管理工作的各种因素加以识别，并做出反应。

(3) 环境对组织的管理工作、效益水平有重要的影响和制约作用。对于一个组织而言，其管理工作的好坏和效益水平的高低取决于两个方面。一是取决于良好的外部环境。包括稳定的国家政策、健全的市场竞争体系、完善的法律政策等。这会促进组织的管理工作和效益的提高。二是取决于管理者是否重视环境、适应环境，是否能够根据环境的变化主动做出正确的决策。作为管理者，要分析并把握环境变化的规律，认清环境中的机会和挑战，促进管理工作的改善和效益的提高。

> **思考：**有人认为"仅仅依靠良好的企业文化，并不能保证企业在经营中获得成功，除非该企业文化同时还鼓励公司要根据环境变化不断进行调整，以适应环境的要求"。你赞同这个说法吗？请阐述理由。

四、组织对环境的适应和影响

环境对任何组织都有着不可忽视的影响力，但是组织也不能只是被动地适应环境。环境是多变的,如果组织单纯被动地适应环境,将永远无法跟上环境的变化。从环境发生变化到组织识别出这种变化并采取相应的措施,存在着时间差,也就是说,组织采取的措施往往要滞后于环境变化。很多企业发现市场上某种商品畅销,便立即组织力量生产,等产品生产出来,却发现市场已趋于饱和,结果造成生产能力的大量闲置。因此,组织必须设法能动地适应环境,在对环境进行科学分析与评估的基础上,为争取到更有利于本组织实现目标的环境,要主动适应或主动影响环境,改变甚至创造适合组织发展所需要的新环境。只有这样,才能在激烈竞争的环境中实现生存与发展。一味地被动适应只能导致组织的消亡,主动进攻才是最好的防守。

组织可以反作用于环境,甚至可以积极干预、主动影响任务环境。任务环境是本组织直接面临且影响巨大的环境,同时也是组织可以在一定程度上施加影响的。管理者要积极干预并创造条件,影响环境向着有利于本组织的方向发展。例如,企业通过组织绿色生产与营销,争取政策支持,引导社会绿色消费,从而营造有利于企业经营的社会环境与市场环境。还有许多企业不惜耗费巨资做广告,目的是激起消费者对本企业产品的需求,改变市场环境。

组织还应以权变管理应对多变的动态环境。组织要建立灵敏的环境监测系统,并采取权变管理模式,灵活应变。例如,在职权配置上给基层以更大的自主权,或建立分权型的组织,以便让其独立地、灵活地适应多变的外部环境。

【讨论】

1. 举例说明管理与环境的关系。
2. 组织应如何适应和影响环境?

【故事】 博士的困惑

有一个博士毕业后到一家研究所工作,成为单位里学历最高的人。有一天他去单位后面的小池塘钓鱼,正好正副所长在他的一左一右,也在钓鱼。他只是微微点了点头,心想:这两个本科生,有啥好聊的呢?不一会儿,正所长放下钓竿,伸伸懒腰,噌噌噌从水面上如飞地走到对面上厕所。博士眼睛瞪得快掉下来了。水上漂?不会吧!这可是一个池塘啊。正所长上完厕所回来的时候,还是噌噌噌地从水上漂回来了。怎么回事?博士生又不好去问,自己可是博士生啊!过了一阵,副所长也站起来,走几步,也噌噌噌地漂过水面去对面上厕所。这下子博士更是晕了:不会吧,到了一个江湖高手集中的地方?

这时博士生也内急了。这个池塘两边有围墙,要到对面厕所非得绕十分钟的路,而回单位上厕所又太远,怎么办?博士生不愿意去问两位所长,憋了半天后,也起身往水里跨,心想:我就不信本科生能过的水面,我博士生就不能过。只听"咚"的一声,博士生栽到了水里。两位所长忙将他拉了出来,问他为什么要下水,博士生回答:"为什么你们可以走过去,我却不行呢?"两所长相视一笑,说:"这池塘里有两排木桩子,由于这两天下雨涨水正好在水面下。我们都知道这些木桩的位置,所以可以踩着桩子过去。你怎么不问我们一声呢?"

(资料来源:http://www.edu11.net/space.php? uid=200&do=blog&id=70487,有修改)

思考:通过这则故事,你能悟出哪些管理学道理?

模块二　宏观环境

一、宏观环境分析

环境是企业生存发展的物质条件的综合体。《孙子兵法》提出的"知己知彼,百战不殆",表明战争的胜败与对内外环境的认识是密切相关的。当今的企业处在经济全球化环境下,技术日新月异、新的经营方式不断涌现、信息交流过程发生了根本性的变化、全球竞争显著加剧,所以企业必须认清现在和将来所处环境的情况以及将来环境对企业的影响,积极利用有利的环境,结合企业的内部资源,制定确实可行的企业经营发展战略。

宏观环境是决定企业发展的至关重要的因素。分析宏观环境对企业具有重要的意义,具体表现在:可以使企业的管理者敏锐地洞察环境的变化,制定相应的企业经营发展战略;可以使企业的战略决策建立在客观的基础上,避免决策的失误;可以使决策具有一定的前瞻性和可持续发展性,深入探讨未来环境的不确定因素,明确未来的发展方向,提前做准备和规划,充分发挥企业应有的经营资源,创造有利的条件,主动适应改善环境,从而有利于企业的长远发展。

宏观环境因素又称为一般环境因素,是指那些在任何时期对所有的组织均能产生影响的外部环境因素。对宏观环境因素作分析,不同行业和企业根据自身特点和经营需要,分析的具体内容会有所差异,但一般分析宏观环境因素主要包括以下方面。

(一) 政治与法律环境

政治与法律环境因素包括一个国家的社会政治制度、政治形势、政府的方针政策、国家法律和法令等。这些因素中最重要的是法律因素,因为政治环境中的许多因素都是以法律的形式出现的,以制约和限定组织的生产经营活动。一个国家的政治与法律直接影响到组织的管理政策和管理方法。管理者必须全面了解与本企业生产经营活动有关的各种法律、政策,依法管理企业,并运用法律保护企业的合法权利。另外,优秀的管理者对政治与法律不仅要做出迅速的反应,而且要有一定的预见力,以便及时调整自身管理政策和管理方法。

(二) 经济环境

经济环境是影响企业战略决策因素中最关键、最基本的因素。从某种意义上而言,宏观环境的变化对组织所产生的影响更直接、更重要。经济环境因素是指组织运行所面临的外部经济条件,其运行状况及发展趋势会直接或间接对企业的经营活动产生影响。例如,人口数量及其增长趋势、国民收入、国民生产总值及其变化情况、政府财政和税收政策、银行的利率、消费者的收入水平、消费偏好、储蓄情况、物价波动、市场状况等都属于经济环境因素。这些因素都是直接衡量经济环境优劣的因素,直接决定着企业目前及未来的市场大小。

(三) 社会文化环境

社会文化环境是指一个国家或地区的居民教育程度、文化水平、宗教信仰、风俗习惯、文化传统、商业习惯、社会结构、价值观念等。文化水平会影响居民的需求层次,宗教信仰和风俗习惯会禁止或抵制某些活动的进行,价值观念会影响居民对组织目标、组织活动以及组织存在本身的认可度,商业习惯则会影响人们对组织活动内容、活动方式以及活动成果的态度。

企业一经产生,就应按社会文化环境的要求进入一定的位置。由于社会文化环境的不同,会对企业的产品和服务提出不同的要求。一般来说,风俗习惯、文化传统、价值观念等对人们的约束力量比正式法律的约束力量还要大。管理的实质就是对人的管理,因此,社会文化环境对管理实务的影响和重要程度是显而易见的。

(四)技术环境

技术环境是指企业所处的社会环境中的科技要素及与该要素直接相关的各种社会现象的集合。企业要密切关注与本企业的产品有关的科学技术的现有水平、发展趋势及发展速度等。对于新的生产技术(如新材料、新工艺、新设备),企业必须随时跟踪;对于新的管理技术(如现代管理思想、管理方法、计划决策的方法、组织的方法等),企业要特别重视。

科学技术是社会生产力的新的和最活跃的因素,任何企业都与一定的技术存在着稳定的联系,在企业发展过程中,技术动因是一种不容忽视的因素。技术对组织及其管理工作一直具有重要的影响。任何企业为了达到其预定的目标,都必须进行生产经营活动,而任何一种生产经营活动都与技术密切相关。例如,由于高精度技术的产生和发展,很多企业采用电子计算机进行设计和控制生产,有些汽车制造商甚至利用机器人进行生产。例如,沃尔玛的私人卫星通信系统,凭借这一系统沃尔玛总部能与其所有分店、配送中心进行通信联系,可以同时和 1000 多家分店进行视频通话。总部还可以通过这个系统向分店进行新产品展示,可以在 1 小时内对全球 4000 多家分店每种商品的库存量、上架量和销售量全部盘点一遍。只要注意观察就会发现,组织结构和规模以及组织中的计划、决策、控制等管理工作和管理方法在一定程度上都因技术的不同而异。

(五)自然资源环境

相对于其他一般环境因素而言,自然资源环境是相对稳定的。自然资源环境因素与企业的厂址选择、原材料的供应、产品输出、设备和生产技术的应用等众多方面都有着紧密的联系。随着经济技术的发展,自然资源的短缺已成为各国经济进一步发展的制约力,甚至是反作用力。许多国家政府对自然资源管理的干预日益加强,所以自然资源环境必将成为企业必须关注的问题。对于任何组织来说,不仅要有效利用、开放自然资源环境,更要很好地保护环境。

小资料

当有人问松下公司的总裁松下幸之助有什么经营秘诀时,他说:"没有别的,看到下雨了,就要打伞。只不过是顺应天地自然的规律去工作而已。"言简意赅的话道出了松下的环境观。

二、宏观环境分析方法

宏观环境分析中最常见的是 PEST 分析法。所谓 PEST 分析法,是指从政治与法律环境(P)、经济环境(E)、社会文化环境(S)、技术环境(T)四个方面来认识影响组织发展的重要因素。可见 PEST 方法实际上是将众多的一般环境因素概括为政治与法律环境、经济环境、社会文化环境、技术环境四个方面。但对一个特定的组织而言,在特定的时期内进行宏观环境分析,还需要具体地识别各方面的特定内容。

采用 PEST 分析法时要注意以下几点:① PEST 分析法,其信息收集是长期的、艰苦的。政府工作报告、行业协会的数据、专业论坛的观点、法律法规的变动等,企业要有信心覆盖到欲分析的每一点。② 对于任何企业,PEST 分析法中的某一项或者几项影响较大,所以要抓住重点,对一个或者几个方面深入分析,其他则一概而过。所以应该结合自身企业特点判断重点在哪些因素。③ PEST 分析法针对的是宏观环境,不是每一个建议都需要宏观环境的分析，做不好就成了花架子。

PEST分析法通常要借助各种经济、社会以及其他相关学科已有的研究成果，但在这些成果的基础上有必要对与企业有关的问题进行进一步的研究和分析。由于一般环境分析要借助许多相关学科的知识，而每个企业的情况又有很大差别，因此PEST分析法没有通用的方法，需要具体问题具体对待。

【讨论】

你认为当今企业面临的宏观环境有哪些？哪个环境因素最为重要？

【案例】 芭比娃娃

芭比娃娃在美国很受儿童欢迎，刚刚登陆日本时，并不受日本孩子的青睐。后来，玩具开发公司Mattle Toys把生产许可授予日本一家公司——Takara。Takara经过调查发现，大多数日本女孩及其家长认为蓝眼睛、修长腿、身材丰满的娃娃并不美丽。于是，经过一系列改进后，芭比娃娃迅速风靡日本市场。如今在日本销售的芭比娃娃，看起来更像一个日本人。

为了提高玩具公司的销售额，Mattle Toys围绕芭比娃娃，千方百计地设计了很多周边产品，比如，衣服、鞋帽、皮包、太阳镜，甚至还给芭比找了一个男朋友。但是，在印度，将芭比连同其男友一起出售却遭到了印度消费者的抵制。

原因很简单，在印度传统文化中，只要女孩有了男朋友，她的社会交际就会受到很大限制。也就是说，芭比娃娃既然已经有了男朋友，就不能和小朋友一起玩了。但是，玩具公司并没有气馁，进一步研究发现，印度人的手足之情非常深，因此，玩具公司创造了一名叫马克的玩具作为芭比的兄弟在印度市场上出售，收到了很好效果。

（资料来源：http://wenku.baidu.com/view/353c8e51f18583d04964594e.html，有修改）

【分析】

以上案例说明什么问题？

模块三 微观环境

一、微观环境分析

微观环境因素是指那些对组织的影响更频繁、更直接的外部环境因素，是与组织的决策活动、目标的制定与实施直接相关的因素，对企业发展的影响巨大。微观环境因素主要包括以下方面。

（一）顾客

顾客是指使用进入消费领域的最终产品或劳务的消费者和生产者，也是企业营销活动的最终目标市场。顾客对企业营销的影响程度远远超过前述的环境因素。顾客是市场的主体，企业的顾客会因受教育水平、收入水平、生活方式、地理条件等众多方面的不同，而对企业的产品和服务提出不同的要求，企业在市场营销、质量管理、战略决策方面必须充分关注顾客。任何企业的产品和服务，只有得到了顾客的认可，才能赢得这个市场。

（二）供应商

供应商是指对企业进行生产所需而提供特定的原材料、辅助材料、设备、能源、劳务、资金等资源的供货单位。这些资源的变化直接影响到企业产品的产量、质量以及利润，从而影响企业营销计划和营销目标的完成。原材料、零部件、能源及机器设备等货源的保证供应，是企业生产经营活动顺利进行的前提。任何一个环节在供应上出现了问题，都会导致企业的生产活动无法正常开展。为此，企业为了在时间上和连续性上保证得到货源的供应，就必须和供应商保持良好的关系，必须及时了解和掌握供应商的情况，分析其状况和变化。例如，供应商的货物价格，价格变动会直接影响企业产品的成本。如果供应商提高原材料价格，必然会让企业的产品成本上升，如果生产企业提高产品价格，则会影响市场销路；如果企业使价格不变，则会减少企业的利润。为此，企业必须密切关注和分析供应商的货物价格变动趋势。此外，企业还应考虑供应商供货的质量，能否供应质量有保证的生产资料将直接影响到企业产品的质量，进一步会影响到销售量、利润及企业信誉。

（三）竞争者

竞争者是指与本企业竞争资源的其他组织。企业的竞争广泛存在着，不仅局限于生产同类产品或提供同类服务的不同企业之间，有时两个不相干的企业也会因为获得一笔贷款而竞争。竞争是商品经济的必然现象，在商品经济条件下，任何企业在目标市场进行营销活动时，不可避免地会遇到竞争对手的挑战。即使在某个市场上只有一家企业在提供产品或服务，没有"显在"的对手，也很难断定在这个市场上没有潜在的竞争企业。

企业竞争对手的状况将直接影响企业营销管理活动。例如，竞争对手的产品价格、广告宣传、促销手段的变化，以及产品的开发、销售服务的加强都将直接对企业造成威胁。为此，企业在制定营销策略前必须先弄清竞争对手，特别是同行业竞争对手的生产经营状况，做到知己知彼，有效地开展企业营销管理活动。

（四）营销中介

营销中介是指为企业营销活动提供各种服务的企业或部门的总称。营销中介对企业营销产生直接的、重大的影响，只有通过有关营销中介所提供的服务，企业才能把产品顺利地送达到目标消费者手中。营销中介的主要功能是帮助企业推广和分销产品。

（五）社会公众

社会公众是企业营销活动中与企业营销活动发生关系的各种群体的总称。公众对企业的态度，会对其营销活动产生巨大的影响，它既可以有助于企业树立良好的形象，也可能妨碍企业的形象。所以企业必须采取处理好与主要公众的关系，争取公众的支持和偏爱，为自己营造和谐、宽松的社会环境。

（六）企业内部

企业开展经营活动要充分考虑到企业内部的环境力量和因素。企业是组织生产和经营的经济单位，是一个系统组织。企业内部一般设立计划、技术、采购、生产、营销、质检、财务、后勤等部门。企业内部各职能部门的工作及其相互之间的协调关系，直接影响企业的整个经营活动的效益。

企业内部各部门之间要多方面的合作，生产、技术、财务等部门也经常会发生矛盾。由于各部门各自的工作重点不同,有些矛盾往往难以协调。例如,生产部门关注的是长期生产的定型产品,故要求品种规格少、批量大、标准订单、较稳定的质量管理;而营销部门注重的是能适应市场变化、满足目标消费者需求的"短、平、快"产品,故要求多品种规格、少批量、个性化订单、特殊的质量管理。所以,企业在制订经营计划,开展经营活动时,必须协调和处理好各部门之间的矛盾和关系。

二、微观环境分析方法

微观环境又称具体环境对组织的影响更直接、更频繁,所以是组织分析外部环境的焦点。在这方面,波特教授提出的"五种力量模型"是一种特别有效的方法。波特教授发现,在企业经营环境中,能够经常为企业提供机会或产生威胁因素主要有五种,即本行业中现有的企业、供应商(供应方)、购买者(顾客)、其他行业中潜在进入者和替代品,如图 2-1 所示。

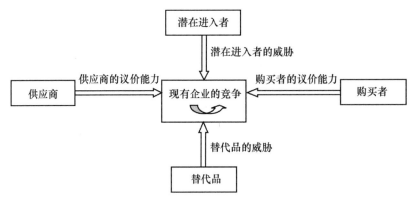

图 2-1 波特的五种力量模型

五种力量模型的具体分析方法如下。

1. 潜在进入者的威胁

潜在进入者在给行业带来新生产能力、新资源的同时,也希望在现有的市场中赢得一席之地,这就有可能会与现有企业发生原材料与市场份额的竞争,最终导致行业中现有企业盈利水平降低,严重的话还有可能危及这些企业的生存。竞争性进入威胁的严重程度取决于两方面的因素,这就是进入新领域的障碍大小与预期现有企业对于进入者的反应情况。所谓进入障碍,是指行业外部的企业进入这一领域必须付出,而行业内企业无须再付出的一笔损失。显然,进入障碍越大,潜在进入者的威胁就越小。

2. 替代品的威胁

两个处于同行业或不同行业中的企业,可能会由于所生产的产品是互为替代品,从而在它们之间产生相互竞争行为,这种源自于替代品的竞争会以各种形式影响行业中现有企业的竞争战略。第一,现有企业产品售价以及获利潜力的提高,将由于存在着能被用户方便接受的替代品而受到限制;第二,由于替代品生产者的侵入,使得现有企业必须提高产品质量、或者通过降低成本来降低售价、或者使其产品具有特色,否则其销量与利润增长的目标就有可能受挫;第三,源自替代品生产者的竞争强度,受产品买主转换成本高低的影响。总之,替代品价格越低、质量越好、用户转换成本越低,其所能产生的竞争压力就强;而这种来自替代品生产者的竞争压力的强度,可以具体通过考察替代品销售增长率、替代品厂家生产能力与盈利扩张情况来加以描述。

3. 供应商的议价能力

供应商的议价能力,是指企业的供应商向企业提供产品和原材料时的讨价还价能力;一般来说,满足如下条件的供应商会具有比较强大的讨价还价力量。

(1) 供应商被一些具有比较稳固市场地位而不受市场激烈竞争困扰的企业所控制,其产品的买主很多,以致每一单个买主都不可能成为供应商的重要客户。

(2) 不同供应商的产品各具特色,以致买主难以转换,或者很难找到可与供应商产品相竞争的替代品。

(3) 供应商能够方便地实行前向联合或一体化,而买主难以进行后向联合或一体化。

4. 购买者的议价能力

购买者的议价能力,是指顾客和用户在交易中讨价还价的能力。购买者主要通过其压价与要求提供较高的产品或服务质量的能力,来影响行业中现有企业的盈利能力。

5. 现有企业的竞争

现有企业的竞争,企业所处行业中的企业之间的正面竞争。对现有企业竞争对手的分析,同种产品的制造和销售通常不止一家,多家企业生产同种产品必然会采取各种措施争夺客户,从而形成市场竞争。对行业内部要分析主要竞争者的基本情况,对本企业构成威胁的原因以及竞争对手的发展动向。

波特教授的五种力量模型,可以帮助人们深入分析行业竞争压力的来源,使人们更清楚地认识到组织的优势和劣势以及组织所处行业发展中的机会和威胁。

【讨论】

管理者在利用波特的五种力量模型做关于汽车行业的市场决策时,还应考虑哪些因素?

【案例】 在淘宝网开网店

随着网络的普及和计算机技术的不断发展,网上交易已成为广大年轻人青睐的购物方式。一些"宅男""宅女"足不出户就可以买到自己心仪的商品。中国人民银行、银监会也规范了第三方支付平台运作,提高了支付清算的安全性和时效性。最近税务总局出台了最新税收政策,对网店也要征税。小张大学毕业后,响应政府号召,自主创业,在淘宝网上进行简单注册,开了一家经营服装和韩日化妆品的网店,成为众多淘宝网店商家的一员。小张在开店前采取了波特的五种力量模型进行如下分析。

1. 潜在进入者的威胁

在淘宝网上注册开店,门槛很低,每天有大量的注册网店产生,其中不乏销售与小张相同或类似商品的网店,与小张所开网店形成直接竞争关系,对小张的网店构成威胁。

2. 替代品和现有企业的竞争

在淘宝上有许多与小张所开网店类似的店铺,并且销售与小张相同或类似的商品。服装和化妆品种类众多、选择余地大、同质性强,因此,存在众多替代品和同行业竞争对手。

3. 购买者的议价能力

作为潜在购买者的网民,其在网上可以根据信誉度、价格、销量、售后服务等维度对各商家进行排序挑选,转换成本几乎为零,议价能力较强。

4. 供应商的议价能力

小张刚刚注册网店,最初销售量较小,进货量也相应不大,因此,对于供应商来讲其无足轻重,供应商有较强的议价能力,小张在最初往往难以以具有竞争力的价格进货。

(资料来源:http://www.doc88.com/p-7894213937471.html,有修改)

【分析】

> 1. 请评价小张用波特的五种力量模型分析的"淘宝网开店"合理吗?
> 2. 若你是小张,将如何运用五种力量模型进行分析,并将之运用于实际的网店运营管理中?

模块四 内部环境

内部环境对组织影响最频繁、最直接,是组织重要的一部分,它直接影响组织的日常运营、生存和发展。

一、内部环境分析

企业内部环境因素是指企业内部的物质环境、文化环境的总和,包括企业资源、企业能力、企业文化等因素,也称企业内部条件。

1. 组织物质环境

组织物质环境是指组织内部资源拥有的情况和利用情况。由于组织在客观上所拥有的资源数量有限,在主观上对这些资源的利用能力也有限,这会直接影响组织利用资源的情况和效果。任何组织的活动都需要一定的资源,一般分为以下三种。

(1) 人力资源环境,包括组织内不同类型人力资源的数量、素质和使用情况。

(2) 物力资源环境,包括组织活动中需要运用的物质条件的拥有数量和利用程度。

(3) 财力资源环境,包括组织资金的拥有情况、构成情况、筹措渠道和利用情况。企业财务状况分析是判断企业实力和对投资者吸引力的最好办法。

2. 组织文化环境

组织文化环境是指组织及其成员的行为方式以及这种方式所反映的被组织成员共同接受的信仰、价值观念和准则。组织文化环境对组织成员及其活动会产生重要的影响。会影响组织成员的认同感、个人的士气和积极性,组织的稳定性,从而影响组织的外部形象,最终影响组织的绩效。

对企业内部因素进行分析,可以对企业的管理、市场营销、财务、生产、研究与开发等各方面的优势与劣势有详细的了解,从而为制定有效的企业经营战略提供必要的信息基础。

二、内部环境分析方法

价值链分析是分析企业内部经营环境的重要方法。价值链的概念是由波特提出的,他认为企业内部创造价值的过程可以分成一系列独立活动。这些活动主要可以分为两类:一类是主要活动,主要有采购、生产、储运、营销、销售、服务等功能或活动;另一类是支持性活动,主要有技术开发、人力资源管理、财务等功能或活动。

通过价值链分析,企业可以发现哪个环节是价值增值的关键环节,哪些环节是增加附加成本的环节,从而有利于企业确定重点发展的核心业务及需要加以改进或进行外包的业务,使企业更明确自己的优势和劣势,提升企业创造价值的能力与效率。

三、内外部环境综合分析法

管理要通过组织内部的各种资源和条件来实现。因此,组织在分析外部环境的同时,必须分析其内部环境,即分析组织自身的资源,找出组织所特有的优势和存在的劣势。

任何组织的经营过程,实际上都是不断在其内部环境、外部环境及经营目标三者之间寻求动态平衡的过程。组织的内外部环境是一个整体,无法割裂开来。若一个企业内在优势显著,企业实力雄厚,那么抵御外部环境不确定性的能力就较强。相反,不具有任何内在经营特色的企业,即使外部环境再有利,也难以获得快速的发展。因此,通过SWOT分析法,企业能够较清晰地看到外部环境的机会与威胁以及内部资源的优势和劣势,也能够更客观地为自身的状况进行评估,从而能够选择发挥企业优势、弥补劣势、抓住机遇、规避威胁的战略。

SWOT分析法是最常用的内外部环境综合分析法。S代表优势(Strengths)、W代表劣势(Weakness)、O代表机遇(Opportunity)、T代表威胁(Threat)。SWOT分析法的优势、劣势、机遇、威胁四部分,形成环境分析矩阵。SWOT分析的主要内容,如表2-1所示。

表2-1 SWOT分析法的主要内容[①]

优势(S)	劣势(W)	机遇(O)	威胁(T)
·有力战略	·战略方向模糊	·服务于更多的消费群体	·潜在进入者的威胁
·雄厚的财务条件	·过时的设备	·向新的地理区域扩张	·替代品抢占市场份额
·良好的品牌形象	·财务状况恶化	·拓展产品线	·市场增长缓慢
·市场领导者	·成本过高	·向新产品转移技能	·汇率或贸易政策不利影响
·专有性技术	·缺少某些关键技能或能力	·纵向一体化	·顾客或供应商的影响力量增强
·成本优势	·利润水平低	·从对手处获得市场份额的机会	·购买者需求变化
·营销能力强	·内部经营问题	·收购对手企业	·人口统计变化
·产品创新技能	·研究开发不足	·拓展市场占有率	
·良好的顾客服务	·产品线狭窄	·利用新技术的机会	
·良好的产品质量	·营销能力不足	·延伸品牌的机会	
·联盟或合资企业			

在实际运用中,SWOT分析法还有待进一步发展。无论是内部环境还是外部环境因素都是处于不断变化之中的。因此,除了对目前的优势、劣势、机遇和威胁进行评价外,还需要根据SWOT分析法所选的战略来分析对企业未来的内外部环境将产生什么影响(在第六章有具体阐述)。

【讨论】

1. 你认为价值链分析法是否存在应用上的局限?你能以你了解的一个企业为例,简要指出其价值链吗?
2. 价值链分析法和SWOT分析法有什么区别?

---

① 高红岩.战略管理学[M].北京:清华大学出版社,2007.

【案例】 分析娃哈哈的品牌延伸

娃哈哈作为中国食品饮料行业的领军品牌在许多品类中所向披靡。公司的策略也是不断在已经打响的"娃哈哈"品牌下推出系列产品，使品牌延伸更多的领域，使娃哈哈品牌产生更多的附加值。于是，娃哈哈的品牌延伸到了牛奶、瓜子、方便面，甚至跨食品领域，延伸到服装、药品等领域。那么，是不是一个品牌打响之后，就可以无限制"生小孩"，且"每个小孩都健康"呢？事实上并不一定都是如此。

娃哈哈进入乳业品种类后，其产品销售不甚理想，无法与伊利、蒙牛、光明等乳业强势品牌抗衡，公司决定重新塑造品牌，从品牌定位、品牌核心价值、卖点等方面进行全新包装。娃哈哈牛奶的生产基地分别在天津、黑龙江等地，当时公司提出，由于娃哈哈的奶源基地与雀巢等一样在黑龙江，地处北纬47°，而北纬47°地区是最容易产出高品质牛奶的地区，因此可以将北纬47°作为品牌的核心诉求点或是以"好牛奶、好牧场"作为品牌价值。但北纬47°奶不止娃哈哈一家，且已经有人在用，再用似有跟风之嫌，且品牌的核心价值及产品卖点应与竞争品牌有所区别才能形成自己的特色并容易深入人心。品牌规划中差异化十分重要，虽然娃哈哈奶源基地不在杭州，但在许多消费者的心中总认为娃哈哈是杭州的产品，因此"好牛、好奶、好牧场"的诉求无法超越内蒙古的强势品牌。

（资料来源：http://www.emkt.com.cn/article/265/26590.html，有修改）

【分析】

1. 娃哈哈进入乳业领域所面临的外部环境到底是机会多还是威胁多？
2. 娃哈哈的内部环境允不允许娃哈哈进入乳业领域？
3. 如果娃哈哈要进入乳业领域，必须要克服哪些困难？

【管理工具】

环境分析工具

1. PEST分析法：分析组织所面临的宏观环境。
2. 五种力量模型分析法：分析组织所面临的微观环境。
3. 价值链分析法：分析企业内部经营环境的重要方法。
4. SWOT分析法：最常用的分析组织内外部环境综合分析法。

【本章案例分析】 诺基亚的辉煌与衰退

1991年前，诺基亚只是芬兰一个地区性的公司，其市场主要分布在国内和东欧国家，由于世界形势的改变，诺基亚公司一下子失去了大半个市场并陷入了困境。此时的诺基亚股东曾试图将诺基亚公司卖给邻居——瑞典的爱立信公司，但爱立信却不想要这个包袱。然而，事实并不像人们想象得那么糟。经过7年的奋力拼搏，诺基亚成为全球最大的手机生产商。1999年诺基亚手机的全球市场占有率高达27%。诺基亚能够从一个不出名的小公司发展成为世人瞩目的跨国电信集团公司，首先得益于掌门人奥利拉的远见卓识。诺基亚是1865年成立的老公司，在公司成立后的100年中，诺基亚从事了木材、造纸、物业、橡胶、机械、电缆等多种产业。1992年诺基亚新任总裁奥利拉看准了能引领时代发展方向的通信行业,并明确地提出:"未来将属于通信时代,诺基亚要成为世界性电信公司。"正如奥利拉所预料的那样,世界移动电话的需求量很快就进入了高速增长的时期。当数字电话标准在欧洲开始流行时,诺基亚早已准备就绪,凭借充满灵感的设计和不断地推陈出新,1998年一跃成为世界移动电话最大的生产商。2007年,诺基亚公司实现净销售额511亿欧元,利润收入达72亿欧元。截至2005年年底,公司在全球8个国家拥有14家工厂,并在11个国家设立了研发中心,雇员人数达到了约58 800人。

1. 故步自封,满足传统手机市场份额

为了确保技术的领先,诺基亚不惜花费巨额研制经费开发新产品。在诺基亚全球5.8万名雇员中,从事技术研发的人员超过1.7万名。1997年,诺基亚的产品设计师开发出了一个绝妙的新产品:在诺基亚6110手机上内置了一款非常适合12键手机操控的单机游戏——贪吃蛇。几个月后,诺基亚又第一次发布了能够随意换壳的手机5110。在这以后的数年内,诺基亚开始复制"贪吃蛇战术",陆续开发出来一些有趣的小游戏和涂有各种颜色外壳的产品。诺基亚的全球市场份额年年增长,2000年,诺基亚的市值是苹果的24倍。与苹果主打的一款iPhone产品不同,诺基亚有数条生产线,产品横跨十几个系列,在低中高档三个市场,诺基亚都有着庞大的份额。2006年,诺基亚更是创下了让手机厂商艳羡的72.8%的全球市场份额。

此时,华尔街一位科技分析师曾提醒诺基亚的高管:"我想诺基亚只是碰巧满足了用户的需求,从长远来看,提供哪些应用程序应当由用户决定,而不是由诺基亚公司决定。"但诺基亚的高管们认为与用户的选择相比,他们更相信公司的数千名工程师的灵感。

2. 害怕风险,轻易丧失原创技术优势

早在2004年,诺基亚资深的技术研发人员哈克兰在芬兰总部一个展会上向消费者演示了一款原型机,这款原型机的最大特征是具有互联网功能以及可触控大显示屏。哈克兰相信,这款新型手机将会深化诺基亚在智能手机领域的固有优势。"但是管理层选择了放弃,他们扼杀了它。"因为顾及批量生产这种新型手机会有很大的风险,依托原有12格键位手机已经占领了智能手机市场的诺基亚放弃了哈克兰的创新。"被一同放弃的,还有我们设计出来的在线应用商店。"这项比苹果早三年拥有的技术,并没有让诺基亚开拓出新的利润点,倒是三年后苹果的线上App获得了极大的成功。就在苹果的设计师们忙着研发大屏幕、3D效果、互联网接入技术、IOS系统的时候,每年有着高达40亿美元投入的诺基亚科研部门依旧固守着自己的12格键位设计、塞班系统。

塞班系统本是在电子时代研发出来的系统,本身并不是PC时代的产物,相比安卓等新型系统,它并不适合新型智能手机搭载。诺基亚坚持塞班系统的原因,是因为诺基亚认为手机依旧仅仅是打电话、发短信的工具。"手机将会强化自己的通信功能,而应用会由其他移动平台来实现。"如果说开始的时候是诺基亚高层战略失误,那么当看到人们追逐iPhone的热烈程度时,诺基亚应该已经明白人们对于手机的需求已经和20年前大大不同了。如果开拓符合人们需求业务的产品必将对传统业务造成打击,面对人们的需求和企业短期利益,诺基亚只看到了后者。

2007年是诺基亚的分水岭,这个全球最大的手机生产商开始从进攻转向全线防守。从2007年开始,诺基亚的科研人员再也没有研发出能够引领世界手机潮流的新产品了。而此时苹果iPhone的销售量虽是诺基亚全球销售量的零头,但却占据着手机市场总利润的

40%。2009年苹果在只有两款手机的情况下,第二季度的销售收入达到了48亿美元;同一季度,诺基亚亏损高达8.34亿美元。面对诺基亚史上的首次巨亏,CEO康培凯表达了自己对几年前形势错误判断的遗憾:"一夜之间,全球最成功的公司苹果、谷歌、微软突然都成为我们的竞争对手。"

2011年下半年,在苹果和谷歌的围追堵截下,诺基亚智能手机全球市场份额由2006年的72.8%降至15.2%,其"全球智能手机销量第一"的桂冠被苹果轻松摘走。2011年11月26日,诺基亚在法兰克福证券交易所申请退市。

(资料来源:http://jpkc.peizheng.net.cn/qyzlgl/article/2012/0321/article_66.html,有修改)

【讨论】

1. 试分析20世纪90年代初诺基亚所处的宏观环境,谈谈当时的宏观环境给诺基亚发展带来了哪些影响?

2. 试从环境变化的角度分析,曾经辉煌的诺基亚为什么会迅速走向衰退?

【做游戏学管理】 自我SWOT分析

[目的]

增强对自我的认识,了解自己的差距,从而找出指导自我学习的最佳办法。

[游戏程序与规则]

1. 组织与时间

(1) 5~10人一组。

(2) 时间:10分钟。

2. 要求

(1) 先以个人形式完成,再进入小组讨论。

(2) 教师给每位学生发一张SWOT分析表,然后让学生把自己的优势、劣势、机遇、威胁填在相应的SWOT分析表中。

(3) 填完后进入小组与小组其他成员分享。

3. 游戏前的准备

SWOT分析表、笔、纸。

[讨论]

游戏结束以后,请同学们讨论游戏中反映出的管理问题。

(1) 当你为自己做了SWOT分析之后,是否对自己的认识更加深刻了?

(2) 与小组其他同学讨论后,有何体会?

【实务项目训练】 企业环境分析

一、训练目标

(1) 培养分析外部环境的能力。

(2) 培养分析内部环境的能力。

二、训练内容

(1) 实地调查一家企业,或搜集一家企业的相关全面资料。

(2) 用五种力量模型分析法,分析该企业所面临的微观环境。

(3) 运用价值链分析法,分析该企业所处的内部环境。

(4) 运用 SWOT 分析法,分析该企业的内外部环境。

(5) 以小组为单位,6~8 人为一组,在共同研讨的基础上,每个人都要认真进行该企业内外部环境的分析。

(6) 在课堂上组织一次交流。

三、训练步骤

(1) 能运用五种力量模型分析法和价值链分析法、SWOT 分析法进行分析。

(2) 每人要交一份简要的分析报告,教师应对各小组成员调研、讨论的表现评分。

【技能自测题】

1. 组织与环境之间的关系是怎样的?

2. PEST 分析法有什么作用?

3. 用 PEST 分析法分析我国电子商务企业面临的环境因素变换情况,从中归纳总结企业面临的机会和挑战。

4. 波特的五种力量模型包括哪些方面?

5. 练习运用 SWOT 分析法和五种力量模型进行环境分析。

6. 你认为哪些环境对企业的影响更直接?

7. 管理工作为什么要关注环境?

【参考文献】

[1] 周三多. 管理学[M]. 3 版. 北京:高等教育出版社,2010.

[2] 单凤儒,金彦龙. 管理学[M]. 北京:科学出版社,2009.

[3] 张满林. 管理学理论与技能[M]. 北京:中国经济出版社,2010.

[4] 史秀云. 管理学基础与实务[M]. 北京:北京交通大学出版社,2010.

[5] 张玉利. 管理学[M]. 3 版. 天津:南开大学出版社,2013.

[6] 〔美〕菲利普・L. 亨塞克. 管理技能与方法[M]. 2 版. 王汀汀,何训,陈晔,译. 北京:中国人民大学出版社,2007.

[7] 吴焕林,赵明剑. 管理理论与实务[M]. 北京:北京交通大学出版社,2009.

[8] 丁苹,孙蔚闻. 管理学原理与实务[M]. 北京:北京交通大学出版社,2010.

第三章 组 织

【学习目标】

■ 能力目标
1. 设计不同规模的组织结构。
2. 分析具体组织结构的优缺点。
3. 制定相关部门及岗位职责说明书。
4. 制定组织运行的相关制度草案。

■ 知识目标
1. 了解组织的含义和类型。
2. 了解组织工作的过程。
3. 知道组织设计任务、原则、影响因素。
4. 熟悉组织设计的步骤、岗位设计、部门设计、管理层次和管理幅度设计、职务设计、职权设计、组织关系设计相关知识。
5. 掌握职权配置相关知识(包括权力、职权、集权、分权、授权)。
6. 掌握常见的组织结构类型。
7. 熟悉组织运行中组织制度的制定、实施和执行、冲突的协调相关知识。
8. 了解组织变革的相关知识。

■ 素质目标
1. 通过资料收集、课外调查、课堂研讨和撰写报告,培养组织规划和设计思维。
2. 通过小组集体学习和训练,培养团队协作精神。

【本章内容概要】

任何一个组织在经过环境分析,确定战略、决策后,都要设计合理、高效、能顺利实现其组织目标的结构和体制,合理配置各种资源,以保证组织计划和目标的顺利完成。本章重点介绍组织的含义、组织设计、常见组织结构类型、组织运行和组织变革等相关内容。

任务导入▶

模拟组建企业并设计组织结构和职务说明书

一、任务目的

(1)认知组建企业初期所做的工作内容,增强学生对企业总体管理意识。
(2)增强学生对企业组织结构的感性认识。
(3)初步培养学生对企业组织结构和职务说明书的设计能力。

二、任务形式

讨论,撰写报告,分享成果。

三、任务要求

(1) 根据班级人数,分组,每组 6~8 人,组织一个模拟公司。

(2) 设定公司的名称和地址。

(3) 选举总经理(担任主持角色,组织讨论)。

(4) 确定模拟公司的业务经营范围,投资规模。

(5) 根据以下管理情境确定本公司的组织结构。由总经理任命各成员职位,并确定分工,具体管理情境如下。

① 如果你们的公司有 12 名员工,你如何确定管理模式与层次?

② 3 年后,由于你们的公司规模扩大,拥有 150 名员工,并且经营范围也同步扩大,涉及三类产品业务,你将如何设计管理模式?请提出组织结构设计方案。

③ 5 年后,如果出现了各种管理问题,你将如何安排管理与经营模式?如果临时为客户建设一个项目,又如何来安排?

(6) 根据大家讨论的内容,编撰创业公司组织结构设计报告大纲。

(7) 绘制不同情境下的组织结构图。

(8) 以学生为主体,教师把组织结构设计的相关知识贯穿到讨论中。

(9) 课后结合本章各模块知识,完善本组的报告。

四、任务成果标准

至少形成 2000 字的报告,语言通顺、层次清晰、组织结构图设计和职务说明书等书写要规范,按教师指定时间提交。

五、教学建议

(1) 在讨论过程中对学生所熟悉的企业进行分析。

(2) 课上形成大纲,课后完成报告(可以采用手写、Word 电子文档或 PPT 等方式)。

(3) 涉及知识点让学生查找本书内容或相关书籍,由教师引导,启发式学习。

模块一 组织认知

一、组织的含义

不同学科的学者都给"组织"一词下过定义。艾伦将正式的组织定义为:为了使人们能够高效率地实现既定的目标而进行的明确责任、授予权力和建立关系的过程。著名的组织学家巴纳德将一个正式的组织定义为:有意识地协调两个或多个人活动或力量的系统。

一般来说,组织有两重含义。其一是作为名词,是指为了实现某种目的,由两个以上的人组成的群体或集合,成员之间存在一定关系,相互协调与配合,是一个体系。巴纳德认为,由于生理的、心理的、物质的、社会的限制,人们为了达到个人的和共同的目标,就必须合作,于是形成群体,群体进一步发展为组织。其二是作为动词,是指为了实现组织的共同目标,安排各个成员及相关事物,使之具有一定系统性和整体性,完成组织一系列活动的过程。包括组织结构设计、岗位设置、资源配备、确定各职务之间关系、建立各种规章制度及各部门或人员相互协调等过程。组织是重要的管理职能,对于发挥集体力量、合理配置资源、提高工作效率具有重要的作用。

在对组织的众多定义中大多数都强调如下因素。

1. 协作与管理

管理学家曼尼指出,不论是多么简单的工作,为了达到某个明确的目标,需要两个以上的人协作劳动时,就会产生组织问题。在这里,组织几乎成了协作与管理的代名词或同义词,因此,曼尼给组织下的定义是:组织,就是为了达到共同目的的,所有人员协力合作的形态。为了达到共同的目的,并协调各组织成员的活动,有必要明确规定各个成员的职责及其相互关系,这是组织的中心问题。

2. 有效管理

管理学家布朗认为,组织就是为了推进组织内部各组成成员的活动,确定最好、最有效果的经营目的,最后规定各个成员所承担的任务及成员之间的相互关系。布朗认为组织是达成有效管理的手段,是管理的一部分;管理是为了实现经营的目的,而组织是为了实现管理的目的。

根据布朗的解释,组织有两个问题:一是规定各成员的职责,二是规定职责与职责之间的相互关系。例如,直线系与参谋系之间的协调问题等。布朗以职责的概念为出发点,提出了权力与责任概念,而且根据职责的分类,提出要合理地形成组织的主要部门、辅助部门和参谋部门。这是布朗关于组织概念的一个重要贡献。

3. 分工与专业化

泰勒、法约尔的组织理论中所谈的组织,主要是针对建立一个合理的组织结构而言的。为了使组织结构高效、合理,他们强调了分工与专业化,职能参谋的作用,直线权力的完整性与统一性以及规章制度与集中。他们把组织分为两个层面的形态:一是管理组织,二是作业组织。

所谓管理组织,主要是规定管理者的职责以及他们之间的相互关系,研究人与人之间的关系问题,其重点是研究合理组织的社会结构问题,即主要研究人们在组织内部的分工协作及其相互关系。所谓作业组织,就是规定直接从事作业的工人的职责,包括作业人员与作业对象的关系,其重点是研究人与物的关系问题。按照法约尔的观点,作业组织是研究合理组织的物质结构问题,即主要研究如何合理配置和使用组织的各种物力、财力资源。物质结构又常常是通过社会结构的组织来实现的。

4. 协作群体

在现代组织理论中,巴纳德认为,由于生理的、物质的、社会的限制,人们为了达到个人的和共同的目标,就必须合作,于是形成协作的群体,即组织。这是一般意义上的组织概念,它的核心是协作群体即组织,目的是为了实现个人及群体的共同目标。它的隐含意思是人们由于受到生理、物质及社会等各方面的限制而不得不共同合作。也就是说,如果人们没有受到任何限制,凭个人的力量也可以实现个人的目标,那就没有必要组织起来。从这个意义上来说,组织是一种从被迫到自愿的协作群体和协作过程。

综上所述,从管理学的意义上来说,什么是组织呢?根据国内外有关学者的最新研究,可以给组织做出如下的定义:组织是有效地配置内部有限资源的活动和机构,为了高效率地实现既定的共同目标而按照一定的规则、程序所构成的一种责权结构设置和人事安排。

二、组织的类型

组织是人们有计划地建立起来的具有特定的目标、执行一定职能的机构。对于组织的种类,可以按不同的标准进行分类。

1. 按组织的目标分类

按组织的目标来分类,可将组织分为互益组织、工商组织、服务组织、公益组织。

(1) 互益组织:如工会、俱乐部、政党等。

(2) 工商组织:如工厂、商业公司、商店、银行等。

(3) 服务组织:如医院、学校、社会福利机构等。

(4) 公益组织:如政府机构、研究机构、消防队等。

2. 按组织的社会职能分类

按组织的社会职能来分类,可将组织分为经济组织、政治组织、文化组织、群众组织、宗教组织。

(1) 经济组织:如工厂、商业企业、交通运输、银行证券等。

(2) 政治组织:如政党、政府、法律、公安、军事、监察等。

(3) 文化组织:如科研组织、教育组织、文化团体、体育组织等。

(4) 群众组织:如工会、妇女联合会、科学技术协会等。

(5) 宗教组织:如佛教协会、道教协会等。

3. 按满足心理需求分类

按满足心理需求来分类,可将组织分为正式组织和非正式组织。

(1) 正式组织。经过有计划的设计,将组织业务分配给各层次,做出系统的综合并由规则来支持职责,强烈地反映出管理者的思想和信念,但其成员并不一定重视或接受管理者的社会、心理和行政的假设。正式组织具有以下特征。

第一,经过规划而不是自发形成的。其组织机构的特征反映出一定的管理思想和信念。

第二,有十分明确的组织目标。

第三,讲究效率,协调地处理人、财、物之间的关系,以最经济、有效的方式达到目标。

第四,分配角色任务,影响人们之间关系的层次。

第五,建立权威,组织赋予领导以正式的权力,下级必须服从上级。

第六,制定各种规章制度约束个人行为,实现组织的一致性。

第七,组织内个人的职位可以相互替代。

(2) 非正式组织。在满足需要的心理推动下,比较自然地形成的心理团体,其中蕴藏着深厚的友谊与感情的因素。非正式组织具有以下特征。

第一,组织的建立以人们之间具有共同的思想、相互喜爱、相互依赖为基础,是自发形成的。

第二,组织最主要的作用是满足个人不同的需要。

第三,组织一经形成,会产生各种行为规范,约束个人的行为。这种规范可能与正式组织目标一致,也可能不一致,甚至发生抵触。

非正式组织对正式组织来讲,具有正反两方面的功能。

非正式组织的正面功能主要体现在,非正式组织混合在正式组织中,容易促进工作的完成;正式组织的管理者可以利用非正式组织来弥补成员间能力与成就的差异;可以通过非正式组织的关系与气氛获得组织的稳定;可以运用非正式组织作为正式组织的沟通工具;可以利用非正式组织来提高组织成员的士气等。非正式组织的负功能主要体现在,可能阻碍组织目标的实现等。

4. 按个人与组织的关系分类

按个人与组织的关系来分类有两个标准,即运用权力与权威的程度以及个人参与组织活动的程度。每类又可分为若干种。

（1）按运用权力和权威的程度来分,可分成以下三种组织。

① 功利型组织。在运用合法权威过程中,同时实行经济和物质等功利报酬手段,如工商企业、农场等。

② 强制型组织。以强制权力来加以控制的组织,如监护性精神病院、监狱、管教所等。

③ 规范型组织。以内在价值及地位为报偿来加以控制的组织,如学校、医院、社会团体等。

（2）按个人参与组织活动的程度来分,又可分成以下三种组织。

① 疏远型组织。组织个人与组织活动很少有共同之处,成员在心理上并不介入组织,而是在强制力量下成为组织成员。

② 精打细算型组织。参加工作的原则是根据自身所得,完成相当于所得的工作。

③ 道德涵养型组织。自觉自愿完成组织的任务,积极参与组织活动,个人与组织目标一致。

> **思考：** 有人认为"组织与群体没什么区别",你赞同这个说法吗,请阐述理由。

三、组织工作的过程

组织工作是根据组织的目标、内外部环境来建立和协调组织结构的过程。设计、建立并维持一种科学的、合理的组织结构,是为成功地实现组织目标而采取行动的一个连续的过程。这个过程涉及组织设计、组织运行和组织变革三个阶段,如图3-1所示。

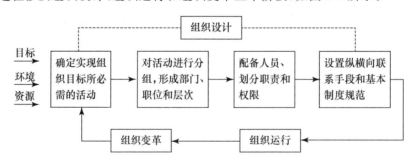

图3-1 组织工作的过程

（一）第一阶段：组织设计

组织设计是指组织工作中最重要、最基本的一个环节,就是要建立一个有效的组织结构框架,对组织成员在实现组织目标中的分工协作做出正式、规范的安排。

（二）第二阶段：组织运行

组织运行是使设计好的组织运转起来,主要涉及组织制度的建立、组织冲突的协调、运行机制的健全、运行过程的调控等工作。

（三）第三阶段：组织变革

组织变革是对组织的调整、改革与再设计。根据组织内外部因素的变化，适时调整与修改组织设计，以适应环境的变化，发挥组织的最大功效。

【案例】 七人分粥的故事

有七个人住在一起，每天共喝一桶粥，但是粥每天都不够。

一开始，他们抓阄决定谁来分粥，每天轮一次。于是每周下来，他们只有一天是饱的，即自己分粥的那一天。

后来他们开始推选出一个道德高尚的人出来分粥。强权就会产生腐败，大家开始挖空心思去讨好他、贿赂他，搞得整个小团体乌烟瘴气。

然后大家开始组成三人的分粥委员会及四人的评选委员会，互相攻击扯皮；最后，粥吃到嘴里全是凉的。

（资料来源：http://www.360doc.com/userhome.aspx? userid=6295074&cid=11，有修改）

【分析】

1. 你有办法解决这个喝粥难题吗？
2. 这个故事给我们什么启示？

模块二　组织设计

组织设计是指管理者将组织内各要素进行合理组合，建立和实施一种特定组织结构的过程。组织设计主要是研究如何合理设计组织架构以及确定组织内部各部门之间关系与合作模式的过程，组织机构与管控模式有效与否受到组织中的指挥系统、信息沟通网络以及人际关系的影响。组织设计是有效管理的必备手段之一。组织设计的实质是对管理人员的管理劳动进行横向和纵向的分工。

一、组织设计的任务

组织设计的任务是设计清晰的组织结构图，规划和设计组织中各部门的职能和职权，确定组织中职能职权、参谋职权、直线职权的活动范围，最终编制职务说明书等。

（一）设计组织结构图

组织结构是组织的全体成员为实现组织目标，在管理工作中进行分工协作，在职务范围、责任、权利方面所形成的结构体系。组织结构是组织在职、责、权方面的动态结构体系，其本质是为实现组织战略目标而采取的一种分工协作体系，组织结构必须随着组织的重大战略调整而调整。

组织结构图也称组织的框架体系图，是对一个组织的一整套活动和职能责任可视化的描述。每个组织结构图有纵横两个维度：纵向代表权力等级，横向代表专门化或部门化。纵向垂直的权力等级建立指挥链，以确定基本的权力等级和职权结构；横向水平的部门化建立劳动分工。如图 3-2 所示,图中方框表示各种管理职务或相应部门,箭头表示权力的指向,通过箭头将各方框连接,表明了各管理职务或部门在组织结构中的地位及关系。

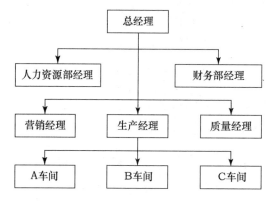

图 3-2 某公司组织结构图

(二)编制职务说明书

组织结构图建立以后,需要根据职能与职务的分析,设计相应岗位职责规定,也就是编写职务说明书。职务说明书要求能简单明确地指出该管理职务的名称、所属部门、工作性质、工作内容、工作对象和方法、步骤,与组织其他部门和职务的关系,以及担任该职务者所应具备的基本素质、知识结构、工作经验、技术专长等任职资格条件。

每个组织的职务说明书的各项目基本相同,但其格式可以各异,如表 3-1 所示。

表 3-1 生产主管职务说明书

岗位名称		生产主管		所属部门		生产部				
基本资料	直接上级	制造部经理								
	直接下级	生产部门员工								
	职位等级			管理人数		(人)	薪金标准			
职位概要		组织下级并指导其完成企业生产计划,实现企业生产目标								
岗位职责 (按重要性排序)		职责细化		频度(划√)						占用时间(%)①
			每日	每周	每月	每季	每半年	每年		
规划并完成组织生产目标		指导完成生产线组装工艺,并进行产品调试								
		进行项目管理								
		调研、寻觅及核实客户需求方案的制订与执行								
协调生产管理团队的工作		与其他部门协作共同满足现有及潜在的客户需求								
主持各项生产的文字编写		主持编写工艺流程实施文件								
		主持制定产品使用说明文档								
任职资格	教育	理工类或相关专业本科以上学历								
	工作经验	5年以上生产管理经验								
	培训	受过生产管理、管理学、管理技能开发、项目管理、产品知识等方面的培训								
	技能/能力	(1)熟悉所在产业、行业的生产过程;(2)熟悉原材料的供应渠道;(3)熟悉生产规程和质量标准;(4)熟练使用办公软件,具有良好的英文基础								
	其他	(1)具有敬业精神和拼搏精神,能够带领团队,发挥较好的团队合作精神; (2)优秀的表达能力、沟通能力、领导能力,能够承受高强度的工作压力								

续表

工作条件	工作时间特征	一般工作时间	□固定	□偶尔变动	□经常变动
		主要工作时间	□白天	□晚上	□不确定
	工作环境	办公室及工作场所,舒适			
	危险性	基本无危险,无职业病危险			
岗位关系	可直接晋升职位	生产总监			
	可相互轮换职位	质量主管			
	可晋升至此职位	生产部门员工			

直接上级(签字):_____   任 职 人(签字):_____

岗位编号:_____   日 期:_____

注:① "%"指每一项工作职责在职位承担者的总工作时间中所占的百分比,企业根据自己的情况,自行填写。

二、组织设计的原则

组织设计过程中,应遵循以下原则。

1. 目标与任务一致原则

每个组织都有一个基本的目标,并以此来分配资源,每一个组织和这个组织的每一部分,都与特定的任务、目标有关,组织设计应以组织的目标和任务为主要依据,因事设职,因职设人。

2. 分工与协作原则

组织部门的划分、业务的归口,应兼顾专业分工及协作配合。这就要求在观念上要有整体的目标和共同奋斗的意识,在制度上应有明确划分的责任和协作的义务,在组织形式上应将分工和协作结合起来。

3. 统一领导和分级管理原则

只有实行统一领导和分级管理,才有利于发挥各级组织成员的积极性和创造性,才能保证组织的高效性和灵活性。

4. 权责相等的原则

整个组织中职权和职责应是对等的,必须严格保证组织中每一职位拥有的权利与其承担的责任相称,权责相等是发挥组织成员能力的必要条件。如果没有明确的权力,或权力的应用范围与工作的要求不对等,则可能使责任无法履行,任务无法完成。

5. 有效管理幅度原则

管理幅度也称管理跨度、管理宽度,指一名领导者直接领导的下级的数目。管理幅度是同管理层次相互联系、相互制约的,即管理幅度越大,管理的层次越少。由于领导者受时间和精力等方面因素的限制,往往不能够直接指挥组织各方面活动。如果管理幅度过大,则会超出领导者的能力,就会造成组织管理的混乱;如果管理幅度过小,则会造成管理费用高,资源浪费,因而需要确定一个适宜的管理幅度。

6. 灵活优化原则

组织设计对客观环境的变化要有适应性,要根据企业的发展需要,适时地进行组织结构和人员的优化调整。当内外环境因素发生了变化,就要求组织结构发生相应的调整,以适应变化了的情况；若组织人员履职不力时，也要求对人员进行相应的调整，以保证组织在新情况下能够保持活力。

三、组织设计的影响因素

管理职务及其结构的设计是为了合理组织管理人员的劳动。而需要管理的组织活动总是在一定的环境中利用一定的技术条件并在组织战略的指导下进行的，组织设计不能不考虑这些因素的影响，归纳起来，影响组织设计的因素主要包括以下几个主要方面。

1. 战略

组织设计必须服从组织所选择的战略的需求。适应战略要求的组织结构，为战略的实施及组织目标的实现提供了必要的前提。

战略是实现组织目标各种行动的方案、方针和方向选择的总称，为实现同一目标，组织可以在各种战略中进行挑选，不同的战略要求不同的职务活动，从而影响管理职务的设计；战略重点的改变会引起组织的工作重点、各部门与职务在组织中重要程度的改变。

2. 环境

在稳定的环境中，要求组织机构相对稳定，各部门及人员的职责界限分明，工作内容、工作程序都有详细的规定，各部门的权责关系固定，等级结构严密。而多变的环境要求组织结构灵活，各部门的权责关系和工作内容需要根据环境变化经常作适应性调整。

3. 技术

组织的活动需要利用一定的技术和反映一定技术水平的物质手段来进行。技术以及技术设备的水平不仅影响组织活动的效果和效率，而且会作用于组织活动的内容划分、职务的设置和工作人员的素质要求等。

4. 规模

组织规模往往与组织的发展阶段相联系。伴随着组织的发展，组织活动的内容会日趋复杂，人数会逐渐增多，活动的规模会越来越大，组织的结构也应随之调整。

5. 人员

人员的素质对组织设计起着决定性作用。人员的素质包括身体状况、心理素质、职业道德、知识水平等。一般而言，组织的劳动力技术含量越高，需要团结成集体或团队来执行任务的人越多，组织越可能使用弹性分权制结构。具有较高技能的员工，或把较强专业价值和行为规范内化为他们所受培训的一部分员工，往往渴望自由和自治，而且不喜欢被严密监督。这样，在设计一个组织结构时，管理者必须密切注意劳动力及工作本身。

【讨论】

中国有两句俗话：
"一个和尚挑水喝，两个和尚抬水喝，三个和尚没水喝。"
"三个臭皮匠胜过诸葛亮。"
请分析为什么会出现这两种现象。

四、组织设计的步骤

1. 确立组织目标

通过收集及分析资料,进行设计前的评估,以确定组织目标。

2. 划分业务工作

一个组织是由若干部门组成的,根据组织的工作内容和性质,以及工作之间的联系,将组织活动组合成具体的管理单位,并确定其业务范围和工作量,进行部门的工作划分。

3. 提出组织结构的基本框架

按组织设计要求,决定组织的层次及部门结构,形成层次化的组织管理系统。

4. 确定职责和权限

明确规定各层次、各部门以及每一职位的权限、责任。一般用职位说明书或岗位职责等文件形式表达。

5. 设计组织的运作方式

设计组织的运作方式具体包括:联系方式的设计、管理规范的设计、各类运行制度的设计。

6. 决定人员配备

按职务、岗位及技能要求,选择配备恰当的管理人员和员工。

7. 形成组织结构

对组织设计进行审查、评价及修改,并确定正式组织结构及组织运作程序,颁布实施。

8. 调整组织结构

根据组织运行情况及内外环境的变化,对组织结构进行调整,使之不断完善。

五、组织设计的内容

(一)岗位设计

岗位设计,又称工作设计,是指根据组织需要,并兼顾个人的需要,规定每个岗位的任务、责任、权力以及组织中与其他岗位关系的过程。岗位设计是把工作的内容、工作的资格条件和报酬结合起来,目的是满足员工和组织的需要。岗位设计问题主要是组织向其员工分配工作任务和职责的方式问题,岗位设计是否得当对于激发员工的积极性,增强员工的满意感以及提高工作绩效都有重大影响。

1. 岗位设计的主要内容

(1)工作内容。工作内容的设计是工作设计的重点,一般包括工作的广度、工作的深度、工作的完整性、工作的自主性以及工作的反馈性五个方面。

① 工作的广度。即工作的多样性。工作设计得过于单一,员工容易感到枯燥和厌烦。因此设计工作时,尽量使工作多样化,使员工在完成任务的过程中能进行不同的活动,保持对工作的兴趣。

② 工作的深度。设计的工作应从易到难,对员工工作的技能提出不同程度的要求,可以增加工作的挑战性,激发员工的创造力和克服困难的能力。

③ 工作的完整性。保证工作的完整性能使员工有成就感,即使是流水作业中的一个简

单程序,也要有全过程,让员工见到自己的工作成果,感受到自己工作的意义。

④ 工作的自主性。适当的自主权力能增加员工的工作责任感,使员工感到自己受到了信任和重视,认识到自己工作的重要性,使员工工作的责任心增强,工作的热情提高。

⑤ 工作的反馈性。包括两方面的信息:一是同事及上级对自己工作意见的反馈,如对自己工作能力、工作态度的评价等;二是工作本身的反馈,如工作的质量、数量、效率等。工作反馈信息使员工对自己的工作效果有一个全面的认识,能正确引导和激励员工,有利于工作的精益求精。

(2) 工作职责。工作职责设计主要包括工作责任、工作权力、工作方法以及工作中的相互沟通和协作等方面。

① 工作责任。工作责任设计就是员工在工作中应承担的职责及压力范围的界定,也就是工作负荷的设定。责任的界定要适度,工作负荷过低、无压力,会导致员工行为轻率和低效;工作负荷过高、压力过大,又会影响员工的身心健康,导致员工的抱怨和抵触。

② 工作权力。权力与责任是对应的,责任越大,权力范围则越广;否则二者将脱节,会影响员工的工作积极性。

③ 工作方法。包括领导对下级的工作方法,组织和个人的工作方法设计等。工作方法的设计具有灵活性和多样性,不同性质的工作根据其工作特点的不同采取的具体方法也不同,不能千篇一律。

④ 相互沟通。沟通是一个信息交流的过程,是整个工作流程顺利进行的信息基础,包括垂直沟通、平行沟通、斜向沟通等形式。

⑤ 协作。整个组织是有机联系的整体,是由若干个相互联系、相互制约的环节构成的,每个环节的变化都会影响其他环节以及整个组织运行,因此各环节之间必须相互合作、相互制约。

(3) 工作关系。组织中的工作关系,表现为协作关系、监督关系等方面。

通过以上三个方面的岗位设计,为组织的人力资源管理提供了依据,保证事(岗位)得其人,人尽其才,人事相宜;优化了人力资源配置,为员工创造更加能够发挥自身能力、提高工作效率、提供有效管理的环境保障。

2. 岗位设计的方法

(1) 工作轮换。工作轮换是属于工作设计的内容之一,指在组织的不同部门或在某一部门内部调动雇员的工作。其目的在于让员工积累更多的工作经验,培养全局观念,掌握运作流程。这一方面有利于管理者的培养,便于部门之间的协作,培养团队精神;另一方面有助于部门员工的流动调整,保证企业管理与生产过程管理的有序与均衡,确保并提高团队的整体素质,保证企业绩效,铸造企业核心竞争力。同时,在经济下滑时,便于进行人员调整,以降低生产成本。

为培养管理者,日本制造企业所进行的工作轮换的方法为:先让新员工下车间进行为期三个月的实际工作操作,以了解生产流程与工种之间的关系及技术特点;而后进入生产计划部门,基本掌握进行生产计划工作的流程、计划方法与计划调整;继而熟悉财务部门的工作流程,把握构成生产过程的成本与费用环节,形成内部管理的基本思路及基本方法;在此基础上,了解并掌握销售部门的基本工作流程、企业产品的市场定位、竞争状况;最后进入实际运作,了解并掌握市场需求的第一手资料,实际进行产品的市场推广。这样用一年的时间,较为全面地了解企业内部运作与市场运作两个环节的工作,培养全局观念,掌握运作方法,建立人脉关系。现场操作则要求掌握包括车、钳、铣、刨、磨、焊等与产品生产密不可分的工种,以完成多面岗位技能的培养。

(2) 工作扩大化。工作扩大化的做法是扩展一项工作包括的任务和职责,但是这些工作与员工以前承担的工作内容非常相似,只是一种工作内容在水平方向上的扩展,不需要员工具备新的技能,所以,并没有改变员工枯燥和单调的工作。

一些研究报告指出,工作扩大化的主要好处是增加了员工的工作满意度和提高了工作质量。IBM 公司则报告工作扩大化导致工资支出和设备检查次数的增加,但因质量改进,职工满意度提高而抵消了这些费用;美国梅泰格(Maytag)公司声称通过实行工作扩大化提高了产品质量,降低了劳务成本,工人满意度提高,生产管理变得更有灵活性。

(3) 工作丰富化。工作丰富化是指在工作中赋予员工更多的责任、自主权和控制权。工作丰富化与工作扩大化、工作轮换都不同,它不是水平地增加员工工作的内容,而是垂直地增加工作内容。这样员工会承担更多的任务、更大的责任,员工有更大的自主权和更高程度的自我管理;此外,还有对工作绩效的反馈。

3. 岗位设计的原则

岗位设计要遵循的四个原则:专业分工原则、协调费用最小原则、不相容职务分离和整分合原则。

(1) 专业分工原则。专业分工原则追求深度知识与市场经验的积累,在此原则下的岗位设置是对组织细分的过程,岗位成为组织中工作内容自成体系、职责独立的最小业务单元。

关于组织细分,有流程优先与职能优先两种。采取哪种细分,主要看企业的盈利模式和职能的关系。可以先采取流程细分,在此基础上,可以将流程分解或模块化,找到企业内部价值链中具有一定使命的独立环节,即部门;而岗位是对部门,即一级流程分解下某一个模块的再分解。在专业分工原则下,部门岗位设计的第一步骤为工作内容细分,其表现形式为岗位最小化。

(2) 协调费用最小原则。协调费用最小原则是为减少不同职位间的协调,降低运作成本。其在岗位设计方面的应用通过工作关系分析和工作定量分析的步骤来实现。

工作关系分析是对最小业务活动之间的工作相关性进行分析,确定适合的优化组合方案。通过对工作岗位、部门的相关性分析,使组织发挥系统和平衡的功能,达到分工合理、简洁高效和工作畅顺。而随着公司各项工作的稳定开展,结合对各岗位工作的定量分析,可以对于工作量不足于 80% 的岗位,及时进行撤岗、并岗,保证每一个岗位的负荷,使所有工作尽可能集中,并降低人工成本。

(3) 不相容职务分离原则。不相容职务分离的核心是内部牵制。内部牵制是一个人不能完全支配账户,另一个人也不能独立地加以控制的制度。不相容职务是指那些如果由一个人担任,既可能发生错误和舞弊行为,又可能掩盖其错误和舞弊行为的职务。

基于不相容职务分离原则的岗位设置,需要在岗位间进行明确的职责权限划分,确保不相容岗位相互分离、制约和监督。企业经营活动中的授权、签发、核准、执行和记录等工作步骤必须由相对独立的人员或部门分别实施或执行。

(4) 整分合原则。在企业组织整体规划下应实现岗位的明确分工,又在分工基础上有效地综合,使各岗位职责明确又能上下左右之间同步协调,以发挥最大的企业效能。

(二) 部门设计

对组织内容各种职能加以分类后所组成的专业化分工的单位称之为部门。部门设计是将组织中的工作和人员编制成可管理的单位,其目的在于有效的分工。

1. 部门设计原则

(1) 最少原则。指组织结构中的部门力求量少而精简,以有效地实现组织目标为前提。

(2) 弹性原则。指划分部门应随业务的需要而增减。组织也可以设立临时部门或工作组来解决临时出现的问题。

(3) 目标实现原则。指必要的职能均应具备,以确保目标的实现。当某一职能与两个以上部门有关联时,应将每一部门所负责的部分加以明确规定。

(4) 指标均衡原则。指各部门职务的指标分派应达到平衡,避免忙闲不均,工作量分摊不均等。

(5) 检查职务与业务部门分设。考核和检查业务部门的人员,不应隶属于受其检查评价的部门,这样就可以避免检查人员"偏心",能够真正发挥检查职务的作用。

2. 部门设计方法

(1) 按人数划分。这是一种最简单的划分方法,即每个部门规定一定数量的人员,由主管人员指挥完成一定的任务。这种划分的特点是只考虑人力因素,在企业的基层组织的部门划分中使用较多,如每个班组人数的确定。

(2) 按时间划分。这种方法也常用于基层组织划分。如许多工业企业按早、中、晚三班制进行生产活动,那么部门设置也是早、中、晚三套。这种方法适用于那些正常的工作日不能满足市场需求的企业。

(3) 按职能划分。这种方法是根据生产专业化原则,以工作或任务的性质为基础来划分部门的。这些部门被分为基本的职能部门和派生的职能部门,如图 3-3 所示。基本的职能部门处于组织机构的首要一级,当基本的职能部门的主管人员感到管理幅度太大,影响到管理效率时,就可将本部门任务细分,从而建立派生的职能部门。这种划分方法的优点是,遵循了分工和专业化原则,有利于充分调动和发挥企业员工的专业才能,有利于培养和训练专门人才,提高企业各部门的工作效率。这种划分方法的缺点是,各职能部门容易从自身利益和需要出发,忽视与其他职能部门的配合,各部门横向协调差。

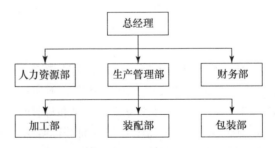

图 3-3 按职能划分的部门组织示意图

(4) 按产品划分。这种方法划分的部门是按产品或产品系列来组织业务活动。这样能发挥专业设备的效率,部门内部上下关系易协调;各部门主管人员将注意力集中在特定产品上,有利于产品的改进和生产效率的提高。但是这种方法使产品部门的独立性比较强而整体性比较差,这加重了主管部门在协调和控制方面的负担,如图 3-4 所示。

(5) 按地区划分。相比较而言,这种方法更适合于分布地区分散的企业。当一个企业在空间分布上涉及地区广泛,并且各地区的政治、经济、文化、习俗等存在差别并影响到企业的经营管理时,就将某个地区或区域的业务工作集中起来,委派一位主管人员负责。这种方法的优点是,因地制宜,取得地方化经营的优势效益。这种方法的缺点是,需要更多的具有全面管理能力的人员,这增加了最高层主管对各部门控制的困难,地区之间不易协调,如图 3-5 所示。

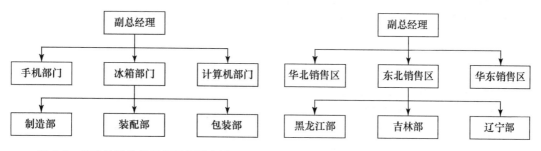

图 3-4　按产品划分的部门组织示意图　　　图 3-5　按地区划分的部门组织示意图

(6) 按服务对象划分。这种方法多用于最高层主管部门以下的一级管理层次中的部门划分。它根据服务对象的需要,在分类的基础上划分部门。例如,生产企业可划分为专门服务于家庭的部门、专门服务于企业的部门等,如图 3-6 所示。这种方法的优点是,提供服务针对性强,便于企业从满足各类对象的要求出发安排活动。这种方法的缺点是,主管人员常常列举某些原因要求给予特殊照顾和优待,从而使这些部门和按照其他方法组织起来的部门之间的协调发生困难。

(7) 按技术或设备划分。这种方法常常和其他划分方法结合起来使用。这种划分方法的优点是,能经济地使用设备、充分发挥设备的能力、便于设备的维修和材料供应;同时,也有利于发挥专业技术人员的特长,如图 3-7 所示。

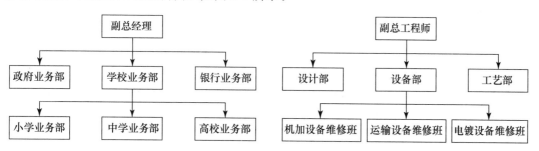

图 3-6　按服务对象划分的部门组织示意图　　　图 3-7　按技术或设备划分的部门组织示意图

(三) 管理层次设计

管理层次与管理幅度是进行组织设计和诊断的关键内容,管理层次设计即纵向组织结构设计,就是确定从企业最高一级到最低一级管理组织之间应设置多少等级,每一个组织等级即为一个管理层次。

1. 管理层次设计的原则

(1) 组织职能分析要全面。纵向职能结构是通过职能分析,全面考虑影响企业职能结构的各种因素,包括企业经营领域、产品结构、规模、生产技术等特点而设计的。它所规定的纵向职能分工的不同层次,反映了企业外部环境和内部条件的客观要求。

(2) 以提高组织效率为出发点。现代化大生产和市场经济要求企业组织具有高效率,即能够使人们以最低限度的成本实现组织的目标,这样的企业在市场竞争中才能生存和发展。这一客观要求对组织结构的各个方面都有影响,如果管理层次太少,致使主管人员领导的下级人数过多,超过有效管理幅度,那就必然会降低组织效率。

2. 管理层次设计的步骤

管理层次设计一般可分为以下四个步骤。

(1) 按照企业的纵向职能分工,确定基本的管理层次。

① 实行分散经营、分散管理的企业,总公司与分公司无疑是两个大的管理层次;总公司内部,有由主要领导人组成的战略决策层和由高层职能部门构成的专业管理层;分公司内部一般又分为经营决策层、专业管理层和作业管理层。这样,从总体上讲,共有 5 个基本的管理层次,如图 3-8 所示。

② 在集中经营、集中管理的企业里,有的企业规模较小,技术简单,通常只要设置经营决策层、专业管理层和作业管理层三个层次即可,如图 3-9 所示。

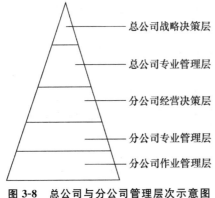

图 3-8　总公司与分公司管理层次示意图

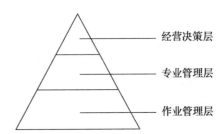

图 3-9　集中经营、集中管理的企业管理层次示意图

(2) 按照有效管理幅度推算具体的管理层。美国的管理理论家格兰库纳斯在他的《组织内的关系》一书中对管理幅度问题进行了研究,提出了一个领导者与其下级之间发生联系的关系总数以及下级之间的关系数学表达式为:

$$I = N[2^{N-2} + (N-1)]$$

其中,I——领导者与其直属下级发生联系的关系总数;

N——直接下级的数量。

格兰库纳斯虽然没有得出直接计算管理幅度的公式,但从他建立的关系式可以看出,当领导的直属下级人数以算术级数增加时,领导者与其下级发生联系的工作量将呈几何级数增加。

(3) 按照提高组织效率的要求,确定具体的管理层次。影响组织效率的因素除了领导者的管理幅度外,还有下级的积极性和完成任务的能力。所以,确定具体的管理层次,应将两方面结合起来通盘考虑。

(4) 按照组织的不同部分的特点,对管理层次做局部调整。以上所确定的管理层次,是就整个企业而言的。如果企业的个别组织单位有特殊情况,还应对其层次做局部调整。例如,科研和技术开发部门,若层次多、主管人员多,不利于发挥技术人员的创造性,就可以适当地减少层次。有的生产单位技术复杂、生产节奏快、人员素质又低,需要加强控制,适当增加层次则是必要的。

(四) 管理幅度设计

从形式上看,管理幅度仅仅表示了一名领导人直接领导的下级人员的人数,但由于这些下级人员都承担着某个部门或某个方面的业务,所以,管理幅度的大小,实际上意味着上级领导人直接控制和协调的业务活动量的多少。

1. 管理幅度设计应考虑的因素

根据上下级关系原理,从组织管理工作的特点这个角度来说,直接影响上下级关系复杂程度的,又比较容易进行观察和评价的因素有以下几个。

(1) 管理工作的性质。包括上下级管理工作的复杂性、变化性和下级工作人员工作的相似性。如果上下级管理工作复杂多变、富于创造性,就需要经常接触、深入调查、反复磋商,从而耗费较大的精力,管理幅度自然就少一些;简单重复性的工作和较为稳定的、变化不大的工作,管理幅度则可大一些。如果下级人员的工作越相似,那就越便于主管人员进行管理,扩大管理幅度则是可行的。

(2) 人员素质状况。主管人员年富力强、经验丰富、工作起来效率很高、精力很充沛,即使管理幅度大些,也能胜任。如果下级人员的素质也很好,能够准确地理解上级的意图,自觉、主动、独立地完成自己的任务,无须上级花费很多时间进行指导和监督,这就能进一步加大上级领导的管理幅度。因此,加强领导者自身修养和下级的培训,提高双方的工作能力,是使上下级接触频率降低、时间减少,从而扩大管理幅度的有效措施。

(3) 下级人员职权合理和明确的程度。主管人员对下级合理授权,使其职责明确、责权一致,训练有素的下级就可以放开手脚,在职权范围内独立进行工作,既能充分发挥积极性和创造性,也有利于减轻上级领导的负担。如果委派的任务为下级力所不及、授权过度,或者授权不足,下级就不得不经常地向上级请示汇报,主管人员为此也就必须耗费大量时间去指导和监督下级的工作。

(4) 计划和控制的明确性及其难易程度。下级的任务多数是由计划规定并依据计划来实施的。因此,如果计划制订得详细具体、切实可行,下级人员就容易了解自己的具体目标和工作任务,通过计划来指导工作,不必事事请示领导。另外,计划的实施离不开控制,需要上级对下级的实施执行情况进行检查。当用以衡量工作绩效的标准是具体的、定量化的标准时,偏离计划的情况就容易显现出来,既便于上级及时采取措施加以纠正,也便于下级自我调节。

(5) 信息沟通的效率和效果。上下级之间的信息沟通是必不可少的,若能提高沟通的效率和效果,显然可以减轻主管人员为此而承受的时间负担。例如,在沟通方式上,口头和书面形式相结合,上级对下级的要求尽可能采用目视管理的方式(利用形象直观而又色彩适宜的各种视觉感知信息来传达要求、来组织活动,达到提高效率的一种管理手段);下级提出的问题与建议也尽量以书面形式简要提出,这就要比那种所有计划、指示、命令都由上级亲自传达或口头交代的方式效率高、效率好。尤其是沟通效果,对管理幅度影响更大。

(6) 组织变革的速度。组织不是一成不变的,但是各个企业因具体条件不同,变革速度有快慢之分。变革速度慢,意味着企业政策比较稳定,措施比较详尽,组织成员对此也较为熟悉,形成了习惯,能够按照既定程序和要求妥善地处理各种问题,从而减轻了上级的负担。

(7) 组织在空间上的分布状况。随着商品经济的发展,企业规模和市场范围日益扩大,企业组织形式和经营方式日益多样化。因此,管理幅度设计就须更加注意企业组织在空间上的分布状况。特别是那些地区性、全国性和跨国公司,组织单位和成员不在同一地区,上下级之间即使能够依赖现代通信及交通手段来保持联系,也不如区域集中的企业那样联系起来方便、省时。

以上七个因素在不同企业以及不同时期,对管理幅度的影响是很不相同的。组织设计人员必须从实际出发,认真地进行具体分析。

2. 管理幅度设计的方法

(1) 经验统计法。这种方法是通过对不同类型企业的管理幅度进行抽样调查,以调查所得的统计数据为参照,再结合企业的具体情况确定管理幅度。

经验统计法简便易行,但有明显的局限性,就是缺少对影响特定企业管理幅度诸因素的具体分析,特别是定量分析,只是简单地搬用其他企业的管理幅度标准,因而主观判断的成分很大,提出的管理幅度建议数难免与特定企业的实际条件不符,出现较大的误差。

(2) 变量测定法。这种方法是把影响管理幅度的各种因素作为变量,采用定性分析与定量分析相结合的做法来确定管理幅度。其具体步骤和方法如下。

① 确定影响管理幅度的主要变量。

· 职能的相似性。指同一上级领导下的各单位或人员执行的职能的差异程度。

· 地区的相似性。指同一上级领导下的各单位或个人的工作地点相距远近。

· 职能的复杂性。指主管人员的任务和下级或部门的工作性质。

· 指导与控制的工作量。这个因素涉及下级的素质及需要训练的工作量,所能授予的职权范围,以及需要亲自关心的程度。

· 协调工作量。指上级领导者为使下级及部门与公司其他部门的业务活动达到步调一致所需花费的时间。

· 计划工作量。这个因素用来反映主管人员及其所在的单位的计划工作的重要性、复杂性和所需要的时间。

② 确定各变量对上级工作负荷的影响程度。首先,要按照每个变量本身的差异程度将其划分为若干个等级;其次,根据处在不同等级上的变量对上级工作负荷的影响程度,分别给予相应的权数。如果权数越大,则表示这个等级上的变量对管理幅度的影响越大。

③ 确定各变量对管理幅度总的影响程度。运用权数表,对照企业各变量的实际情况,确定该企业各变量应该取得的权数,再将其加总而得到一个总数值,然后根据主管人员拥有的助理人数及其工作内容,对这个总数值加以修正,即得到决定管理幅度大小的总权数。这个总权数越大,意味着主管人员的工作负荷越重,管理幅度就应越小。

④ 确定具体的管理幅度。将计算出来的主管人员的总权数同管理幅度的标准相比较,就可以判定企业目前的实际幅度是高于还是低于标准值,也可以为新机构的管理幅度提出建议人数。管理幅度的标准值是以那些被公认为组织与管理得法,并具有较大幅度的企业为实例,经过统计分析而提出的。

（五）职务设计

岗位是以任务为中心的，职务设计就是将一个岗位中某种职务任务组合起来构成一项完整职务的过程。职务设计是对现有职务的认定、修改或产生新的职务。职务设计的方法有：职务专业化、职务轮换、职务扩大化、职务丰富化、工作团队等。

1. 职务专业化

在20世纪50年代以前，受斯密和泰勒等人理论的影响，职务设计基本上是按职务专业化的模式进行的，即把职务简化为细小的、专业化的任务。实现工作的简单化和标准化，以使所有员工都能够达到预定的生产水平。

2. 职务轮换

职务轮换，即通过让员工工作多样化，避免产生工作厌倦。职务轮换一方面拓宽了员工的工作领域，给予他们更多的工作体会，减少工作厌倦和单调感。另一方面员工有更广泛的工作体会，对组织中的多种活动有更多的了解，为其承担更大责任的职务奠定更好的基础。

3. 职务扩大化

职务扩大化，即通过增加某职务所完成的不同任务的数量，实现工作多样化。职务扩大化所增加的任务往往与员工以前承担的任务内容具有类似性，因此它只是工作内容水平方向的扩展。

4. 职务丰富化

职务丰富化是指赋予员工更多的责任、自主权和控制权。

5. 工作团队

当职务是围绕小组，而不是围绕个人来进行设计时，就形成了工作团队。在工作团队中，他们不再从事某一特定的任务，每位员工都具有多方面的技能，优势互补，共同承担责任，完成任务目标。

（六）职权设计

职权是指经由一定的正式程序所赋予某项职位的一种权力。这种权力是一种职位的权力，而不是某特定个人的权力。

职权设计就是全面、正确地处理企业上下级之间和同级之间的职权关系，将不同类型的职权合理分配到各个层次和部门，明确规定各部门、各种职务的具体职权，建立起集中统一、上下左右协调配合的职权结构。它是旨在保证各部门能够真正履行职责的一项重要的组织设计工作。

1. 职权的纵向结构和集权与分权的设计

组织的不同层次承担着不同的职能，因此，按照以责定权的要求，职权就会相应形成纵向结构。职权的纵向结构一般由高层的经营决策权、中层的专业管理权以及基层的作业管理权三个部分组成。将这三个组成部分联结起来，使之成为上下衔接、贯穿到底的纵向系统，靠的是决策权在各个层次的合理配置。

由于决策权贯穿着职权的纵向结构，这就需要正确处理决策权的集中与分散的关系，包括从总体上确定组织决策权集中化或分散化关系，以及决策权的具体配置。完成这一任务的工作，就是集权与分权的设计工作，它是职权设计的一项基本内容。

2. 职权的横向结构和部门职权分立与衔接的设计

职权的横向结构,指的是同一管理层次各个部门的职权配置及相互关系。它与职能结构和部门结构相适应,包括三个方面内容:一是按照专业分工,各部门所享有的相应职权;二是按照在各项工作中同级部门之间的协作关系,各自享有的相应职权,如决定权、建议权、确认权、协商权等;三是按照有关部门之间的横向制约关系所确定的监督权。

3. 职权设计的方法

(1) 授权。授权也是一种行使职权的艺术。授权的范围很广,有用人之权、做事之权等。对于管理者来说,如果过分授权,就等于放弃权力;如果授权不足,管理者仍会被杂乱事物所困扰,下级就会样样请示,事事报告。管理者要掌握和运用一些基本的授权技巧。包括"因事择人,视能授权";明确权、责范围;授权的责任要适度;授权而不放任;只能对直接下级授权,绝对不能越级授权。

(2) 控制。组织的职权通过合理的授权与分权,就进入了运作阶段,权力运作最经常的结果是服从,但不可避免地还会有冲突或不和谐,致使职权的运作发生偏差。就管理层而言,必然要考虑组织的职权分配之后,应如何进行监督并做到有效地控制。

(七) 组织关系设计

组织的协调,主要通过其建立完善的"管理体系"设计来有序实现,包括岗位职责、管理制度、执行标准、管理程序、工作流程等,进行制度化、程序化管理,可以减少各部门、各岗位及各成员之间矛盾的发生,保障组织系统有序运行。

六、职权配置

职权配置是组织设计的内容之一,是构成组织结构的核心要素,主要解决组织结构的职权问题。职权配置对于组织的合理构建与有效运行具有关键性作用。

(一) 权力

权力是指个人对组织的决策或他人的行为的影响力。管理者必须有权力,可权力又不只限于管理者,一个组织的所有成员都可以因为他们拥有某一方面的特长和知识而拥有权力。

大多数管理学家认为,权力可分为两类:即正式权力(合法权力)与非正式权力(影响力产生的权力)。

1. 正式权力

(1) 正式权力是合法的,它可能由国家的法律、法令和主管部门的决议命令直接制定,也可能是参照上述精神做出的规定。正式权力体现着个人与国家、集体的关系,是一种正式规定,对接受权力者具有不可违抗的约束力。正式权力是通过正式授权而获得的,一般是自上而下的授予。

(2) 权力性影响力。正式权力能产生一定的影响力,这种影响叫权力性影响力,它的特点是,对别人的影响带有强迫性、不可抗拒性,以外在形式来发生作用。构成权力性影响力的主要因素是传统因素、职位因素、资历因素等。

① 传统因素。这是指人们对管理者的一种传统观念,总认为管理者不同于普通人,他们有权、有才干,这些观念逐渐形成某种形式的社会规定,产生了对管理者的服从感。

② 职位因素。这是指个人在组织中的职务和地位(职位)会使其下级产生畏惧感。管理者的地位(职位)越高、权力越大,别人对他的畏惧就越厉害,他的影响力就越强。这种影响力与本人素质无关,纯粹是社会组织赋予的力量。

③ 资历因素。领导者的资格和经历也是领导影响力的构成因素。资历是历史性的,它反映一个人过去的情况。人们对于资历较深的管理者,都是比较敬重的。

2. 非正式权力

(1) 非正式权力是由影响力产生的权力。与正式权力的显著差别是,非正式权力既没有正式的规定,也没有上下授予形式,更多地表现为下级对上级的顺从和依赖关系。

(2) 非权力性影响力的因素。构成非权力性影响力的因素很多,有品格因素、才能因素、知识因素和感情因素,有时候它能起到合法权力不能起到的约束作用。

① 品格因素。管理者的品格主要包括道德、品行、人格、作风等.它反映在管理者的一切言行中,优秀的品格会给管理者带来巨大的影响力,使人产生敬爱感,吸引人、诱使人去模仿。

② 才能因素。管理者的才干、能力是非权力性影响力大小的重要因素。才能不单反映管理者是否能胜任自己的工作,更重要的是反映了工作的结果是否成功。一个有才能的管理者,会不断给企业带来成功,使人们产生敬佩感。这种敬佩感是一种心理磁力,吸引人们自觉地去接受影响。

③ 知识因素。知识是一个人最宝贵的财富,它本身就是一种力量。

一个管理者拥有他们领导的行业的知识技术及专业知识,那么他又多获得了一种权力,即专长权力。职位权力加上专长权力,使他具备了更加优越的领导条件。

④ 感情因素。感情是人对客观事物好恶倾向的内在反映,人与人之间建立了良好的感情关系,便能产生亲切感,有了亲切感,相互吸引力越大,彼此的影响力就越大。

(二) 职权

职权是经由一定的正式程序赋予某一职位的一种权力。同职权共存的是职责,职责是某项职位应该完成的某项任务的责任。组织内最基本的信息沟通就是通过职权来实现的。

组织内的职权有三种:直线职权、参谋职权和职能职权。

1. 直线职权

直线职权是指直线人员所拥有的发布命令及执行决策的权力,即指挥权。直线人员是指能领导、监督、指挥、管理下级的人员。

直线职权在组织内部保持一条持续的命令链,该命令链从最高管理层一直到最基层管理层。管理层级的等级链与命令链是对应的,每一管理层要对应地成为命令链中的一环。具有直线职权的管理者一方面接受上级的命令,另一方面向下级下达命令。

2. 参谋职权

参谋职权就是参谋人员和参谋部门所拥有的辅助性职权,包括提供咨询、建议等。在组织权力关系中,直线权力是主导的,参谋职权是从属的。

具有参谋职权的管理者是组织中某个领域中具有专业特长的人员,他们向具有直线职权的管理者提出计划和建议,由具有直线职权的管理者做出决策。由于这两类管理者对组织目标实现担负的责任不同,为保证指挥的统一,参谋可以很多,负直接职责的管理者只能有一个人。参谋对具有直线职权的管理者承担工作责任,具有直线职权的管理者对参谋的工作承担领导责任。

3. 职能职权

职能职权是指直线管理者把一部分原属于自己的直线职权授予职能部门或职能管理人员。在纯粹参谋的情形下,参谋人员所具有的仅仅是辅助性职权,并无指挥权。但是,有时由于知识和能力、精力等原因,上级管理者将直线组织中的某些专门的职能和权力授予参谋人员和部门,由参谋人员来直接领导和组织下级部门去完成某些工作和处理某些事情,这样就发生了部分直线职权的转移问题。职能职权实际上是直线职权与参谋职权的一种结合。直线职权对应的是组织整体目标的职责,职能职权对应的是组织整体目标中某项专业目标的职责。

使用职能职权是必要的,这样可以使工作做得更好或提高工作效率。但在使用职能职权时应注意:第一,职能职权要与参谋人员或职能部门的专业工作相一致(也就是说,参谋人员或者职能部门只能在他的专业领域内拥有职能职权);第二,使用职能职权仅限于具体工作方面,不能危及管理者正常的管理工作;第三,要加强协调工作,不要因此形成责任不清和工作上的混乱。

上述三种职权中,直线职权是直线主管所拥有的,而参谋职权和职能职权都是参谋所拥有的。

要很好地配置和运用职权,必须对直线职权、参谋职权和职能职权的相互关系有深刻的理解。

(1) 直线职权与参谋职权的关系是:直线职权是指挥权、命令权;参谋职权是建议权和直线管理者的授权,其建议内容也是通过直线职权的命令链向下才能得到下级的执行。拥有这两种职权管理者的矛盾焦点在于,参谋职权的拥有者是否拥有专家权,双方通过各自不同的影响力影响对方。

(2) 直线职权与职能职权的关系是:由于职能职权是直线职权和参谋职权的结合,除了参谋职权外,得到上级直线管理者的授权后,可以对直线管理者行使某项专业管理职权,例如,审计部门对直线管理者的审计;也可以是对下级参谋职责部门行使专业管理职权,例如,总公司财务部对下级分公司财务部通过预算进行财务控制。拥有这两种职权管理者的矛盾焦点在于,实现全局目标与实现专业目标的关系处理上,管理者要按照专业目标服从全局目标的原则处理两者之间的关系。

(3) 参谋职权与职能职权的关系是:由于职责的基础不同,拥有参谋职权的管理者对拥有直线职权的管理者负责,是直接对人负责;而拥有职能职权的管理者对专业目标的实现负责,首先是对目标负责,通过对目标负责实现对上级管理者负责,是间接对人负责。拥有这两种职权管理者的矛盾焦点在于,拥有参谋职权与职能职权的管理者往往是同一人员,他既要做好直线管理者的参谋,又要接受上级职能管理者的专业指导,当直线管理者与上级职能管理者出现矛盾时,他们更倾向于参谋职权的使用。

因此,要正确处理职权关系,一是建立明晰的职权结构,如建立清晰的等级链,明确划分权责界限和制定并严格执行政策、程序和规范,越权处理和不尊重他人职权是造成职权危机的最突出因素,管理者必须尊重别人的职权,以建立融洽的职权关系。二是协调职权关系,加强沟通与配合,不注意沟通是危及职权关系的另一关键因素。无论是上下级之间,还是同级之间,必须注意及时沟通,并加强工作中的支持与配合。

(三) 集权和分权

1. 集权和分权的概念

集权与分权是指职权在不同管理层之间的分配与授予。所谓集权是指较多的权力和较重要的权力集中在组织的高层管理者；所谓分权，是指较多的权力和较重要的权力分授给组织的基层管理者。集权与分权是任何组织正常运行过程中的必然现象；而且，集权与分权也是相对的，没有任何组织是绝对集权或绝对分权的。

2. 判断一个组织分权程度的标准

(1) 较低的管理层次做出的决策数量越多，分权程度就越大。
(2) 较低的管理层次担任的决策重要性越大，分权程度就越大。
(3) 较低的管理层次担任的决策影响面越大，分权程度就越大。
(4) 较低的管理层次所做的决策上级审核得越少，分权程度就越大。

3. 影响集权和分权的因素

(1) 决策的重要性。这是影响集权与分权的程度的重要因素。一般来说，从经济标准、组织信誉、员工士气及相对竞争地位等方面来衡量，代价越高的决策(如巨额的采购项目、基本建设投资等)，责任越重大，不适合授权给下级决策者，一般以集权为好。

(2) 组织规模的大小。组织规模越大，管理的层级和部门数量就会越多，需要做出决策的数目就越多，如果集权程度高，则协调起来就越困难，信息的传递速度和准确性就会降低。要解决这些问题，加快决策速度、减少失误，使高层决策者能够集中精力处理重大问题，就需要向组织下层分散权力。

(3) 政策的统一性。高层主管若希望在整个组织中采用统一的政策，以便于比较各部门绩效、保证步调一致，则集权程度较高；若允许各单位根据客观情况制定自己的政策，则分权程度较高。

(4) 员工的数量和基本素质。如果员工数量和基本素质能够保证组织任务完成，则组织可以较多地分权；如果组织缺乏足够的受过良好训练的管理人员，其基本素质不能符合分权式管理的基本要求，则组织可以较多地集权。

(5) 组织的可控性。组织中各个部门的工作性质大多不同，有些关键的职能部门，例如，会计等部门往往需要相对地集权；而有些业务部门，例如，研发、市场营销等部门，或者是区域性部门却需要相对地分权。组织需要考虑的是围绕任务目标的实现，如何对分散的各类活动进行有效的控制。

(6) 组织所处的成长阶段。在组织成长的初始阶段，为了有效管理和控制组织的运行，组织往往采取集权的管理方式；随着组织的成长，管理的复杂性逐渐增强，分权的程度就越高。

4. 集权与分权的均衡

集权的优点是，可以加强统一指挥，统一协调和直接控制；缺点是，会使高层管理人员负担过重，经常陷于日常事务之中，无暇考虑大政方针，并且事事请示汇报限制了各级人员的积极性，不利于管理人员的培养，难以适应迅速变化着的环境。

分权的优点是，可以减轻高层管理人员的负担，增强各级管理人员的责任心、积极性和自主性，增强组织的应变能力；缺点是，可能会造成各自为政、各行其是的现象，增加各部门之间协调的复杂性，并且受到规模经济性、有无合格的管理人员的限制。

不管是集权还是分权,都只是管理的一种手段,目的是为更有效地实现组织的目标。为达到这一目的,最重要的是要在集权和分权之间恰当地权衡得失,取得良好的均衡,做到"既放得开,又管得住"。

5. 分权的途径

权力的分散可以通过以下两个途径来实现。

(1) 制度分权。在组织设计过程中通过组织制度的明文规定给予一个职位以一定的职权。

(2) 工作分权。管理者在工作过程中适当地授予下级职权。

(四) 授权

1. 授权的概念

授权是将完成某项特定工作所承担的责任和相应的职权委派给下级,使下级在一定的监督下行使职权的过程。下级在授权范围之内自行决定如何完成工作,并有责任向上级管理者汇报。上级管理者在授权后,还具有解除授权的权力。

在现实工作中,要注意区别涉及授权的以下几个问题。

(1) 授权不同于代理职务。代理职务是在某一时期,依法或受命代替某人执行其任务,代理期间相当于该职,是平级关系,而不是上级授权给他。

(2) 授权不同于助理或秘书职务。助理或秘书只帮助主管工作,而不承担责任,授权的主管依然应负全责。在授权中,被授权者应该承担相应的责任。

(3) 授权不同于分工。分工是一个集体内,由各个成员按其分工各负其责,彼此之间无隶属关系;而授权则是授权者和被授权者有上下级之间的监督和报告关系。

(4) 授权不同于分权。授权是指权力的授予和责任的建立,它仅指上下级之间的短期的权责授予关系,授权是分权的一种途径。而分权是在组织中系统地授权,这种权力根据组织的规定可以较长时间地留在中下级管理者手中。

2. 授权的必要性

授权有利于组织目标的实现;授权有利于领导从日常事务中超脱出来,集中力量处理重要决策问题;授权有利于激励下级。

3. 有效的授权应掌握的原则

(1) 适度授权原则。授权的程度要根据实际情况决定,要考虑到工作任务及下级的情况灵活决定,既要防止授权不足,又要防止授权过度。

(2) 职务、权力、职责、利益相当原则。在授权中要注意职务、权力、职责与利益四者之间的对等与平衡,要真正使被授权者有职务、有权力、有职责、有利益。此外,还要注意授权成功后合理报酬的激励作用。

(3) 职责绝对性原则。领导将权力授予下级,但仍须承担实现组织目标的责任。这种职责对于领导者而言,并不随授权而推给下级。

(4) 有效监控原则。授权是为了更有效地实现组织目标,所以在授权以后,领导者必须保留必要的监督控制手段,使所授之权不失控。

4. 授权的工作流程

(1) 决定哪项工作可以委派。

(2) 决定工作委派给谁。
(3) 为完成该项工作提供资源。
(4) 委派工作。
(5) 授予实现这些工作所需的职权。
(6) 对工作过程反馈和监管。
(7) 工作结束(解除授权)。

5. 管理者有效授权的障碍

管理者有效授权的障碍来自两个方面：一是授权者，二是被授权者。

第一，来自授权者的障碍表现为以下几点。

(1) 不愿意授权。管理者不愿意授权的原因很多，如管理者认为下级的能力不如自己，自己做这项工作要比下级做得好。如果交给下级去做，还要花时间让下级明白自己的意图，这样做的效果还不知如何等。

(2) 对委派的工作不再监管。管理者认为将职权授出后自己可以对委派出的工作不承担责任了，因此放任被授权者处理工作中的所有问题。

(3) 认为授权是减少管理者的权力。由于管理者是将职权授予下级，所以很容易理解为授权减少了管理者的权力。

第二，来自被授权者的障碍表现为以下几点。

(1) 害怕在发生错误后会受到批评，不愿自行决定问题的处理办法。

(2) 下级觉得自己缺乏必要的资源，恐怕不能圆满完成任务，所以不敢轻易承担新任务。

(3) 缺少积极的激励。下级接受一项额外的责任，通常会牵涉到个人理性方面的努力，也会增加情绪方面的压力。如果期望一个人勇于接受新增的负荷，授权者就该给予适当的激励。

6. 授权的艺术

管理者在授权方面应做到：接纳意见，肯于放手，允许犯错，用人不疑。

七、常见的组织结构类型

组织结构反映了组织成员之间的分工协作关系。设计组织结构的目的是为了更有效地和更合理地把组织成员组织起来，形成组织合力，为实现组织的目标而协同努力。不同的组织有不同的特点，每个组织内部都有其自身的组织结构形式，每个成员都有自己的角色，承担一定的工作。在设计组织结构时，需要选择适当的组织结构形式。

常见的组织结构的类型有：直线制、职能制、直线职能制、事业部制、矩阵制、多维立体结构、控股制与网络型组织结构。

(一) 直线制

1. 基本含义

直线制，又称"军队制组织"，是一种最简单的组织形式，也是人类社会各种组织形式中最基本的形式。直线制组织的各级管理者都按垂直系统对下级进行管理，指挥和管理由各级行政领导直接行使，各级主管人员对本部门的一切问题负责，一个下级部门或个人只接受一个上级的指令，如图 3-10 所示。

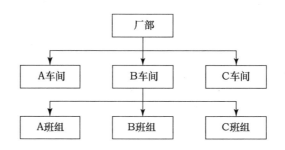

图 3-10　直线制组织结构形式示意图

2. 优点

机构简单,沟通迅速;权力集中,指挥统一;上下级直接联系,责任明确。

3. 缺点

对管理者要求高;管理者负担过重;难以胜任复杂职能。

4. 适用组织

只适用于规模较小、任务比较单一、生产技术比较简单、人员较少的组织。

(二) 职能制

职能制结构起源于20世纪初法约尔在其经营的煤矿公司担任总经理时所建立的组织结构形式,故又称法约尔模型。

1. 基本含义

职能制组织结构是按职能来组织部门分工,即从企业高层到基层,均把承担相同职能的管理业务及其人员组合在一起,设置相应的管理部门和管理职务。其特点是:通过职位专门化,制定非常正规的制度和规则;以职能部门划分工作任务;实行集权式决策,控制跨度狭窄;通过指挥链进行经营决策,各职能机构或人员在自己的业务范围内向下级下达命令和指示,以保证日常的组织运营的顺利进行,如图 3-11 所示。

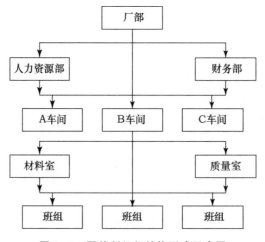

图 3-11　职能制组织结构形式示意图

2. 优点

管理分工较细,将同类专业人才配置在同一个职能部门,利于深入工作,便于发挥职能机构的专业管理功能,能够实现对下级工作的具体指导,从而弥补行政领导管理能力的不足。实行标准化操作和高度正规化经营在某种程度上可以使管理人员比较容易地处理问题,使决策可以集权化。

3. 缺点

容易形成多人领导,常常会因为追求职能目标而看不到全局的最佳利益,没有一项职能对最终结果负全部责任。只有高层管理者担当起协调的角色,才能解决问题。破坏了统一指挥原则,造成下级无所适从,中低层管理人员的创新能力、决策和工作经验不易发挥。

4. 适用组织

职能制组织结构只是表明一种强调职能管理专业化的意图,无法在现实中真正执行,因此现代企业一般不采用职能制组织形式。

(三) 直线职能制

在 20 世纪初期,经济增长的主要特点是劳动分工,这激发了直线职能制结构的产生。美国钢铁公司就是以这种方式在 1901 年成为第一个产值最大的企业。美国标准石油公司也是采用直线职能型结构的先驱。这种组织结构同样也在福特时代的汽车工业得到应用,它使福特公司开发出流水线作业方式,使汽车工业得以规模化并带动了经济上的快速发展。

1. 基本含义

直线职能制组织形式是以直线制为基础,在各级行政主管领导下,设置相应的职能部门(如人力资源、财务、计划、企划、供应等部门)作为该级行政主管的参谋,实行主管统一指挥与职能部门参谋、指导相结合。即在直线制组织统一指挥的原则下,增加了参谋机构。在直线职能型结构下,下级机构既受上级部门的管理,又受同级职能管理部门的业务指导和监督。各级行政领导人逐级负责,高度集权。因而,直线职能制是一种按经营管理职能划分部门,并由最高经营者直接指挥各职能部门的体制,如图 3-12 所示。

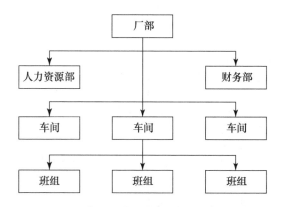

图 3-12 直线职能制组织结构形式示意图

2. 优点

既保持了直线型结构集中统一指挥的优点，又吸收了职能型结构分工细密、注重专业化管理的长处，有职能部门的参谋、指导，弥补了上级管理者各专业能力不足，协助领导决策，便于领导统一指挥，避免多人领导，有助于提高管理工作的效率。

3. 缺点

（1）各职能部门之间的横向联系不紧密，容易产生脱节或难以协调的情况。

（2）各职能部门与直线部门之间如果目标不统一，容易产生矛盾。特别是对于需要多部门合作的事项，往往难以确定责任的归属。

（3）下级缺乏必要的自主权。

（4）信息传递路线较长，有时反馈较慢，难以适应环境的迅速变化。

4. 适用组织

直线职能制组织结构适合于复杂但相对来说比较稳定的企业组织。目前，我国的绝大多数企业采用该形式，但对于大规模企业，决策时需考虑多个因素，这类组织不太适用。

（四）事业部制

事业部制结构最早起源于美国的通用汽车公司。20世纪20年代初，通用汽车公司合并收买了许多小公司，企业规模急剧扩大，产品种类和经营项目增多，而内部管理却很难理顺。当时担任通用汽车公司常务副总经理的斯隆参考杜邦化学公司的经验，以事业部制的形式于1924年完成了对原有组织的改组，使通用汽车公司的整顿和发展获得了很大的成功，成为实行事业部制的典型，因而事业部制又称"斯隆模型"。

1. 基本含义

事业部制组织结构也称分权制结构，是一种在直线职能制基础上演变而成的现代企业组织结构形式。所谓事业部是指按企业所经营的事业项目进行划分的，具有自主经营权的专业化经营单位，它遵循"集中决策，分散经营"的总原则，实行集中决策指导下的分散经营，如按产品、地域和顾客等业务标志将企业划分为若干相对独立的经营单位，分别组成事业部，如图3-13所示。

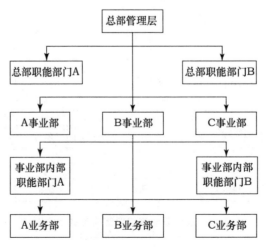

图3-13 事业部制组织结构形式示意图

2. 主要特点

(1) 业务活动专业化。按企业的产出将业务活动组合起来,成立专业化的经营管理部门,即事业部。例如,某产品品种较多,每种产品都能形成各自市场的大企业,可按产品设置若干事业部,凡与该产品有关的设计、生产、技术、销售、服务等业务活动,均组织在这个产品事业部之中,由该事业部总管;在销售地区广、工厂分散的情况下,企业可按地区划分事业部;如果顾客类型和市场不同,还可按顾客(市场)成立事业部。这样,每个事业部都有自己的产品或服务的生产经营全过程,为企业贡献出一份力量。

(2) 自主经营。在纵向关系上,实行事业部制,企业最高领导层集中力量研究和制定企业发展的各种经营战略和经营方针,而把最大限度的管理权限下放到各事业部,使他们能够依据企业的经营目标、政策和制度,完全自主经营,充分发挥各自的积极性和主动性。例如,通用汽车公司当初按照斯隆模型改组后,各事业部出售的汽车要在公司规定的价格幅度内,除此之外,事业部是完全自治的。

(3) 独立核算。在横向关系方面,各事业部均为利润中心,实行独立核算、自负盈亏,根据总部的任务额进行市场化运营,利润一部分上缴总部,一部分作为事业部各种费用。事业部之间按照等价交换的规则进行经济往来,不会相互干涉业务,但可以合作,利益分配提前约定。

(4) 职能部门设计。企业高层组织为了实现集中控制下的分权,提高整个企业管理工作的经济性,要根据具体情况设置一些职能部门,例如,财务管理、科研、法律咨询、公共关系、物资采购等部门。事业部为了经营自己的事业,也要建立管理机构,因事业部规模小,业务单一,一般采用职能制结构,也需要分设与高层职能部门对接业务相关的管理部门或人员。

3. 优点

(1) 对某一经营业务进行权力下放,实行统一管理,自主经营,独立核算,有利于发挥其积极性、主动性。

(2) 提高企业经营的市场适应能力。

(3) 实现高度专业化。

(4) 责任和权限明确。

(5) 有利于锻炼和培养综合管理人员。

4. 缺点

(1) 事业部也出现了职能部门,故容易造成组织机构重叠,管理人员膨胀现象。

(2) 各事业部之间业务独立,为了各自的利益,容易忽视企业整体利益,有时需要高层领导去协调。

(3) 事业部制要求管理者必须具备很高的管理素质,否则很难管理好事业部。

5. 适用组织

事业部制结构适合经营规模大、生产经营业务多样化、市场环境差异大、要求具有较强适应性的企业采用。在企业组织的具体运作中,事业部制又可以根据企业组织在构造事业部时所依据的基础不同而分为产品事业部制、市场事业部制、区域事业部制等形式。

(五) 矩阵制

1. 基本含义

矩阵制结构最初出现在 20 世纪 50 年代末,是一种新型的企业管理组织形式,被用于完成某些特殊任务,又叫目标-规划管理制,也可以称为非长期固定性组织结构。它由纵横两套管理系统以矩阵形式组成,其中纵向是按管理职能设置的组织系统,横向是按规划项目(产品、工程项目)划分的组织系统,两者结合形成一个矩阵。横向系统的项目小组所需工作人员是从各职能部门抽调的,他们受双重领导,即在执行日常工作任务方面接受原属职能部门的领导;当参与项目小组工作时,则接受项目负责人的领导。每个项目小组都不是固定的,任务完成后,项目小组就撤销,工作人员仍然回原岗位工作,如图3-14所示。

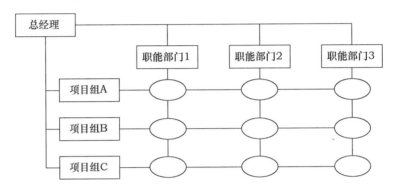

图 3-14　矩阵制组织结构形式示意图

矩阵制结构是由职能部门系列和为完成某一临时任务而组建的项目小组系列组成,它的最大特点在于具有双道命令系统。

2．优点

(1) 加强了横向联系,有利于发挥工作人员的综合优势。

(2) 具有较大的灵活性,较好地解决组织结构相对稳定和管理任务多变之间的矛盾。

(3) 促进工作人员之间互相帮助,互相学习,相得益彰。

3．缺点

(1) 工作人员位置不固定,临时观念较浓,有时责任心不够强。

(2) 工作人员受双重领导,破坏了统一指挥原则。

(3) 组织关系比较复杂,工作出错时,不易分清责任。

4．适用组织

矩阵制组织结构适用于变革任务、临时性工作项目或复杂的重大工程项目,矩阵制组织的高级形态是全球性矩阵组织结构。目前,全球性大企业(如ABB、杜邦、雀巢、飞利浦等)都采用过这一组织结构形式。

(六) 多维立体制

1．基本含义

多维立体制组织结构是由美国道-科宁化学工业公司于1967年首先建立的。它是矩阵型和事业部制机构形式的综合发展,又称为多维组织。在矩阵制结构(即二维平面)基础上构建产品利润中心、地区利润中心和专业成本中心的三维立体结构;若再加时间维可构成四维立体结构。虽然细分结构比较复杂,但每个结构层面仍然是二维制结构,而且多维立体制结构未改变矩阵制结构的基本特征,多重领导和各部门配合,只是增加了组织系统的多重性。因而,多维立体制的基础结构形式仍然是矩阵制,或者说它只是矩阵制结构的扩展形式,如图3-15所示。

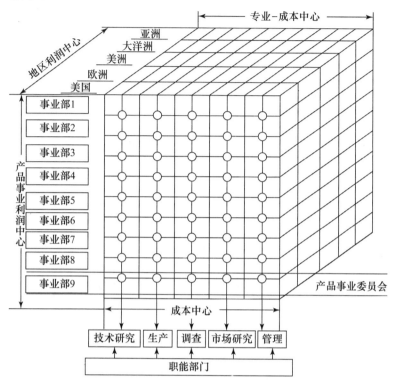

图 3-15　多维立体制组织结构形式

所谓多维,就是指在组织内部存在三类以上(含三类)的管理机制。这种结构形式由三方面的管理系统组成。

(1) 按产品(项目或服务)划分的部门(事业部)是产品利润中心。

(2) 按职能如市场研究、生产、技术、质量管理等划分的是职能利润中心。

(3) 按地区划分的管理机构是地区利润中心。

2．优点

(1) 多维立体制组织结构能够促使各部门从组织整体的角度来考虑问题,从而减少了产品、职能和地区各部门之间的矛盾,三者容易统一和协调。

(2) 有利于形成群策群力、信息共享、共同决策的协作关系。

3．缺点

这种组织结构可能带来多重领导的缺陷。

4．适用组织

这种组织结构形式适用于跨国公司或规模巨大的跨地区公司。

(七) 控股制

1．基本含义

控股制组织结构(Holding Structure,H型结构)是在公司总部下设若干个子公司,公司总部作为母公司对子公司进行控股,承担有限责任。母公司对子公司既可通过控制股权进行直接管理,又可通过子公司董事会以及出售公司股份资产进行控制,如图3-16所示。

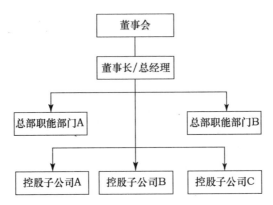

图3-16 控股制组织结构形式示意图

2. 优点

(1) 采用控股制组织结构既能发挥母公司的战略优势,又能充分发挥子公司的积极性、灵活性,增加了公司之间联合和参与竞争的实力。

(2) 总公司对控股子公司具有有限的责任,风险得到控制,即在结构上设计了一种加入或退出机制,便于公司兼并、重组,十分有利于分散集团公司的财产和经营风险。

3. 缺点

战略协调、控制、监督困难;资源配置也较难协调;独立性较突出;间接式管理,出现问题有时责任不明确。

4. 适用组织

控股制组织结构是在非相关领域开展多种经营的企业常用的一种组织结构形式,比较适用于大型的跨国公司。

(八) 网络型组织结构

1. 基本含义

网络型组织结构是利用现代信息技术手段,以契约关系的建立和维持为基础,依靠外部机构进行制造、销售或其他重要业务经营活动的组织结构形式。

网络型组织结构是目前正在流行的一种新形式的组织设计,它使管理者对于新技术、时尚,或者来自海外的低成本竞争能具有更大的适应性和应变能力。

网络型组织结构是一种只有很精干的中心机构,被连接在这一结构中的各经营单位之间并没有正式的资本所有关系和行政隶属关系,只是通过相对松散的契约(正式的协议契约书)纽带,通过一种互惠互利、相互协作、相互信任和支持的机制来进行密切的合作。

采用网络型组织结构的公司,他们所做的就是通过公司内联网和公司外互联网,创设一个物理和契约"关系"网络,与独立的制造商、销售代理商及其他机构达成长期协作协议,使他们按照契约要求执行相应的生产经营功能。由于网络型企业组织的大部分活动都是外包的,因此公司的管理机构就只有一个精干的经理班子,负责监管公司内部开展的活动,同时协调和控制与外部协作机构之间的关系,如图3-17所示。

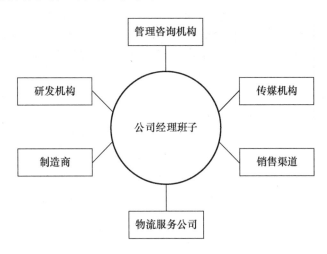

图3-17 网络型组织结构形式示意图

2. 优点

(1) 组织结构简单化、扁平化、精炼化,效率较高。

(2) 降低管理成本;提高管理效益。因为组织中的大多数活动都实现了外包,而这些活动更多地靠电子商务来协调处理,大大节约了管理费用。

(3) 组织结构具有更大的灵活性和柔性。公司业务以项目为中心,采用与外部合作的形式,可以更好地结合市场需求来整合各项资源,而且容易操作,网络中的各个价值链部分也随时可以根据市场需求的变动情况增加、调整或撤并。

(4) 简化了机构和管理层次,实现了企业充分授权式的管理。

3. 缺点

(1) 可控性较差。所有商务活动是通过合作来实现的,出现问题时难以控制,例如,质量问题、提价问题、及时交货问题等。

(2) 有一定的风险性。外部合作组织都是临时的,如果某一合作单位因故退出且不可替代,组织将面临危机。

(3) 员工对组织的忠诚度可能比较低,需要建立组织文化来凝聚力量,同时需要良好的科技与外部环境。

4. 适用组织

网络型组织结构是小型企业的一种可行性选择,也是大型企业在连接集团松散层单位时通常采用的组织结构形式。它比较适合具有相当大的灵活性以对市场的变化做出迅速反应,以及需要低廉劳动力的制造公司,例如,玩具或服装类企业。

思考:哪种组织结构最好?

【案例】 谁拥有权力

王华明近来感到十分沮丧。一年半前,他获得某名牌大学工商管理硕士学位后,在毕业生人才交流会上,他力挫群雄,荣幸地成为某大公司的高级管理人员。由于其卓越的管理才华,一年后,他又被公司委以重任,出任该公司下级的一家面临困境的企业的厂长。当时,公司总经理及董事会希望王华明能重新整顿企业,使其扭亏为盈,并保证王华明拥有完成这些工作所需的权力。考虑到王华明年轻且肩负重任,公司还为他配备了一名高级顾问严高工(原厂主管生产的副厂长)为其出谋划策。

然而,在担任厂长半年后,王华明开始怀疑自己能否控制住局势。他向办公室高主任抱怨道:"在我执行厂管理改革方案时,我要各部门制定明确的工作职责、目标和工作程序,而严高工却认为,管理固然重要,但眼下第一位的还是抓生产、开拓市场。更糟糕的是他原来手下的主管人员居然也持有类似的想法,结果这些经集体讨论的管理措施在执行时受阻。倒是那些生产方面的事情推行起来十分顺利。有时我感到在厂里发布的一些命令,就像石头扔进了水里,我只看见了波纹,随后,过了不多久,所有的事情又回到了发布命令以前的状态,什么都没改变。"

(资料来源:余敬,刁凤琴.管理案例精析[M].北京:中国地质大学出版社,2006)

【分析】

1. 王华明和严高工的权力各来源于何处?
2. 严高工在实际工作中行使的是什么权力?
3. 你认为,严高工作为顾问应该行使什么样的职权?

模块三 组织运行

组织结构是静态的流程,而组织运行使其结构动态化。组织运行包括了组织制度的建立、组织冲突的协调、运行机制的健全、运行过程的调控等。组织运行的目标要看是否提高了效率,促进了发展。

一、组织制度概述

组织制度是指组织中全体成员必须遵守的行为准则,它包括组织机构的各种章程、条例、守则、规程、程序、办法、标准等。现代组织制度是指组织的基本规范,它规定了组织指挥系统,明确了人与人之间的分工和协作关系,并规定了各部门及其成员的职权和职责。

(一)组织制度的功能

(1)规范功能。制定并执行制度规范,可以有效地指导组织及其成员按照既定的程序、方法、标准行事,使其有章可循,以保证各项活动规范运作,秩序井然,更有效率。

(2)制约功能。制度规范能有效地约束组织及其成员从事有悖于组织目标实现的活动,惩戒违章行为,鼓励积极行为,使组织更有秩序和纪律。

(3)协调功能。通过制定完善的制度规范体系,使组织的各项活动与工作建立在科学的高结构化的体系之上,使组织整体协调运作,并为处理冲突提供了进行协调的依据。

(二)组织制度的特点

(1)权威性。组织制度是由组织或其上级制定颁布的,要求其成员必须执行,有很高的权威性。

(2) 系统性。制度体系不但具有高度的统一性、标准性,而且体现了规律的要求,能够实现对组织成员科学合理的指导与规范。

(3) 强制性。组织制度是组织中的法规,对其成员执行和遵守具有强制性。凡有违反者就要受到制裁。

(4) 稳定性。组织的制度一经制定,就是相对稳定的,要在一定时期内严格执行。

(三) 组织制度的类型

组织的制度规范主要包括以下四大类。

(1) 组织的基本制度。是指规定组织构成和组织方式、决定组织性质的基本制度。这是组织的基本制度,决定与制约了组织的行为方向、基本活动的范围与性质。例如,企业的股权制度、企业章程等。

(2) 组织的管理制度。是指对组织各领域、各层次的管理工作所制定的指导与约束规范体系。例如,组织中的部门与岗位权责制度、各种管理程序与标准的管理制度等。

(3) 组织的技术与业务规范。是指组织中的各种关于技术标准、技术规程以及业务活动的工作标准与处理程序的规定。例如,企业的技术操作规程、业务流程、技术标准等。

(4) 组织成员的个人行为规范。是针对组织中的成员,为对其个人行为进行引导与约束所制定的规范。例如,员工职业道德规范等。

二、组织制度的制定与实施

(一) 组织制度制定的原则

组织制度制定应遵循以下原则。

(1) 可执行性。组织制度条文都必须是可以执行的,不能执行的条文和法规应立即废止,否则将破坏规章制度的权威性。

(2) 可监督性。在制定组织规章制度时必须确定监测手段,以保证规章制度的可执行性,否则制度就会形同虚设。

(3) 可衡量性。必须有明确的尺度和标准来判断是否违反组织制度,且这些标准应尽可能量化。

(4) 可运作性。要能形成一套完整的运作机制,具有配套的表单、奖罚措施,并且最终能闭合。

(5) 可调节性。因为没有任何一项规定可以精确限定一件事物,所以任何制度都应有一定的可调节性,即具备一定的弹性。这种弹性是有限的、积极的、人性化的。设定弹性是为了提高效率,增加解决问题的可能性,而不是为了与制定制度的目的相对抗。

另外,凡与新规定相矛盾的旧规定,应一律废止,且行政管理部门应发文申明;否则,新旧混杂的制度将使管理失去统一的标准,造成混乱。

(二) 组织制度制定的程序

(1) 充分调研与确定目标。要根据组织的总目标的需要,在充分调查研究的基础上,提出制定制度与规范的具体目标。

(2) 制定草案。在大量分析处理有关信息资料的基础上,起草制定制度与规范草案。

(3) 讨论与审定。制度草案提出后,要广泛征求意见,反复讨论修改。最后完善定稿,报制度审定部门审批。

(4) 试行。将制度在组织内试行,经过进一步的修改、检验,使之更趋完善。

(5) 正式执行。以正式文件的形式颁布实施。

(三) 组织制度建设与实施过程

制度建设与实施过程包括立案、拟定条文、会议讨论、宣传与监督执行、修正或废止。

1. 立案

立案需要解决以下问题。

(1) 什么事务需要管理。一般在解决已经发生或容易发生的问题时需要管理。制度的制定是根据管理过程的需要来确定的,是管理实践的需要,而不是人的主观想象。

(2) 什么范围。范围是指什么事项、什么区域、什么人、在什么时间内需要管理。

(3) 什么程度。有的人认为管理越严、越细就越好,这是错误的。因为制度过死、过细必然会降低工作效率,甚至为了执行制度、检查执行制度情况要花费一定的精力和金钱。满足组织需要并恰如其分的管理制度是适合的、正确的。

(4) 什么目的。目的必须事先确定,这样才可以衡量制度实行以后是否达到目的。另外,还要考虑对工作效率的影响有多大。制度和管理都是要付出一定代价的,关键在于值不值得付出这个代价。

2. 拟定条文

根据情况和目的制定出详细的条文,这些条文包括事物的含义、范围、时间、区域、程序、标准、惩罚手段、解释权限和执行人。

3. 会议讨论

组织相关人员召开会议,检查这些条款是否全面、完善,设想这些条款实行以后的正面效果和负面影响。讨论如何做到取得正面效果的同时减少负面影响。

4. 宣传与监督执行

行政管理部门应对发文的制度进行宣传,让与此规定有关的人员都知道,监察部监督执行。

5. 修正或废止

根据制度实施结果、客观情况或执行情况的变化,通过制度对检查或其他形式,提出修正或废止制度。

(四) 组织制度的执行

组织制度的执行是组织管理的实践。制度是文件,是命令;执行是落实,是实践;制度是执行的基础,执行是制度的实践,没有制度就没有执行;没有执行,制度也只是空壳。所以要想贯彻落实组织制度需做到以下几个方面。

(1) 建立监督体系。通过稽核来提高执行力,以便发现问题、客观公正地处理问题、划分责任、促进目标的实现、计划的达成;促进流程、制度的落实,形成内部制约机制和控制体系,关注过程、控制细节,形成"绝不找任何借口"的执行文化。

(2) 加强组织制度内容在员工中的透明度,加强宣传教育,做到人人皆知,培养自觉遵守制度的习惯。

(3) 明确责任,狠抓落实,严格执行。

（4）坚持原则性和灵活性的统一。在具体的工作过程中，必须按章办事，保证制度规范的严肃性；同时，要结合实际情况，灵活而创造性地执行制度，注重制度的实效性。

（5）加大奖惩力度。在执行过程中，必须用较大的奖惩力度对制度加以推进与保证，不能忽略制度的强制性，对制度执行力好的员工进行相应奖励，对少数执行力差的员工实行罚款、辞退等措施。

（6）适时调整制度。在执行过程中，要跟踪控制，在适当时机进行调整与进一步完善。

三、组织冲突的协调

组织冲突（Organizational Conflict）是指组织内部成员之间、成员个人与组织之间、组织中不同团体之间，由于利益上的矛盾或认识上的不一致而造成的彼此抵触、争执或攻击，是一个从知觉到情绪，再到行为的心理演变过程。

（一）冲突产生的原因

罗宾斯认为冲突的来源有三方面：沟通因素、结构因素和个体行为因素。

1. 沟通因素

有相当数目的冲突是由误解造成的。信息沟通不畅或错误信息的误导是误解的直接原因。

2. 结构因素

（1）规模。群体结构方面的因素与冲突有一定的关系。群体规模越大，发生各种冲突的可能性就越大。

（2）参与。邀请下级参与可以满足尊重和友爱的需要，融洽人际关系，可以减少冲突。但也可能参与越多，个体差异越大，导致矛盾越多。

（3）角色冲突。组织中的个人和群体，由于承担的角色不同，各有其特定的任务和职责，从而产生了不同的需要，因此发生冲突。

（4）奖酬制度。一方多得报酬必然使另一方少得报酬，容易引起冲突。

（5）资源的有限性。群体为实现目标需要利用各种资源，包括资金、设备、人员、原材料、能源、空间、场地等。只要资源匮乏存在，资源分配中的冲突就不可避免。

（6）责权因素。责权因素是最典型的造成冲突的主观因素。责权因素引起冲突的可能性有三种情况：责权不清、权力不均和责权逆转。

3. 个体行为因素

一些人的价值观或知觉方式可能导致与他人的冲突。

（二）组织冲突的处理

（1）竞争。竞争策略又称为强制策略，是一种"我赢你输"，武断而不合作的冲突管理策略。在正式的组织中，这些输赢的竞争经常通过双方利用各自的权力取得胜利。

（2）回避。回避是指一个人可能意识到了冲突的存在，但希望逃避它或抑制它。即当冲突双方都认识到既不满足自身利益，又不满足对方利益时，所采取的漠不关心、希望避免公开表示异议等态度。

（3）迁就。迁就是指为了维持相互关系，一方愿意做出自我牺牲。

（4）缓解。缓解是指设法争取时间并且创造条件，使冲突因时间延迟而减少其重要性和尖锐性，从而变得比较容易解决。

（5）妥协。妥协是指冲突双方都放弃某些东西而共同分享利益，愿意共同解决冲突问题，并接受一种双方都达不到彻底满足的解决办法。

（6）协作。协作是指冲突双方均希望满足两方利益，并寻求相互受益的结果，通常被认为是双赢的方法。

（7）委任。在有些单位，反对意见往往被高度专制的管理者压制，因此，选派态度开明的管理者可以在一定程度上克服这种现象。

【案例】 谁来承担损失

田野是某大学的一位大学生，为了准备全国英语六级考试，在 A 书城购买了一本历年全国英语六级考试全真试题，没想到等到准备做试题时，却发现该书缺页达 40 页之多。无奈之下，他只好找出购书时的付款小票，准备去调换一本。

到了书城，田野直接到总服务台说明了情况，服务人员甲接过书和付款小票看了看，说："没问题，可以调换。请您直接去 5 层找营业员调换。"随即，田野来到 5 层，找到相应柜台的营业员，营业员马上在书架上寻找，结果却发现该书一本都不剩了，于是他对田野说，"这本书已卖完了，不知仓库里有没有？你去找总服务台问一下。"此时，田野有些不耐烦了，问营业员为什么不能帮助顾客联系解决，而要顾客楼上楼下来回跑。营业员一边抱怨一边打电话给总服务台说："书架上已没有该书，请你们处理吧。"田野一脸的无奈，只好再次跑下楼去找总服务台。

没想到总服务台服务人员查完电脑记录后，告诉田野该书已脱销了，现在出版社也没有此书了。田野十分生气，本来只想调换一本书，结果自己楼上楼下跑，结果却是没有任何结果，于是，田野要求退书。可是，服务人员说："退书必须在购书 7 日之内，这本书是您 8 天前买的，我们不能给您退。"田野此时已气愤之极，买了一本缺 40 余页的书本来已经够恼火的了，专门来调换却没有书可换。于是，他找到书城负责人理论说："我从你们书城买的书缺了 40 多页，我是来换书的，并不想来退书，可现在因为该书脱销你们不能给我换书，我才退书的。"书城负责人不无遗憾地说："这是单位规定，超过 7 天不予退，只能换。"田野据理力争道："如果因为我个人的原因在 7 天之后要求退书，你们可以不退。但现在不是因为我的原因，你们卖给我的书缺少 40 页而且该书现在又脱销，你们没有理由不给退。"书城负责人说："不是我们不给你换，是没有书可换，我也没有办法，超过 7 天我们不予退书，要退，你找出版社去。"此时，围观的人越来越多，人们纷纷谴责书城负责人的做法不正确。

（资料来源：http://wenku.baidu.com/link?url=MpB7E_ny1NxM3UwAu666KZXqmu0DWT4hwlTy3qp_PnbukKYXq8uXq1D3EZWbCMYeNy0fX-dIKnXK64iwPPV3zldaVo8IpInhJ-YBmxF2LFe，有修改）

【分析】

1. 从该案例中，对于该书城"超过 7 天不予退，只能换"的规定，书城营业员、负责人始终坚持遵照执行，他们的做法有错吗？为什么？

2. 如果你是该书城负责人，对田野的退书要求，你认为应该怎样处理？

模块四　组织变革

一、组织变革的含义

组织变革（Organizational Change）是指运用行为科学和相关管理方法，对组织的权利结构、组织规模、沟通渠道、角色设定、组织与其他组织之间的关系，以及对组织成员的观念、态度和行为，成员之间的合作精神等进行有目的的、系统的调整和革新，以适应组织所处的内外部环境、技术特征和组织任务等方面的变化，提高组织效能。企业的发展离不开组织变革，内外部环境的变化，企业资源的不断整合与变动，都给企业带来了机遇与挑战，这就要求企业关注组织变革。

二、组织变革的影响因素

随着时代的进步，组织的发展，任何设计得再完美的组织，在运行一段时间以后也要进行改革，这样才能适应组织内外条件变化的要求。诱发组织变革的需要有很多，但决定组织变革目标方向和内容的主要因素有以下几个。

（一）环境

环境变化是导致组织结构变革的一个主要影响力量。传统的以高度复杂性、高度正规化和高度集权化为特征的机械式组织，并不适于企业对迅速变化的环境做出灵敏的反应。为了适应新的环境条件的要求，目前许多企业的管理者开始朝着弹性化或有机化的方向对组织进行改变，使之变得更加精干、快速、灵活和富有创新性。

（二）战略

战略的变化必然需要更新组织结构。战略的变化在两个层次上影响组织结构，一是不同的战略要求开展不同的业务和管理活动，由此影响到管理职务和部门设计；二是战略重点的改变会引起组织业务活动重心的转移和核心职能的改变，从而使各部门、各职务在组织中的相对位置发生变化，相应地就要求对各管理职务以及部门之间的关系做出调整。

（三）技术

技术水平以及技术设备的先进程度，不仅影响组织活动的效果和效率，而且会对组织的职务设置与部门划分、部门间的关系，以及组织结构的形式和总体特征有相当程度的影响。

越是常规化的技术，越需要高度结构化的组织；反之，非常规的技术要求更大的结构灵活性。

（四）规模

大规模组织要比规模小的组织倾向于更高程度的专业化和横向及纵向的分化，规则条例也更多。当然，这种影响不是线性关系，而是规模对结构的影响程度在逐渐地减弱。

组织的规模往往与组织的成长或发展阶段相关联。伴随着企业成长的各个时期，不同成长阶段要求不同的组织模式与之相适应。企业在成长的早期，组织结构常常是简单、灵活而集权的。随着员工的增多和组织规模的扩大，企业必须由创业初期的松散结构转变为正规、集权的，其通常的表现形态就是职能型结构。而当企业经营多元产品和跨地区经营后，分权的事业部结构可能更为适宜。企业进一步发展而进入集约经营阶段后,不同领域之间的交流与合作以及资源共享、能力整合、创新力激发等问题日益突出,这样,以强化协作为主旨的各种创新型组织形态便应运而生。总之,组织在不同成长阶段所适合采取的组织模式是不一样的。

三、组织变革的征兆

组织结构需要变革的征兆表现为以下几方面。

(1) 企业经营业绩指标明显下降。例如,市场占有率和产品质量下降,消耗和浪费严重、企业资金周转不灵等。

(2) 企业生产经营缺乏创新。例如,企业缺乏新的战略和适应性措施,缺乏新的产品和技术更新,没有新的管理办法或新的管理办法推行起来困难等。

(3) 组织机构本身病症的显露。例如,决策迟缓,指挥不灵,信息交流不畅,机构臃肿,职责重叠,管理幅度过大,扯皮增多,人事纠纷增多,管理效率下降等。

(4) 职工士气低落,不满情绪增加。例如,管理人员离职率增加,员工旷工率,病、事假率增加等。

当企业出现以上征兆时,应及时进行组织诊断,以判定组织结构是否有变革的必要。

四、组织变革的过程

在组织变革的全过程中,组织成员的心理也经过了三个重要的变化阶段,这就是德裔美国心理学家勒温提出的"解冻—变革—再冻结"三阶段理论。

(一) 解冻

解冻阶段是实施变革的前奏,该阶段的主要任务是发现组织变革的动力,营造危机感,塑造出变革乃是大势所趋的气氛,并在采取措施克服阻力的同时具体描绘组织变革的蓝图,明确组织变革的目标和方向,形成可靠的比较完善的组织变革方案。

(二) 变革

变革阶段的主要任务是按照所拟订的变革方案的要求开展具体的组织变革运动,使组织从现有的组织结构模式向目标模式转变。变革分为试验和推广两个步骤。

在这一阶段中,要把激发起来的变革动机转化为变革的行为,关键措施是让员工参与变革,使变革成为全体员工的共同事业。

(三) 冻结

采取措施保证新的行为方式和组织形态能够不断得到强化和巩固。这就是冻结或重新冻结阶段,缺乏这一阶段,变革的成果有可能退化消失。

人们的传统习惯、价值观念、心理特征等是在长期的社会生活中逐渐形成的,并非一次变革所能彻底改变的。因此,变革措施顺利实施后,还应采取种种手段不断强化新的心理状态、行为规范和行为方式;否则,稍遇挫折,仍会反复,使变革的成果无法巩固。

五、组织变革的方式

组织变革的方式一般来说有以下三种。

(一) 计划式

计划式,即采取系统研究、统筹解决的方式,制订出理想的改革方案,然后结合各个时期的工作重点,有计划、有步骤地加以实施。这种方式的特点是,有战略眼光,适合组织长期发展的要求;组织的变革可以同人员培训、管理方法改进同步进行;员工有较充分的思想准备,阻力较小。因此,这是一种比较理想的变革方式。

(二) 爆破式

爆破式,即采取革命性措施,一举打破原状,抛弃旧的一套而断然采取新的办法。这种变革方式往往涉及企业组织重大的以至根本性的变更。但在采取这种方式时,应持谨慎的态度。爆破式容易使员工丧失安全感,造成士气低落,影响生产和经营,甚至引起对变革的强烈反对。

(三) 改良式

改良式,即采取逐渐演变、过渡的办法,即在原有的框内做些小变革。这是企业中经常采用的一种方式。改良式的优点是,能够根据企业当前的实际需要,局部地进行变革,阻力较小。改良式的缺点是,缺乏总体规划,"头痛医头、脚痛医脚",带有权宜性措施的性质。

六、组织变革的阻力

任何组织的变革都要依赖于绝大多数组织成员的赞成、支持和积极配合,才能取得成功。当组织变革设计实施时,许多旧的规章制度被打破,原有的行动规范也不再适应,多年形成的传统和习惯也与之相违,人们便感到不适应、不习惯,从而产生心理上的抵触和行为上的抵制,这便形成了变革的阻力。

为了保证组织变革的顺利进行,就必须事先研究对策和采取相应的措施。排除变革阻力的主要措施有以下几种。

(1) 组织员工参加组织变革的诊断调研和计划工作。
(2) 大力推行与组织变革相适应的人员培训计划。
(3) 大胆起用年富力强、具有开拓精神的经理人才。
(4) 采取优惠政策,妥善安排被精减人员的工作和生活出路。
(5) 工资分配政策向鼓励组织变革的方向倾斜。
(6) 提高领导者的自身素质,完善领导行为方式。

七、组织变革的趋势

新经济形势下,人们的思维模式、工作方式和生活方式都发生着变化,组织结构也同样面临着变革的挑战,传统的组织结构不再适应日新月异的经营环境,根据时代不同、企业发展的需要,组织结构的集中性、规范性和复杂性这三个核心内容都在发生变化,如何设置企业管理层级、如何界定岗位与职责、如何分配工作任务、如何使信息沟通更高效,都要与时俱进。知识管理组织变革,已成为大势所趋。纵观国内外企业组织架构与信息科技发展情况,其变革的主要趋势可概括为以下几点。

(一) 扁平化

组织扁平化是指通过减少组织的管理层级、压缩职能部门和机构、裁减冗员,使企业的决策层和操作层之间的中间管理设置变得简单,并侧重横向发展组织,以使企业快速地将决策权延至组织的最前线,从而为提高组织效率而建立富有弹性的新型管理模式。组织扁平化摒弃了传统金字塔状企业管理模式的诸多难以解决的问题和矛盾,达到使组织变得灵活、敏捷,富有柔性、创造性的目的。组织扁平化强调系统、管理层次的简化、管理幅度的增加与分权。

例如,海尔集团将原来的职能结构转变成流程网络结构,垂直业务结构转变成水平业务流程,使企业达到了"三个零"——顾客零距离、资金零占用和质量零缺陷。

(二) 分权化

组织分权化包括联邦分权化组织与模拟分权化组织两种。

联邦分权化组织是在企业之下有一群独立的经营单位,每一单位都自行负责本身的绩效、成果以及对企业的贡献;每一单位都有自身的管理层。联邦分权化组织的业务虽然是独立的,但公司的行政管理却是集权化的。

模拟分权化组织是指组织结构中的组成单位并不是真正的事业部门,而组织在管理上却将其视之为一个独立的事业部;这些"事业部"具有较大的自主权,相互之间存在供销关系等。

(三) 虚拟化

组织虚拟化则是指未来的企业组织结构形式不再是一个以产权关系为基础,以资产为联系纽带,以权威为基本运作机制的由各种岗位和部门组成的企业实体,而是以计算机和信息网络为基础和支撑,以分工合作关系为联系纽带,结合权威控制与市场等价交换原则的运作机制的一个动态企业联合体。

(四) 柔性化

组织柔性化就是组织为实现某一目标,而指导在不同领域工作的具有不同知识和技能的人,集中于一个特定的动态团体之中,共同完成某个项目,并随着项目完成而解体。组织结构柔性化的特点就在于结构简洁,反应灵敏、迅速,灵活多变,以达到快速适应现代市场的需求。

(五) 网络化

工业经济背景下,传统企业内部基本上是一个以等级为基础、以命令控制为特征的"金字塔"结构,横向分工始终处在以"直线组织"为支柱从而以纵向分工为基调的框架内。20世纪90年代以来,长期居于主流地位的企业"金字塔"式组织结构正在逐步转向更加适应信息时代和知识经济的"网络组织"。企业组织结构的网络化是一个世界性的大趋势,它能在三个方面极大地促进企业经济效益实现质的飞跃:一是减少了内部管理成本;二是实现了企业全世界范围内供应链与销售环节的整合;三是实现了企业充分授权式的管理。

【知识拓展】 企业流程再造

流程再造由美国的哈默和钱皮提出,在20世纪90年代达到了全盛的一种管理思想。

企业再造是一种企业活动,内容为从根本重新而彻底地去分析与设计企业程序,并管理相关的企业变革,以追求绩效,并使企业达到戏剧性的成长。企业再造的重点在于选定对企业经营极为重要的几项企业程序加以重新规划,以求其提高营运之效果。企业再造的目的在于对成本、品质、对外服务和时效上达到重大改进。

流程再造的核心是面向顾客满意度的业务流程,而核心思想是要打破企业按职能设置部门的管理方式,代之以业务流程为中心,重新设计企业管理过程,从整体上确认企业的作业流程,追求全局最优,而不是个别最优。

随着互联网对重构完整的价值链的要求越来越高,品牌之间的竞争和对抗将日益淡化,取而代之的是关于企业价值链的强度和效率之间的竞争。企业必须大量投资、谨慎管理、保护和持续对资产进行改良。拥有能够保持第一位的客户关系、快速反应并参与客户需求的动态价值链的公司将成为赢家。

流程合作就是将业务流程作为一套离散的任务在多个资源(人、商业组织、公司)之间共享,这些任务的分配既可以在事先达成一致,也可以根据规则和资源能力实时协商完成。流程合作涉及反复进行的协商式业务流程的两方或更多方,该流程在本质上更具关系性,而非交易性。

企业的管理应该是流程驱动的管理,一贯实施流程管理,而且管理得比较得当的企业,确实可以在日常的管理过程中,适时对流程进行修正、调适。所以这种企业的流程往往适应性比较强,流程的设置和运行也要科学得多,但这并不意味着它们就不需要对流程进行再造。如果客户的需求和市场发生了巨大的变化,企业的运行模式要实现根本性的变革,就必须要进行流程再造。例如,戴尔公司推行的直销模式,如果在 IBM 公司的传统流程上套用,恐怕就难以产生预期效果,但是 IBM 公司的传统流程对于自身奉行的生意模式却是有效的。另外,流程再造的目的也是要通过对企业和产业流程的梳理、精简,来实施流程化管理。

(资料来源:王璞,曹叠峰.流程再造[M].北京:中信出版社,2005,有修改)

【本章案例分析】 杜邦公司组织机构的演变

美国杜邦公司是一家以科研为基础的全球性企业,建立至今,已有二百多年。这二百多年中,尤其是 20 世纪以来,企业的组织机构几经变革,其根本点在于不断适应企业的经营特点和市场情况的变化。杜邦公司所创设的组织机构曾成为美国各个公司包括著名大公司的模式,而且反映了企业组织机构发展演变的一般特点。

1. 成功的单人决策及其局限性

历史上的杜邦家族是法国王室的贵族,1789 年在法国大革命中败落,老杜邦带着两个儿子伊雷内和维克托逃到美国。1802 年,老杜邦的儿子们在特拉华州建起了火药厂。伊雷内在法国时是个火药配料师,与他共事的是法国化学家拉瓦锡,由于美国历次战争对火药的需要,工厂很快在美国站住了脚并发展起来。

在 19 世纪中,杜邦公司基本上是单人决策式经营,这一点在亨利这一代尤为明显。亨利是伊雷内的儿子,军人出身,由于接任公司以后完全是一套军人派头,所以人称"亨利将军"。在公司任职的 40 年中,亨利挥动军人严厉粗暴的"铁腕"治理着公司。他实行的一套管理方式,被称为"恺撒型经营管理"。这种管理方式实际上是经验式管理,公司的所有主要决策和许多细微决策都要由他亲自制定,所有支票都得由他亲自开,所有契约也都得由他签订。他一人决定利润的分配,亲自周游全国,监督公司的好几百家经销商。在每次会议上,总是他发问,别人回答。亨利全力加速账款收回,严格制定支付条件,促进交货流畅,努力降低价格。亨利刚接任时,公司负债高达 50 多万美元,但亨利后来却使公司成为行业的龙头企业。

在亨利的时代,这种单人决策式的经营基本上是成功的。这主要是因为:① 公司规模不大,直到 1902 年合资时资产才 2400 万美元;② 经营产品比较单一,基本上是火药;③ 公司产品质量占了绝对优势,竞争者难以超越;④ 市场变化不甚复杂。单人决策之所以取得了较好效果,这与"将军"的非凡精力也是分不开的。直到72岁时,亨利仍不用秘书的帮助;任职期间,他亲自写的信不下25万封。

但是,正因为这样,亨利死后,继承者的经营终于崩溃了。

亨利的侄子尤金,是公司的第三代继承人。亨利是与公司一起成长的,而尤金没有这样的经历,一下子登上"舵位",缺乏经验,晕头转向。尤金试图承袭其伯父的作风经营公司,也采取绝对的控制,亲自处理细枝末节,亲自拆信复函,但他最终还是陷入公司错综复杂的矛盾之中。

2. 集团式经营的首创

正当公司濒临危机、无人敢接重任、家族拟将公司出卖给别人的时候,尤金的三位堂兄弟:皮埃尔·杜邦、托马斯·杜邦、伊雷内·杜邦出来力挽家戚,廉价买下了公司。

尤金的三位堂兄弟不仅具有管理大企业的丰富知识,而且具有在铁路、钢铁、电气和机械行业中采用先进管理方式的实践经验,有的还请泰勒当过顾问。他们果断地抛弃了"亨利将军"的那种单枪匹马的管理方式,精心地设计了一个集团式经营的管理体制。在美国,杜邦公司是第一家把单人决策改为集团式经营的公司。

集团式经营最主要的特点是建立了"执行委员会",隶属于最高决策机构董事会之下,是公司的最高管理机构。在董事会闭会期间,大部分权力由执行委员会行使,董事长兼任执行委员会主席。1918年时,执行委员会有10个委员、6个部门主管、94个助理,高级经营者年龄大多在40岁上下。

公司抛弃了当时美国流行的体制,建立了预测、长期规划、预算编制和资源分配等管理方式。在管理职能分工的基础上,建立了制造、销售、采购、基本建设投资和运输等职能部门。在这些职能部门之上,是一个高度集中的总办事处,控制销售、采购、制造、人事等工作。

执行委员会每周召开一次会议,听取情况汇报,审阅业务报告,审查投资和利润,讨论公司的政策,并就各部门提出的建议进行商讨。对于各种问题的决议,一般采用投票、多数赞成通过的方法,权力高度集中于执行委员会。各单位申请的投资,要经过有关部门专家的审核,对于超过一定数额的投资,各部门主管没有批准权。执行委员会做出的预测和决策,一方面要依据发展部门提供的广泛的数据,另一方面要依据来自各部门的详尽报告,各生产部门和职能部门必须按月按年向执行委员会报告工作。在月度报告中提出产品的销售情况、收益、投资以及发展趋势;年度报告还要论及5年及10年计划,以及所需资金、研究和发展方案。由于在集团经营的管理体制下,权力高度集中,实行统一指挥、垂直领导和专业分工的原则,所以整个公司秩序井然,职责清楚,效率显著提高,大大促进了杜邦公司的发展。20世纪初,杜邦公司生产的五种炸药占当时美国总产量的64%～74%,生产的无烟军用火药则占100%。在第一次世界大战中,协约国军队40%的火药来自杜邦公司。公司的资产到1918年增加至3亿美元。

3. 充分适应市场的多分部体制

可是,杜邦公司在第一次世界大战中的大幅度扩展,以及逐步走向多角化经营,使组织机构遇到了严重问题。每次收买其他公司后,杜邦公司都因多元化经营而严重亏损。这种困扰除了由于战后通货膨胀到通货紧缩之外,主要是由于公司的原有组织对成长缺乏适应力。1919年,公司的一个小委员会指出:问题在于过去的组织机构没有弹性。尤其是1920年夏到1922年春,市场需求突然下降,使许多企业出现了存货危机。这使人们认识到:企业需要一种能力,即根据市场需求的变化改变商品流量的能力。继续保持那种使高层管理人员陷入日常经营、不去预测需求和适应市场变化的组织机构形式,显然是错误的。一个能够适应大生产的销售系统对于一个大公司来说,已经成为至关重要的问题。

杜邦公司经过周密的分析,提出了一系列组织机构设置的原则,创造了一个多分部的组织机构。

在执行委员会下,除了设立由副董事长领导的财力和咨询两个总部外,还按各产品种类设立分部,而不是采用通常的职能式组织如生产、销售、采购等。在各分部下,有会计、供应、生产、销售、运输等职能处。各分部是独立核算单位,分部的经理可以独立、自主地统管所属部门的采购、生产和销售。

在这种形式的组织机构中,自治分部在不同的、明确划定的市场中,通过协调从供给者到消费者的流量,使生产和销售一体化,从而使生产和市场需求建立密切联系。这些以中层管理人员为首的分部,通过直线组织管理其职能活动。高层管理人员总部在大量财务和管理人员的帮助下,监督这些多功能的分部,用利润指标加以控制,使它们的产品流量与波动需求相适应。

4. "三头马车式"的体制

杜邦公司的执行委员会和多分部的管理机构,是在不断对集权和分权进行调整的情况下去适应需要的。例如,20世纪60年代后期,公司发现各部门的经理过于独立,以致有些情况连执行委员会都不了解,因此又一次作了改革:一些高级副总经理同各工业部门和职能部门建立联系,负责将部门的情况汇报给执行委员会,并协助各部门按执委会的政策和指令办事。20世纪60年代以后,杜邦公司的组织机构又发生了一次重大的变更,这就是建立起"三头马车式"的组织体制。

新的组织体制是为了适应日益严峻的企业竞争需要而产生的。20世纪60年代初,杜邦公司接二连三地遇到了难题:过去许多产品的专利权纷纷满期,在市场上受到日益增多的竞争者的挑战;以至于1960至1972年,在美国消费物价指数上升4%、批发物价指数上升25%的情况下,杜邦公司的平均价格却降低了24%,使它在竞争中蒙受重大损失。再加上它被迫出售持有多年的通用汽车公司10亿多美元股票,美国橡胶公司转到了洛克菲勒手下,公司又历来没有强大的金融后盾,真可谓四面楚歌,危机重重。

1962年,公司的第11任总经理科普兰上任,被称为"危机时代的起跑者"。

公司新的经营战略是:运用独特的技术情报,选取最佳销路的商品,强力开拓国际市场;发展传统特长商品,发展新的产品品种,稳住国内势力范围,争取巨额利润。

有了新的经营方针,还必须有相应的组织机构作为保证。除了不断地完善和调整公司原设的组织机构外,1967年底,科普兰把总经理一职,在杜邦公司史无前例地让给了非杜邦家族的马可,公司财务委员会议议长一职也由别人担任,自己专任董事长一职,从而形成了一个"三头马车式"的体制。1971年,科普兰又让出了董事长的职务。

5. 网络化组织结构

在经济全球化条件下,鉴于知识经济网络化、数字化的特点,杜邦公司从"模块"的角度对企业重新审视。模块组合强调各模块相对独立地运作于各自的市场,根据各自市场来自竞争者、顾客等方面的变化进行调整,而企业其他各部分则无须调整,从而具有了灵活、应变、抗风险性等特点。模块组合把企业的营销部门和经营业务部门划分为多个规模较小的经营业务部门并受总部统一管理,其结果是管理组织结构正在变"扁"、变"瘦",综合性管理部门的地位和作用更加突出,形成网络性的组织结构。

(资料来源:http://news.mbalib.com/story/1340,有修改)

【讨论】

1. 为什么杜邦公司的早期组织结构是有效的,而后来却不适应了?
2. 尤金的堂兄弟对公司组织结构进行了哪些改革?改革的效果如何?

【做游戏学管理】 团队托竹竿

[目的]

通过该游戏,体会组织设计的原则,以及在组织运行过程中如何控调和协调。

[游戏程序与规则]

1. 组织与时间

(1) 5~8人一组。

(2) 时间:20分钟(10分钟讨论,10分钟游戏)。

2. 要求

(1) 在教室内或教室外找个空地。

(2) 做游戏前请细听规则。

(3) 每组做游戏之前可商量如何做得更快更好。

3. 游戏规则

(1) 所有人伸出食指,放在胸前的位置。所有人的食指都必须托着竹竿,不许用手勾住,每个人的食指都不能离开竹竿。

(2) 把这根竹竿放到膝盖以下的位置。

(3) 任何一人手指离开竹竿,即违规,必须重新开始。

(4) 尽快高效地完成。

4. 游戏前的准备

(1) 准备一根6米左右的竹竿(或其他材质的细棒)。

(2) 准备一个共用的计时秒表(可用手机代替)。

(3) 找出两名监督人员。

[讨论]

游戏结束以后,请同学们讨论游戏中反映出的管理问题:

(1) 如何才能更快更好地完成任务?

(2) 这个游戏在组织管理方面有什么启发?

【实务项目训练】 调研企业组织结构情况

一、训练目标

(1) 增强学生对企业组织结构的感性认识。

(2) 初步培养学生对企业组织结构及职务规范说明书的设计能力。

二、训练内容

（1）学生自愿组成小组，每组 6～8 人。利用课余时间，选择 1～2 个企业的管理者进行调查与访问，了解该企业的组织结构，绘制企业的组织结构图，了解企业主要职位、部门的职责权限及职权关系，了解企业现有的规章制度。提前制定好调查访问的提纲，设计调研的主要问题，具体方法和安排（在访谈小结中要体现出来）。

（2）对所调研企业的组织结构情况进行分析诊断，评价该企业组织结构是否存在特色或问题；设置是否满足企业的需要，运行是否顺畅，职权关系是否配置合理，制度是否健全，执行过程中是否有监控，如果企业组织存在问题，思考如何提出合理的改革建议。

三、训练要求

（1）每组写出一份简要的调查总结报告。
（2）调查访问结束后，组织一次课堂交流与讨论。
（3）以小组为单位，由教师打分。

四、训练步骤

（1）每组组长组织本组调查内容并对结论进行阐述。
（2）教师做归纳总结与评价。

【技能自测题】

一、思考题

1. 组织的含义是什么？组织有哪些类型？
2. 组织工作的过程包括哪三个阶段？
3. 组织设计任务、原则、影响因素是什么？
4. 如何进行一个企业的组织设计？（包括步骤、岗位设计、部门设计、管理层次和幅度设计、职务设计、职权设计、组织关系设计等）
5. 职权配置包括哪些？
6. 什么情况下集权和分权？
7. 如何授权更有效？
8. 哪种组织结构类型更好？
9. 如何制定组织制度？执行中应注意什么？
10. 如何理解组织变革过程三个阶段及发展趋势？

二、实训报告

请学生到学校外调研企业组织管理情况，写一份报告。

【参考文献】

[1] 姜桂娟.管理学基础[M].北京：北京大学出版社，2011.
[2] 杨洁，孙玉娟.管理学[M].北京：中国社会科学出版社，2010.
[3] 翔高教育管理学教学研究中心.罗宾斯〈管理学〉（第 9 版）学习精要·习题解析·补充训练[M].上海：上海财经大学出版社，2011.
[4] 林根祥.管理学基础[M].武汉：武汉理工大学出版社，2006.
[5] 孙陶生.管理学原理[M].郑州：河南人民出版社，2005.
[6] 周三多. 管理学[M].3 版.北京：高等教育出版社，2010.

[7] 张满林.管理学理论与技能[M].北京:中国经济出版社,2010.

[8] 单凤儒.管理学基础[M].3版.北京:高等教育出版社,2008.

[9] 刘松博,龙静.组织理论与设计[M].2版.北京:中国人民大学出版社,2009.

[10] 〔美〕罗伯特·N.卢西尔.管理学基础:概念、应用与技能提高[M].2版.高俊山,戴淑芬,译.北京:北京大学出版社,2007.

[11] 〔美〕加雷思·琼斯,珍妮弗·乔治.当代管理学[M].3版.郑凤田,赵淑芳,译.北京:人民邮电出版社,2005.

第四章 决　　策

【学习目标】

■ 能力目标
1. 描述不同类型决策之间的区别。
2. 按照合理的决策流程做出决策。
3. 用科学的方法做出决策。

■ 知识目标
1. 了解决策的含义及作用。
2. 熟悉决策的类型和原则。
3. 掌握制定决策的流程。
4. 掌握定性与定量决策方法。

■ 素质目标
1. 通过学习决策的原则,树立正确的决策观念。
2. 通过掌握各种决策方法和工具,提高决策能力。

【本章内容概要】

　　本章让读者了解什么是决策,决策在组织管理中有什么作用,决策有哪些类型,做决策时要依据哪些原则,制定决策应采取的步骤以及主要的决策方法等。决策是为了实现某一特定目标,借助于一定的科学手段和方法,从若干个可行方案中选择一个满意方案,并组织实施的全部过程。决策是管理工作的基础、核心和关键,管理者在决策时应遵循的原则主要有系统性、信息性、经济性、可行性、民主性、科学性、满意性和动态性等原则。决策的步骤是提出决策问题、确定决策目标、拟定备选决策方案、选择决策方案和决策实施与反馈。决策方法可归为两大类:定性决策法和定量决策法。管理者在决策时应避免陷入决策误区,不同岗位管理者的决策内容是有区别的,高层管理者是做战略决策的,而战术决策则由中层管理者做出,基层管理者的决策属于业务决策。

> 任务导入 ▶

写一份题为《如何选购一款智能手机》的决策报告

一、任务目的

　　通过对选购智能手机问题的思考,培养学生系统全面分析问题的能力,掌握决策的基本程序和决策方法,提高科学的决策能力。

二、任务形式

　　讨论,撰写报告,分享成果。

三、任务要求

　　(1) 根据班级人数分组,每组6～8人,每组指定1名负责人,以小组为单位,开始讨论本小组想购买一款什么型号的手机。

(2)各小组成员充分讨论,确定做出购买手机具体型号决策的基本要求,领悟决策所应遵循的原则。

(3)各小组成员采用合适的决策方法进行讨论,列出各种备选决策方案,按照决策流程进行决策。

(4)小组负责人分享本小组对购买某种型号手机的决策方法和最终方案。

(5)以学生为主体,教师把决策的相关知识贯穿到讨论之中。

(6)课后结合本章各模块知识,完善各小组的决策方案。

四、任务成果标准

(1)以小组为单位,结合本章知识点形成一份至少 1000 字的报告。

(2)报告的内容层次清晰,语言通顺,书写规范。

五、教学建议

(1)在讨论过程中教师可以增加一些外部限制条件,如各小组不同的支出预算等。

(2)课上形成大纲,课后完成方案(可以采用手写、Word 电子文档或 PPT 等方式)。

(3)涉及知识点让学生查找本书内容或相关书籍,由教师引导,启发式学习。

决策是任何行为发生前不可缺少的一个步骤,小至个人、家庭,大到组织、国家,都要不间断地进行各种决策。行动成功与否,直接取决于决策的正确与否。

模块一 什么是决策

一、决策的含义

(一)决策的含义

决策是为了实现某一特定目标,借助于一定的科学手段和方法,从若干个可行方案中选择一个满意方案,并组织实施的全部过程。决策是人类活动的主要内容之一,管理学主要研究社会组织的决策问题。

(二)对决策含义的具体理解

1. 决策的前提

决策的前提是要有明确的目的。目标是组织在未来特定时限内完成任务程度的指向和标志。决策必须具有清晰和具体的方向目标,并且这个目标应该具有相对的稳定性,一经确定下来,不宜轻易改动。

2. 决策的条件

决策的条件是有若干可行方案可供选择。决策时不仅要有若干个方案来相互比较,而且各方案必须是可行的。决策的目的是为了指导组织未来的实践活动,决策方案的拟定和选择,不仅要考察采取某种行动的必要性,而且要注意实践条件的限制。

3. 决策的重点

决策的重点是方案的分析比较。对每个备选方案进行综合的分析与评价,确定每一个方案对目标的贡献程度和可能带来的潜在问题,以明确每一个方案的利弊。为方案选择奠定基础。

4. 决策的结果

决策的结果是选择一个满意方案。科学决策理论认为，追求最优方案既不经济又不现实。因此，决策者只能得到一个适宜和满意的方案，不可能得到最优的方案。

二、决策的作用

（一）决策是管理工作的基础

管理者在从事各项工作时，会遇到各种各样的问题，无论是大问题、小问题，简单问题还是复杂问题都需要管理者在若干个可行的解决方案中做出选择。决策是从众多方案中选择一个方案，作为未来行为的指南，没有决策就没有合乎理性的行动，决策是行动的前提，是进行组织、人员配置、指导与领导、控制等工作的基础，因此，从这种意义上来说，决策是管理的基础。

（二）决策是管理工作的核心

诺贝尔经济学奖得主、英国著名管理学家西蒙说过，管理就是决策。整个管理过程都是围绕着决策的制定和组织实施而展开的，做好决策是管理的核心要求。在组织职能中，机构设置、人员配备、权责划分等都是需要决策的重大问题；在领导职能中，如何使人财物按照预期的目标有效运转，需要做出大量科学合理的决策。上至企业最高领导，下至基层的班组长，均要做出决策，只是决策的重要程度和影响范围不同而已。

（三）决策是管理工作的关键

决策是任何有目的的活动发生之前必不可少的一步。决策的正确与否关系到管理工作的效率以及企业的兴衰存亡，因此，每一个管理者都必须掌握决策理论、决策的科学方法和技巧，及时做出正确的决策。

【案例】 不一样的淘金者

美国著名企业家亚默尔，原来是个农夫，他卷进了当时美国加州的淘金热潮，当在山谷难圆黄金梦时，他注意到矿场气候干燥，水源缺乏，淘金者很难喝到水。甚至有饥渴难耐的掘金者声称："给我一杯清水，我愿用一块金子来换。"于是亚默尔决心转移目标——挖掘水渠卖水，只要把水运到矿场，便可赚大钱。他用挖金矿的铁锹挖井，挖出的不是黄金，而是地下的水。亚默尔把水送到矿场，受到淘金者的欢迎。许多人嘲笑亚默尔的选择，但他坚持自己的决策。果然如他所料，当水送到淘金地时，一块块金币也流入了亚默尔的腰包。亚默尔从此走上了发迹之路，此时的资本积累为他日后经营大企业打下了基础。

（资料来源：http://www.emkt.com.cn/article/436/43603.html，有修改）

【分析】

1. 亚默尔成功的基础是什么？
2. 决策对个人或组织的未来发展有什么影响？

模块二 决策的原则和类型

一、决策的原则

决策原则是指决策必须遵循的指导原理和行为准则,它是科学决策指导思想的反映,也是决策实践经验的概括,主要有系统性、信息性、经济性、可行性、民主性、科学性、满意性和动态性等原则。

(一) 系统性原则

系统性原则,也称整体性原则,它是把决策对象视为一个系统,以系统整体目标的优化为准绳,协调系统中各分系统的相互关系,使系统完整、平衡。因此,在决策时,应该将各分系统的特性放到大系统的整体中去权衡,以整体系统的总目标来协调分系统的目标。

(二) 信息性原则

信息是决策的基础,信息的质量决定着决策的质量。科学决策所要求的信息必须是准确、及时、适用的。进行决策必须广泛收集与之有关的全面系统的信息资料,然后进行归纳、整理、分析、加工,从而为正确的决策提供基本的条件。

(三) 经济性原则

经济性原则就是注重决策所投入的成本与取得的收益的比较,决策全过程要求节约人力、财力、物力,选出的方案要有明显经济效益、社会效益和生态效益,即以较小的决策代价取得最大的成果。

(四) 可行性原则

可行性原则是指组织外部环境和内部条件各方面是否有决策实施的可行性。掌握可行性原则必须认真研究分析制约因素,从"技术先进、经济合理、资源保障、政策允许、方案可比"等方面对决策内容进行可行性评价。

(五) 民主性原则

民主性原则是指决策者要充分调动决策参与者,甚至包括决策执行者的积极性和创造性,共同参与决策活动,并善于依靠集体的智慧与力量进行决策。对于重大问题,应邀请本系统以外的有关方面协助决策。

(六) 科学性原则

科学性原则是一系列决策原则的综合体现。只有树立科学的决策思想,遵循科学的决策程序,运用科学的决策方法,建立科学的决策体制,整个决策才可能是科学的;否则,就不能称为科学决策。

(七) 满意性原则

选择组织活动的方案,通常根据的是满意原则,而不是最优原则。最优原则往往只是理论上的幻想,因为它要求决策者了解与组织活动有关的全部信息;决策者能正确辨识全部信息的价值并能据此制订出没有疏漏的行动方案;决策者能够准确计算出每个方案在未来的执行结果。然而,在管理过程中,这些条件是难以具备的。因此,决策者不可能做出"最优化"的决策。只能根据已知的全部条件,加上人们的主观判断,做出相对满意的选择。

(八)动态性原则

决策一个不断循环的过程。作为过程,决策是动态的,没有真正的起点,也没有真正的终点。决策的主要目的之一是使组织的活动适应外部环境的变化。然而,外部环境是不断变化的,决策者必须跟踪这些变化,从中找到组织可以利用的机会,在必要时做出新的决策,以及时调整组织的活动,实现组织与环境的动态平衡。

以上这些原则都是指导决策活动的基本原则,而不是决策过程中某个环节或个别决策类型的具体原则。领导者只有认真掌握这些原则的基本精神,并紧密联系工作实践,才能不断提高决策水平。

【案例】 该由谁骑这头驴?

一位农夫和他的孙子到离村12里地的城镇去赶集。开始时农夫骑着驴,孙子跟在驴后面走。没走多远,就碰到一位年轻的母亲,她指责农夫虐待他的孙子。农夫不好意思地将驴让给孙子骑。走了1里地后,他们又遇到一位老和尚,老和尚见小孩骑着驴,而让老者走路,就指责小孩子不孝顺。孙子马上跳下驴,看着他爷爷。于是,爷孙俩决定谁也不骑。

两人又走了4里地,碰到一位学者,学者见两人放着驴不骑,走得气喘吁吁的,就笑话他们放着驴不骑,自找苦吃。农夫听学者这么说,就把孙子托上驴,自己也翻身上驴。两人一起骑着驴又走了3里地,碰到了一位外国人,这位外国人见他们两人合骑一头驴,就指责他们虐待牲口!

(资料来源:http://www.360doc.com/content/12/1005/20/428043_239652689.shtml,有修改)

【分析】

1. 决策的依据是什么?
2. 如果你是这位农夫,该如何做?

二、决策的类型

决策的类型很多,下面按照不同的划分方法,列出常见的决策类型。

(一)战略决策、战术决策和业务决策

这是按决策的重要程度和范围划分的。

1. 战略决策

战略决策是组织中最重要的决策,关系到组织的生存与发展,是关于组织全局性、长远性的目标和方针等方面重大问题的决策。通常包括组织目标、方针的确定,组织机构的调整,企业产品的更新换代,技术改造,企业上市、兼并等。一般需要长时间才可看出决策结果。因为需要解决问题复杂,环境变动较大,定性定量并重,故对决策者的洞察力和判断力要求都很高。战略决策一般由组织的高层管理者做出。

2. 战术决策

战术决策又称管理决策,是在组织内贯彻的决策,属于战略决策执行过程中为实现近期目标而做出的具体决策。例如,企业生产计划和销售计划的制订、设备的更新、新产品的定价等。这类决策的时间较短,决策问题较具体,更局部化,不直接决定组织命运,但会影响组织目标的实现和工作效率的高低。战术决策通常由组织中层管理者做出。

3. 业务决策

业务决策又称执行性决策,是日常工作中为提高生产率、工作效率而做出的决策,牵涉范围较窄,只对组织产生局部影响。如工作任务的日常分配和检查、工作日程(生产进度)的安排和监督、库存的控制以及材料的采购等。大多数业务决策要解决的问题非常明确,属于工作中常见的问题。业务决策通常由组织基层管理者做出。

(二) 程序化决策和非程序化决策

这是按决策的重复性程度(性质)划分的。

1. 程序化决策

程序化决策是指按照规定的决策程序和方法解决管理中重复出现的问题,又称常规决策、例行决策、重复性决策。例如,订货日程、日常的生产技术管理等。在管理工作中,有80%的决策属于程序化决策。

2. 非程序化决策

非程序化决策是指管理中首次出现的或偶然出现的非重复性的决策,又称非常规性决策、例外决策、一次性决策等。非程序化决策步骤和方法难以程序化、标准化,不能重复使用。战略性决策一般都是非程序化的,如新产品的开发等。由于非程序化决策要考虑内外条件变动及其他不可量化的因素,决策者个人的经验、知识、洞察力和直觉、价值观等主观因素对决策有重大影响。

(三) 个人决策和集体决策

这是按决策主体划分的。

1. 个人决策

个人决策是指由单个人做出的决策。个人决策的优点是,处理问题快速、果断,责任明确,充分发挥领导个人的主观能动性;缺点是,容易做出鲁莽、武断的决策。

2. 集体决策

集体决策是指由若干人组成的集体共同做出的决策。集体决策的优点是,有利于集思广益,弥补个人不足,提高决策的质量;组织成员之间能够更好地沟通,有利于决策方案更好地被接受;各部门之间的相互协调,有利于决策更好地执行。集体决策的缺点主要是花费的时间较长、费用较高,并且可能导致责任不清和从众现象。

(四) 确定型决策、不确定型决策和风险型决策

这是按决策问题的可控程度划分的。

1. 确定型决策

确定型决策是指决策所需的各种情报资料在已完全掌握的条件下做出的决策。在确定型决策中,决策者确切知道自然状态的发生,每个方案只有一个确定的结果,只要比较各个不同方案的结果,就可以选择出满意方案。

2. 不确定型决策

不确定型决策是资料无法具体测定,而又必须要求做出决定的决策。在不确定型决策中,决策者可能不知道有多少种自然状态,即便知道,也不能知道每种自然状态发生的概率。大多数企业决策属于这种。不确定型决策关键在于尽量掌握有关信息资料,根据决策者的直觉、经验和判断果断行事。

3. 风险型决策

风险型决策是决策方案未来的自然状态不能预先肯定,可能有几种状态,决策者不能知道哪种自然状态会发生,但能知道有多少种自然状态以及每种自然状态发生的概率(可能性大小)。所以不管哪个决策方案都是有风险的。

(五)单目标决策和多目标决策

这是按决策目标的多少划分的。

1. 单目标决策

单目标决策是指决策行动只力求实现一个目标。

2. 多目标决策

多目标决策是指决策行动力图实现多个目标。

(六)定量决策和定性决策

这是按决策目标与使用方法划分的。

1. 定量决策

定量决策是指运用数学工具、建立反映各种因素及其关系的数学模型,并通过对这种数学模型的计算和求解,选择出最佳的决策方案。这是一种"硬技术",可以提高常规决策的时效性和决策的准确性。运用定量决策方法进行决策也是决策方法科学化的重要标志。

2. 定性决策

定性决策是非定量决策,又称主观决策法,是一种采取一些有效的组织形式,依据政策制定者或相关的专家学者的经验、知识、能力,从对决策对象的本质特征的研究入手,综合运用理论思维、逻辑推理,对政策方案进行分析、判断,从而进行决策的一种技术方法。定性决策是一种"软技术",适用于受社会、经济、政治等非计量因素影响较大、所含因素错综复杂、涉及社会心理因素较多以及难以用准确数量表示的综合性问题,是企业决策采用的主要方法,它弥补了"硬"方法对于人的因素、社会因素等难以奏效的缺陷。

【案例】 狩猎的印第安人

居住在加拿大东北部布拉多半岛的印第安人靠狩猎为生。他们每天都要面对一个问题:选择朝哪个方向进发去寻找猎物。他们以一种在文明人看来十分可笑的方法寻找这个问题的答案:把一块鹿骨放在火上炙烤,直到骨头出现裂痕,然后请部落的专家来破解这些裂痕中包含的信息——裂痕的走向就是他们当天寻找猎物应走的方向。

令人惊讶的是,用这种完全类似巫术的决策方法,他们竟然经常能找到猎物,所以这个习俗在部落中一直沿袭下来。

从管理学的角度来看,这些印第安人的决策方式包含着诸多"科学"的成分,尽管他们对"科学"这一概念一无所知。

首先,在每一天的决策活动中,他们无意中将波特所说的"长期战略"寓于战术(朝哪个方向去打猎)中。按通常的做法,如果头一天满载而归,那么第二天就再到那个地方去狩猎。在一定时间内,他们的生产可能出现快速增长。但正如彼得·圣吉所说的,许多快速增长常常是在缺乏系统思考、掠夺性利用资源的情况下取得的,其增长的曲线明显呈抛物线状——迅速到达顶点后迅速地下滑。如果这些印第安人过分看重他们以往取得的成果,就会陷入因滥用猎物资源而使之耗竭的危险之中。

其次,他们没有使决策受制于某个人或某些人的偏好和判断,而是把它置于一种决策系统之中。打猎实际上是猎人与猎物之间的博弈,如果猎人的行为受制理性选择,那么他们实际上是在以不自觉的方式训练对手(猎物)。对于对手(猎物)来说,猎人自己的行为方式变得越来越透明,越来越容易对付;对手变得越来越聪明,猎人自己的核心竞争力越来越下降,直至最后丧失。

这使我们想到了"磨光理论":信息的效用有赖于其独享性,如果一个信息被充分共享的话,它的优势和效用就被"磨光"了。因此,决策行为是悖论式的。所谓信息,就是"被消除了的不确定性",决策行为一方面要力图消除不确定性,追求透明度,另一方面又要维护不确定性,保持不透明度。管理中有明显的理性成分,所以它不仅有科学性,而且富于艺术性。

(资料来源:http://www.cszk.com.cn/c16407c42.aspx,有修改)

【分析】

> 在这个故事中,印第安人为什么用炙烤鹿骨的方法进行决策?这种决策方式有什么合理性?

模块三 决策流程

决策是一个动态的系统反馈过程,在实践中,决策的过程基本包括以下步骤。

(一)提出决策问题

一切决策都是从问题开始的。问题可以理解为在现有条件下,应该可以达到的理想状态和现实状态之间的差距(期望目标与实际情况间的差距)。找到了差距,就要找到造成差距的原因。只有正确的找出差距,发现问题和机会,并通过有效的决策,组织才能不断发展壮大。

决策者要善于在全面收集、调查、了解情况的基础上发现差距,确认问题,也要鼓励和动员组织成员关心组织,及时识别和发现组织发展中的威胁或机遇,还可以通过社会上的咨询机构、研究所等帮助自己发现问题。

(二)确定决策目标

决策目标是指在一定条件下,在市场调查和研究的基础上所预测达到的结果。确定决策目标是决策的出发点,是制订和选择方案的依据,也是实施控制、分配组织资源和协调各种力量的标准。目标必须明确、合理,要在需要与可能的基础上,分清必须达到的目标和期望达到的目标,把握所要解决问题的要害,在优先保证实现必达目标的基础上,争取实现期望目标。只有明确了决策目标,才能避免决策的失误。

(三) 拟订备选决策方案

在决策方案的拟定过程中,必须制订多种可供选择的方案,方案之间具有原则区别,便于权衡比较;每一种方案以确切的定量数据反映其成果;要说明本方案的特点、弱点及实践条件;各种方案的表达方式必须做到条理化和直观化等。

(四) 选择决策方案

选择决策方案就是对各种备选方案进行总体权衡后,由决策者挑选一个满意的方案。对备选方案进行评价的标准有社会效益标准、价值标准和风险标准,即方案是否符合国家政策法规、管理伦理和社会利益,是否更有利于实现企业的经营目标和经济效益,是否因可能出现的风险而使目标难以实现等。如何合理分析每个备选方案的利弊,最终选择最能有效解决问题的方案,是决策过程中的关键步骤。决策者一定要坚持满意原则而非最优原则。

(五) 决策实施与反馈

在方案选定之后,决策者要及时制定实施方案的具体措施和步骤,确保方案的有效、正确实施;确保与方案有关的各种指令能被所有有关人员充分接受和彻底了解;应用目标管理方法把决策目标层层分解,落实到每一个执行单位和个人;建立重要的工作报告制度,以便及时了解方案进展情况,及时进行调整。

决策的正确与否要以实施的结果来判断,在方案实施过程中应建立信息反馈渠道,将每一局部过程的实施结果与预期目标进行比较,若发现偏差,则应及时纠正,以保证决策目标的实现。

【案例】 李雷的困惑

李雷在一家地产公司任职,最近刚被任命为项目总监,负责某项目从立项至销售的全部工作。李雷踌躇满志,准备大干一番。不过烦恼也随之而来。

随着需要管理的事情多了起来,李雷桌上的文件越积越多——李雷想把事情研究透彻再做决定。但下级们开始抱怨李雷老不拍板,让他们做了无用功……

李雷原来的习惯是安排工作后,待期末再检查,下级也一直干得很好。可新近接手的几个部门,期末好几项工作都没完成。李雷很是气愤,都拍了板的事,怎么做得这么糟糕……

李雷对项目运作的方案最终没有通过,最近市场行情不错,总经理提出了一个更高的目标。李雷按总经理的意见执行了一段时间,发觉执行存在困难,他想和总经理沟通,得到的回答是——这都是开会拍板定下来的事,好好执行吧……

李雷还是一如既往地勤奋,但他陷入了困惑中。

(资料来源:http://www.managershare.com/2012/11/09/decision-misunderstanding/,有修改)

【分析】

1. 李雷为什么陷入了困惑中？
2. 怎样帮助李雷走出困惑？

模块四　决策方法

为了保证决策正确，管理者必须运用科学的决策方法。决策的科学性主要体现在决策过程的理性化和决策方法的科学化上。一般来说，决策方法可归为两大类：定性决策法和定量决策法。

一、定性决策法

（一）头脑风暴法

在群体决策中，由于群体成员心理相互作用的影响，易屈从于权威或大多数人意见，形成群体思维，群体思维不利于创新，影响决策质量。头脑风暴法能弥补这一不足，该方法通常是将对解决某一问题有兴趣的人集合在一起，以 5~10 人为宜，时间一般在 1~2 小时，通过小型会议的形式，主持人启发大家畅所欲言，让创造性设想产生连锁反应，从而引发更多的灵感火花。

头脑风暴法的基本原则是鼓励每个人独立思考、广开思路，想法越新颖奇异越好、建议越多越好，可以补充和完善已有的建议以使它更具说服力。头脑风暴法的关键要创造一种有助于观点自由交流的气氛，任何人提出的任何意见都要受到尊重，不得指责或批评，也不准暗示或贬低别人的意见，更不能阻挠发言。这样做的目的在于，帮助人们克服群体压力，发掘内心的创造力。

（二）名义小组法

在集体决策中，如果大家的意见有较大分歧，直接开会讨论效果并不好，可能会争执不下，也可能权威人士发言后大家随声附和，这时，就可以采取名义小组法进行决策。管理者先召集一些对要解决的问题有研究或有经验的人作为小组成员，并向他们提供与决策问题相关的关键信息，请他们独立思考，并以书面形式提出各自的备选方案，然后按次序让他们一个接一个地陈述自己的方案。在此基础上，小组成员对全部备选方案投票，产生大家最赞同的方案，并形成对其他方案的意见，提交管理者作为决策参考。

（三）德尔菲法

德尔菲法是由美国兰德公司首创的，被广泛应用于预测和决策中，也称专家意见法或专家函询调查法。具体步骤是：由调查者拟定好意见征询表，按照既定程序，以函件的方式分别向做过相关研究或有相关经验的专家组成员进行征询，专家组成员之间不得互相讨论，只能与调查人员联系，并采用匿名方式提交各自意见的书面资料。管理者收集并综合专家们的意见后，将综合意见反馈给各位专家，请他们再次发表意见。如果分歧很大，可以开会集中讨论；否则，管理者分头与专家联络。经过 3~4 轮征询，使专家小组的预测意见趋于集中，最后形成代表专家组意见的方案。这种方法具有广泛的代表性，较为可靠。

（四）电子会议法

电子会议法是将名义小组法与计算机技术相结合的群体决策方法。这种方法一般有几十人参与决策，决策时每人面前有一个与中心计算机相连接的终端。决策者将决策问题显示给决策参与者，他们将自己的解决方案输入计算机终端，然后再将它投影在大型屏幕上。电子会议的主要优点是匿名、可靠和快速，而且能够超越空间的限制，比传统的面对面的决策咨询的效率高出许多。但这种方法也有缺点，对那些善于口头表达，而运用计算机的技能却相对较差的专家来说，电子会议会影响他们表达自己的观点。由于是匿名，因而无法对提出好的政策建议的人进行奖励；而且人们只是通过计算机来进行决策咨询的，而"人机对话"的沟通程度不如"人人对话"那么丰富。

二、定量决策法

（一）确定型决策法

确定型决策就是决策时，决策者对未来情况已有完整的资料，只存在一种确定的自然状态，没有不确定因素。决策方案的选择简化为对每一个方案结果值进行直接比较。常用的确定型决策法有线性规划法、非线性规划法、盈亏平衡点法等。

1. 线性规划法

决策时，在满足现有约束条件下，使决策目标达到最优的数学方法就是线性规划法。常用于组织内部有限资源的调配问题。主要解决两类问题：一是资源一定条件下，力求完成更多的任务，取得好的经济效益；二是任务一定的条件下，力求资源节省。

运用线性规划法建立数学模型的步骤是：首先，确定影响目标的变量；其次，列出目标函数方程；再次，找出实现目标的约束条件；最后，找出使目标函数达到最优的可行解，即为该线性规划的最优解。

线性规划法作为经营管理决策中的数学手段，在现代决策中的应用是非常广泛的，它可以用来解决科学研究、工程设计、生产安排、军事指挥、经济规划、经营管理等各方面提出的大量问题。

2. 非线性规划法

如果目标函数或约束条件中包含非线性函数，就称这种规划问题为非线性规划问题。一般说来，解非线性规划问题要比解线性规划问题困难得多，非线性规划求解方法有黄金分割法、切线法、插值法、迭代算法、拉格朗日乘子法、制约函数法、可行方向法、近似型算法、沃尔夫法等，各个方法都有自己特定的适用范围，目前还没有适于各种问题的一般算法。线性规划法与非线性规划法的区别在于，如果线性规划法的最优解存在，其最优解只能在其可行域的边界上达到(特别是可行域的顶点上达到)；而非线性规划法的最优解(如果最优解存在)可能在其可行域的任意一点达到。

非线性规划是 20 世纪 50 年代才开始形成的一门新兴学科，20 世纪 80 年代以来，随着计算机技术的快速发展，非线性规划法取得了长足进步，在信赖域法、稀疏拟牛顿法、并行计算法、内点法和有限存储法等领域取得了丰硕的成果。非线性规划法在工程、管理、经济、科研、军事等方面都有广泛的应用，为最优设计提供了有力的工具。

3. 盈亏平衡点法

盈亏平衡点是生产、经营一种产品达到不盈不亏时的产量或收入时的平衡点。盈亏平衡点法是通过分析产品成本、销售量和销售利润这三个变量之间的关系,掌握盈亏变化的临界点(既保本点)和盈亏变化的规律,指导企业选择能够以最小的生产成本生产最多产品并可使企业获得最大利润的经营方案。盈亏分析的关键是找出盈亏平衡点,当销售收入高于盈亏平衡点时,企业盈利;反之,企业就亏损。盈亏平衡点可以用销售量来表示,即盈亏平衡点的销售量;也可以用销售额来表示,即盈亏平衡点的销售额。

计算方法为:

盈亏平衡点产(销售)量＝总固定成本/(产品单价－单位产品变动成本)

目标利润产(销售)量＝(总固定成本＋目标利润)/(产品单价－单位产品变动成本)

【例 4-1】 某厂生产一种产品,其总固定成本为 200 000 元;单位产品变动成本为 10 元;产品单价为 15 元。

求:(1) 该厂的盈亏平衡点产量应为多少?

(2) 如果要实现 20 000 元利润,其产量应为多少?

【解】 (1) 盈亏平衡点产量 $= \dfrac{200\ 000}{15-10} = 40\ 000$(件)

即当生产量为 40 000 件时,处于盈亏平衡点上。

(2) 目标利润产量 $= \dfrac{200\ 000 + 20\ 000}{15-10} = 44\ 000$(件)

即当生产量为 44 000 件时,企业可获利 20 000 元。

(二) 风险型决策方法

风险型决策方法,是指决策者在对未来可能发生的情况无法做出肯定判断的情况下,通过预测各种情况发生的概率来进行决策的方法。风险型决策的方法很多,最常用的是决策树法。

决策树法是把每一决策方案各种状态的相互关系用树形图表示出来,并且注明对应的概率及其方案预期损益,从而选择出最优决策方案。管理学把这一树状图形称作为决策树,它是直观运用概率分析的一种图解法。

决策树分析法的基本步骤如下。

(1) 从左向右画出决策树图形。首先,从左端决策点出发,按备选方案引出相应的方案枝(用"—"表示),每条方案枝上注明所代表的方案;其次,每条方案枝到达一个方案节点,再由各方案节点引出各个状态枝(也称作概率枝,用"—"表示),并在每个状态枝上注明状态内容及其概率;最后,在状态枝末端(用"△"表示)注明不同状态下的损益值。决策树完成后,再在下面注明时间长度。

(2) 计算各种状态下的期望值。期望值的计算是从右到左沿着决策树的反方向进行计算的。

(3) 选择最佳方案。即剪去期望值较小的方案分枝,保留下来的方案最为备选的实施方案。

【例 4-2】 某公司为扩大产品的生产,拟建新厂,根据市场预测产品销路好的概率是 0.7,销路差的概率是 0.3。现提出以下三种方案。

方案 1:新建大厂,需投资 300 万元,销路好时,每年获利 100 万元;销路差时,每年亏损 20 万元,服务期为 10 年。

方案 2:新建小厂,需投资 140 万元,销路好时,每年获利 40 万元;销路差时,每年仍可获利 30 万元,服务期为 10 年。

方案 3:新建小厂,3 年后销路好时再扩建,需追加投资 200 万元,服务期为 7 年,估计每年获利 95 万元。

请选择最佳方案。

【解】 (1) 画出决策树,如图 4-1 所示。

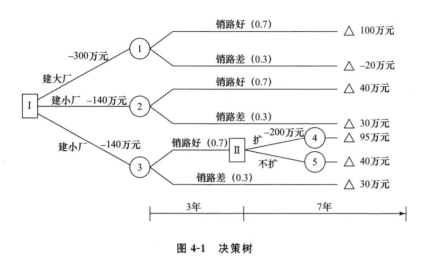

图 4-1 决策树

(2) 计算各种状态下的期望值。

方案 1 期望值 = $[100×0.7+(-20)×0.3]×10-300=340$(万元)

方案 2 期望值 = $(40×0.7+30×0.3)×10-140=230$(万元)

方案 3 期望值(节点④) = $95×7-200=465$(万元)

方案 3 期望值(节点⑤) = $40×7=280$(万元)

方案 3 期望值(节点③) = $(0.7×40×3+0.7×465+0.3×30×10)-140=359.5$(万元)

(3) 选择最佳方案。通过比较三种方案的期望值,选择方案 3 为最佳,销路好时,扩建比不扩建好。

说明:在实际工作中,多阶段决策还要考虑货币的时间价值。

(三) 非确定型决策方法

非确定型决策方法是指决策者在对决策问题不能确定的情况下,通过对决策问题变化的各种因素分析,估计其中可能发生的自然状态,并计算各个方案在各种自然状态下的损益值,然后按照一定的原则进行选择的方法。这种决策主要靠决策者的经验、智慧和个性,带有主观随意性,具体有乐观法、悲观法、折中法和后悔值法。

1. 乐观法

乐观法(大中取大法)决策是建立在决策者对未来形势估计非常乐观的基础上的,认为极有可能出现最好的自然状态。具体方法是,先确定每一可选方案的最大收益值,然后从这些最大收益值中选取数值最大的方案作为决策方案。

2. 悲观法

悲观法(小中取大法)决策是建立在决策者对未来形势估计非常悲观的基础上的,故从最坏的结果中选最好的。具体方法是,先从每个方案中选择一个最小的收益值,然后,从这些最小收益值中选取数值最大的方案作为决策方案。

3. 折中法

折中法是介于乐观法和悲观法之间的一种决策方法,是在极端乐观和极端悲观之间,通过乐观系数确定一个适当的值作为决策依据,也称乐观系数决策法。找出各个方案在各种自然状态下可能取得的最大收益值,用它乘以确定的折中系数 a(a 在 0~1 之间,若 $a=0$,则为悲观决策;若 $a=1$,则为乐观决策),再加上最小收益值乘以$(1-a)$,即为各方案折中后的乐观期望值,选择折中后乐观期望值最大的方案为决策方案。

4. 后悔值法

后悔值法是如何使选定决策方案后可能出现的后悔值达到最小,即蒙受的损失最小。各种自然状态下的最大收益值与实际采用方案的收益值之间的差额,叫作后悔值。具体步骤是,首先,从各种自然状态下找出最大收益值;其次,用各个方案的收益值减去最大收益值,求得后悔值;最后,从各个方案后悔值中找出最大后悔值,并从中最大后悔值中选择最小的那一个值,其对应的方案为决策方案。

【例 4-3】 某销售公司有三种可选择的销售方案,并能够分析出在各种自然状态下的收益值,假定乐观系数为 0.6,请根据表 4-1,运用不同决策方案进行决策。

表 4-1 某公司的销售方案收益

自然状态 销售方案	各种自然状态下的收益值(万元)		
	销路好	销路中等	销路差
方案 1	55	50	35
方案 2	45	36	25
方案 3	40	38	36

【解】

(1) 乐观法:在各种方案的最大收益中取最大值。三种方案中最大收益值分别为 55 万元、45 万元和 40 万元,因此应从中选择收益值最大的 55 万元的方案 1 为决策方案。

(2) 悲观法:在各种方案的最小收益中取最大值。三种方案中最小收益值分别为 35 万元、25 万元和 36 万元,因此应从中选择收益值最大的 36 万元的方案 3 为决策方案。

(3) 折中法:计算各方案的乐观期望值。

方案 1 乐观期望值 $=55\times0.6+35\times(1-0.6)=47$(万元)

方案 2 乐观期望值 $=45\times0.6+25\times(1-0.6)=37$(万元)

方案 3 乐观期望值 $=40\times0.6+36\times(1-0.6)=38.4$(万元)

通过比较,选择折中后乐观期望值最大的方案 1 为决策方案。

(4) 后悔值法:计算各方案的最大后悔值,如表 4-2 所示。

表 4-2 各销售方案的后悔值

自然状态 销售方案	后悔值法(万元)			
	销路好	销路中等	销路差	最大后悔值
方案 1	55−55=0	50−50=0	36−35=1	1
方案 2	55−45=10	50−36=14	36−25=11	14
方案 3	55−40=15	50−38=12	36−36=0	15

比较各方案的最大后悔值,方案 1 的最大后悔值最小,所以方案 1 为决策方案。

【案例】 直升机扇雪

有一年,美国北方格外寒冷,大雪不断,大跨度的电线常被积雪压断,严重影响通信。过去,许多人都试图解决这一问题,但都未能成功。后来,电信公司经理尝试解决这一难题。他召开座谈会,要求参加会议的不同专业的技术人员必须遵守以下原则:第一,自由思考,即要求与会者尽可能解放思想,无拘无束地思考问题并畅所欲言;第二,延迟评判,即要求与会者在会上不要对他人的设想评头论足;第三,以量求质,即鼓励与会者尽可能多而广地提出设想,以大量的设想来保证质量较高的设想的存在;第四,结合改善,即鼓励与会者积极进行智力互补,在增加自己提出设想的同时,注意思考如何把两个或更多的设想结合成另一个更完善的设想。按照这种会议规则,大家七嘴八舌地议论开来,有人提出设计一种专用的电线清雪机;有人想到用电热来化解冰雪;也有人建议用振荡技术来清除积雪;还有人提出能否带上几把大扫帚,乘直升机去扫电线上的积雪。对于这种"坐飞机扫雪"的想法,尽管大家觉得滑稽可笑,但在会上也无人提出批评。相反,有一位工程师在听到用飞机扫雪的想法后,突然想到一种简单可行且高效率的清雪方法。他想,每当大雪过后,出动直升机沿积雪严重的电线飞行,依靠旋转的螺旋桨即可将电线上的积雪迅速扇落。他马上提出"用干扰机扇雪"的新设想,顿时又引起其他与会者的联想,有关用飞机除雪的主意一下子又多了七八条。不到一小时,与会的 10 名技术人员共提出 90 多条新设想。

会后,公司组织专家对设想进行分类论证。专家们认为设计专用清雪机,采用电热或电磁振荡等方法清除电线上的积雪,在技术上虽然可行,但研制费用大、周期长,一时难以见效。因"坐飞机扫雪"激发出来的几种设想,倒是一种大胆的新方案,如果可行,将是一种既简单又高效的好办法。经过现场试验,专家发现用直升机扇雪真能奏效,一个悬而未决的难题终于得到了巧妙的解决。

(资料来源:http://news.cnfol.com/130605/101,1598,15266886,00.shtml,有修改)

【分析】

1. 这种会议采用了哪一种决策方法?
2. 这种决策方法有哪些原则和要求,如何具体实施?

模块五 决策误区

决策能力是管理者应该具备的非常重要的一项核心能力,但现实中,许多管理者却陷入决策误区,影响了决策的有效性。

一、决策误区的表现

(一)证实偏见

在工作中,如果我们赞同某个方案特别是那些自己提出的方案时,往往倾向于寻找能够支持我们原来观点的信息,而往往忽视掉可能推翻我们原来观点的信息。即过于关注支持自己决策的信息,从而陷入证实偏见的思维。

斯坦福大学商学院教授希思与他人合作出过一本书《决断力:如何在生活和工作中做出更好的选择》(*Decisive: How to Make Better Choices in Life and Work*),书中指出创业者自身应该具有"远离自我固守偏见的能力",这是做出清晰决策的关键,过分自信偏见会让人们对未来做出过高的估计,也往往会导致那些基于预测所制定的决策出现错误;而证实性偏见则意味着人们往往会倾向于相信那些能够支持我们原来观点的信息。希思建议,当面临任何进退两难的困境时,创业者可以考虑反向的解决方案,然后找到办法,并看看需要做什么才能让所有方案都奏效。如果只有证实,就难以存在全面的思考,很容易得出错误的结论;而如果从"证伪"的角度看现象,从反面去思考和质疑,结论会更加可靠,也会更接近真实。

【故事】 疑人偷斧

人有亡斧者,意其邻之子。视其行步,窃斧也;颜色,窃斧也;言语,窃斧也;动作态度,无为而不窃斧也。俄而,扣其谷而得其斧,他日复见其邻人之子,动作态度无似窃斧者。

——战国·郑·列御寇《列子·说符》

【讨论】

> 从决策误区角度,这个故事能给我们什么启示?

（二）忽视机会成本

一些决策者在选择一个项目时,往往习惯性决策一个和自己相关的项目并很重视该项目能给自己带来了多少收益,而很少考虑因选择该方案从而放弃了自己所拥有的经济资源去投资另一个项目所丧失的潜在的收益,即机会成本。简言之,在面临多方案择一决策时,被舍弃的选项中的最高价值者是本次决策的机会成本。当企业做出无助于利润最大化的管理决策时,就是因为不懂得或是没有正确考虑机会成本,所以造成了决策失误。

例如,企业在投资决策中,要尽可能少地占用各种经济资源,通过加速资金周转,提高资源的使用效益,使收益最大化;而且还要做到在诸多投资机会中,分析各种投资机会带来的收益,并充分考虑某种选择可能将丧失的潜在收益,即计算投资的机会成本。只有正确选择最佳投资方案,才能实现投资收益的最大化。

（三）沉锚效应

决策者在考虑做一个决定时,大脑会对得到的第一个信息给予特别的重视。第一印象就像沉入海底的锚一样,把我们的思维固定在某处,这就是沉锚效应。作为一种心理现象,第一印象和先入为主是沉锚效应在社会生活中的表现形式。在没有充分信息的情况下,人们往往会被自己的第一印象所影响,过分相信自己的直观感觉。有时候,相信第一感觉是一种决策方式。例如,一些行事风格果断的决策者自信心强,敢作敢为,他们一般先有意向,后有事实与理论的论证,一旦做出决定就坚持不变,而且越是困难,其态度越坚决。如果所做决策正确,效率就会很高;但这种人由于有先入为主之好,可能以非关键事实支持自己的观点,导致决策失误,所以很多人的直观选择是错误的。对于决策者来说,在决策中,要冷静判断一下是否自己被某些信息先入为主了,第一感觉往往并非正确的。决策者还需要能够从第一感觉中跳出来,更加客观、全面地分析和思考。

【故事】 华盛顿智斗盗马贼

一天,邻居盗走了华盛顿的马,华盛顿也知道马是被谁偷走的,于是,华盛顿就带着警察来到那个偷他马的邻居的农场,并且找到了自己的马。可是,邻居死也不肯承认这匹马是华盛顿的。华盛顿灵机一动,就用双手将马的眼睛捂住说:"如果这马是你的,你一定知道它的哪只眼睛是瞎的。""右眼。"邻居回答。华盛顿把左手从马的右眼移开,马的右眼一点问题没有。"啊,我弄错了,是左眼。"邻居纠正道。华盛顿又把右手移开,马的左眼也没什么毛病。

邻居还想为自己申辩,警察却说:"什么也不要说了,这已足够证明这马不是你的!"

邻居为什么被识破?是因为华盛顿利用了沉锚效应,他先使邻居受一句"它的哪只眼睛是瞎的"暗示,让其认定"马有一只眼睛是瞎的",致使邻居猜完了右眼猜左眼,就是想不到马的眼睛根本没瞎。就这样华盛顿利用沉锚效应要回了自己的马。

(资料来源:http://www.360doc.com/content/12/1214/09/6207320_253933669.shtml,有修改)

(四)沉没成本谬误

沉没成本,就是已经发生且不可能再收回的支出,包括时间、资金、精力。一些决策者在决策的时候不仅考虑某件事情是否对自己有好处,还考虑过去已经投入了多少。例如,过去的决策造成大量设备积压、闲置,产生一定的心理负担,随之而来的相关决策,总是希望"能多少挽回点损失",这是可以理解的,但最终的结果可能会事与愿违,甚至在错误决策的道路上越走越远。而理性的决策,仅需比较下一步行为需要付出的成本和将来可收回的收益即可。至于在此之前的投入,已经作为"沉淀成本"的形式"固定下来"了,不会随着未来决策的改变而改变,在制定决策时可以不予考虑。但在这些资产是否继续使用的决策里,必须注意到相关的成本仍会发生,如运营费用、维护费用等。总之,事关"未来"的决策一定要"向前看",而不是"向后看"。

二、走出决策误区的方法

为了避免陷入决策误区,企业在决策时有必要建立一套决策体系方法,这能够快速而有效地收集相关信息,并有效组织和全面分析这些信息。在系统有效的方法下进行决策,决策分析就能确保顾及决策的所有因素,同时利用逻辑推理确保决策的正确;而明确决策目的之后,便不易陷入决策误区中。

【案例】 迪士尼为什么靠近巴黎?

日本东京迪士尼乐园1983年开业后取得了巨大的成功,美国迪士尼公司的首席执行官艾斯纳决定在欧洲选址,再建一家新园。由于法国地处欧洲中心,其他国家公民的入境手续简便,而且法国还为迪士尼公司提供了极其优厚的投资条件。最后迪士尼公司选择法国。

更为诱人的是,法国当局以优惠的价格向迪士尼公司出售了4800英亩的土地(相当于巴黎市区1/5的面积)。迪士尼公司相信,凭借低廉的地价和财产税,公司会大赚一笔。

可事实上,欧洲迪士尼乐园的利润远远低于预期水平。公园的游客数量并没有实现预计的1100万人次,只是在大幅降低门票价格之后才勉强达到这个数字。饭店入住率只有37%,与预期的76%相去甚远。到1994年,公园的亏损额已经高达4亿美元。

那么，迪士尼公司在选址决策上犯了什么错误呢？欧洲迪士尼乐园距巴黎只有不到70英里（1英里＝1600米），而巴黎却是世界上最著名的旅游胜地之一，这样一来迪士尼乐园就成了人们巴黎游的其中一站而已。只有很少的游客需要或者愿意在迪士尼公园停留过夜。与美国相比，法国的公共交通更为便利，因此游客很自然地选择在公园进行一日游，省去一笔昂贵的酒店住宿费用。这个迪士尼乐园并没有给欧洲游客带来全新的体验，而是重复了过去的一贯风格，其中很多文化理念已经广受质疑。迪士尼公司的决策层确实降低了投资风险，但是他们却没有能够在公园风格上适应欧洲文化，因而没能创造出足够的收益来收回成本。

早在过去的记者招待会上就有人明确指出过这一危险，但是选址法国的支持者没有给予充分的注意，而是使用了并不准确的预计来证明计划的合理性。对公园和酒店的游客量的估计过分乐观，掩盖了计划潜藏的危险。这一选址计划的目标是什么？是赚钱还是进军欧洲？由于缺乏明确的方向，迪士尼公司在制定决策时在关键问题上失去了核心原则，因而犯下错误。

（资料来源：http://www.docin.com/p-519757269.html，有修改）

【分析】

1. 法国巴黎迪士尼乐园的利润远远低于预期水平，是什么原因？
2. 你认为迪士尼高层决策存在什么错误？应采取何种决策方式？

模块六　不同岗位的决策

一、高层管理者的决策

高层管理者就是企业的领导决策层（或总经理层），其岗位的决策功能是对公司事务的最终决定权和裁决权，是有关企业发展方向的重大全局决策，属于战略决策。具体来说，包括主持公司股东大会、高层管理人员会议等公司重要会议，制订公司近期、中长期、远期发展计划、战略、目标。例如，公司是为了眼前的利益而放下长远的目标，还是选择放弃眼前的利益，以长远的目标为主；公司是走高端产业路线，还是中端产业路线，或者低端产业路线；公司的营销中心是放在本国市场，还是放在国外市场；公司年度财务收支预算与年度利润分配方案的确定；公司是否要进行裁员，缩减人员数量；公司选取什么标准来考核所有员工的业绩；公司各级员工的薪酬水平等。

二、中层管理者的决策

中层管理者一般是公司的各部门、中心、室的负责人，这一层级岗位需要为保证企业总体战略目标的实现而进行重要决策，属于管理决策。具体决策的事务包括：拟订部门年度工作计划；制定分管业务部门的规章制度；协调分管系统与其他系统以及系统内各部门之间的关系；协调本部门与其他相关部门以及部门内的关系；评估、激励下级人员，分析论证市场状况，处理分管系统或主管部门出现的各种问题等。例如，如何将上级的要求准确地传达给基层管理者；如何处理与直属领导及其上级领导意见不一致的事件；与领导关系非常密切的人是中层管理者下级，该如何给他分配任务以及当其犯错时该如何处理等。

三、基层管理者的决策

基层管理者属于专业执行层,该岗位需要为解决日常工作和作业任务中的问题进行决策,属于业务决策。决策的事务包括:如何制订公司目标的分配方案;如何执行公司指定的任务;策划广告方案,设计新产品方案;如何提出工作建议;协调科室人员的关系。例如,如何将上级确定的营业目标,分为几个小目标来逐步实现;遇到派人去完成任务时,是派上级指定的那个人去做,还是按照自己对下级能力的了解,派更适合的人去做;在分配下级工作的时候,是按照公司制度的规定去办,还是按照自己认为更有效率的方式分配;结合当前公司及市场状况,基层管理者认为现在应该实施工作改善,如何向领导提出建议等。

【案例】 神东煤炭集团构建高效决策管控体系

党的十八届三中全会以后,神华神东煤炭集团有限责任公司(以下简称"神东集团")全面贯彻落实中央及中国神华能源股份有限公司改革发展的新举措,初步建立了业务分级授权管理体系,为神东集团构建科学高效的决策管控体系奠定了坚实基础。

遵循责权对等的授权原则,明确各层级、各岗位办理业务和事项的权限范围、审批程序和相应责任。对例外事项从严管控,对决策后程序性业务尽量放权,充分发挥各级分管领导和业务部门的自主决策作用,给予各基层单位适当自主决策的权利,同时进行适当管控,确保责权对等、以责定权。

遵循相互制约制衡的授权原则,在明确授权层级、提高业务决策效率的前提下,尽量精简不必要的审批环节和会议,同时注重强化管控环节的责任体系。在授权体系下,管理者在自己的授权范围内对业务事项进行决策,并承担相应责任。

遵循业务决策边界清晰的授权原则,在授权范围和决策的类别、层级、责权方面,要求授权内容全面明确、授权线路清晰连贯、授权分工合理高效,避免出现责权交叉、冲突或权力真空的现象,管理者必须在授权范围内处理业务,不越级、不越权。

遵循模糊事项从严管控的授权原则,业务决策形式分为核决、议决,决策过程分为签审、议审,采取民主决策和领导决策相结合的形式进行。

对于牵扯部门或单位较多、问题较复杂的事项以及首次决策,采用议决、议审方式;对于有标准、有规定、相对单一、偏重执行的事项,采用核决、审签的方式;对在实际执行过程中遇到的例外事宜,且在授权体系和制度中均未做出明确规定的,按类比和请示原则,确定决策层级及形式。凡存在歧义的事项和没有做出明确规定或比较模糊的业务事项,遵循从严从紧的授权原则进行管控,有效解决分级授权中存在的管理漏项。

遵循重点事项可追溯的授权原则,建立了重点事项备案制,既充分授权,又保证神东集团各级领导对下放业务决策的知情权,下级的重要决定要向上级报备、向相关部门或其他业务分管领导进行平行备案。对于每个事项设立的审核节点,都需有明确的审核内容,没有具体审核内容但还需知晓的,以报备形式出现。

神东集团业务授权管理体系主要由"神东煤炭集团业务授权管理办法"和"神东煤炭集团业务分级授权明细表"构成,明确和固化了授权管理的相关规定,以业务分级授权体系表的形式细化了决策事项、管理层级和决策形式,使业务授权体系更加细化和具体化,清晰易懂,一目了然,可操作性强,从而保证了分级授权体系能够真正地落实执行。

(资料来源:http://sn.people.com.cn/n/2014/1202/c338090-23086576.html,有修改)

【分析】

1. 神东集团在决策管控体系建设上遵循了哪些原则?
2. 神东集团是怎样落实决策管控体系的?

【管理工具】

1. 定性决策工具

头脑风暴法、名义小组法、德尔菲法、电子会议法。

2. 定量决策工具

线性规划法、非线性规划法、盈亏平衡点方法、决策树法、乐观法、悲观法、折中法和后悔值法。

【本章案例分析】 苏旭明：从打工仔到泰国首富

苏旭明，是 Sura Makeras 和 Sura Thrp 两家泰国最大的酿酒厂的创始人。他从一个打工仔发展成为一个超级富豪，明确选择自己的发展目标是他成功的主要诀窍。不论在创业目标的选择，还是在对市场以及经营目标的选择，他都能够把握自己的发展方向，在商海搏击中满载而归，获得巨大的财富。其创办的 TCC 集团是泰国大企业之一，他也被人们誉为泰国的"酿酒大王"。

苏旭明 1944 年出生于泰国曼谷的唐人街，他 15 岁便开始为人打工以赚取生活费。在积累了一定的积蓄和经验后，他毅然决定自己独立经商。

苏旭明认为经营者在选择自己的经营目标时，必须使决策目标与企业的内部条件和外部条件达到平衡或统一，目标才能有效地达到。通过大量的市场调查，苏旭明发现酒是一种广为流传的消费品，并且酿酒的技术和设备要求也不高。一番权衡分析后，苏旭明决定以酒类为自己发展的目标。一开始，他为酒厂供应原料，到 1960 年，他办起了一家酒厂，努力钻研酿酒工艺，生产的产品质量过硬，这也使得他的小酒厂越办越大，所酿的酒越来越受到消费者的欢迎。1988 年，苏旭明果断并购红牛酿酒厂，规模得到进一步扩大。随后，他又全权把控了低档酒生意。

到 20 世纪 90 年代，苏旭明的酒厂生产的 Mekhong 威士忌已经在泰国站稳了脚跟。他筹划着进入更大的啤酒市场。而此时，泰国本土的 Singha 啤酒和 Amarti 狮标啤酒之间竞争得如火如荼，苏旭明是个后来者，要如何做才能出奇制胜呢？

同一时间，世界第五大酿酒集团——丹麦名牌啤酒嘉士伯在马来西亚取得市场占有率第一的排名，他们将目光投向了泰国。由于与荷兰酿酒公司喜力的竞争，嘉士伯急切地想在泰国找到一个强大而又深谙当地特色的分销渠道。而苏旭明的 TCC 集团在泰国拥有强大的影响力，企业发展啤酒的目标又极为明确，双方几乎一拍即合，随即在 1991 年成立合资企业，主要在泰国生产嘉士伯啤酒。苏旭明依靠自己的渠道优势，要求泰国的分销商在购买威士忌的同时，必须购进一部分嘉士伯啤酒，嘉士伯就此在泰国有了一席之地。接下来，苏旭明利用合资工厂过剩的产能，又在 1994 年与嘉士伯合作推出了大象牌啤酒，其酿造交由嘉士伯监督，大象牌啤酒定价不高，推出仅一个月便获得巨大成功。2000 年，苏旭明和嘉士伯进一步合作,双方以50∶50的比例投资成立了嘉士伯亚洲有限公司。一年后,公司总收入达7.7亿美元,大象牌啤酒一度成为泰国销量第一的啤酒。

经过不断的发展,苏旭明的泰国酿酒集团占据着泰国80%以上的酒业市场份额,成为一代泰国"酒王"。

此后,苏旭明又经过一番努力最终以112亿美元拿下星狮集团。这是他走出泰国,迈向日益开放的大市场的重要一步。

在海外市场,早在2002年年底,泰国TCC集团斥资8500万元收购昆明华狮啤酒。2005年9月,苏旭明逐渐从啤酒转向白酒,以5500万元整体收购云南玉林泉酒业,成为中国白酒行业第一家外商独资企业。

随后他又将事业从啤酒生产扩大到酒精,以及其他相关产业。2003年,苏旭明将63家饮料生产企业和相关公司组建成泰国饮料大众有限公司,并于2006年5月在新加坡成功上市,经济实力更加雄厚。

在金融业方面,苏旭明也积极投资,泰国大城银行、曼谷银行、亚洲银行、亨都银行及亨华银行等都有他持有的股份,这些股份的市值约达8亿美元。此外,苏旭明还奋力进军房地产业。

至此,苏旭明的商业王国已发展成巨型企业集团,下辖工商企业300多家,经营领域广泛,以酿酒业为主体,囊括酒店、保险、金融、制造、房地产、农业、旅游业等多个行业,市场和产业遍布世界各地。

在国际市场上,苏旭明素以彪悍、善战闻名,他深谙商战之道,且他出身草根,更加明白商场如战场的道理,他对于环境的利用和对于时机的把握拿捏十分精准,总能令对手骑虎难下。

(资料来源:http://szb.dlxww.com/xsb/html/2014-11/18/content_1087041.htm?div=-1,有修改)

【讨论】

1. 苏旭明的成功关键之处是什么?
2. 苏旭明的经营决策有哪些值得我们学习和借鉴的?

【做游戏学管理】 交易

[目的]

在游戏中体会科学决策理论基本观点。

[游戏程序与规则]

1. 组织与时间

(1) 将参与者分成两个小组,分别代表甲乙公司。

(2) 时间:20分钟。

2. 要求

(1) 教师向参与者说明游戏规则。

(2) 各自画好表格,以便记录交易过程和结果。

(3) 交易双方各自写下决策思维过程。

(4) 明确决策结果明示方法,各自记录下每一笔交易结果。

3. 游戏规则

甲乙两家公司,经多次谈判,达成了一个一揽子交易合同,这一合同分六笔交易。在实施合同的过程中,双方遵循以下的市场规则(以出红黑牌为例):

(1) 六笔交易一笔一笔做,做完一笔再做下一笔;

(2) 每一次交易双方同时出牌,若双方均为红牌,则各得 30 万元;若双方均为黑牌,则双方各亏 20 万元;若一方为红一方为黑,则红方亏 50 万元,黑方得 50 万元。其中,第 3 轮和第 6 轮损益值加倍。

(3) 各方每一次出什么牌,由各方董事会集体决策。第一笔须在 10 分钟内完成,整个交易在 20 分钟内完成。

[讨论]

(1) 各成员能从游戏中体会到哪些经验和启示?

(2) 如何实现科学决策?

【实务项目训练】 设计广告语

一、训练目标

运用头脑风暴法进行集体决策,发扬发散思维,暂不评论,追求最多的广告语设计。

二、训练要求

(1) 把全班同学分成若干组,每组 6~8 人。各组设一名组长。

(2) 各组分别拟定出 2 种产品名称,写在纸条上。

(3) 各组长抽签决定本小组为某一种产品设计广告语。

(4) 头脑风暴会为 20 分钟,每组充分讨论,然后由组长做 2 分钟总结汇报。

(5) 任课教师作为主持人。

三、评估

(1) 教师对各组长的总结汇报进行评价、打分,满分 10 分。

(2) 各组组长对每位组员在讨论中的表现进行打分,满分 10 分。

【技能自测题】

1. 什么是决策?
2. 简述决策在管理工作中的作用。
3. 简述决策的类型。
4. 制定决策的流程包括哪几个阶段?
5. 简述定性决策与定量决策的主要方法。

【参考文献】

[1] 田玉兰,王豪杰. 管理学基础[M]. 北京:北京交通大学出版社,2006.

[2] 〔美〕斯蒂芬·P. 罗宾斯. 管理学:原理与实践[M]. 原书第 8 版. 毛蕴诗,译. 北京:机械工业出版社,2013.

[3] 赵伊川. 管理学[M]. 3 版. 大连:东北财经大学出版社,2014.

[4] 王国华,梁樑. 决策理论与方法[M]. 合肥:中国科学技术大学出版社,2014.

[5]〔希〕格雷戈里·P.普拉斯塔克斯.管理决策理论与实践[M].李辉,译.北京:清华大学出版社,2011.
[6] 黄贵庭.新编现代管理学[M].北京:企业管理出版社,2011.
[7] 李毅,周燕华,孙宇.管理学[M].北京:经济管理出版社,2013.
[8]〔澳〕芭贝特·E.本苏桑,等.决策的10个工具[M].王哲,译.北京:中国人民大学出版社,2012.
[9] 麦迪.决策的101个误区[M].北京:企业管理出版社,2003.
[10] 罗党,王淑英.决策理论与方法[M].北京:机械工业出版社,2011.

第五章　计　　划

【学习目标】

■ 能力目标
1. 按照科学程序制订计划。
2. 熟悉制订工作计划的主要方法。

■ 知识目标
1. 了解计划的含义和重要性。
2. 掌握制订计划的步骤。
3. 掌握制订计划的主要方法。
4. 了解目标管理的方法。

■ 素质目标
1. 通过学习制订计划的步骤，培养做事有条理的能力。
2. 通过掌握各种计划方法和工具，提高工作效率。

【本章内容概要】

本章帮助读者了解什么是计划，计划的特点，计划对组织的重要性，计划的类型，制订计划的步骤，制订计划的主要方法以及计划实施时应注意的问题等。计划具有两重含义：一是计划工作，二是计划形式。计划具有针对性、预见性、首位性、普遍性、可行性和效率性等特点。计划是组织生存与发展的纲领、组织协调的前提、指挥实施的准则和控制活动的依据。制订计划的步骤包括认识机会、确定目标、确定前提条件、选定备选方案、评估和选择备选方案以及编制预算等。制订计划的主要方法有时间管理法、目标管理、滚动计划法、甘特图法和网络计划法等。

任务导入

写一份题为《大学生户外游活动计划》的报告

一、任务目的

在制订计划书的过程中，理解计划的分类、领会制订计划的方法，分析本计划所属类别及计划所要实现的目标。

二、任务形式

讨论，撰写方案，分享成果。

三、任务要求

(1) 根据班级人数分组，每组6～8人，每组指定1名负责人。
(2) 各小组学生讨论制订户外游计划需要从哪些方面着手。
(3) 各小组学生通过讨论确定计划书的内容，并将最终结果形成书面报告。

(4) 小组负责人分享本小组制订计划的基本流程、方法和方案。
(5) 以学生为主体,教师把计划的相关知识贯穿到讨论之中。
(6) 课后结合本章各模块知识,完善各小组的报告。

四、任务成果标准

(1) 以小组为单位,结合本章知识点形成一份至少1000字的报告。
(2) 报告的内容应层次清晰、语言通顺、书写规范。

五、教学建议

(1) 在讨论过程中学生应对所熟悉的户外游活动进行分析、计划。
(2) 课上形成大纲,课后完成报告(可以采用手写、Word电子文档或PPT等方式)。
(3) 涉及知识点让学生查找本书内容或相关书籍,由教师引导,启发式学习。

模块一 什么是计划

一、计划的含义

(一) 计划的含义

计划作为动词,在管理学中具有两层含义:其一是计划工作,是指根据对组织外部环境与内部条件的分析,提出在未来一定时期内要达到的组织目标以及实现目标的方案途径;其二是计划形式,是指用文字和指标等形式所表述的组织以及组织内不同部门和不同成员,在未来一定时期内关于行动方向、内容和方式安排的管理事件。

(二) 计划的具体内容

计划的具体内容表现为:宗旨、目标、战略、政策、程序、规则、方案以及预算。

1. 宗旨

宗旨是指明一定的组织机构在社会上应起的作用、所处的地位。它决定组织的性质,决定此组织区别于其他组织的标志,反映该组织存在的社会价值。

2. 目标

目标是组织活动所要达到的结果,它是在组织的目的或使命指引下确立的,是组织宗旨的具体表述。制定目标是计划工作的起点,目标的具体数量内容则是计划的终点,也是组织工作、人员配备、领导工作、组织协调以及控制工作所要达到的结果。

3. 战略

战略是为实现组织目标所确定的有关发展方向、行动方针、行为原则、资源分配的总体谋划。它不具体说明组织如何实现目标,而具体说明目标是由一系列主要和次要的支持性、协调性计划来完成的。

4. 政策

政策是组织在决策或解决问题时用来指导和沟通思想与行动方针的规定或行为规范。政策规定了解决某类问题的方法,指明了组织活动的范围和方向,以保证在未来的活动中发生的大量决策及有关行动有统一的标准、一致的步调,才会使之协调运行。

5. 程序

程序是完成未来某项活动的方法和步骤,是通过对大量日常工作过程及工作方法的总结、提炼而逐渐形成的,对组织的例行活动具有重要的指导作用。程序是行动的指南。

6. 规则

规则是一种最简单的计划。它是在具体场合和具体情况下,允许或不允许采取某种特定行动的规定。规则不同于政策,它一般不给执行人员留有自由的余地。规则也不同于程序,它是对单一行为的规定而没有时间顺序。

7. 方案

方案是为了实施既定方针所必需的目标、政策、程序、规则、任务分配、执行步骤、资源使用而制订的综合性计划。方案一般是粗线条的、纲要性的。通常情况下,一个主要方案(规划)可能需要很多支持计划。在主要计划进行之前,必须要把这些支持计划制订出来,并付诸实施。所有这些计划都必须加以协调和安排时间。

8. 预算

完成组织目标,必须动用组织的各项资源,各项资源用财力统一表述时,就有了预算。预算是用数字表示预期结果的一种报告书,是一种数字化的计划。预算可以单独作为计划来使用,也可以作为某个计划中的一部分内容,含有预算的计划具有很强的操作性。实际上,一个完整的计划还应包括控制标准和考核指标,也就是让实施计划的部门或人员了解达到什么标准才算是完成了计划。

(三) 计划的七要素

一项完整的计划应包括 5W2H 七个要素,即:

What(做什么):要明确计划工作的具体任务和要求,明确每一个时期的工作重点。

Why(为什么做):要明确计划工作的原因。

Who(谁去做):明确规定实施计划的部门和人员。

When(何时做):规定计划中各项工作的开始和完成的进度。

Where(何地做):规定计划的实施地点或场所,了解计划实施的环境条件和限制。

How(怎么做):制订实现计划的措施以及相应的政策和规则。

How much(花多少费用做):完成计划所需要必要的成本预算。

二、计划的特点

(一) 针对性

计划是根据党和国家的方针、政策和有关的法律、法规,针对本单位、本部门的工作任务、主客观条件和相应能力而制定的。计划明确表达出组织的目标和任务,实现目标所需的资源以及所采取的程序、方法和手段,明确表达出各级管理人员在执行计划过程中的权利和职责。制订计划的目的很明确,就是为了促使组织的总目标和分目标的实现。

(二) 预见性

计划不是对已经形成的事实和状况的描述,而是在行动之前对行动的任务、目标、方法、措施所做出的预见性确认。预见性是计划最明显的特点之一。但这种预想不是盲目的、空想的,而是以上级部门的规定和指示为指导,以本单位的实际条件为基础,以过去的成绩和问题为依据,对今后的发展趋势做出科学预测之后制定的。可以说,预见是否准确,决定了计划的成败。计划的制订者应具有远见卓识,善于思前想后,周密运筹,充分估计到未来可能出现的情况、问题及偏差,主动提出预防措施。

(三)首位性

计划是进行其他管理工作的前提,计划在前,行动在后。计划工作相对于其他管理职能处于首位。把计划工作放在首位的原因,还因为在某些场合,计划工作是付诸实施的唯一管理职能。计划工作的结果可能得出一个决策,即无须进行随后的组织工作、领导工作及控制工作等。例如,对于一个是否要建立新工厂的计划研究工作,如果得出的结论是建新工厂在经济上不合算,那就没有筹建、组织、领导和控制等后续问题。

(四)普遍性

计划的普遍性有两层含义:一是指社会各部门、各环节、各单位、各岗位,为有效实现管理目标,都必须具有相应的计划;二是指所有管理者,从最高管理人员到第一线的基层管理人员为了实现组织目标,使得本层次的组织工作得以顺利进行,都需要制订计划。

(五)可行性

可行性是指计划符合实际、易于操作、目标适宜,是衡量一个计划好坏的重要标准。制订计划必须坚持实事求是的原则,从实际出发提出切实的指标、严密的步骤、正确的方法、得力的措施,做到既先进可靠又切实可行,留有余地,使群众通过努力有可能完成或超额完成任务。

(六)效率性

计划的效率性主要是指时间性和经济性两个方面。计划工作的任务,不仅是要确保在预计的时间内实现目标,而且是要在众多方案中选择最优的资源配置方案,以求得合理利用资源和提高效率,即要"做正确的事"又要"正确地做事"。能够实现收入大于支出,并且顾及国家、集体和个人三者利益的计划才是一个完美的计划,才能真正体现出计划的效率。

【案例】 神华集团全面启动"高品质绿色发电计划"

2014年11月23日,神华集团国华定州电厂投资2.4亿元,历经79天对3号60万千瓦机组进行的节能环保改造竣工。随后,12月15日又顺利通过绿色发电"近零排放"改造项目168小时试运行,神华集团也同时全面启动了宏大的"高品质绿色发电计划"。

神华集团的高品质绿色发电计划,预计将投资140亿元,对集团所有现役机组全面进行"近零排放"改造。目前,人们往往有这样的思维定式,认为燃煤机组一定比燃气机组的排放要严重。据河北省环境监测中心站提供的数据显示,神华集团3号机组经过这次"近零排放"环保改造后,排放的主要污染物烟尘、二氧化硫、氮氧化物等三项环保指数均优于重点地区燃气机组的特别排放限值,3号机组也因此成为京津冀首台600兆瓦等级达到"近零排放"的燃煤机组。

事实上,这次神华集团3号机组改造的成功,正是受益于新技术的成功应用。在国内600兆瓦等级机组中,神华集团率先成功应用了40%~100%机组最大出力全程脱硝改造分级省煤器技术。项目实施后,每年减少因机组负荷低而导致的脱硝退出运行大约260小时,并创新性地采用了结构简单、故障率低的烟气冷凝液捕捉收集技术,改造后烟囱周围液滴降落明显减少。

现在,国华电力公司惠州 1 号、定州 4 号和绥中 1 号这三台机组即将完成近零排放改造,随着神华集团"高品质绿色发电计划"的启动,全国陆续进入改造的项目将达到 590 项,改造投资额近 140 亿元。预计到 2020 年,神华集团整体供电煤耗将达到 293 克/千瓦时,所有燃煤发电机组大气污染物排放达到或低于燃气发电机组排放标准,成为地区节能减排和大气环境保护的最忠实的倡导者和践行者。

(资料来源:http://xm.fjnet.cn/2015-01/08/content_15519706.htm,有修改)

【分析】

1. 神华集团实施"高品质绿色发电计划"的可行性是什么?
2. 如何保证神华集团"高品质绿色发电计划"的顺利实施?

模块二 计划的重要性

在管理实践中,计划是其他管理职能的前提和基础,并且还渗透到其他管理职能之中,它是管理过程的中心环节,在管理活动中具有特殊的、重要的地位和作用。

一、计划是组织生存与发展的纲领

计划工作为实现组织目标服务。如果管理者在看准机遇和利用机遇的同时,又能最大限度地减少风险,组织就能立于不败之地,在机遇与风险的选择中,得到生存与发展。如果计划不周或根本没计划,那就会遭遇灾难性的后果。

二、计划是组织协调的前提

计划工作是管理活动的桥梁,是组织、领导和控制等管理活动的基础。现代社会的各行各业的组织以及它们内部的各个组成部分之间,分工越来越精细,过程越来越复杂,协调关系更趋严密。要把这些繁杂的有机体科学地组织起来,让各个环节和部门的活动都能在时间、空间和数量上相互衔接,既围绕整体目标,又各行其是、互相协调,就必须要有一个严密的计划。

三、计划是指挥实施的准则

计划的实质是确定目标以及规定达到目标的途径和方法。因此,如何朝着既定的目标步步逼近,最终实现组织目标,计划无疑是管理活动中人们一切行为的准则。它指导不同地区、不同时间、不同岗位上的人们,围绕一个总目标,井然有序地实现各自的分目标。如果行为没有计划指导,被管理者必然表现为无目的的盲动;管理者则表现为决策朝令夕改、随心所欲、自相矛盾,结果必然是组织秩序的混乱,事倍功半,劳民伤财。

四、计划是控制活动的依据

计划不仅是组织、指挥、协调的前提和准则,而且与管理控制活动紧密相连。计划为各种复杂的管理活动确定了数据、尺度和标准,它不仅为控制指明了方向,而且还为控制活动提供了依据。未经计划的活动是无法控制的,也谈不上控制,因为控制本身是通过纠正偏离计划的偏差,使管理活动保持与目标的要求一致。

【案例】 加速全球化征程——联想集团收购历史回顾

2014年1月,联想集团刚以23亿美元收购IBM X86服务器业务的消息震惊了整个业界。现在,联想又把目标锁定了摩托罗拉,联想全球化的并购步伐越走越大。自2005年联想收购IBM PC业务,到如今联想已成为全球最大的PC生产厂商,在智能手机、平板电脑等领域也取得惊人成绩。联想CEO杨元庆就曾称"联想常年都有并购的目标和计划,就像每天都要吃饭一样"。下面就回顾一下联想在近几年的重大收购计划。

1. 2005年5月:联想集团收购IBM PC业务

这是联想集团最著名的并购案例,也是联想开始全球化并购步伐的开端。在中国个人电脑市场占有近30%市场份额的联想集团宣布,以12.5亿美元的现金和股票收购知名品牌IBM的全球台式电脑和笔记本业务。现在,联想已经是全球PC市场份额的第一名,联想集团收购IBM PC业务的案例对联想乃至中国企业的全球化之路都影响深远。

2. 2011年6月:联想集团收购德国电脑生产商Medion

联想集团宣布收购德国个人消费电子企业Medion(PC)公司,该交易总价格达到2.31亿欧元(约合3.3亿美元),联想集团目前通过其全资子公司联想德国控股公司持有的51%以上Medion股份,拥有对Medion约56%的表决权。Medion是德国最大的个人技术和消费电子产品企业之一,本次并购,有助于联想拓展欧洲消费电子市场,尤其是移动互联网终端市场。

3. 2011年7月:联想集团与日本NEC成立合资公司

联想集团宣布并购日本NEC(PC)公司的交易正式完成。联想集团和NEC公司成立合资公司,联想集团控制合资公司51%的股份,NEC公司持有49%的股份,这次合作为强强联手。NEC是日本最大的个人电脑公司,而联想则为全球前五大电脑厂商中增长最快的厂商。通过更强大的市场地位、产品组合及分销渠道,该合作为联想和NEC公司提供一个独特的机会,在日本这个全球第三大个人电脑市场,发展商用及个人消费电脑业务。

4. 2012年9月:联想集团收购巴西电子生产商CCE

2012年9月5日,全球第二大个人电脑厂商联想集团宣布收购巴西个人电脑和消费电子行业的重要企业CCE公司,这次收购将显著提升联想在巴西这个全球第三大个人电脑市场的业务规模,并在当地获得生产制造基地。自9月5日宣布开始,在2013年1月2日宣告完成,联想以1.47亿美元的价格收购了CCE所有的股权。巴西是全球第三大的PC市场,这次联想收购了CCE也使其在该市场上所占的份额增长了一倍左右。联想也正在大力推行它的PC、平板、智能手机和电视等方面的战略。

5. 2014年1月23日:联想集团收购IBM X86服务器业务

2014年1月23日下午,在北京召开的联想新春联欢会上,董事长兼CEO杨元庆宣布,以23亿美元的价格收购IBM X86服务器业务。交易完成后,X86服务器排名由第六位上升到第三位,营业额增加50亿美元。收购后,联想集团将主营PC、移动设备和企业设备三大业务。

随着联想收购摩托罗拉和IBM X86服务器业务,联想在全球化收购征程中还会继续进行,联想也向着世界级企业的方向更进一步。

(资料来源:http://mobile.pconline.com.cn/424/4243416.html,有修改)

【分析】

联想的几次收购计划对公司的发展起到了什么作用？

模块三　计划的类型

计划的种类很多，可以按不同的标准进行分类。依据不同分类标准进行划分所得到的计划类型并不是相互独立的，而是密切联系的。

一、战略计划和作业计划

按计划的重要性程度上来划分，可以将计划分为战略计划和作业计划。

（一）战略计划

战略计划是指关于企业整体在未来的行动计划，它规定企业未来的总体目标以及企业在环境中的地位。战略计划所包含的时间跨度长，通常为 5 年甚至更长。战略计划涉及范围宽广，内容抽象、概括，不要求直接的可操作性；不具有既定的目标框架作为计划的着眼点和依据，因而设立目标本身成为计划工作的一项主要任务；计划方案往往是一次性的，很少能在将来得到再次或重复的使用；计划的前提条件多是不确定的，计划执行结果也往往带有高程度不确定性。因此，战略计划的制订者必须有较高的风险意识，能在不确定中选定企业未来的行动目标和经营方向。

（二）作业计划

作业计划是指规定总体目标如何实现的细节的计划。计划所涉及的时间跨度比较短，覆盖的范围也比较窄；计划内容具体、明确，并通常要求具有可操作性；计划的任务主要是规定如何在已知条件下实现根据企业总体目标分解而提出的具体行动目标，这样计划制订的依据就比较明确。另外，作业计划的风险程度较战略计划要低得多。

二、长期计划和中短期计划

按计划执行时间的长短可以将计划分为长期计划和中短期计划。

（一）长期计划

长期计划通常指 5 年以上可以完成的计划，它描述了组织在较长时期的发展方向和方针，规定了组织的各个部门在较长时期内从事某种活动应达到的目标和要求，绘制了组织长期发展的蓝图，内容相对比较笼统。

（二）中短期计划

短期计划一般是指 1 年以内可以完成的计划，中期计划是指 1 年以上 5 年以下可以完成的计划。中短期计划的内容比较具体，明确规定了组织的各个部门在中短期内所应该从事的各种活动的目标、行动方案、实施措施及考核指标等。

【案例】　华为加大企业业务发展，制订新五年计划

2013 年 4 月 23 日，华为公司的 2013 年度全球分析师大会在深圳隆重召开，会上华为公

司表示将加大其企业业务发展,并制定了未来五年(2013—2017)增长10%的发展目标。

在企业业务领域,华为公司转型较早,2012年销售收入同比增长25.8%。而2013年华为公司的云计算、存储等方面预计将达到8~10亿美元的目标,并预计未来五年(2013—2017)企业业务的销售收入年复合增长率将达到10%,收入比例由5%增至15%。

在华为公司的整体业绩中,企业业务也是连续两年以高增长的速度位列三大BG业务之首。

现在的华为企业业务主要聚焦企业基础网络、企业无线、统一通信与协作、云计算与数据中心、企业管道安全、网络能源等ICT(信息通信和技术)基础设施领域,涉及领域包括全球政府及公共事业、金融、交通、电力、能源等。

(资料来源:http://m.zol.com.cn/article/3688239.html,有修改)

【分析】

> 华为制订的新五年计划属于哪种类型的计划?

三、具体性计划和指导性计划

根据计划内容的明确性指标,可以将计划分为具体性计划和指导性计划。

(一)具体性计划

具体性计划具有明确规定的目标,有很强的操作性。一般由基层制订,适用于总计划下的专业计划或具体的项目计划,例如,新产品开发计划、技术改造计划等,一般会制定明确的程序、预算方案以及日程进度表。

(二)指导性计划

指导性计划只规定某些一般的方针和行动原则,指出重点但不把行动者限定在具体的目标上或特定的行动方案上。一般由高层决策部门制定,适用于战略规划、中长期计划等。

四、综合性计划和专业性计划

按计划针对的范围分,可将计划分为综合性计划和专业性计划。

(一)综合性计划

综合性计划是对业务经营过程各个方面所做的全面的规划和安排。在较长一段时期内执行的战略计划往往是覆盖面较广泛的综合性计划,但短期计划也有的是综合性的,例如,企业编制的年度综合经营计划。

(二)专业性计划

专业性计划是对某一专业领域职能工作所做的计划,它通常是对综合性计划某一方面内容的分解和落实。例如,企业的销售计划、生产计划等,这些计划只涉及企业活动的某一方面,与综合性计划的关系是局部与整体的关系。

五、程序性计划和非程序性计划

按计划的重复程度分,可将计划分为程序性计划和非程序性计划。

(一)程序性计划

程序性计划是为那些经常重复出现的工作或问题,按照既定的程序来制订的计划。每当出现这类工作或问题时,就利用既定的程序来解决,而不需要重新研究。

(二)非程序性计划

非程序性计划是对不经常重复出现的非例行活动所做的计划。处理这类问题没有一成不变的方法和程序。

【案例】 乐购开始振兴公司计划,将关闭数十家店面

英国最大的百货零售商乐购的 CEO Dave Lewis 开始了其振兴乐购的计划,这一过程将涉及关闭数十家门店,并可能涉及处置数十亿英镑的资产。

根据公司的一份声明,乐购将关闭切森特(Cheshunt)的总部办公室,还将"大幅"修改新店开设计划,并结束其定额给付养老金计划。乐购同时披露圣诞节销售高于预期,并称公司正下调数以百计品牌产品的价格。

乐购正试图摆脱会计丑闻和一系列利润预警造成的不利影响,公司的利润即将降至至少 10 年来最低。乐购今天还任命汽车零部件销售企业 Halfords 集团的 CEO Matt Davies 为英国业务部门主管,带领公司应对来自德国特价零售商 Aldi(阿尔迪)和 Lidl(利德)的强势竞争。

乐购表示,已经任命国际数据分析研究所(Dunnhumby)一些顾问对其数据分析"探索一些战略性方案",而根据 2014 年 10 月份的一份报告,该部门的估值或高达 20 亿英镑。乐购同时表示,其已经将 Blinkbox 品牌数字流媒体服务出售给英国 TalkTalk 电信公司,并称出售只是"增强公司资产负债表的第一步"。

乐购称,还将关闭 43 家没有盈利的店面,削减开支的措施有望为公司每年节省 2.5 亿英镑,而公司也将为此产生 3 亿英镑的一次性开支。

(资料来源:http://finance.sina.com.cn/stock/usstock/c/20150108/164321254566.shtml,有修改)

【分析】

1. 乐购振兴公司的计划有哪些?
2. 这些振兴计划分别属于什么类型的计划?

模块四 制订计划的步骤

任何计划工作都要遵循一定的程序或步骤。虽然小型计划比较简单,大型计划复杂些,但是,管理人员在编制计划时,其工作步骤都是相似的,主要包括以下内容。

1. 认识机会

认识机会先于实际的计划工作开始以前,严格来讲,它不是计划的一个组成部分,但却是计划工作的一个真正起点。因为它预测到了未来可能出现的变化,清晰而完整地认识到组织发展的机会,弄清组织的优势、弱点及所处的地位,认识到组织利用机会的能力,意识到

不确定因素对组织可能发生的影响程度等。

2. 确定目标

制订计划的第二个步骤是在认识机会的基础上,为整个组织及其所属的下级单位确定目标。计划的主要任务,就是将组织目标进行层层分解,以便落实到各个部门、各个活动环节,形成组织的目标结构,包括目标的时间结构和空间结构。

3. 确定前提条件

计划工作的前提条件就是计划实施时的预期环境。按照组织的内外环境,可以将计划工作的前提条件分为外部前提条件和内部前提条件;还可以按可控程度,将计划工作前提条件分为不可控的、部分可控的和可控的三种前提条件。外部前提条件大多为不可控的和部分可控的,而内部前提条件大多数是可控的。不可控的前提条件越多,不确定性越大,就越需要通过预测工作确定其发生的概率和影响程度的大小。

4. 选定备选方案

过多的计划方案会增加评估的复杂性和难度,根据成本效益原则,应对计划方案的数量适当限制。选定备选方案就是通过调查研究,选择可供实施的备选计划或方案,以便把主要精力集中在对少数最有希望的方案的分析上。

5. 评估和选择备选方案

根据前提条件和目标,对选定的备选方案进行评估。评估备选方案,要认真考察每一个计划的制约因素和隐患,要动态地、总体地考察计划的效果。通过比较各方面利弊,选择最合适的方案。例如,发现同时有两个以上可取方案,必须确定首先采取哪个方案,而将其他方案进行细化和完善,以作为后备方案。

6. 编制预算

在做出决策和确定计划后,计划工作的最后一步就是把计划转变成预算,使计划数字化。编制预算,一方面是为了计划的指标体系更加明确,另一方面是使企业更易于对计划执行进行控制。

【案例】 国美公布"双11"促销计划

2014年10月28日,国美公布了"双11"回馈消费者策略。国美方面表示,自10月31日起至11月12日,在家电及3C类商品方面进行大规模促销。届时,消费者仅需凭其他商家广告报价前往国美任意门店,国美就将在广告报价的基础上,至少再降11元出售此商品。

此次,国美针对年轻消费群体的购物习惯,推出了微信卡包优惠券、100万元国美滴滴打车红包等措施,消费者只要在微信平台领取国美的微信卡包,即可在线下、线上、移动端渠道使用。

国美高级副总裁何阳青表示,在"双11"大促中最突出的莫过于价格问题,超低的价格无疑是消费者关注的焦点。根据中关村在线互联网消费调研中心(ZDC)于2013年"双11"后对消费者的调查分析数据,认为优惠力度未达到预期的消费者比例高达30.2%。

针对此类价格乱象,国美承诺,在今年"双11"期间消费者仅需凭其他商家广告报价前往国美任意门店,国美就将在广告报价的基础上,至少再降11元出售此商品。

据国家邮政局预计,今年"双11"期间快件业务量将突破5亿件,比去年同期增长近五成,最高日处理量将达到 9000 万件,比去年增长 38.5%,今年的物流配送压力更大。何阳青表示,国美承诺如货品送抵时间与消费者约定的送货时间前后相差两个小时,配送人员将现场赔付 11 元。同时,国美还进一步承诺送装同步,前后超过 2 小时安装,国美承诺再赔11元。

据悉,国美目前拥有由 428 个仓储服务中心、195 万平方米的仓储面积、600 个城市网络辐射、15 000 辆日配车辆组成的物流体系,目前在 178 个城市实现了一日三达。

(资料来源:http://tech.sina.com.cn/e/2014-10-28/14599739734.shtml,有修改)

【分析】

1. 国美的"双 11"促销计划的内容是什么?
2. 请你根据上述资料分析一下该计划的编制过程。

模块五 制订计划的方法

一、时间管理法

时间管理是指通过事先规划和运用一定的技巧、方法与工具实现对时间的灵活、有效地运用,以便有效地实现个人或组织的既定目标。

时间管理的方法有很多,这里主要介绍柯维提出的时间"四象限"法和美国管理学家莱金提出的 ABC 时间管理法。

(一)时间"四象限"法

柯维把工作按照重要和紧急两个不同的程度进行了划分,基本上可以分为四个"象限":第一象限是既重要又紧急的事,第二象限是重要但不紧急的事,第三象限是紧急但不重要的事,第四象限是既不重要也不紧急的事,如图 5-1 所示。

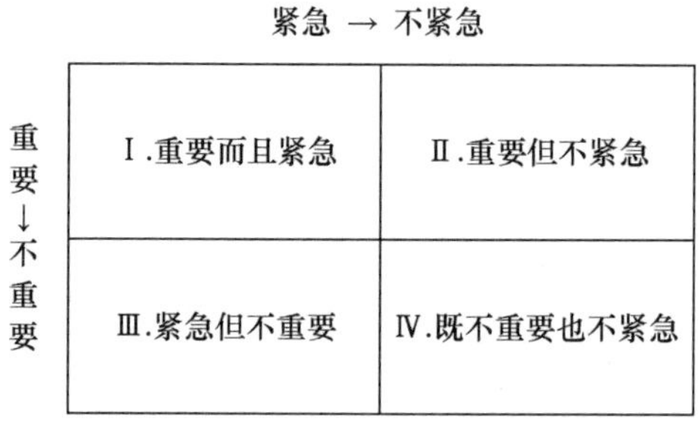

	紧急 → 不紧急	
重要 ↓ 不重要	Ⅰ.重要而且紧急	Ⅱ.重要但不紧急
	Ⅲ.紧急但不重要	Ⅳ.既不重要也不紧急

图 5-1 时间的"四象限"图

时间"四象限"法的管理步骤如下。

1. 分清工作的轻重缓急

19 世纪意大利经济学家帕累托认为,生活中 80% 的结果几乎源于 20% 的活动,要把注意力放在 20% 的关键事情上。根据这一原则,我们应当对要做的事情分清轻重缓急。

紧急任务是指需要立刻处理的活动,此刻不做就会给自己带来麻烦的事情;重要任务是指对个人工作生活会产生重大影响的事情。紧迫的事情不一定是重要的事情。

2. 根据工作优先顺序,列出计划时间表

在人们的日常工作中,很多时候往往有机会去很好地计划和完成一件事,但常常却又没有及时地去做,随着时间的推移,造成工作质量的下降。时间"四象限"管理法要求大家应该把每天的工作任务按重要性和紧迫性进行分类管理,列出各类任务的内容,使当事人对每天的工作一目了然,做好全面掌握并进行必要的调整。

具体可参考如下排序。

(1) 重要而且紧急的事必须立刻做。

(2) 重要但不紧急的事,这是管理的重点。只要是没有前一类事的压力,应该当成紧急的事去做,不去拖延。这需要很好地安排时间。一个好的方法是建立预约。

(3) 紧急但不重要的事,只有在优先考虑了重要的事情后,再来考虑此类事。人们常犯的毛病是把"紧急"当成优先原则。其实,许多看似很紧急的事,不一定自己亲自去办,完全可以授权别人去做。

(4) 既不重要也不紧急的事等有闲余时间再做。

(二) ABC 时间管理法

ABC 时间管理法是由美国管理学家莱金提出的,他建议为了提高时间的利用率,每个人都需要确定今后 5 年、今后半年及现阶段要达到的目标。人们应该将其各阶段目标分为 A、B、C 三个等级,A 级为最重要且必须完成的目标,B 级为较重要应该完成的目标,C 级为不太重要可以暂时搁置的目标。

ABC 时间管理法的步骤如下。

(1) 列出目标:每日工作前列出"日工作清单"。

(2) 目标分类:对"日工作清单"分类。

(3) 排列顺序:根据工作的重要性、紧急程度确定 A、B、C 顺序。

(4) 分配时间:按 A、B、C 级别顺序制定出工作日程表及时间分配情况。

(5) 实施:集中精力完成 A 类工作,效果满意,再转向 B 类工作。对于 C 类工作,在时间精力充沛的情况下,可自己完成;但应大胆减少 C 类工作,尽可能委派他人执行,以节省时间。

(6) 记录:每一个事件消耗的时间。

(7) 总结:工作结束时评价时间应用情况,以不断提高自己有效利用时间的技能。

二、目标管理法

目标管理(Management by Objectives,MBO)是以泰勒的科学管理和行为科学管理理论为基础形成的一套管理制度,其概念是管理专家德鲁克于 1954 年在其名著《管理实践》(The Practice of Management)中最先提出的。德鲁克认为,并不是有了工作才有目标,而是有了目标才能确定每个人的工作。因此,管理者应该通过目标对下级进行管理。

目标管理的程序包括四个步骤:制定总目标、目标分解、组织实施和总结反馈。

1. 制定总目标

目标管理一般开始于组织的高层管理者。高层管理者根据企业的使命和长远战略,估计客观环境带来的机会和挑战,正确认识企业的优劣,制定组织的目标和战略。

2. 目标分解

制定总目标后,将总目标层层分解,制定下级的分目标。在分解过程中,上级要尊重下级,耐心倾听下级意见,帮助下级发展一致性和支持性目标。上级和下级就实现各项目标所需的条件以及实现目标后的奖惩事宜达成协议。分目标制定后,要授予下级相应的资源配置的权力,实现权责利的统一。每个员工和部门的分目标要和其他的部门分目标协调一致,支持本单位和组织目标的实现。分目标要具体量化,便于考核;分清轻重缓急,以免顾此失彼;既要有挑战性,又要有实现的可能。

3. 组织实施

目标管理重视结果,强调自主、自治和自觉。在目标的实施过程中,强调组织成员的自我控制,上下级经常沟通、互相协调,上级管理者要进行定期检查,下级要主动汇报任务进展;上级要向下级通报进度,帮助下级解决工作中出现的困难问题。当出现意外、不可测事件严重影响组织目标实现时,也可以通过一定的程序修改原定的目标。

4. 总结反馈

当目标管理一个周期结束时,领导必须与有关的下级或个人逐个地检查目标任务完成的情况,并与原定的目标进行比较,并根据各人完成任务的情况给予相应的报酬和各种奖励。对未能完成任务的,应分析具体情况;对非个人原因造成的问题,一般不要采用惩罚措施,重点在于共同总结经验教训,以便为下一周期的目标管理提供宝贵的经验,把以后的工作做好。

三、滚动计划法

滚动计划法是一种动态制订计划的方法,按照"近细远粗"的原则制订一定时期内的计划,然后按照计划的执行情况和环境变化,调整和修订未来的计划。每次调整时,保持原计划期限不变,而将计划期限顺序向前推进一个滚动期,使短期计划、中期计划有机地结合起来,如图5-2所示。

图5-2 滚动计划法的基本原理

运用滚动计划法制订工作计划时要注意以下两点。

(1) 将工作计划划分为若干个执行期(如年、季度、月、周等)。近期计划作为工作计划的具体实施部分,内容要制订得详细具体,具有指令性;远期计划内容则可以制订得较为粗略、笼统些,但必须具有指导性。

(2) 计划执行到一定阶段,就根据实际执行情况和环境的变化对以后各期的计划内容进行适当的修改或调整,将原来的下一个执行期上升为具有指令性的部分,并向前延续一个新的执行期。

使用滚动计划法制订工作计划具有明显的优越性:首先,把计划期内各阶段以及下一个时期的预先安排有机地衔接起来,而且定期调整补充,从而从方法上解决了各阶段计划的衔接和符合实际的问题。其次,较好地解决了计划的相对稳定性和实际情况的多变性这一矛盾,使计划更好地发挥其指导生产实际的作用。最后,滚动计划法增加了工作计划的弹性,使企业的生产活动能够灵活地适应市场需求,提高组织的应变能力。

四、甘特图法

甘特图是20世纪初由甘特首创的。该图是一种用线条表示的工作计划和工作进度的图,横轴表示时间,纵轴表示活动(项目),线条表示在整个期间上计划和实际的活动完成情况,通过活动列表和时间刻度形象地表示出任何特定项目的活动顺序与持续时间。甘特图能使管理者事先为计划的各项活动做好进度安排,直观地表明任务计划在什么时候进行,并随着时间的推移,对比计划与实际完成情况,进行监控工作。甘特图具有简单、醒目和便于编制等特点,在企业管理工作中被广泛应用。

图5-3是某企业新建厂房的甘特图,计划制订者先确定从厂房的选址到开工所需的各项活动,然后分别对各项活动进行时间估计,确定活动顺序,最后标注到甘特图上,在图上就能显示出将要发生的各项活动、计划持续时间以及何时发生等信息。管理者能够及时注意并调整需要加快的环节,保证整个计划按期完成。

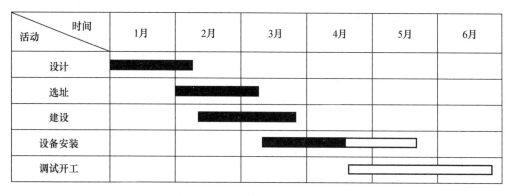

图 5-3 某企业新建厂房的甘特图

五、网络计划法

网络计划法是根据分析技术的基本原理转化而来的,有时也称之为计划评审技术(Program Evaluation and Review Technique,PERT)。网络计划法的运用,对于减少人力、物力、财力资源的占用与消耗起到了积极的推动作用。尤其是对那些由多个部门、多种资源、多个环节所组成的大型工程项目,运用网络计划法制订行动方案,可以达到减少时间的目的。美国航天局的登月计划、我国的某些尖端科学实验计划都是网络计划法成功运用的经典之作。

网络计划法的基本原理是将一项工作分为若干作业,然后按照作业的顺序进行排列,应用网络图对整个工作进行总体规划和调配,以便用最少的和最快的速度完成整个工作。

(一)网络图的构成

1."→"活动(作业/工序)

活动是一项需要消耗资源,经过一定时间才能完成的具体工作,网络图上用箭头"→"表示。

2."○"事项(事件/结点)

表示两项活动的连接点,既不消耗资源,也不占用时间,只表示前一活动的开始、后一活动结束的瞬间。

3.路线

路线是网络图中由始点活动出发,沿箭线方向前进,连续不断地到达终点活动的一条通道,表示一个独立的工作流程。网络图中一般有多条路线,其中,消耗时间最长的一条称为关键路线(用双箭头表示),它决定总工期。

(二)网络图的绘制步骤

现以某公司的产品展示会为例来说明该方法的分析步骤。

(1)任务分解与分析:确定完成项目必须进行的每一项活动,并确定活动之间的逻辑关系。紧前活动是指某项工作开始前必须先期完成的工作,如表 5-1 所示。

表 5-1 某产品展示会活动分析表

活动代号	活动说明	紧前活动	完成时间
A	编制任务书	—	7
B	广告初步设计	A	3
C	编写培训教材	A	3
D	拟订人员招聘计划	C	1
E	广告媒体安排	B	2
F	确定广告设计	B	2
G	招聘人员	D	5
H	准备培训资料	C	2
I	实施广告计划	E	10
J	展示台搭建	F	3
K	培训人员	G、H	3
L	举行展示会	J、K	5

(2)根据活动之间的关系绘制网络图,将每一项活动的时间标明,如图 5-4 所示。

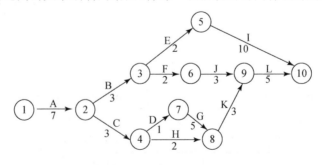

图 5-4 某产品展示会网络图

(3)计算网络图的时间参数并确定关键路线。时间参数是各项活动的最早开始时间、最早完成时间、最迟开始时间和最迟完成时间。关键路线是①—②—④—⑦—⑧—⑨—⑩,

活动时间(总工期)为 24 天。

(4) 进行网络图优化,管理者可以挖掘非关键路线的潜力,抽调资源来支持关键路线的活动,减少关键作业时间,以缩短总工期。

网络计划法简单易行,无须掌握高深的定量分析方法,基层管理者很容易掌握。设计网络计划可清楚、迅速地确定计划的重点,便于管理者对它们进行监督、控制。

模块六　计划实施

计划实施是将计划付诸行动的过程,实施时,各个部门间的上下环节的衔接至关重要,过程和结果要能控制且不断修正,最终目的是全面均衡地完成计划任务。在计划实施过程中,要注意以下几个方面。

1. 提高执行力

计划的实施非常重要,任何的宏伟目标都需要有人去实施,实施计划最重要的是组织成员具有很高效的执行力。管理者一定要告诉组织成员详细的完成计划的办法和步骤,以及可能在实施的过程中碰到的困难及解决方案。组织成员应具备贯彻战略意图、完成预定目标的操作能力,把企业战略计划转化成为效益成果。

2. 明晰责任

在市场社会化的条件下,分工越细,相互联系越密切,协作关系就越复杂。如果有一个环节或岗位不能按照预定的计划实现自己所承担的任务,就必然影响整个经济活动的顺利进行。因此,必须明确各个部门、环节及每个员工的职责,加强其责任心,克服无人负责的现象,提高工作效率和工作质量。对于大的计划其执行时要有相应的奖惩制度出台,从制定上进行保障。

3. 重视精神激励

人的潜力是极大的,优秀的管理者要善于激发员工的热情,以充分发挥工作的积极性。员工激励包含物质激励和精神激励,员工除了有诸如薪水、奖金、津贴、福利和股票期权等物质激励的需求以外,还有工作的胜任感、成就感、责任感、受重视、有影响力、个人成长和富有价值的贡献等精神激励的需求。在计划的实施中,管理者应该鼓励员工去创新,对员工的成绩适时给予精神方面的鼓励。通过人性化管理来提高员工对精神待遇的满意度。

4. 做好计划控制

计划在执行的过程中,管理者必须依据各部门不同的目标和计划对他们进行持续的监督。当计划没有被很好地执行或内外部环境发生很大变化时,通过对比分析、平衡分析、因素分析、分项分析等手段找出问题,采取措施、纠正偏差,使执行结果接近或达到计划目标。还要加强日常的计划调度工作,对资源进行调整或补充。

【案例】　东方电力公司的计划工作

美国东部经营电力的最大企业之一——东方电力公司的总裁玛格丽特·奎茵一直确信:有效地计划工作对企业成功是至关重要的。十多年来,她一直试图寻求一种公司能够采用的计划工作方案,但成果不大。这段时间她连续指定三位副总裁负责计划工作,尽管看来每一位都对此项工作十分努力,但她注意到个别部门领导仍然自行其是。他们在问题出现时才制定决策,并且自诩他们做的是有效的"消防灭火"工作。

公司看起来有些松垮,个别部门的负责人在决策执行上时常互不一致。负责规章事务的总经理总想迫使州委员会许可提高电费,但没有取得多大效果,因为委员会认为尽管成本增加,但却不合情理。公共关系部负责人则不断恳请公众们理解电力事业所面临的困境,而各种团体电力用户则认为公司已赚了足够多的钱,可以不必通过提高电价来解决自己的问题。负责经营的副总裁在许多团体关于增设供电线路的强烈要求下,将所有电缆都铺在地下,以消除那些不美观的架空电线,并给予客户更好的服务,这位副总裁认为顾客是第一位的,成本是其次的。

在奎茵女士的邀请下,一位咨询顾问来公司调查。他发现该公司的计划工作并不真正完善,副总裁只是将编制好的计划呈交给总裁而已,所有部门的经理都认为这些计划是纸上谈兵,无益于他们的日常经营。

(资料来源:http://www.chinadmd.com/file/azxeaiuotpioaoivpsstcorx_1.html,有修改)

【分析】

1. 如果你是那位顾问,你认为公司应该怎样制订计划?
2. 你将建议该公司采取什么措施使得计划有效执行?

【本章案例分析】　黑莓复兴计划:从战略收缩走向适度扩张

2014年12月19日,黑莓公司正式发布第三季度财报。财报显示,营业收入未达预期,同比下降34%至7.93亿美元,但重组后首次实现了4 300万美元现金流,调整后竟实现每股1美分的赢利。

这两个数据传递出来的信息正好相反,不同的观察者据此做出了截然不同的判断。悲观者认为黑莓营收急剧下降,黑莓系统在智能手机市场的占有份额低至历史新低,充分表明其市场地位仍在衰退,未来前景难料。黑莓公司的股票在财报发布后应声而跌,就反映出持这种担心的投资人不在少数。而乐观者则认为黑莓公司CEO程守宗领导团队的努力取得了成效,黑莓Passport的成功就说明市场给予了认可;虽然营收下降,但净利润却创造了近来的新高,4 300万美元的现金流和首次实现账面赢利,表明黑莓已经逐渐实现止血、恢复元气。

在过去的一个财季,黑莓整体表现还是不错的,无论是硬件上新品Passport的成功,还是软件上与三星、汽车飞机厂商达成的合作项目,都令人充满期待。而对德国语音和数据加密公司Secusmart的收购,表明在不利形势之下黑莓仍然保持足够清醒的市场判断力,明确自己的业务方向并能做出果断抉择。但程守宗一直保持着稳健谨慎的财务作风,将公司主要资源投入到企业服务系统开发上,确保公司顺利转型,能继续生存下去。而在硬件产品开发推广上,宁可出现产能不足,程守宗也不会冒进保持高库存。他透露黑莓上一季度已经售出了93%的库存,显示出非常良好的资金周转率。黑莓Passport经常一上架就被抢售一空,虽然限于产能目前只有数十万的销量,但却无碍它成为首个实现赢利的BB10机型。

正的现金流和账面赢利的首次出现,都表明黑莓财务状况正逐渐步入良性循环之中。软硬件业务的稳步提升和财务状况的健康化,这一切都表明程守宗的复兴计划已取得了初步成功。

当然不可否认,目前黑莓财务状况的改善,除了程守宗团队的成功运营管理之外,更多的还得益于黑莓不得已实行的战略收缩。

从2012年开始,迫于产品销售不利和财务恶化的压力,黑莓就开始陆续退出多个国家和地区市场。在2013年,BB10产品遭遇挫败后,黑莓更是展开了其史上规模最大的裁员行动,以节约开支维系生存。随后,黑莓请来专业救火队长程守宗担任临时CEO,由于他表现出色,不久扶正并一直留任至今。然而,战略收缩本身就是一把双刃剑,在节约开支的同时,随之也丧失了相当部分的营业收入和市场机会。2013年以来,黑莓的营业收入一直在下降,从31亿美元一直跌到上季的7.93亿美元,下跌了7成多,其手机系统市场份额也跌至了边缘化的0.8%,市场前景非常不乐观。

黑莓的战略收缩不仅仅表现在市场运营上,同时也表现在手机开发上。自从2013年初发布Z10和Q10后,到2014年9月Passport的上市前,不算保时捷系列,黑莓只在少数市场发布了9720和Z3两款新机型,使得市场上在售的机型老化严重,过于陈旧的机型自然难以取得消费者的青睐,营业收入急剧下降在所难免。

事实上,黑莓第三季度的硬件销售额未达到预期,除了Passport新机型的产能受限外,还与老机型退出市场后缺乏完整的产品链有很大关系。随着Classic在12月的上市,未来情况可能会有所改善。然而,单凭一两款非主流的键盘机型,企图回归主流手机企业行列,估计程守宗绝不可能会这样想。

尽管目前黑莓企业业务对安卓、苹果甚至WP手机开放,但原来绝大多数客户对黑莓手机有着传统的使用习惯。在老旧机型退役后,若无法向客户提供符合需求的新手机,他们可能转向如苹果或三星这样的竞争对手。因此,黑莓不能放松对包括主流触屏在内的新机型的研发。

在地区市场开发上,黑莓主动撤退之后,相当于拱手把市场让给了竞争对手。基于目前黑莓的小体量,任何一小块市场的增长,都有助于帮助黑莓带来产品规模成本的下降,从而提高产品的市场竞争力。从近两年的形势来看,智能手机的整体销售价格显现出逐渐下降的态势。黑莓想复兴,自然需要提高其产品在系统、服务和价格上的竞争力。有节奏、有计划地回归之前撤退的部分市场,寻求市场规模成本降低的最大利益化,不失为一个好办法。

根据自身的实际情况出发,从产品研发、市场开发等方面进行适度的战略扩张,是目前黑莓形势下的必然之举。

最近,网上传出黑莓Z3升级版Rio的谍照,表明黑莓在推出键盘手机的同时也没有放弃主流的全触屏手机开发。程守宗多次造访亚太,更于APEC期间亲临北京,与中国监管部门和多个科技企业进行接触,也数次在公开场合明确表示其将在合适时机重返中国市场的想法。此外,程守宗还透露黑莓将在2015年6月推出软件产品,他表示有信心让消费者重新信任并选择黑莓作为自己唯一使用的手机。与三星、福特、波音等巨头开展的一系列合作,也让黑莓在相关行业上的优势和自信,仍保持业务扩张的实力。

以上种种迹象表明,得益于公司业务和财务状况的稳定,再加上仍持有31亿美元的充沛现金流,黑莓给未来的战略扩张打下了良好的基础。2015年,黑莓或将在程守宗的带领下,由之前的战略收缩走向适度的战略扩张,以谋求实现真正意义上的复兴。

(资料来源:http://money.163.com/14/1225/08/AEA2QMOF00253G87.html,有修改)

【讨论】

1. 黑莓的复兴计划是怎样取得初步成功的?
2. 要想完全实现黑莓的复兴计划,黑莓公司还需做出怎样的努力?

【做游戏学管理】 穿越网洞

[目的]

让学生体会计划的重要性及团队合作精神。

[游戏程序与规则]

1. 组织与时间

(1) 将参与者分成若干个由 8~12 个人组成的小组,并选出组长。

(2) 时间:45 分钟(5 分钟讨论,40 分钟游戏)。

2. 要求

(1) 教师向各小组组长说明游戏规则。由组长回到小组中传达游戏规则。

(2) 培训师及观察员开始观察小组在听领导分配任务时间的反应,以及他们的计划能力。

(3) 在多个小组参加游戏的情况下,让先做完游戏的小组做观察员,观察其他小组的游戏情况。

(4) 观察员记录小组在执行任务的过程中都出现些什么问题,包括计划方面,沟通方面。

(5) 通过蜘蛛网的学生为还没有通过的学生加油,同时协助他们通过蜘蛛网。

3. 游戏规则

全体人员必须从网的一边通过网孔穿过到网的另一边,在整个过程中,身体的任何部位都不得触网。每个网洞只能被穿过一次,即不能两人过同一网洞。

4. 游戏前的准备

准备好道具或材料:用绳子编成的蜘蛛网一张。

[讨论]

(1) 你对计划的重要性有什么认识?你认为这次活动的计划做得怎样?

(2) 该游戏最难的地方是哪里?应怎样改进?

【实务项目训练】 计划与评价

一、训练目标

培养学生制订计划能力、分析评价能力和沟通能力。

二、训练要求

(1) 将全班分成 A、B 两组,并相对而坐,围成圆圈。

(2) 教师每十分钟发放一个题目(也可以抽签)。

(3) 第一节课由 A 组制订计划,B 组分析评价计划;第二节课 A、B 两组轮换角色。

(4) 教师公布题目后,负责制订计划的一组用抢答的方式确定制订计划者,经过 5~10 分钟准备后提出一个简要的计划。

(5) 制订计划的重点是注重创意思维和方案运筹,形成基本合理的可行方案。

(6) 计划提出后,另一组成员对该计划进行评论,指出其合理之处,存在的不足。制订计划的一方本组人员可对计划做进一步补充和解释说明。

(7) 每一个计划的题目大约进行十分钟,总共需要两节课时间。

三、评估

(1) 通过竞争制订计划的学生,为 1 分;计划制订较好者为 2 分。
(2) 分析评价方态度积极,观点正确,为 1 分;表现突出反驳有力的为 2 分。
(3) 其他参与发言者,一般记 1 分;较好的记 2 分;如果计划好,评价也好的总分记 3 分。
(4) 课程结束后上交书面资料(即计划提纲)。

附:计划项目

(1) 如果你是班长,怎样抓好一个班级建设,请草拟一份计划书。
(2) 班级要进行一次周末联欢活动,请草拟计划书。
(3) 学院要在"3.15"消费者权益日策划一次街头宣传活动,请作一份计划书。
(4) 如果你想承包经营一家校园超市,你怎样经营策划草拟计划书。
(5) 学生会举行校内大规模校园文化活动,需要你去拉赞助,请制订一份工作计划。
(6) 如果你所在的班级厌学,学习气氛不浓,请你制订一份激励全班同学努力学习的计划方案。
(7) 最近某班频繁发生违纪现象,请对此制订一个整顿纪律的工作计划。
(8) 假如你所在宿舍同学之间关系不和,宿舍卫生较差,你作为新任宿舍长将如何改变这种局面,请作一份计划方案。

【技能自测题】

1. 什么是计划?如何理解计划的重要性?
2. 计划有哪些类型?
3. 简述制订计划的步骤。
4. 实施计划时应注意哪些问题?
5. 简述制订计划的主要方法及各自的制订步骤。

【参考文献】

[1] 田玉兰,王豪杰.管理学基础[M].北京:北京交通大学出版社,2006.
[2] 〔美〕斯蒂芬·P.罗宾斯.管理学:原理与实践[M].毛蕴诗,译.北京:机械工业出版社,2013.
[3] 赵伊川.管理学[M].3 版.大连:东北财经大学出版社,2014.
[4] 王国华,梁樑.决策理论与方法[M].合肥:中国科学技术大学出版社,2014.
[5] 〔美〕格雷戈里·P.普拉斯塔克斯.管理决策理论与实践[M].李辉,译.北京:清华大学出版社,2011.
[6] 黄贵庭.新编现代管理学[M].北京:企业管理出版社,2011.
[7] 李毅,周燕华,孙宇.管理学[M].北京:经济管理出版社,2013.
[8] 〔澳〕芭贝特·E.本苏桑,等.决策的 10 个工具[M].王哲,译.北京:中国人民大学出版社,2012.
[9] 麦迪.决策的 101 个误区[M].北京:企业管理出版社,2003.

第六章 战 略

【学习目标】

■ 能力目标
1. 在对企业所处的环境条件分析的基础上,明确企业的发展方向。
2. 根据不同条件,制订企业各个层面的战略计划。

■ 知识目标
1. 理解什么是战略。
2. 如何制订战略计划。
3. 知道用 SWOT 分析法与五种力量模型分析法制订战略计划。
4. 了解公司、业务、职能三个层次的战略内容与方法。

■ 素质目标
1. 通过资料收集、课外调查和课堂研讨,培养战略思维。
2. 通过小组集体学习和训练,培养团队协作精神。

【本章内容概要】

本章帮助读者了解战略制订计划的步骤,掌握 SWOT 分析法与五种力量模型分析法,以及制定所有管理层次的战略。通过熟练掌握制定战略的基本思路与方法,知道战略实施的相关事项,管理者将明确企业的发展方向,避免发生重大失误。

▶ 任务导入 ▶

写一份题为《某品牌汽车的战略规划》的报告

一、任务目的

掌握当企业所处的宏观环境、行业竞争环境,以及企业自身条件发生变化时,可能采取的应对方法与基本措施。

二、任务形式

调查、讨论、撰写报告。

三、任务要求

(1)根据班级人数,分组,每组 6~8 人,开始讨论,重点在于分析某品牌汽车的发展阶段、不同阶段的特点与工作重点。

(2)以学生为主体,教师把管理及管理者相关知识贯穿到讨论之中。

(3)课后结合本章各模块知识,完善各组的报告。

四、任务成果标准

提交不低于 1000 字的报告,要求结合本章知识点,有自己的创新观点,在教师指定时间提交。

五、教学建议

（1）在讨论过程中，结合其他学生熟悉的案例进行分析。
（2）课上形成大纲，课后完成报告（可以采用手写、Word 电子文档或 PPT 等方式）。
（3）涉及知识点让学生查找本书内容或相关书籍，由教师引导，启发式学习。

模块一　战略与战略类型

一、战略的理解

战略（Strategy）一词最早是军事方面的概念。战略的特征是发现智谋的纲领。在西方，"strategy"一词源于希腊语"strategos"，意为军事将领、地方行政长官。后来演变成军事术语，指军事将领指挥军队作战的谋略。在中国，战略一词历史久远，"战"指战争，略指"谋略"。春秋时期孙武的《孙子兵法》被认为是中国最早对战略进行全局筹划的著作。

管理上，人们对战略还没有统一的定义，解释战略各抒己见：

美国著名管理学家安索夫认为：战略使公司"适应"其所处的环境。

美国著名管理学家纽曼认为：战略既是预先性的（预谋战略），又是反应性的（适应性战略）；战略体现人们未来的目的与意志；人们必须为实现未来的目的而去行动。

英国战略管理学教授约翰孙认为：战略是公司管理的"游戏计划"（Game Plan），用以满足顾客需求，建立一个有吸引力的市场地位，成功地竞争和达到公司经营绩效的目标。战略为管理者达到组织目标而采取的一系列决策与行动，用以获得战略竞争能力和获取超额回报。战略是一个组织长期的发展方向和范围，它通过在不断变化的环境中调整资源配置来取得竞争优势，从而实现利益相关方的期望。

美国管理学家巴尼认为：战略是一整套相互协调的约束与行动，旨在开发核心竞争力，获取竞争优势作为理论上的战略，战略是企业如何成功的竞争理论。

20 世纪五六十年代，全世界的工商企业正面临着越来越复杂的环境，更加激烈的竞争，更为广阔的市场，更快的社会、文化经济和技术的变化，如何对未来的市场环境变化做出正确的分析与判断，以调整企业的经营行为从而获得竞争优势，创造出前所未有的赢利模式，成为企业关注的问题。从那时开始，战略就成为企业生存与发展所要考虑的核心问题。

一般对企业来说，战略就是企业从更为长远的视角，在保持与社会和谐发展的同时，在社会的分工体制中，有计划地培养与发展只属于本企业在某一领域的竞争优势，实现企业价值的最大化。

> 思考：根据已有的经验，说说战略的含义。
> 讨论：吉利为何收购沃尔沃？

二、战略类型

从战略管理学角度分析，一个组织的战略类型一般可分为三个层次，即公司层次战略、业务层次战略和职能层次战略，以下详细分析每一层次战略所包含的具体内容。

（一）公司层次战略

公司层次战略，是作为公司整体在面临外部环境的变化、竞争条件以及内部条件的变化时所采取的战略，其特点是：长远性、综合性与系统性。如 2010 年，吉利汽车购买沃尔沃的原因就出于此。

1. 集中化战略

集中化战略是指企业在原有生产范围内,充分利用在产品和市场方面的潜力来求得发展的战略。该战略源于世界著名的战略学家安索夫博士提出的产品——市场矩阵,主要包括市场渗透、市场开发、产品开发等四种战略形式,如表6-1所示。

表6-1 安索夫产品—市场矩阵

市场 \ 产品	战略	
	现有产品	新产品
现有市场	市场渗透	产品开发
新市场	市场开发	多元化

(1) 市场渗透战略。市场渗透战略是由企业现有产品和现有市场组合而产生的战略。在现有市场上如何扩大现有产品的销售量主要取决于两个因素:产品使用人数和每个使用人的使用频率。

第一,扩大产品使用人的数量。

① 转变非使用人。企业通过努力把原来不使用本企业产品的人转变为使用人。例如,飞机货运服务公司的发展就要不断寻找新的用户,说服他们相信空运比陆地运输有更多的好处。

② 努力发掘潜在的顾客,把产品卖给从未使用过本企业产品的用户。例如,本来为女性生产的洗发剂,现在又成功地推销给男士和儿童使用。

③ 把竞争者的顾客吸引过来,使之购买本企业的现有产品。例如,百事可乐公司劝说可口可乐的饮用人改用百事可乐。

第二,扩大产品使用人的频率。

① 增加使用次数。企业可以努力使顾客更频繁地使用本企业的产品。例如,肉联厂可以宣传它生产的火腿肠不仅可以夹在面包里吃,而且还可以放在菜里、汤里吃,味道同样鲜美。因此,早中晚都可以吃火腿肠,这样就扩大了产品的使用次数。

② 增加使用量。企业努力使用户在每次使用时增加该产品的使用量。例如,油漆公司可以暗示用户,每次使用本企业的产品来油漆家具时,起码要用上三遍油漆,上油漆的次数越多,家具就会愈光亮、美观。

③ 增加产品的新用途。企业应努力发现本企业产品的各种新用途,并且要使人们相信它有更多的用途。例如,苏打水最早用在医院消毒,后来发现把它用在卤制食品上更加有味道。

(2) 市场开发战略。市场开发战略是由现有产品和新市场组合而产生的战略。它是发展现有产品的新顾客群或新的地域市场从而扩大产品销售量的战略,实行这种战略有以下三种办法。一是扩大新的市场范围。把本企业现有产品打入其他相关市场,例如,区域性市场、国内市场和国际市场等;二是在新市场寻找潜在的用户;三是增加新的销售渠道。

(3) 产品开发战略。产品开发战略是由企业现有市场和其他企业已经开发的而本企业正准备投入生产的新产品组合而产生的战略,即对企业现有市场投放新产品或利用新技术增加产品的种类,以扩大市场占有率和增加销售额的企业发展战略。

2. 一体化战略

一体化战略是指企业充分利用自己在产品、技术、市场上的优势,根据物资流动的方向,使企业不断地向深度和广度发展的一种战略。它有利于专业分工协作,提高资源的利用深度和综合利用效率。

(1) 前向一体化。企业前向收购或拓展经销自己产品的一些下游企业的业务,扩大自己的利润。在日本,松下电器公司在相当长时间内,出资建立经销本公司产品销售点,成为该国销售网络最为发达的厂家之一。

(2) 后向一体化。企业后向收购或拓展为本企业提供原料的上游企业的业务,以降低生产成本。近年,中石化为保证石油原料的供应在海外收购油田即为此例。

(3) 水平一体化。企业横向收购与自身业务相同或类似的其他生产企业,壮大和发展自己的业务规模。例如,联想集团收购 IBM PC 业务及 IBM X86 服务器业务。

3. 多元化战略

多元化战略是指在现有业务领域基础之上增加新的产品或业务的经营战略,包括相关多元化、非相关多元化两种战略。

(1) 相关多元化。是指虽然企业发展的业务具有新的特征,但它与企业的现有业务具有战略上的适应性,它们在技术、工艺、销售渠道、市场营销、产品等方面具有共同的或是相近的特点。根据现有业务与新业务之间"关联内容"的不同,相关多元化又可以分为同心多元化与水平多元化两种类型。

① 同心多元化。即企业利用原有技术、特长、经验等发展新产品,增加产品种类,从同一圆心向外扩大业务经营范围。同心多元化的特点是原产品与新产品的基本用途不同,但有着较强的技术关联性。例如,汽车制造厂增加拖拉机生产;冰箱和空调虽然用途不同,但生产技术联系密切的两种产品——关键技术都是制冷技术。

② 水平多元化。即企业利用现有市场,采用不同的技术来发展新产品,增加产品种类。水平多元化的特点是现有产品与新产品的基本用途不同,但存在较强的市场关联性,可以利用原来的分销渠道销售新产品。例如,原来生产化肥的企业有投资农药项目。

(2) 非相关多元化。也称为集团多元化,即企业通过收购、兼并其他行业的业务,或者在其他行业投资,把业务领域拓展到其他行业中去,新产品、新业务与企业的现有业务、技术、市场毫无关系。例如,海尔集团除了生产电视、冰箱、空调等家电产品之外,还涉足软件开发、医药生产等业务领域。

4. 跨国发展战略

跨国发展的首要原因在于企业国内市场面临饱和,而采取走出国门的战略。主要包括以下内容。

(1) 通过国内外的代理商开拓海外业务。
(2) 在海外设立办事机构以拓展海外市场。
(3) 与国内或海外企业在所在国合作设立企业。
(4) 利用特许加盟的方式开发海外市场。

关于企业的跨国发展,其他战略管理课程将有详细说明,本模块仅作一般性介绍。

(二) 业务层次战略

业务层次战略是在公司层整体战略确定并明确了企业未来发展方向之后,为确保公司层战略的实施与完善,为获得竞争优势而采取的战略。业务层次战略主要包括低成本战略、差异化战略、成本积聚战略与差异积聚战略。

1. 低成本战略

低成本战略是指把本公司的成本降到比竞争对手还低的程度,从而与之展开低成本战略竞争。1998 年 8 月 8 日,在浙江路桥基地下线的"优日欧"汽车的售价仅为 2.98 万元,创汽车廉价之最。

2. 差异化战略

差异化战略是指为使企业产品与竞争对手产品有明显的区别,形成与众不同的特点而采取的一种战略。这种战略的核心是取得某种对顾客有价值的独特性。例如,海尔在家电行业的优势在于其售后服务的迅速与周到。

3. 成本积聚战略

成本积聚战略旨在以成本低廉服务整个市场。例如,10 元产品服务于低收入家庭。

4. 差异积聚战略

差异积聚战略是指找出细分市场的差异,从而为其提供服务。例如,宝马汽车服务于高端客户。

(三) 职能层次战略

1. 职能层次战略含义

职能层次战略又称职能支持战略,是按照总体战略或业务战略对企业内各方面职能活动进行的谋划。职能层次战略一般可分为生产运营型战略、资源保障型职能战略和战略支持型职能战略。

2. 职能层次战略作用

职能层次战略是为贯彻、实施和支持公司战略与竞争战略而在企业特定的职能管理领域制定的战略,其重点是提高企业资源的利用率,使企业资源的利用最大化。职能层次战略与公司层次战略、业务层次战略必须相辅相成。

只有提炼出切合实际的职能战略,公司层次战略和业务层次战略才有实际的操作价值;否则,公司层次战略就难能奏效。职能层次战略是公司层次战略,业务层次战略与实际达成预期战略目标之间的一座桥梁。

3. 职能层次战略种类

企业职能层次战略一般可分为市场营销战略,财务战略,生产战略,研究与开发战略、人力资源战略等。

(1) 市场营销战略。市场营销战略是涉及市场营销活动过程整体(市场调研、预测、分析市场需求、确定目标市场、制定营销战略、实施和控制具体营销战略)的方案或谋划。市场营销战略是一个完整的体系,其基本内容包括:市场细分战略,市场选择战略,市场进入战略,市场营销竞争战略和市场营销组合战略。

(2) 财务战略。财务战略就是根据公司战略,竞争战略和其他职能战略要求的职能战略,对企业资金进行筹集、运用、分配以取得最大经济效益的方略。财务战略的基本目的,就是最有效地利用企业各种资金,在企业内部、外部各种条件制约下,确保实现企业战略计划所规定的战略目标。

（3）生产战略。生产战略就是企业在生产的成本、质量、流程等方面职能战略建立和发展相对竞争优势的基本途径，它规定了企业在生产制造和采购部门的工作方向，为实现企业总体战略服务。企业生产战略不能仅根据企业内部生产条件来确定，还应考虑市场需求和企业整体战略的要求。

（4）研究与开发战略。研究与开发包括科学技术基础研究和应用研究，以及新产品、新工艺的设计和开发。对于企业来讲，研究与开发战略涉及市场、技术、产品、生产、组织等各方面，其中，主要是技术、产品和生产方面的研究与开发。

（5）人力资源战略。人力资源战略是指根据企业总体战略的要求，为适应企业生存和发展的需要，对企业人力资源进行开发，提高职工队伍的整体素质，从中发现和培养出一大批优秀人才所进行的长远性的谋划和方略。其必须以企业总体战略的要求来确定人力资源战略的目标。

【案例】 海尔集团战略简介

在董事局主席兼CEO张瑞敏的领导下，2013年海尔进入了网络化战略阶段。在互联网的冲击下，传统经济模式发生了巨大改变。海尔今后的重点是生产出满足互联网时代消费者个性化需求的产品。

从1984年创业至今，海尔集团经过了名牌战略发展阶段、多元化战略发展阶段、国际化战略发展阶段、全球化品牌战略发展阶段。2012年12月，海尔集团宣布进入第五个发展阶段：网络化战略阶段。

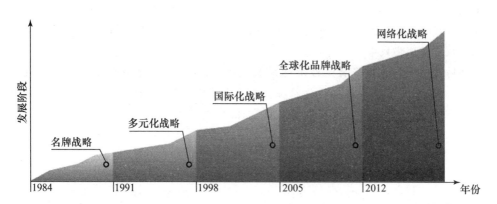

第一阶段：名牌战略。

20世纪80年代，正值改革开放初期，很多企业引进国外先进的电冰箱技术和设备，也包括海尔公司。那时，家电供不应求，很多企业努力增大规模，只注重产量而不注重质量。海尔没有盲目扩大产量，而是严抓质量，实施全面质量管理，提出了"要么不干，要干就干第一"的经营理念。当家电市场供大于求时，海尔凭借差异化的质量赢得竞争优势。

这一阶段，海尔专心致志做冰箱家电，在管理、技术、人才、资金、企业文化方面有了可以移植的模式。

第二阶段：多元化战略。

20世纪90年代，国家政策鼓励企业兼并重组。一些企业兼并重组后无法持续下去，或认为应做专业化而不应进行多元化。海尔的创新是以"海尔文化激活休克鱼"的思路，先后兼并了国内18家企业,使企业在多元化经营与规模扩张方面,进入了一个更广阔的发展空间。当时,家电市场竞争激烈,质量已经成为用户的基本需求。海尔在国内率先推出星级服务体系,当家电企业纷纷打价格战时,海尔凭借差异化的服务赢得竞争优势。

这一阶段,海尔开始实行OEC(Overall Every Control and Clear)管理法,即每人每天对每件事进行全方位的控制和清理,目的是"日事日毕,日清日高"。这一管理法也成为海尔创新的基石。

第三阶段:国际化战略。

20世纪90年代末,中国加入WTO,很多企业响应中央号召走出去,但出去之后非常困难,又退回来继续做订牌。海尔认为走出去不只为创汇,更重要的是创中国自己的品牌。因此,海尔提出"走出去,走进去,走上去"的"三步走"战略,以"先难后易"的思路,首先进入发达国家创名牌,再以高屋建瓴之势进入发展中国家,逐渐在海外建立起设计、制造、营销的"三位一体"本土化模式。

这一阶段,海尔推行"市场链"管理,以计算机信息系统为基础,以订单信息流为中心,带动物流和资金流的运行,实现业务流程再造。这一管理创新加速了企业内部的信息流通,激励员工使其价值取向与用户需求相一致。

第四阶段:全球化品牌战略。

互联网时代带来营销的碎片化,传统企业的"生产—库存—销售"模式不能满足用户个性化的需求,企业必须从"以企业为中心卖产品"转变为"以用户为中心卖服务",即用户驱动的"即需即供"模式。互联网也带来全球经济的一体化,国际化和全球化之间是逻辑递进关系。"国际化"是以企业自身的资源去创造国际品牌,而"全球化"是将全球的资源为我所用,创造本土化主流品牌,是质的不同。因此,海尔整合全球的研发、制造、营销资源,创全球化品牌。这一阶段,海尔探索的互联网时代创造顾客的商业模式就是"人单合一双赢"模式。

第五阶段:网络化战略。

互联网时代的到来颠覆了传统经济的发展模式,而新模式的基础和运行则体现在网络化上,市场和企业更多地呈现出网络化特征。在海尔看来,网络化企业发展战略的实施路径主要体现在三个方面:企业无边界、管理无领导、供应链无尺度。

(资料来源:http://www.haier.net,有修改)

【分析】

1. 如何理解海尔集团的发展战略?
2. 未来海尔战略是什么?

模块二 制定战略

制定战略主要涉及两个方面:一是制定战略的步骤;二是制定战略的方法(SWOT分析法与五种力量模型分析法)。

一、制定战略的步骤

1. 明确组织使命与战略目标

组织使命,是管理者为组织确定的较长时期的生产经营的总方向、总目标、总特征和总的指导思想,它反映管理者的价值观和企业力图为自己树立的形象。比如,美国电话电报(AT&T)公司的使命定义为:提供信息沟通的工具和服务而不是生产电话。日本SONY公司的使命定义为:我们的使命,就是为包括我们的股东、顾客、员工乃至商业伙伴在内的所有人提供创造和实现他们美好梦想的机会。

企业使命的界定是在对自身业务清晰的界定的基础上进行的,从战略的角度来讲,企业可以从三个方面来界定自己的使命。

第一,谁是我们的顾客?根据营销学观点而言,就是选准目标市场,找准潜在客户群体。

第二,要满足顾客的何种需求?即企业要满足顾客哪一方面的需求。

第三,如何设法满足顾客的需求?即企业采用什么样的方式满足顾客的需求。

这三个问题实际上解决和回答的是:为谁生产,生产什么,怎么生产。比如,麦当劳公司将自己的使命界定为:一张有限的菜谱,质量一致的美味快餐食品,快速到位的服务,超值定价,卓越的顾客服务,便利的定位和选址,全球的市场覆盖。显然,麦当劳的定位回答了上面三个问题。

战略目标,是指企业在其战略管理过程中所要实现和改善的长期市场地位和竞争能力,取得预期成果的期望值。其中,包括企业如何在行业中占据领先地位,如何提高公司的市场份额,如何比竞争对手提供更好的产品和服务,如何更好地树立企业的形象与提高顾客的忠诚度等。

一个比较典型的企业战略目标体系,如下所述。

市场目标:5年内A产品的销售量增加到200万台/年。

产品目标:5年后淘汰利润率最低的产品。

生产目标:5年内企业生产能力提高30%。

生产率目标:4年内每个工人的日产量提高15%。

流动资金目标:5年内流动资金增加到1000万元。

研发目标:5年内陆续投资200万元开发一种新型产品。

盈利目标:5年内税后投资率增加到20%。

组织目标:5年内建立3个分公司的控股制组织结构。

人力资源目标:5年内以每人不超过8000元的培训费对所有员工实行不少于3个月的培训。

社会责任目标:5年内向灾区捐款增加到400万元。

2. 分析外部环境

第二章已经分析了外部环境,在外部环境分析中,管理者应考察具体的环境,以把握趋势和变化,例如经济走向,新法律或政策会对组织产生什么影响,竞争对手有什么新的动向。

一旦管理者完成了对环境的分析,就需要找出可以利用的机会或必须消除或减轻的威胁。其中,机会是环境中的有利因素,而威胁则是不利的因素。

3. 分析内部环境

内部环境分析重点在对企业所拥有的各种资源与能力进行分析。企业资源包括:财务、有形、无形、人力的资源;企业能力指的是技能与才能。在完成内部环境分析后,企业就能识别自身所具有的优势与劣势,优势指的是企业所具有的独特资源,而劣势则是企业做不好或现实需要但缺少必要资源。将企业的内外部环境结合起来的分析方法称为SWOT分析法。分析行业的竞争方法可用五种力量模型分析法,我们将在下面详细介绍如何用 SWOT 分析法与五种力量模型分析法制定战略。

4．制定战略

制定战略时,管理者应考虑外部环境条件与企业可利用的资源与能力。战略类型主要有三种:公司层次战略、业务层次战略和职能层次战略。本章模块一已经详细分析每一层次战略所包含的具体内容。

5．实施战略

战略制定之后就必须实施。战略实施将在本章模块三详细介绍。

6．评价结果

战略管理过程的最后一个步骤是评价结果。战略对组织实现的效果如何?需要做哪些调整?例如,本章案例中,通用汽车在实施集权化战略后发现:由于在集团层面对设计和工程技术的控制更加集中,而使不同部门的汽车十分雷同。更有甚者,因为增加了集团层面,而使通用的层次结构达到13层,而使集团效率低下。最后,通用集团将产品设计的控制权交还给事业部,同时继续把工程技术和采购等集中起来以实现规模经济,取得了一定成效。

二、制定战略的方法

制定战略的方法有多种,下面主要介绍三种。

(一)用 SWOT 分析法制定战略

管理人员在做出决定之前要对组织的优势和劣势、环境中的机会和威胁进行确定,从而选定组织的战略目标。一个企业在准备进入某行业之前,或者当环境出现变化而应该调整自身的战略时,要系统地对自身情况和外在情况进行详细的分析,从而不至于导致战略性失误,因此,SWOT 分析法的重要意义就体现在于通过对诸多因素的分析把握,确定企业自身的战略目标。具体内容在第二章已经有阐述。

SWOT 是战略制定匹配阶段的分析工具。在内部、外部关键成功因素确定的基础上,根据判断结果将内部优势与弱势、外部机会与威胁分别列出,由内部与外部的两种状态以及相互匹配关系,形成了四种不同的组合,如下表 6-2 所示。

表 6-2　运用 SWOT 分析法制定战略

外部环境 \ 内部环境	企业内部资源环境	
	优势(S) 列出:优势	劣势(W) 列出:劣势
企业外部环境	机会(O) 列出:机会	SO 战略 利用优势去抓住机会	WO 战略 利用机会去克服劣势
	威胁(T) 列出:威胁	ST 战略 利用优势避免威胁	WT 战略 将劣势和威胁最少化

(二)用五种力量模型分析法制定战略

由波特建立的该模型用于分析环境中构成企业发展潜在威胁的五种力量,第二章已经做了详细阐述,这里列出波特五种力量模型与一般战略的关系,以便企业制定相应的战略,如表 6-3 所示。

表 6-3　波特五种力量模型与一般战略的关系

行业内的 五种力量	一般战略		
	成本领先战略	产品差异化战略	集中战略
新进入者的威胁	具备杀价能力阻止潜在对手的进入	培育顾客忠诚度以挫伤潜在进入者的信心	通过集中战略建立核心能力以阻止潜在对手的进入
购买者议价的能力	具备向大买家出更低价格的能力	因为选择范围小而削弱了大买家的谈判能力	没有选择范围使大买家丧失谈判能力
供应商议价的能力	更好地抑制大卖家的砍价能力	更好地将供方的涨价部分转嫁给顾客	进货量低,供方的砍价能力就高,但集中差异化的公司能更好地将供方的涨价部分转嫁出去
替代品的威胁	能够利用低价抵御替代品	顾客习惯于一种独特的产品或服务因而降低了替代品的威胁	特殊的产品和核心能力能够防止替代品的威胁
现有企业的竞争	能更好地进行价格竞争	品牌忠诚度能使顾客不理睬你的竞争对手	竞争对手无法满足集中差异化顾客的需求

（三）根据企业业务组合矩阵制定战略

麦肯锡和波士顿咨询集团提出战略计划矩阵,又称为波士顿矩阵(Boston Consulting Group)。企业实力包括市场占有率,技术、设备、资金利用能力等,其中市场占有率是决定企业产品结构的内在要素,它直接显示出企业竞争实力。销售增长率与市场占有率既相互影响,又互为条件:市场引力大,市场占有率高,可以显示产品发展的良好前景,企业也具备相应的适应能力,实力较强;如果仅有市场引力大,而没有相应的高市场占有率,则说明企业尚无足够实力,该种产品也无法顺利发展。相反,企业实力强,而市场引力小的产品也预示了该产品的市场前景不佳。

通过以上两个因素相互作用,会出现四种不同性质的产品类型,形成不同的产品发展前景:① 销售增长率和市场占有率"双高"的产品群(明星类产品);② 销售增长率和市场占有率"双低"的产品群(瘦狗类产品);③ 销售增长率高、市场占有率低的产品群(问题类产品);④ 销售增长率低、市场占有率高的产品群(现金牛类产品),如图 6-1 所示。

充分了解了四种业务的特点后还须进一步明确各项业务单位在企业中的不同地位,从而进一步明确其战略目标。通常有四种战略目标分别适用于不同的业务。

图 6-1　波士顿矩阵

1. 发展战略

以提高经营单位的相对市场占有率为目标,甚至不惜放弃短期收益。要是问题类业务想尽快成为"明星",就要增加资金投入。

2. 保持战略

投资维持现状,目标是保持业务单位现有的市场份额、对于较大的金牛可以此为目标,以使它们产生更多的收益。

3. 收割战略

这种战略主要是为了获得短期收益,目标是在短期内尽可能地得到最大限度的现金收入。对处境不佳的金牛类业务及没有发展前途的问题类业务和瘦狗类业务应视具体情况采取这种策略。

4. 放弃战略

目标在于清理和撤销某些业务,减轻负担,以便将有限的资源用于效益较高的业务。这种目标适用于无利可图的瘦狗类和问题类业务。一个企业必须对其业务加以调整,以使其投资组合趋于合理。

> **思考:** 1. 你认为吉利汽车的主要竞争对手是什么企业?
> 2. 它们各有什么特点与优势?

【案例】 改变汽车的生产方式

多年以来,管理人员通过应用不同的组织和控制的管理哲学,使汽车生产发生了巨大的变化。在 1900 年以前,工人们组成生产小组相互协作,把各种零部件用手工的方式组装成汽车,这种小批量生产时非常昂贵的。

1913 年,福特(Henry Ford)使整个汽车行业发生了革命性的变化。他在底特律高地公园汽车厂生产 T 型车。在大批量生产系统下,传送带将汽车传送到工人面前,流水线旁的每一个工人负责完成一项特定的工作任务。在这里,流水线的速度是控制工人活动的主要方式。福特通过试验确定了使每一位工人完成其特定工作最有效率的方式,人们将之称为专业化分工。

汽车生产的第二次革命发生在日本,而不是美国。20 世纪 60 年代,大野耐一,丰田汽车公司的一位生产工程师,在参观了美国三家汽车生产家以后,开创了精益生产(Lean Production)方式,成为管理思想的一大变革。精益生产背后的管理哲学,使通过生产过程中连续地寻找、发现能够提高效率的方法来降低成本,提高质量,减少汽车装配的时间。

在精益生产模式下,工人们在一个运动的流水线旁工作,但不同的是他们被组织成小的团队,每一小组对某一特定的装配环节负责,像安装汽车传动系统,电子系统等。团队中的每一成员都需要学习、掌握他所在团队所有成员的全部工作技能,并且每一个工作团队的工作职责不仅仅是装配汽车,更要不断地发现可以提高效率,降低成本的办法。到了 20 世纪 70 年代,日本的管理者已经成功高效地应用了这种新的精益生产系统,与美国竞争对手相比,他们生产的汽车质量更高、成本更低。到 20 世纪 80 年代,日本汽车企业已经称雄世界汽车市场。

(资料来源:〔美〕加雷思·琼斯,珍妮弗·乔治,查尔斯·希尔. 当代管理学[M]. 李建伟,译. 北京:人民邮电出版社,2003,有修改)

【分析】

1. 福特生产方式与丰田生产方式有什么不同?
2. 丰田生产方式是如何提高其职能层次战略水平的?

模块三 战略实施

战略实施,即战略执行,是为实现企业战略目标而对战略规划的实施与执行。企业在明晰了自己的战略目标后,就必须专注于如何将其落实转化为实际的行为并确保实现。

一、战略实施的影响因素

影响企业战略实施的因素有很多,主要包括以下六个方面。[①]

(1) 组织结构。美国钱德勒教授曾提出:战略决定结构,结构跟随战略。因此,在实施战略前,企业应该检查现行组织结构及其运行机制能否与战略实施相适应,能否保证战略目标的达成。

(2) 企业文化。在企业内形成的成文的(企业理念、愿景、政策等)和不成文的(惯例、风格等)企业文化是否与战略实施的要求相适应?

(3) 信息沟通。企业的战略是否为全体成员所知或理解?各级人员能否取得与他有关的战略意图的信息以及在他的职责范围内为实施战略所必需的信息?

(4) 控制系统。控制系统能否提供及时、准确的反馈信息?报酬制度能否激励员工促进企业战略实施的行为?

(5) 资源配置。在企业各部门之间的资源分配能否相互协调并给实施战略提供足够的支持?能否在各个领域内发现各自的实质性问题并使之得到解决?

(6) 各级管理者。各级管理者的素质和领导作风与战略实施要求其承担的角色是否相匹配?特别是高层管理者,他们是否具有驾驭其他各项因素的能力?

二、战略实施的原则

企业在经营战略的实施过程中,常常会遇到许多在制定战略时未估计到或者不可能完全估计到的问题。在战略实施中有三个基本原则,可以作为企业实施经营战略的基本依据。

(一) 适度合理性的原则

由于经营目标和企业经营战略的制定过程中,受到信息、决策时限,以及认识能力等因素的限制,所制定的企业经营战略也不一定是最优的,但只要在主要的战略目标上基本达到了战略预定的目标,就应当认为这一战略的制定及实施是成功的。

(二) 统一指挥的原则

战略的实施应当在高层领导人员的统一领导、统一指挥下进行,只有这样其资源的分配、组织机构的调整、企业文化的建设、信息的沟通及控制、激励制度的建立等各方面才能相互协调、平衡,才能使企业为实现战略目标而卓有成效地运行。

---

① 韩伯棠,张平淡.企业战略管理[M].北京:高等教育出版社 2010.8.

(三)权变原则

如果企业内外环境发生重大的变化,致使无法实现原定的战略,显然这时需要把原定的战略进行重大的调整,这就是战略实施的权变问题。

三、战略实施的阶段

企业战略的实施是战略管理过程的行动阶段,因此它比战略的制定更加重要。再将企业战略转化为战略的性格过程中,有四个相互联系的阶段。

(一)战略发动

在这一阶段上,企业的领导人要研究如何将企业战略的理想变为企业大多数员工的实际行动,调动起大多数员工实现新战略的积极性和主动性。这就要求要对企业管理人员和员工进行培训,向他们灌输新的思想、新的观念,提出新的口号和新的概念,消除一些不利于战略实施的旧观念和旧思想,以使大多数人逐步接受一种新的战略。

(二)战略计划

在这个阶段上,将经营战略分解为几个战略实施阶段,每个战略实施阶段都有分阶段的目标。例如,每个阶段的政策措施、部门策略,以及相应的方针等。要制定出分阶段目标的时间表,要对各分阶段目标进行统筹规划、全面安排,并注意各个阶段之间的衔接。对于远期阶段的目标方针可以概括一些,但是对于现阶段的目标方针则应该尽量详细。

(三)战略运作

企业战略的实施运作主要与六个因素有关,即各级领导人员的素质和价值观念,企业的组织机构,企业文化,资源结构与分配,信息沟通,控制及激励制度。通过这六个因素,使战略真正进入到企业的日常生产经营活动中,成为制度化的工作内容。

(四)战略的控制与评估

战略是在变化的环境中实践的,企业只有加强对战略执行过程的控制与评价,才能适应环境的变化,完成战略任务。这一阶段主要是建立控制系统、监控绩效和评估偏差、控制和纠正偏差三个方面(具体内容见第十一章)。

四、战略实施的模式

(一)指挥型

指挥型模式的特点是企业总经理考虑的是如何制定一个最佳战略的问题。例如,计划人员要向总经理提交企业经营战略的报告,总经理审阅做出结论,确定了战略之后,向高层管理人员宣布企业战略,然后强制下层管理人员执行。

(二)变革型

变革型模式的特点是企业经理考虑的是如何实施企业战略。在战略实施中,总经理本人或在其他方面的帮助下需要对企业进行一系列的变革,如建立新的组织机构,新的信息系统,变更人事,甚至是兼并或合并经营范围,采用激励手段和控制系统以促进战略的实施。

（三）合作型

合作型模式的特点是为发挥集体的智慧，企业总经理要和企业其他该层管理人员一起对企业战略问题进行充分的讨论，形成较为一致的意见，制定出战略，再进一步落实和贯彻战略，使每个高层管理者都能够在战略制定及实施的过程中做出各自的贡献。

（四）文化型

文化型模式的特点是企业总经理考虑的是如何动员全体员工都参与战略实施活动，即企业总经理运用企业文化的手段，不断向企业全体成员灌输战略思想，建立共同的价值观和行为准则，使所有成员在共同的文化基础上参与战略的实施活动。

（五）增长型

增长型模式的特点使企业总经理考虑的是如何激励下层管理人员实施战略的积极性及主动性，为企业效益的增长而奋斗。即总经理要认真对待下层管理人员提出的一切有利企业发展的方案，只要方案基本可行，符合企业战略发展方向，在与管理人员探讨了解决方案中的具体问题的措施以后，应及时批准这些方案，以鼓励员工的首创精神。

五、战略实施中应注意的事项

(1) 注意平衡配置企业的各种资源。

(2) 在实施战略的过程中应根据企业各种环境的变化而适当地做出调整。

(3) 实施过程中注意各部门的协调配合，以公司的整体战略目标为出发点。各部门协调部署战略实施涉及多方面问题。

【案例】 通用汽车的组织结构变化

20世纪80年代，在与日本企业进行了激烈的竞争之后，通用汽车发现因研发与工程技术部门的重复以及每个部门独立采购而使企业额外花费了几十亿美元。1984年通用汽车将5个独立的汽车事业部组合为两大集团，以期降低成本，加快产品开发。但事与愿违，由于在集团层面对设计和工程技术的控制更加集中，而使不同部门的汽车十分雷同。更有甚者，因为增加了集团层面，而使通用汽车的层次结构达到13层，相比之下丰田公司只有5层。改组之前通用汽车的组织结构过于分散，不利于战略实施；而改组之后，却又过于集中。

通用汽车在认识到自己的问题之后，将产品设计的控制权交还给事业部，同时继续把工程技术和采购等集中起来以实现规模经济。这种重组获得了成功，它减少了产品结构中汽车品种的数量，重新将零部件的采购集中起来并通过B2B网络外包大多数零部件生产。2002年通用汽车的单位成本下降到与福特、克莱斯勒同样的水平。

（资料来源：希尔·琼斯.战略管理[M].孙忠，译.北京：中国市场出版社，2005，有修改）

【分析】

1. 通用汽车在战略实施过程中采取了哪些措施？
2. 通用汽车1984年的改革措施失败的原因何在？

【本章案例分析】 联想：失去平衡的业务组合

2001 年之前的联想属于柳传志时代，其时联想集团专注于电脑的生产与销售，取得了骄人的成绩，2000 年中国 PC 市场份额的前三甲是 32.7% 的联想、10.4% 的方正与 6% 的 IBM。

2001 年之后杨元庆在联想实施了多元化战略。2001 年 3 月收购汉普国际咨询公司，8 月助力数字北京市通州区，签署了"通州区电子政务规划合作协议"。9 月签约上海浦东发展银行，这是联想在 IT 服务领域的又一重大举措。2002 年收购中望商业机器有限公司，正式从电信硬件设备供应商转变成全面的 IT 服务提供商。

2002 年 2 月联想投资 9000 万元与夏华合资成立一家新的移动通信公司，是年 6 月 26 日联想品牌手机问世，完成其手机业务开业三部曲。

2002 年 6 月，联想与美国在线成立互联网合资公司，开展虚拟接入信息服务。

2002 年 4 月，联想斥资 2 333 万元收购智软公司，进军保险软件领域。

但根据联想 2003 年与 2004 年的财务报表数据显示，联想的手持设备与 IT 业务分别亏损 5 446 万元与 8 738 万元。与此同时，在 PC 业务上，由于戴尔咄咄逼人的进攻，联想的市场份额由 2000 年的 37% 跌至 2003 年的 27%。为此，2004 年 12 月联想斥资 12.5 亿美元收购 IBM 个人电脑业务。

2004 年杨元庆公布了联想近期的战略方案：

(1) 专注于核心业务和重点发展业务，保证资源投入与业务重点相匹配。

(2) 针对市场环境的迅速变化，建立更具客户导向的业务模式。

(3) 提高公司整体运营效率。

很明显，杨元庆不打算放弃多元化，但在业务开拓上作了相当大的收缩。

(资料来源：黄丹，余颖.战略管理[M].北京：清华大学出版社，2010，有修改)

【讨论】

1. 针对 2004 年的战略调整，你觉得联想有必要做这种战略调整吗？为什么？
2. 如果是你会做出什么样的调整方案？

【做游戏学管理】 10 年计划

[目的]

在游戏中激励学生创造性思维，体会组织战略同人生职业规划一样重要，成功的人生是有规划性的，对自己负责的人，懂得为自己制订人生计划并有效实施。

[游戏程序与规则]

1. 组织与时间

(1) 集体参与。

(2) 时间：20 分钟。

(3) "10 年计划"复印件(也可提前布置此任务，让学生准备好)。

2. 要求

(1) 将"10 年计划"复印件发给学生，给他们 10 分钟时间填完下表，在表中简短地列出未来 10 年的个人计划和职业计划,学生可以保留这张表格,不必交上来。

10 年计划		
开始时间:		
年度	职业计划	个人计划
一		
一		
一		
一		
一		
一		
一		
一		
一		
一		

(2) 当填完时,找一些代表与大家分享他们的计划,让他们分享这个计划有何帮助,并考虑计划长期作用的方式,例如,将它附加上个人日历表,使你的工作不偏离轨道,用它帮助日常决策,及预见前进中的问题。

[讨论]
1. 你是认真思考后写的吗?从游戏中体会到哪些经验和启示?
2. 如何实现自己的人生 10 年计划?

【实务项目训练】 调研企业战略管理情况

一、训练目标

(1) 增强对企业战略管理活动的感性认识。
(2) 了解管理者的工作内容与所需要的管理技能。

二、训练内容

学生自愿组成小组,每组 6～8 人。利用课余时间,选择 1～2 个企业进行调查与访问,了解不同企业的历史演变,了解在每个发展阶段中面临的问题与企业的应对方法;在调查访问之前,每组需根据课程所学知识经过讨论制定调查访问提纲,设计调研的主要问题,具体方法和安排。(在访谈小结中要体现出来)

三、训练要求

(1) 每组写出一份简要的调查访问笔录和小结。
(2) 调查访问结束后,组织一次课堂交流与讨论。
(3) 以小组为单位,由教师打分。

四、训练步骤

(1) 每组组长组织本组调查内容,进行阐述结论。
(2) 教师做归纳总结与评价。

【技能自测题】

1. 战略的重要性是什么?
2. 三个层次的战略内容是什么?
3. 战略实施的影响因素是什么?

4. 战略实施的原则、阶段、模式分析是什么？
5. 为什么需要 SWOT 分析法与五种力量模型分析法？

【参考文献】

[1] 〔美〕希尔,琼斯. 战略管理[M]. 孙忠,译. 北京：中国市场出版社,2007.

[2] 单凤儒,金彦龙. 管理学[M]. 北京：科学出版社,2009.

[3] 〔美〕斯蒂芬·P. 罗宾斯. 管理学：原理与实践[M]. 毛蕴诗,译. 北京：机械工业出版社,2014.

[4] 〔美〕海因茨·韦里克,哈罗德·孔茨. 管理学：全球化视角[M]. 11 版. 马春光,译. 北京：经济科学出版社,2004.

[5] 〔美〕理查德·L. 达夫特,多萝西·马西克. 管理学原理[M]. 原书第 5 版. 高增安,马永红等,译. 北京：机械工业出版社,2009.

[6] 〔美〕菲利普·L. 亨塞克. 管理技能与方法[M]. 2 版. 王汀汀,何训,陈晔,译. 北京：中国人民大学出版社,2007.

[7] 黄丹,余颖. 战略管理：研究注记·案例[M]. 2 版. 北京：清华大学出版社,2009.

[8] 张满林. 管理学理论与技能[M]. 北京：中国经济出版社,2010.

第七章 人力资源管理

【学习目标】

■ 能力目标
1. 全面了解人力资源管理各个模块的内容及相互之间的联系。
2. 掌握一些人力资源管理工作中遇到的问题及相关的处理方法。

■ 知识目标
1. 知道什么是人力资源管理。
2. 了解人力资源管理各模块的内容。
3. 熟悉并能运用所学的招聘、培训相关技能。
4. 掌握薪酬设计的类型,知道绩效管理的方法。
5. 了解职业生涯管理的各个阶段。

■ 素质目标
1. 通过资料收集、课外调查和课堂研讨,提高组织能力。
2. 通过独立研究和相互讨论的方式,提高分析问题及解决问题的能力。

【本章内容概要】

通过本章的学习,可以了解人力资源管理中招聘、绩效、培训与开发、薪酬、企业文化、职业生涯规划、劳资关系等基础知识,并综合运用所学的理论知识和自身所掌握的职业技能处理公司中人力资源管理的相关问题。人力资源管理的实质是要做到人与事的匹配、人与人的协调配合以及工作与工作的协调配合。其目的是充分利用组织中的有效资源,最大限度地开发员工的潜能,调动员工的工作积极性,从而提高组织绩效,实现组织的目标。

> 任务导入 ▶

写一份题为《HR 是做什么的》调查报告

一、任务目的
通过信息搜集、讨论及整理,了解企业人力资源部门的工作内容,更好地学习本章知识。

二、任务形式
讨论,撰写报告,分享成果。

三、任务要求
(1) 学生自愿组成小组,每组 6~8 人。搜集企业人力资源管理者的工作内容。
(2) 小组成员间约定讨论的时间、地点,完成信息整合,记录并整理。
(3) 小组代表分享讨论成果。
(4) 以学生为主体,教师把人力资源各模块的相关知识贯穿到讨论之中。

(5) 课后结合本章各模块知识,提交一份小组调查报告,记录团队成绩。

四、任务成果标准

至少形成 1000 字的报告,要求语言通顺,层次清晰,书写规范,结合本章知识点,在教师规定的时间内提交。

五、教学建议

(1) 在讨论过程中完成对本章相关内容的学习。
(2) 涉及知识点让学生查找本书内容或相关书籍,由教师引导,启发式学习。

模块一 人力资源规划

一、人力资源规划的含义

人力资源规划,也称人力资源计划(Human Resource Planning,HRP),是指根据组织发展战略与目标的要求,分析组织在变化的环境中,科学地预测组织中的人力资源的供给和需求状况,制定必要的政策和措施,以确保组织在需要的时间和需要的岗位上获得各种需要的人力资源,并使组织和个人得到长期的利益的活动过程。

二、人力资源规划工作的基本原则

在制定人力资源规划时,必须注意以下三项原则。

1. 充分考虑内外环境的变化

为了能够更好地适应组织内外环境变化,在人力资源规划时,必须对可能出现的情况做出科学合理的预测和分析,以确定应对各种风险的策略。

2. 注意企业战略与人力资源规划的关系

无论整个企业规划还是某个部门或某个工作集体规划,都必须与企业战略相衔接,按照企业战略制定人力资源规划,这样才能保证企业目标与企业资源的协调,保证人力资源规划的准确性和有效性。

3. 要使员工和企业共同发展

人力资源规划不仅为企业服务,而且要促进员工发展。在知识经济时代,企业的发展离不开员工的发展,员工的发展同样离不开企业的发展,二者互相依托,互相促进。一个合理的人力资源规划,必须是能够使企业和员工都得到长期发展和获得利益,应该能够使企业和员工共同得到发展。

三、人力资源规划的基本程序

一般来说,人力资源规划的程序可分为以下几个步骤。

1. 收集分析有关信息资料

人力资源规划通常来说,需要收集的信息资料主要有以下几个方面。

① 组织的经营战略和目标;② 组织结构的检查与分析;③ 职务说明书;④ 组织现有的人力资源状况;⑤ 外部环境信息。

2. 人力资源需求预测

主要是根据组织战略规划和组织的内外条件选择预测技术手段,对人力资源需求的结构、质量和数量进行预测。其主要任务是分析组织需要什么样的人及需要多少人。

3. 人力资源供给预测

供给预测包括两方面：一是内部人员拥有量预测，即根据现有人力资源及其未来变动情况，预测出计划期内各时间点上的人员拥有量；另一方面是外部供给量预测，即确定在计划期内各时间点上可以从组织外部获得的各类人员的数量。

4. 确定人员净需求

所谓"净需求"是指既包括人员数量，又包括人员结构和人员标准，即既要确定"需要多少人"，又要确定"需要什么人"，数量和标准需要对应起来。如果净需求是正的，则表明组织需要招聘新的员工或对现有的员工进行有针对性的培训；如果净需求是负的，则表明组织这方面的人员是过剩的，应该精简或对员工进行调配。

5. 确立人力资源规划的总体目标

组织人力资源规划的总体目标可以用最终结果来阐述，例如，"到明年年底，每个员工的年培训时间达到40小时"，"到明年年底，将人员精简1/3"；也可以用工作行为的标准来表达，例如，"到培训的第三周，受训者应该会做这些事……"

6. 制订具体的业务计划

制订具体的业务计划包括制订配备计划、补充计划、使用计划、培训开发计划等。计划中既要有指导性、原则性的政策，又要有可操作的具体措施。供求预测的不同结果决定了应采取的政策和措施也是不同的。

7. 对人力资源规划的监控、评估和反馈

人力资源规划的监控与评估是对人力资源规划所涉及的有关政策、措施、招聘、培训开发和报酬福利等方面进行审核与控制，发现规划的不当之处进行及时调整和反馈，以确保人力资源规划的适用性和有效性。

模块二　招聘选拔

一、什么是招聘选拔

（一）招聘选拔的含义

招聘选拔是指组织为了发展的需要，根据人力资源规划和工作分析的要求，寻找、吸引那些有能力又有兴趣到本组织任职的人员，并从中选出合适人员予以录用的过程。招聘选拔实际上包括两个相对独立的过程，即招募（Recruitment）和选拔聘用（Selection）。招募是聘用的基础和前提，聘用是招募的目的和结果。招募主要是通过宣传来扩大影响，树立企业形象，达到吸引人应征的目的；而聘用则是使用各种技术测评与选拔方法、挑选合格员工的过程。

（二）招聘选拔工作的主要任务

招聘选拔工作的主要任务有以下四种。

（1）根据企业战略计划，确定用人的数量与质量标准。招聘选拔工作的基础工作是企业招聘需求的分析，具体包括岗位分析、素质模型分析及招聘需求调研和招聘计划编制等。

（2）通过适当的招聘渠道寻找候选人。常用手段包括发布招聘广告、猎头推荐等，足够数量的符合基本质量要求的候选人信息是确保招聘选拔最终完成任务的重要基础。

（3）用招聘方法找出合适的人选。候选人的选拔工作不同于企业采取的策略方法，招聘主管通常承担着组织、程序推动、审核及部分人选基本要求满足情况的评估工作。

（4）为有效使用候选人打好基础。招聘选拔工作的一项重要职能是与候选人的"谈判""达成共识"。通过谈判，明确薪资待遇、岗位职责、目标、要求等。

（三）招聘选拔的工作流程

不同企业的招聘流程不完全相同，一个基本的招聘流程通常包括以下六个环节。

（1）确定人员招聘需求。在此阶段主要是结合公司发展、用人部门需求及人才供给状况分析，确定企业的人员需求，包括数量要求和质量要求。

（2）制订招聘计划。此阶段即根据招聘需求确定具体的招聘工作安排，包括不同岗位的发布、候选人信息的获取、深度评估及不同环节评估的工作时间、策略等。

（3）初步筛选。初步筛选主要是从候选人简历中初步筛选出符合基本要求的人员，以供下一步深度评估。

（4）深度评估。深度评估主要是针对初步筛选合格人员利用专业评估手段与方法进行准确评价，不同企业在深度评估上所采取的工具、环节存在较大差异。部分企业会采取多轮逐步淘汰的方式进行深度评估。

（5）录用前信息补充。对于深度评估最终合格的人员，即成为企业拟聘用的人。对这些候选人，需要对其进行录用前信息的补充核实，通常包括档案信息的审查、背景核实、单位同意其离职的相关证明及补充近期健康体检信息等。

（6）录用通知。对于审查合格的候选人，进行录用通知的发放及入职沟通。

二、招聘渠道的选择

（一）内部招聘渠道

1. 晋升

从内部提拔一些合适人员来填补职位空缺是常用的方法，可以使组织迅速从员工中提拔合适的人选到空缺的职位上。

2. 工作调换

工作调换也称"平调"，它是指职务级别不发生变化，工作的岗位发生变化。它是内部招聘人员的另一种来源。

3. 工作轮换

工作轮换适用于一般员工，它既可以使有潜力的员工在各个方面积累经验，为晋升做准备，又可减少员工因长期从事某项工作而带来的枯燥、无聊感。

4. 内部员工重新聘用

一些组织由于一段时间经营效果不好，会暂时让一些员工下岗待聘，当组织情况好转时，再重新聘用这些员工。

（二）外部招聘渠道

外部招聘渠道有以下六种。

（1）人才服务中心；

(2) 招聘洽谈会；
(3) 传统媒体招聘；
(4) 校园招聘；
(5) 员工推荐；
(6) 猎头公司推荐。

【案例】 J公司招聘失败的启示

J公司主营业务是为电信运营商提供技术支持，提供手机移动增值服务、手机广告等。该公司所处行业为高科技行业，薪水待遇高于其他传统行业。公司的位置位于北京繁华商业区的著名写字楼，对白领女性具有很强的吸引力。J公司的总经理为外国人，在中国留过学。

因公司发展需要，2014年10月底，该公司采用外部招聘的方式先后招聘了两名新员工（女性），担任公司行政助理的职务。但最后这两名新员工均未转正成为公司正式员工，该行政助理岗位招聘失败。招聘行政助理连续两次失败，作为公司的总经理和HR觉得这不是偶然现象，一定存在很大问题。

1. J公司招聘行政助理采用的招聘流程

(1) 在专业招聘网站上发布招聘信息

J公司在前程无忧、智联招聘、中华英才网等国内知名的招聘网站上发布为期一个月的招聘信息。

(2) 简历筛选

总经理亲自筛选简历，总经理筛选简历的标准是：本科应届毕业生，年轻貌美，学校最好是名校。

(3) 面试

如果总经理有时间，就总经理直接面试；如果总经理没时间，则HR进行初步面试，总经理最终面试。新员工的工作岗位、职责、薪资、入职时间都由总经理决定。

(4) 入职

面试合格后即录用，无须入职前培训，直接工作。

2. 被招聘员工的背景介绍

朱蒂，23岁，北京人。学历大专，专科毕业后升本科在读。2013年1月到12月期间在某培训机构做过一年少儿剑桥英语的教师。

安娜，21岁，北京人。学历大专，在上学期间曾在拍卖公司和电信设备公司工作过，职务分别为商务助理和行政助理。安娜2013年曾参加某杂志举办的封面女孩华北赛区复赛。

3. 该职位具体工作情况

第一位员工朱蒂，刚入职几天就不来公司上班，也没有打电话请假。公司打了一上午电话，朱蒂手机始终处于无法接通的状态，一直联系不到朱蒂本人。公司通过入职登记表的信息，联系到朱蒂的弟弟，经她弟弟解释，朱蒂不打算来公司上班了，但具体原因没有说明。下午，公司终于打通了朱蒂的电话，但朱蒂以身体不适为由解释没有来公司上班的原因。朱蒂的工作职责是负责前台接待和出纳，入职当天晚上公司举行了聚餐，她和同事谈得也挺愉快。三天后朱蒂又开始不来公司上班了，最终朱蒂决定辞职。

朱蒂自述的辞职原因是，工作内容和自己预期的不一样，琐碎繁杂，觉得自己无法胜任前台工作。HR对朱蒂的印象是：内向，有想法，不甘于做琐碎、接待人的工作，对批评（即使是善意的）非常敏感。

第二位员工安娜，工作十天后提出辞职。安娜的工作职责是负责前台接待、出纳、办公用品采购、公司证照办理与变更手续等。

安娜自述的辞职原因是：奶奶病故了，需要辞职在家照顾爷爷。但安娜辞职当天身穿大红毛衣，化彩妆。安娜曾和其他同事透露家里很有钱，家里没有人出来上班。HR对安娜的印象是：形象极好、思路清晰、沟通能力强，行政工作经验丰富。总经理对安娜的印象是：商务礼仪不好，经常撒娇，需要进行商务礼仪的培训。

（资料来源：天中人才市场 http://www.zmdsjob.com/News/29201032174531.html，有修改）

【分析】

1. J公司招聘行政助理连续两次失败是偶然现象吗？为什么？
2. J公司在管理上存在什么问题？
3. 请从人力资源管理体系、工作分析、招聘流程、人员甄选、员工培训的角度分析J公司两次招聘行政助理失败的原因？

模块三　培训与开发

一、人力资源培训与开发的含义

人力资源培训与开发，是指一个组织或区域为实现其战略发展目标，所进行的改进成员观念、提升成员能力水平的一系列有目的、计划、前瞻性、连续性的活动。对企业人力资源培训与开发的准确理解，需要把握以下几个要点。

（1）培训与开发的对象是企业的全体员工，而不只是某部分员工（尽管每次培训的对象不一定必须是全体员工）。

（2）培训与开发的内容应当与员工的工作有关，与工作无关的内容不应当包括在培训的范围之内。

（3）培训与开发的目的是要改善员工的工作业绩并提升企业的整体绩效。

（4）培训与开发的主体是企业，也就是说培训应当由企业来组织实施。

二、人力资源培训与开发工作的内容与类型

1. 人力资源培训与开发的内容

（1）知识培训。知识培训内容包括：员工要了解企业的发展战略、企业愿景、规章制度、企业文化、市场前景及竞争；员工的岗位职责及本职工作基础知识和技能；如何节约成本，控制支出，提高效益；如何处理工作中发生的一切问题，特别是安全问题和品质事故等。

（2）技能培训。技能是指为满足工作需要必备的能力，针对不同层次的员工技能培训的内容不同，高层管理者必须具备的技能是战略目标的制定与实施，领导力方面的培训；中层管理者培训目标管理、时间管理、有效沟通、计划实施、团队合作、品质管理、营销管理等技能，也就是执行力的训练，基层员工是按计划、按流程、按标准等操作实施，完成任务必备能力的训练。

（3）素质培训。素质培训是指培训员工有积极的工作态度、敬业精神、团队合作、人际

关系、规范礼仪、良好的人生观、价值观及职业化素养方面。

2. 人力资源培训与开发的类型

(1) 按照培训的内容不同,可以将培训分为基本技能培训、专业知识培训和工作态度培训。

(2) 按照培训的对象不同,可以将培训开发分为新员工培训和在职员工培训。

(3) 按照培训的目的不同,可以将培训开发分为应急性培训和发展性培训。

(4) 按照培训的形式不同,可以将培训开发分为岗前培训、在职培训和脱产培训。

三、员工培训与开发的形式

1. 岗前培训

岗前培训亦称新员工导向培训或职前培训,是指员工在进入组织之前,组织为新员工提供的有关组织背景、基本情况、操作程序和规范的活动。岗前培训是基础性培训,目的是使任职者具备一名合格员工的基本条件。

2. 在岗培训

在岗培训也称在职培训、不脱产培训,是指企业为了使员工具备有效完成工作所需要的知识、技能和态度,在不离开工作岗位的情况下对员工进行的培训。目前,在岗培训已经得到企业的广泛认同,诸多企业都采取在岗培训的方式培训员工。

3. 脱产培训

脱产培训是指离开工作或工作现场进行的培训。有的培训是在本单位内进行,有的则送到国内外有关的教育部门或专业培训单位进行,如参加研讨会、去国外优秀企业短期考察、到高等院校进修和出国进修等。这种培训能使受训者在特定时间内集中精力于某一特定专题的学习。

【阅读与思考】 培训的几个误区

误区 1. 培训是个人的消费行为;

误区 2. 创造利润是企业的唯一目标;

误区 3. 培训等于开会或组织员工学习文件资料;

误区 4. 培训仅仅是培训部门的事;

误区 5. 新进员工自然而然会胜任工作;

误区 6. 流行什么就培训什么;

误区 7. 高层管理人员不需要培训;

误区 8. 培训是一项花钱的工作;

误区 9. 重知识培训轻技能与态度培训。

思考:你对以上培训误区有何认识?

四、员工培训与开发的常用手段与方法

1. 讲授法

讲授法是指对某一议题有深入研究的专家,经过充分准备后,以口头叙述的方式,将该议题系统地讲述给员工。

2. 游戏法

游戏法是指由两个或更多的员工在一定的规则的约束下，相互竞争以达到某种目标的训练方法，是一种高度结构化的活动方式。

3. 案例研究法

案例研究法是目前培训领域应用最多的培训方法之一，可以界定为通过对一个具体问题情境的描述，引导员工对这些特殊情境进行讨论的一种培训方法。

4. 视听法

视听法就是运用电影、电视、投影或录像等手段对员工进行培训，员工在观看相关内容的影片过程中学习。

5. 头脑风暴法

头脑风暴法（又叫畅言法、集思法等），它是采用会议的方式，利用集体的思考，引导每个参加会议的人围绕中心议题广开言路，激发灵感，在自己的头脑中掀起风暴，毫无顾忌，畅所欲言地发表独立见解的一种创造性思维的方法。

6. 角色扮演

角色扮演，即员工在观众面前，未经预先演练且无预定的对话剧本而表演实际遭遇的情况，并讨论在类似情况下的各种反应与行为，其演出具有即兴表演的意味。

7. 网上培训

网上培训是将现代网络技术应用于人力资源开发领域而创造出来的培训方法，老师将培训课程存储在培训网站上，分布在世界各地的人利用网络浏览器进入该网站接受培训。

【讨论】

如果你是公司的人力资源经理，你希望用什么方法对公司的技术人员开展一次关于业务技能的培训？为什么？

【案例】 培训之路可以这样走出来

重视培训和开发工作具有很重要的意义，它可保持企业的基业长青，亦可为保持企业持续竞争力保驾护航。

王明是20世纪90年代的大学生，学习管理专业，毕业后又攻读了国内某著名大学的MBA。先后在国有企业工作过近五年，之后在某外资企业从事人力资源管理工作。2012年在某集团企业CEO的盛邀下加盟了该集团，任人力资源经理一职。该集团成立二十多年，人力资源管理工作却刚刚起步，公司仅有人事行政部，工作处于基本操作层面。根据公司的未来发展战略，公司管理层认识到提高集团人力资源管理水平的重要性和必要性，因此设置了人力资源经理这个岗位，筹建人力资源部的重任便摆在了王明的眼前。

在加盟该集团时，王明曾与集团达成一个工作目标：CEO指出集团的培训工作非常形式化，没有什么培训计划，希望在公司层面上每周有一堂课，时间为2小时/次，人人都是培训老师。

王明陷入了沉思,因为对公司的师资状况和公司的培训资源一无所知,无从下手。于是,王明制订了一个工作计划,利用周一至周五的晚上时间,同集团的主管(资深)工程师职级以上的人员进行面谈,并详细地进行记录,对公司管理人员在培训方面的要求有了进一步掌握。之后,王明主持召开了集团的人力资源管理研讨会,在会上介绍了集团的人力资源现状(如人员的年龄、学历、工龄等分布)、人力资源利用情况、人力资源管理状况等,同时提出了自己的观点,先从培训入手,打开该集团的人力资源管理局面。接下来,王明开始实施了一系列的举措。

(1) 确定公司培训和开发工作所要实现的目标

确定公司培训和开发工作所要实现的目标,制订了"机会开发计划"和"资源回收计划"来激励员工。

(2) 进行岗位分析

岗位分析的目的是确定不同岗位的工作内容和所需要的具体技能、知识。通过分析,公司在未来两年的培训是基于目前岗位本身,两年后再着眼于适应未来发展的需要。

(3) 重视个人培训需要

在收集了岗位信息后,就要将分析工作转向个人。王明向近200名职员发了"个人培训需要分析调查表",包括公司可能提供的培训课程名称、课程内容简介等,共分为生产管理、人力资源管理、财务管理、产品开发管理、市场管理、采购管理、工业工程管理、质量管理等八大系列52门课程,受调查的员工可以根据自己的需要注明想参加的培训的课程,也可以列明自己的建议。

(4) 人人做老师,人人是学生

先从公司内部挖掘师资力量,由各部门的部门经理担当以上八大系列课程的培训师,为员工共同分享知识和工作经验。各部门主管级以上管理人员,可根据本部门的工作状况向人力资源部提出培训需要。此外,所有愿意分享经验的员工都可以报名参加公司的培训课程,均有可能成为公司的内部讲师,可以分享工作成功之处也可说出自己在工作方面的困惑。

同时,为了在公司内部形成"人人是学生,人人是老师"的气氛,王明建议公司出台鼓励培训老师的政策,根据培训老师的授课次数和学员反馈课程质量,授课老师将获得不同的积分,根据积分多少,人力资源部将推荐授课老师参加外部的培训。因此,公司的培训气氛空前热烈。一个个工作案例进入了人力资源部的培训数据库,一个个有代表性的课程亦在员工的工作中发挥了应有作用。

(5) 厚积薄发,系统构成

随着时间的推移,王明的培训讲义在渐渐增多,全部为PPT格式,按八大系列进行了分类,整个2012年共上了36门课程;2013年开了42门课程;2014年开了64门课程,积累了165个培训案例。在王明的推动下,公司开发了内部"培训项目学习平台",将所有课程资料均放在内部网上,员工可以随时上网学习。2014年底,在人力资源部的主持下召开了集团人力资源管理研讨会,会上各部门主管经理纷纷发言,讲得最多的是公司的培训工作开展得最好。

(资料来源:http://www.hztbc.com/news/news_1375.html,有修改)

【分析】

1. 该公司的培训与开发管理体系成功在什么地方？
2. 如果你是人力资源部经理王明，下一步你将如何继续开展人力资源部的工作？

模块四 绩效管理

一、绩效管理的含义

绩效是指通过个体或群体的工作行为和态度表现出来的工作效率和效果，是直接成绩和最终效益的统一体，也可称为工作业绩、成效等。绩效管理是指为了实现组织的目标，通过制订绩效计划，定期对企业员工工作行为和工作结果进行评估与反馈，实施激励与调控，并改进员工工作绩效，进而提高企业组织绩效的管理过程。

二、绩效管理系统

绩效管理由一系列连续的过程组成，这一系列连续的过程构成了绩效管理系统。一个完整的绩效管理系统模型如图 7-1 所示。

图 7-1 绩效管理系统模型

三、绩效管理的经典理论与方法

1. 目标管理

目标管理（MBO）的概念是管理专家德鲁克于 1954 年在其名著《管理的实践》中最先提出的，德鲁克认为，并不是有了工作才有目标，而是相反，有了目标才能确定每个人的工作。

2. 关键绩效指标

关键绩效指标（KPI），是一种可量化的、被事先认可的、用来反映组织目标实现程度的重要指标体系，是绩效管理的有效手段，也是推动公司价值创造的驱动因素。德鲁克认为企业应该在市场地位、创新、生产率、实物及金融资产、利润、管理人员的表现和培养、工人表现和态度、公共责任感 8 个方面制定目标。

3. 平衡计分卡

平衡计分卡（BSC）是一项可将组织策略加以落实并可操作的管理制度，是由哈佛大学教授柯普朗与诺朗诺顿研究所当时的最高执行长诺顿两位学者提出的，经过数家长年绩效表现突出的企业的反复验证，从中探讨出其成功的经营之道，进而归结出可以提升企业竞争能力及落实策略愿景的架构。

4. 经济增加值

经济增加值（Economic Value Added，EVA）是美国思腾思特公司（Stern Stewart & Co.）于 1993 年创设的一项财务类绩效评价指标，其含义是企业税后净营业利润（Net Operating Profit After Tax，NOPAT）减去企业所占用资本（Capital EmPloyed，CE）的成本之后的剩余收益。

四、绩效管理体系设计的基本流程

1. 明确考核目的

考核目的决定考核的对象和内容，所以明确考核目的是绩效计划的首要步骤。

2. 选取考核指标

绩效考核指标的选取，通常可以有三个方面的来源：企业目标的层层分解；岗位的职责；上级和客户的需求与期望。

3. 确定绩效标准

绩效标准是对每个指标分别应达到什么样水平的定量描述。绩效标准通常是一个范围，其下限为基本标准，上限为卓越标准。

4. 确定考核者

根据不同的情况，参与考核的人员可以包括被考核者的上级、同事、下级、本人和客户。

5. 确定考核周期

绩效考核周期也可以叫作绩效考核期限，是指多长时间对员工进行一次绩效考核。考核周期与职位的性质、考核指标的性质、绩效标准的性质等因素有关。

6. 确定考核的方法

根据绩效考核的目标确定考核的方法，常见的考核方法有交替排序法、强制分配法、配对比较法、关键事件法、等级鉴定法、行为锚定等级评价法、要素评定法、工作记录法等。

7. 考核实施与绩效反馈

一个阶段的绩效评价结束后，考核负责人或直接上司一定要将评价结果通过面谈的方式告诉员工，与员工就评价结果达成一致理解，并真诚地指出员工存在的不足，提出建设性的改进意见。从理论上讲，如果企业没有做这项工作，就不能认为这个企业的绩效管理体系是完善的。

【案例】 三只老鼠偷油引发的绩效管理思考

问题源于一个故事，三只老鼠一同去偷油，老鼠们找到一个油瓶，通过协商达成一致意见，轮流上去喝油。于是三只老鼠一只踩着一只的肩膀开始"叠罗汉"，当最后一只老鼠刚刚爬到另外两只老鼠的肩膀上时，不知什么原因，油瓶倒了，并且惊动了人，三只老鼠不得不仓皇逃跑。

回到鼠窝，大家开会讨论行动失败的原因。

最上面的老鼠说，我没有喝到油，而且推倒了油瓶，是因为我下面第二只老鼠抖动了一下；第二只老鼠说，我是抖了一下不错，但是因为我下面的第三只老鼠抽搐了一下；第三只老鼠说，对，对，我之所以抽搐是因为好像听见门外有猫的叫声。

"哦，原来如此呀！"大家紧张的心情顿时放松下来。

此次开会得出的结论：猫的责任。

故事至此并未结束，它所延伸引出的问题是企业里很多人也同样具有老鼠的心态。例如，下面是在某次企业的季度会议上，几位经理的谈话。

营销部经理 A 说:"最近销售做得不好,我们部门有一定责任,但是最主要的责任不在我们,竞争对手纷纷推出新产品,比我们的产品好,所以我们很不好做,研发部要认真总结。"

研发部经理 B 说:"确实,我们最近推出的新产品比较少,但是我们也有困难呀,我们的预算很少,可就是如此少得可怜的预算,也被财务削减了!"

财务部经理 C 说:"是,我是削减了你的预算,但是你要知道,公司的采购成本在上升,我们当然没有多少钱。"

采购部经理 D 忍不住跳起来:"不错,我们的采购成本是上升了 10%,可是你们知道为什么吗?某国的一个生产铬的矿山爆炸了,导致了不锈钢价格的上升。"

A、B、C:"哦,原来如此呀,这样说,我们大家就都没有多少责任了,哈哈……"

在企业中,这种情况似乎总在发生,而老板、主管们却也似乎总是找不到问题的症结所在,最终就只能一出事情,大家首先想到的是推卸责任,而不是去思考如何解决问题。主要原因是当事人站在不同立场、角度上的不同心态与问题认知方法均有所不同。

可以试想一下,在会议结尾时,人力资源经理 F 说:"这样说来,我只好去考核某国的矿山了!"

于是,这便演变成为一个绩效考核的问题,问题的根源在于企业绩效考核只是针对结果而没有考虑过程。

企业进行绩效考核,不能孤立地就绩效考核而绩效考核,而应当从绩效管理的角度来重新认识绩效考核的实施和作用。绩效考核不等于绩效管理,它只是绩效管理的一个部分。绩效管理是一个完整的系统,它应该包括计划绩效、管理绩效、评估绩效和反馈绩效四个环节。计划绩效是整个绩效管理过程的起点,当新绩效时间开始时,管理者和员工经过一起讨论,制定绩效目标,就员工将要做什么、需要做到什么程度、为什么做、何时应做完等问题进行识别、理解并达成协议;管理绩效是管理人员和员工进行持续的绩效沟通,发现问题及时解决,帮助员工提高个人绩效,是在整个绩效期间内一直进行的;评估绩效是选择合理的考核方法与衡量技术,对员工进行考核,它是在绩效时间结束时进行的;反馈绩效是进行绩效考核面谈,对绩效改进进行指导,实现报酬反馈,也是在绩效时间结束时进行的。

具体到上面提及的具体事件,如果按照绩效管理的原则,各部门都应制定自己的绩效目标。在绩效实施和绩效管理过程中,各部门可以及时发现本部门出现的问题,在问题尚未造成损失的情况下就及时找出原因予以解决,从而保证完成本部门的绩效目标,也就不会像案例中那样,出了问题给企业造成损失以后再来追究各部门的责任。当每个部门都完成了自己的绩效目标时,企业的总体绩效自然就会很好,在同等市场环境下的竞争中,企业也将会始终立于不败之地。

(资料来源:http://www.mie168.com/human-resource/2009-01/283282.htm,有修改)

【分析】

1. 绩效管理在企业的经营管理中有哪些重要作用?
2. 假如会议结尾时,人力资源经理 F 说:"这样说来,是不是我们的企业文化出了问题?"那么这个问题便演变成为企业文化的问题,问题的根源又在哪呢?

模块五　薪酬管理

一、薪酬的含义

薪酬是指员工从事组织所需要的劳动或服务,而从组织得到的以货币形式和非货币形式所表现的补偿或报酬。狭义的薪酬是指个人获得的以工资、奖金及以金钱或实物形式支付的劳动回报。广义的薪酬包括经济性的报酬和非经济性的报酬。经济性的报酬是指工资、奖金、福利待遇等,也叫货币薪酬;非经济性的报酬是指个人对工作本身或对工作在心理与物质环境上的一种感受,也叫非货币薪酬。薪酬的调节功能主要以福利的形式来表现。福利是企业关心员工、展现社会责任感的重要方面。企业通过向员工提供各种福利与保险待遇,可使员工增强对组织的信任感和依恋感,形成良好的组织文化氛围。

二、薪酬的构成

(1) 基本工资。基本工资体现的是职位的相对价值(相对重要性),与岗位业绩和组织效益无关,基本工资的多寡能直接影响到员工的稳定性,以及对人才的吸引力。

(2) 绩效工资/奖金。绩效工资/奖金体现的是职位的工作业绩,即岗位的工作业绩对应的收益。需要注意的是,不是做销售/业务的人才有绩效,企业里的每个岗位可以有绩效,包括研发、技术类岗位。

(3) 分红。分红是股份公司在赢利中每年按股份份额的一定比例支付给投资者的红利。

(4) 津贴和补贴。是指补偿职工在特殊条件下的劳动消耗及生活费额外支出的工资补充形式。

(5) 福利。简单来说,福利就是企业给员工提供的用以改善其本人和家庭生活质量的,以非货币工资或延期支付形式为主的各种补充性报酬和服务。比如,企业给员工提供的防暑降温用品、班车、免费旅游服务、福利房等。

三、薪酬管理的主要工作内容

薪酬管理是指一个组织针对所有员工所提供的服务来确定他们应当得到的报酬总额以及报酬结构和报酬形式的一个过程。在这个过程中,企业就薪酬水平、薪酬体系、薪酬结构、薪酬形式以及特殊员工群体的薪酬做出决策。主要包括以下几个方面。

(1) 薪酬的目标管理。即薪酬应该怎样支持企业的战略,又该如何满足员工的需要。

(2) 薪酬的水平管理。即薪酬要满足内部一致性和外部竞争性的要求,并根据员工绩效、能力特征和行为态度进行动态调整,包括确定管理团队、技术团队和营销团队薪酬水平,确定跨国公司各子公司和外派员工的薪酬水平,确定稀缺人才的薪酬水平以及确定与竞争对手相比的薪酬水平。

(3) 薪酬的体系管理。不仅包括基础工资、绩效工资、期权期股的管理,还包括如何给员工提供个人成长、工作成就感、良好的职业预期和就业能力的管理。

(4) 薪酬的结构管理。即正确划分合理的薪级和薪等,正确确定合理的级差和等差,还包括如何适应组织结构扁平化和员工岗位大规模轮换的需要,合理地确定工资宽带。

(5) 薪酬的制度管理。即薪酬决策应在多大程度上向所有员工公开和透明化,谁负责设计和管理薪酬制度,薪酬管理的预算、审计和控制体系又该如何建立和设计。

四、薪酬激励的方法

对于组织来说,想要做好薪酬激励并非是那么容易的事情,关键在于方法的选择和长期的坚持。

(1) 注重公平的薪酬调查。作为组织的人力资源管理部门,需要定期对员工的薪酬进行调整,但是一定要注重体现公平性,而这本身就是对员工一种很好的激励。

(2) 将薪酬和绩效挂钩。绩效薪酬属于浮动薪酬的组成部分,主要作用就在于激励性,而将员工的薪酬和绩效挂钩,则可以很好地实现企业薪酬激励的作用。但值得注意的是,绩效的设计要合理。

(3) 薪酬差距需要合理。这主要牵扯到薪酬体系的内部均衡问题,过大的差距和过小的差距都是不合理的,适当的差距可以激发员工的竞争意识,这有利于激励作用的发挥。

(4) 福利影响薪酬激励。所谓薪酬激励不仅仅只有薪酬才有激励作用,福利同样会影响激励效果,不能忽视。

(5) 长期激励很重要。企业要做好薪酬激励,需要拥有长期的激励措施,目前,很多企业都在实施期权和股权的激励方式,而且这种方式的效果非常好。

企业必须积极寻求一种适合自身的薪酬激励体制,这样才能更好地保证薪酬激励作用的发挥,更好地发挥企业的优势以吸引人才、留住员工、促进发展。

【案例】 员工薪资泄密,HR你该怎么做?

晨光高科技公司HR总经理王杰最近遇到一件非常棘手的事情。

半个月前,有员工称,公司员工的薪资在行业的评论网站上曝光了!该员工还说:这几天来,公司同事已经议论纷纷,很多同事看了其他同事的薪酬后大呼不公,私下称要找领导评理,或嚷嚷要离职另谋高就。

王杰听到消息,心里咯噔一下,忙上网搜索。果不其然,不知道哪位员工如此神通,竟然把本来只有公司核心领导层和人事部经理才知道的这份机密信息窃取到手,而且公布到多家网站上。公司上个月刚刚进行过的薪资普调及重点核心人员的薪资调整结果,已然全部曝光。曝料的员工还在网上公然抱怨说:"这次调薪,受益的主要是那些中高层的,一般员工的加薪幅度刚能抵销CPI上涨而已。"并对核心骨干员工的薪资涨幅愤愤不平。

王杰很清楚公司调薪政策的变迁历史。以往,公司人员薪水会根据绩效考评的结果进行普调,同类员工调薪幅度差不多,但调薪幅度要按照进来时间打折,比如绩效考评A级(最优)的员工,最高涨幅可达15%;B级的员工,涨幅8%,但刚进来才满一年的员工薪资涨幅可能就得打个八折,制定此项政策的初衷是希望以此来鼓励员工在公司长期服务。

而今年的这一次调薪,与以往相比还强调了两个重点:一是向二十余名核心骨干员工倾斜,他们的调薪幅度要比普通员工大得多,以体现公司对这些员工的贡献和价值的认可,做到"待遇留人";二是调薪幅度因人而异,希望以此来纠正历史造成的偏差。比如A、B两名员工,能力水平和经验可能相当,但由于其入职时期和机会不同,可能原有基薪会有很大不同。在这次调薪过程中,为了尽可能体现"内部公平",会将A、B薪水差距尽量缩小。现在,这些秘密,在网上也一股脑儿地被暴露在员工面前。

王杰心里想着:真要命,该如何处理是好呢?他很清楚这件事可能的后果:公司员工的薪酬曝光,对外,会让同业竞争对手掌握公司核心员工的资料及其薪酬,挖人更有的放矢;而且员工们很可能会四处发表自己的不满,进而影响企业形象。

公司已经成立五年多,作为行业IT解决方案服务提供商,经过五年的辛勤耕耘,公司已经拿下了相当大的市场份额,在业内也小有名气。当下,正处于高速扩张期,公司需要非常稳定的员工队伍,同时,也正在有意识地吸收和培养核心优秀人才,打造核心团队。目前,公司员工约250人,其中85%以上是30岁以下的年轻人,这也是IT行业的典型特征,年轻人一方面有工作激情,有进取精神,另一方面,也有遇事不冷静爱冲动的特点。所以当务之急,是如何有效地引导员工的思想,化解这次危机呢?

王杰立即组织公司高层领导召开了专题会议进行讨论。会议的结论是立即设立总经理热线,鼓励员工以多种方式——在公司内部网上论坛发表意见,给总经理邮箱写信,采用直接与总经理面谈等方式对此事发表议论和建议,希望以此对员工的不满情绪进行有效引导。与此同时,王杰又跑到员工发帖的外部行业网站论坛上去匿名表态:"我们每个人关键是要找对自己的位置,搞清楚自己的分量,然后再来谈。真有不满可以去反映……"给公司员工敲敲边鼓。

一周下来,有十余名员工找到总经理,情绪激动地诉说自己对公司的贡献,表明自己觉得不公平的立场和态度,希望公司将自己的薪资向同类员工的最高位调整看齐。显然,公司不可能完全满足这些员工的要求。公司无法承受得起如此高昂的人工成本,更重要的是,来申诉的大部分员工,在公司领导层看来,对于公司并没有如此高的价值和贡献。

王杰又到那个外部行业网站上看看后续情况进展,发现有非常多的公司员工,已经在那个网站上跟帖,有人表示要继续找公司高层去"哭诉和争取,哭诉没结果,就准备走人",有人严重抱怨说"太不公平",还有人隔岸观火,等着看他人能否申诉成功,如果成功就准备效法;还有人对于涨薪依进公司的年龄打折的做法表示反感。一时间,公司员工在网上评论得沸沸扬扬,公司员工的主流情绪已经表现得非常消极和对立。

看到眼前这样的局面,王杰头更大了。

(资料来源:http://bbs.hr369.com,有修改)

【分析】

1. 在知道薪资泄密的第一时间,公司领导层的处理方案有无不妥之处?如果让你来处理,会有何不同?
2. 针对目前的危机,作为公司总经理的你,会用哪些举措来化解?
3. 公司原有的薪酬调整和员工激励政策存在哪些问题?需要如何改进?

模块六 劳动关系管理

一、什么是劳动关系

劳动关系是有关劳动过程中劳动者和劳动力使用者的各种责权利关系。随着各国工业形式的不断变化,这一概念也在发生变化。企业劳动关系主要包括以下内容。

(1) 所有者与全体职工(包括经营管理人员)的关系。
(2) 经营管理者与普通职工的关系。
(3) 经营管理者与工会的关系。
(4) 工会与职工的关系。

二、劳动合同的主要内容

劳动合同是劳动者与用人单位确定劳动关系,明确双方权利和义务的协议,其内容具体体现在企业劳动合同的各项条款之中,主要包括三方面:必备条款、可备条款和约定条款。

(一)必备条款

必备条款又称法定条款,又分一般法定必备条款和特殊法定必备条款。一般法定必备条款不是由当事人自行商定的,而是由劳动立法要求劳动合同必须具备的条款,主要包括:合同期限、劳动内容、劳动保护和劳动条件、工资和劳动报酬、劳动纪律、劳动合同终止的条件、违反劳动合同的责任等。特殊法定必备条款是劳动立法规定的某些企业劳动合同必须具备的条款。

(二)可备条款

可备条款是指劳动立法规定可以具备的条款,它是法律不作强行规定,由当事人自己在合同中任意约定的条款。主要有:试用期条款、保守商业秘密条款、培训条款、补充保险和福利待遇条款,根据法律、法规的有关规定和企业的经营发展战略以及企业效益,选择协商确定补充养老、医疗等保险和适应企业特点的福利待遇等。

(三)约定条款

约定条款是指当事人协商约定的其他事项。所约定的事项只要不违反国家法律和行政法规的规定,一经双方商定,均为合法有效并对当事人具有法律约束力。

三、劳动合同的解除和终止

从劳动合同提出者的角度,可以分为用人单位单方解除劳动合同和劳动者单方解除劳动合同两类。

1. 用人单位单方解除劳动合同

用人单位单方解除劳动合同,又称为辞退或解雇,必须符合法定条件和按照法定程序进行。解除行为可分为过错性辞退、非过错性辞退和经济性裁员三类。

2. 劳动者单方解除劳动合同

劳动合同是一种双方法律行为,除用人单位可以解除劳动合同以外,劳动者也可解除劳动合同,劳动者单方解除劳动合同,即我们通常所称的"辞职"。

违法解除劳动合同的需负法律责任。用人单位因违法解除劳动合同给劳动者造成损失的,要承担赔偿责任;劳动者因违法解除劳动合同给用人单位造成损失的,也要承担赔偿责任。承担赔偿责任的方式主要有支付违约金、赔偿损失、继续履行等其他补救措施。

【讨论】

徐某与公司签订了为期3年的劳动合同,约定试用期为4个月。徐某在试用期表现尚可,但期满后的考试表现成绩不佳。公司决定延长其试用期半年,延长期间不按原劳动合同享受有关工资和其他待遇。徐某认为试用期满后,公司应履行劳动合同,按合同约定享受有关待遇。双方各持己见,于是,徐某向劳动争议仲裁委员会提出申诉。你认为谁的观点更有理?公司的做法是否合适?

四、劳动争议的处理流程

用人单位与劳动者之间发生争议,作为争议双方当事人应当采取合法的途径和程序处理彼此之间的争议。目前,处理劳动争议的途径主要有以下四种方式。

(1) 协商。发生劳动争议后,当事人应当协商解决。协商不成的,可以采用其他方式解决。

(2) 调解。通过企业劳动争议调解委员会协调解决。企业劳动争议调解委员会设在企业工会委员会,负责解决发生的劳动争议。

(3) 仲裁。向劳动争议仲裁委员会申请仲裁。劳动争议仲裁委员会处理企业调解不成的劳动争议和当事人直接向劳动争议仲裁委员会申诉的劳动争议。劳动争议仲裁委员会的办事机构设在所在地区的人力资源和社会保障局内。

(4) 诉讼。人民法院是处理解决劳动争议的最终程序,主要负责处理对劳动争议仲裁委员会裁决不服的劳动争议案件。根据有关规定,人民法院的民事审判庭负责审理劳动争议案件,对劳动争议进行最终裁决。

【案例】 从三则案例,看劳动关系

【案例一】郑小姐与谁有劳动关系

郑小姐于2011年10月应聘到某计算机厂工作。其与厂方签订的劳动合同中规定:合同期限为两年,到期后,若双方无异议,则合同自行延长。当时,计算机厂正与一家外国公司共同筹建电脑公司(合资企业)。由于从事筹建工作的人员不足,计算机厂便派郑小姐前去参加电脑公司的筹建工作。电脑公司成立后,又让郑小姐留在电脑公司任销售经理。

3年后,郑小姐怀了孕,7个月时,因销售任务重,体力吃不消,郑小姐向电脑公司领导提出,希望暂时为其调整岗位或分配适当的工作。但电脑公司领导拒绝了郑小姐的这一请求,并对她说"你要能干,就干;不能干,就辞职"。郑小姐认为电脑公司的做法,违反了劳动法中对女职工进行特殊保护的条款,侵犯了她的合法权益,于是决定向劳动争议仲裁委员会提出申诉。但是郑小姐突然想起,自己是与计算机厂签订的劳动合同,并未与电脑公司订立劳动合同。因此,她以劳动合同中的甲方——计算机厂为被诉方进行了申诉。

可是计算机厂认为,计算机厂虽然与郑小姐签订过劳动合同,但她的两年期合同早已期限届满,双方现已无任何关系。尽管郑小姐未与电脑公司签订劳动合同,但几年来一直在那里工作,说明她与电脑公司存在着事实劳动关系,因此,她应以电脑公司,而不是以计算机厂为被诉方来提出仲裁申请。

郑小姐不同意计算机厂的说法,她认为:自己是与计算机厂签订劳动合同后,被派到电脑公司工作的。合同规定的两年期限虽已届满,但因未办理过终止手续,按照合同规定,合同应属于自行延长。自己现在仍与计算机厂有合法的劳动合同关系,所以计算机厂应是本案的被诉方。

【案例二】从本田"罢工门"看劳动关系

2010年5月27日,东风本田市场科一名工作人员对记者表示,前一天晚上公司通知停产,而自5月25日起,本田汽车在中国另一家整车合资公司广汽本田已经停产。至此,本田佛山汽车零部件制造有限公司(下称"本田零部件公司")员工间歇性停工事件,最终导致本田在中国两家整车合资公司的全面停产。

5月21日以来,本田零部件公司员工已经进行了三次不同规模的停工,期间虽然与公司进行过谈判,但并未达成共识。

过了几日,本田零部件公司要求工人签署一份"不罢工承诺书",要求员工答应"绝不领导、组织、参与怠工、停工、罢工",否则公司有权处理。但员工拒绝签署,并表示当日会继续抗争。

【案例三】劳动仲裁为你维权讨公道

2010年11月起,李某在某私营企业从事染色工作。按双方口头约定,李某从2013年9月至2014年3月应得工资12 050元。这期间,企业已支付李某工资3 888元,尚欠8 162元。2014年3月下旬,企业解散停业,李某多次催要拖欠的工资,企业以种种理由拒绝支付。2014年7月,李某向市劳动仲裁委员会提请仲裁,要求企业支付8 162元工资。

市劳动仲裁委员会立案受理,经查核,李某反映的情况属实。2014年8月开庭审理后,依据有关法律法规和事实,裁决企业应在裁决书生效之日起10日内支付给李某工资8 162元。并明确双方当事人如对裁决不服,可在15日之内向市人民法院提起诉讼。双方当事人收到劳动仲裁裁决书后15日内均未上诉人民法院,但企业也未按裁决书规定10日内支付给李某工资,李某向市人民法院提起执行申请。人民法院根据李某申请,依照法定程序,采取强制措施,迫使企业支付给李某工资。

(资料来源:http://training.china-qg.com/detail.asp?ID=15827,有修改)

【分析】

1. 在案例一中,郑小姐与谁有劳动关系呢?
2. 通过案例二本田的"罢工门",你如何看待劳动关系?
3. 在案例三中,该企业违反了劳动法中的哪些规定?

模块七 职业生涯管理

一、什么是员工职业生涯规划与管理

(一)员工职业生涯规划与管理的含义

员工职业生涯规划与管理是个人和组织对职业历程的设计、职业发展的促进等一系列活动的总和,是具体设计及实现个人合理的职业生涯计划的整个过程。根据不同的规划主体,职业生涯规划可以分为两大类:员工职业生涯规划和个体职业生涯规划。对于企业而言,员工职业生涯规划是一项系统的、复杂的管理工程,因为它涉及企业未来的发展、组织机构的设置、企业文化建设、培训机制、考核机制和晋升机制等;同时,随着个体价值观、家庭环境、工作环境和社会环境的变化,每个人的职业期望都有或大或小的变化,因此它又是一个动态变化的过程。

(二)常用员工职业生涯管理工具

1. 职业价值观测试工具

职业价值观测试工具包括施恩的职业锚测试、工作价值观问卷(WVI)、罗克基价值观调查表(Rokeach Value Survey)。

2. 职业个性/性格测试工具

职业个性/性格测试工具包括MBTI职业性格测试、卡特尔16种人格因素问卷(16PF)、大五人格模型、基本人际关系行为倾向测试等。

3. 职业兴趣测试工具

职业兴趣测试工具包括霍兰德职业兴趣测试、斯特朗兴趣清单。

4. 职业能力测试工具

职业能力测试工具包括一般能力倾向成套测验(GATB)。

二、企业如何为员工做好职业生涯规划

1. 制订职业计划工作一览表

(1) 对企业各项工作岗位进行有条理的排列组合,找出各工作族之间的交叉点,确定同一工作族内各项职务的相对级别。

(2) 将在职人员姓名填写在职业计划表中。

(3) 确认未来的工作要求以及对人的要求。

职业计划工作一览表包括以下内容。

(1) 未来每项工作对员工素质的要求。

(2) 与人员素质要求相对应的工作职能。

(3) 员工应具备的知识、技能,员工应持有的证照。

2. 调查员工的资历

调查员工资历的内容包括:工作经验、学历、兴趣、特长和人际关系、技能等。

3. 同员工谈工作与发展机会

让员工了解公司岗位的设置、个人发展道路及岗位的任职资格,便于员工明确自己所处的位置和发展方向,确定适合自己的发展目标。

4. 根据员工的自我评价和公司对员工的评价确定员工的发展目标

【案例】 如何做好90后大学生员工的职业生涯规划管理

TH公司的人力资源部总经理周全,今年初被一件事情所困扰。该单位在2013—2014年度,随着总部战略人才储备工作的开始,陆续为一级部门及全辖二级经营机构通过校园招聘近1000名大学毕业生。当初在招聘、培训时,人力资源部投入了很大的力度,不仅重金聘请第三方专业机构帮助企业进行招聘选才,而且投入较大的成本聘请了企业内外的业务专家,对新员工进行为期一个月的入职培训,力求强化员工的工作能力,使其能更快适应岗位工作。

但自2015年以来,随着同行业的股份制企业、外资企业雨后春笋般地出现在所辖省市地区,周全所在的企业成了最好的"被挖角"对象。一年多来,单位内入职三年以上的员工流失率就一直高居在25%以上,而且员工离职也带动了其他骨干员工的流失,大大影响了该单位下一步要实施的规模扩张战略。企业领导要求人力资源部必须在一个月内提出解决良策,这让周全倍感头疼。

细数80后大学生员工,大多数已经基本具备熟练的工作技能和经验,他们敢于面对未知的新事物,有创新意识;在特定大环境下成长的他们独立意识较强、眼界开阔,不满足于单一的生活或工作;他们对自己的未来有很高的要求,但大部分人却看不清自己的现状和周围的环境,缺乏清晰的职业目标……这就决定了如果不能在组织中持续地获得成就感或自我满足感,他们的视线就会投向外面去找寻机会。因此,公司管理者总能听到刚工作的员工对目前工作的不满和抱怨,总能看到他们中一些人频繁跳槽或换岗……有业内人士称这种现象为"80后员工动荡潮"。而正是这种"动荡潮"给现代企业在人力资源"能力保持战略"的落实工作带来了新的挑战。

周全请某人力资源咨询公司帮助查找原因,解决这一难题。人力资源咨询公司经过深入了解后发现,天河浙江分公司虽然在员工的业务技能、专业知识等培训上投入了巨大的精力和物力,但却一直没有真正用心去了解员工职业发展的内在需求,员工则主要是被动地接受各项职业发展的安排。

结合上述"80后员工动荡潮"和企业实际情况,人力资源咨询公司的咨询师提出了"企业应改变以前让员工'自己搭台、自己唱戏'的职业发展模式,建立'企业搭台、员工唱戏'的职业生涯管理体系"。其核心思想就是帮助企业构建一个集人才评估、潜能反馈、职业生涯规划、培训计划、轮岗/挂职计划、职位管理规范、选拔任用方案为一体的职业生涯管理体系作为员工职业生涯发展的平台,让员工在这个平台中不断地去经历、展示自己。让员工真正体会到"心有多大,舞台就有多大"。核心手段是充分运用第三方专业机构的力量,帮助员工更科学地发现和认识自我,历练和完善自我,并最终实现自我。

最终人力资源咨询公司帮助企业设计了一套完整的职业生涯管理方案,如图7-2所示。

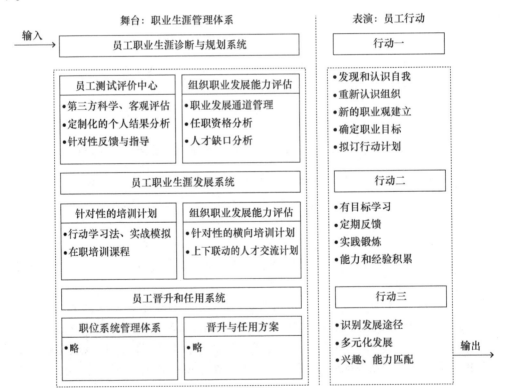

图7-2 TH公司员工职业生涯管理咨询方案规划图

该方案经过该企业人力资源部及核心管理层评定认可,在企业中逐步施行。从目前运行的状况来看,所有进入到该职业生涯管理体系的员工在自我认知程度、工作热情、组织忠诚度方面都有了明显的提高。

(资料来源:http://zhiye.kswchina.com/rlzy/al/521836.html,有修改)

【分析】

1. 你如何看待企业中员工跳槽的问题？
2. TH公司为员工制定的职业生涯发展规划给你带来什么启示？

【本章案例分析】 蓝太阳公司的管理有什么问题？

　　王强通过一番努力，终于应聘上向往已久的蓝太阳保健品公司。王强觉得这个工作来之不易，其销售才能也能得到充分发挥，因此工作得特别努力，每天他都拜访好几家新客户，甚至在回家以后都花大量时间在报纸上收集客户信息。

　　一个月过去了，王强的工作状态越来越差，做事越来越打不起精神，在蓝太阳工作了近两个月之后，王强向公司提出了辞职申请。由于公司人才流失严重，严重影响了公司的业绩。为了招聘到优秀的人才，公司花费大量精力和金钱。王强是本次招聘的新员工中的佼佼者，在公司的表现也很突出，为什么刚刚适应工作就要提出辞职呢？人力资源部钟经理一改以往的习惯做法，决心尽最大努力留住王强。

　　在同王强的深谈中，钟经理了解到了王强辞职的原因；同时，他也意识到了公司管理中所存在的严重问题。原来，王强在进公司之前了解到，在蓝太阳，不论是新业务员，还是老业务员，底薪和提成都一视同仁，提成均按销售额的5%来计算，相比其他几家应聘的公司，蓝太阳的薪酬制度还是比较有竞争优势并且比较公平的。王强的销售能力出类拔萃，而且蓝太阳的品牌对大众颇有影响，因此，王强相信自己能够干得很开心，获得高报酬。

　　但慢慢地王强发现，尽管自己每天不停地打电话、跑客户，但是销售业绩在公司的业绩公告栏上还是远远地落在两位老业务员后面。第一个月工资发下来，王强发现老员工比自己的工资多出十几倍，王强很难受，也很苦恼。本来，新员工的业绩低一些纯属正常，没什么可大惊小怪的，可是，王强发现公司的两部客户咨询电话都放在两位老员工的办公桌上，每当有客户打来咨询电话，都被两位老员工接听了。由于蓝太阳自身有许多广告，因此客户咨询电话非常多。老员工只要坐在办公室，守住电话，便可以掌握大量新的优质客户，而像王强这一批新进员工则只能自己开发新客户。王强愤愤地说：客户资源是公司的，现在都被两位老员工据为己有，我们新员工再怎么努力，业绩与每天坐在办公室的老员工们相比，还是相距甚远，当然只有另谋生路。

　　公司也知道这样做不公平，曾经计划过采取措施改变这种状况，但是，由于两位老业务员掌握了公司主要的客户，公司的销售主要还是靠他们；并且，公司的几个大客户也都是这两位员工以前开发的，同他们的私人关系很好，如果公司调整销售制度，他们两个老业务员有可能会跳槽。对此公司也很头疼，但是，这种状况不改变，公司就不可能留住新人，公司的发展就无从谈起，钟经理经过一晚上的思考，决定向康总提交一个整改方案，彻底改变这种状况。

　　(资料来源：http://wenku.baidu.com/view/181aaa1ca76e58fafab003e1.html，有修改)

【讨论】

1. 你认为蓝太阳公司的管理存在什么问题？
2. 钟经理的整改方案中应该包括哪些主要措施？

【做游戏学管理】 生涯幻游

[目的]

通过自我探索,深入了解职业生涯规划内容。

[教学建议]

该游戏可在课堂进行,也可以让学生们课后自己选择适当的时间地点互相练习。

指导语:尽可能放松,使自己能舒服地坐在椅子上——现在,闭上眼睛并完全松弛自己——舒缓你的呼吸——看看身体有哪些地方还紧张——有的话,请放松、放松、放松——现在,我们一起坐上时光隧道机,一起来到未来世界,现在是5年后的某一天,算一算你现在几岁?——想一想你现在的容貌有变化吗?——现在来到5年后的某一日——新的一天的早上你刚醒来。几点了?——你在哪儿?——你听到什么?——你闻到了什么?——你还感觉到什么?——有何人与你一起吗?——是谁呢?——现在,你已经起床了。接着,你准备下床尝试感觉脚趾头接触地面一刹那的温度——凉凉的?还是暖暖的?——经过一番梳洗,你来到衣柜前面,准备换上衣服上班,现在,你正在穿衣服,你穿的是什么——一旦你穿上了,你要做些什么?你的情绪如何?然后你在什么地方吃早餐,早餐吃什么?——一起用餐的还有谁?——你跟他们说一些什么话?——你上班了,坐什么交通工具?——有人和你在一起吗?——是谁呢?——当你走时,注意周围的一切——后来你到目的地了——你在何方?这地方像什么?——请注意,你对着地方的感觉是什么?——在这,你要做什么工作?——旁边有哪些人与你一起工作?——有的话,与你是什么关系?——你要在这逗留多久?——今天你还想去别的地方吗?——在这一天中,还想做的是什么?——现在,你回家了,今天是什么日子?——到家时,家里有哪些人欢迎你?——晚餐的时间到了,你会在哪里用餐?——跟谁一起用餐?——吃什么?吃饱饭后你想做什么?现在的感觉又是什么?你与别人分享你的故事吗?——你已准备去睡了——回想这一天,你感觉如何?你希望明天也是如此吗?——你对这种生活感觉究竟是如何?——我将要求你回到现在,回到学校,回到我们的班级。好了,你回来了——开始看看周围的一切,请你不要说话,用笔写一封信给未来的自己。

(资料来源:周嫆,刘雪梅.大学生职业发展与就业指导[M].贵阳:贵州人民出版社,2008.)

【实务项目训练】 如何制作一份让用人单位青睐的简历

一、训练目标

(1) 运用招聘选拔的知识与技能。

(2) 在简历制作的过程中发现自己的不足,在后续的学习中有目的地提高和改进。

二、训练内容

学生独立完成。利用课余时间,了解自己的职业发展目标,结合企业招聘要求,了解不同职位间的招聘要求及工作职责进行自我评估,为自己制作一份让用人单位青睐的简历。

三、训练要求与步骤

(1) 在规定期限内每人写出一份自己的简历。

(2) 教师选出优秀简历进行展示,组织一次课堂交流与讨论。

(3) 教师归纳总结与评价。

【技能自测题】

一、思考题

　　1. 你具备成为一名优秀的人力资源工作者的基本素质吗？
　　2. 人力资源管理有哪些工作内容？它们之间有什么关联？
　　3. 在实际工作中，我们所学的人力资源管理技能如何更好地应用？
　　4. 你赞同人力资源规划要依赖于企业的战略决策吗？为什么？
　　5. 如果现在企业让你做销售人员的招聘工作，你打算如何开展你的工作？
　　6. 为什么企业愿意每年付出昂贵的费用对与员工进行培训？对管理人员的培训和技术人员的培训相同吗？举例说明。
　　7. 绩效管理的重点是什么？绩效考核和绩效管理有什么区别？
　　8. 为什么企业逐渐开始重视员工的职业生涯规划管理？对企业来说，为员工做职业生涯规划一定是明智之举吗？
　　9. 如果你去应聘工作，企业的劳动合同中你认为有不合理的条款，你会怎么做？
　　10. 很多企业的人力资源相关工作人员，都不是人力资源管理专业毕业的，你如何看待这个问题？

二、实训报告

　　请学生利用假期去企业的任意一个部门实习，写一份实习报告，总结该企业的人力资源管理的优秀做法及改进建议。

【参考文献】

[1] 闫岩,任广新.人力资源管理[M],北京：北京师范大学出版社,2014.
[2] 郑兰先. 人力资源管理[M]. 北京：清华大学出版社,2008.
[3] 沈莹. 现代人力资源管理[M]. 修订本.北京：北京交通大学出版社,2009.
[4] 王惠忠.企业人力资源管理[M].上海：上海财经大学出版社,2004.
[5] 向勇,吴东红.大学生职业生涯规划与就业指导[M].北京：科学出版社,2010.
[6] 付亚和,许玉林.绩效管理[M]. 3版.上海：复旦大学出版社,2008.
[7] 葛玉辉,荣鹏飞. 人力资源管理[M]. 北京：清华大学出版社,2014.
[8] 〔美〕罗伯特·马希斯,约翰·杰克逊.人力资源管理[M]. 9版.赵曙明,译.北京：电子工业出版社,2006.

第八章 激 励

【学习目标】

■ 能力目标
1. 描述什么是激励,激励有什么特点。
2. 用各种激励理论解释及制定相关激励政策。

■ 知识目标
1. 知道激励的含义。
2. 理解激励的基本理论。
3. 了解激励的基本原则。
4. 知道激励的类型和特点。

■ 素质目标
1. 通过资料收集、课堂讨论和撰写报告,提高分析能力和组织能力。
2. 通过小组讨论和总结,培养团队合作精神。

【本章内容概要】

本章学习激励的相关知识,了解激励的含义和基本原则,知道激励的类型和特点,理解激励理论并能够有效应用到管理实践中。因为组织管理的核心是对人的管理,组织的一切活动是靠人来进行的,各种经营活动只有在员工的参与下才能发挥作用,如何让员工始终保持旺盛的士气、高昂的热情,积极努力、尽职尽责、出色地完成各项任务,这就涉及如何激励的问题,一个有效的管理者,必须掌握激励的理论和技巧,不断地对员工进行有效激励,才能实现组织的目标。

任务导入

写一份题为《小企业如何有效激励员工》的报告

一、任务目的

通过信息搜集、讨论及整理,培养学生分析能力、组织能力,更好地学习本章内容。

二、任务形式

讨论,撰写报告,分享成果。

三、任务要求

(1) 学生自愿组成小组,每组6~8人,课下每人搜集一个小企业激励员工的案例。

(2) 小组成员间约定讨论时间地点,完成小企业如何激励员工的有效方法案例整合,记录并整理。

(3) 小组代表分享讨论成果。

(4) 以学生为主体,教师把激励相关知识贯穿到讨论之中。

(5) 课后结合本章各模块知识,提交一份小组调查报告,记录团队成绩。

四、任务成果标准
至少形成 1000 字报告,语言通顺,层次清晰,书写规范,结合本章知识点,在教师规定时间提交。

五、教学建议
(1) 在讨论过程中完成对本章相关内容的学习。
(2) 涉及知识点让学生查找本书内容或相关书籍,由教师引导,启发式学习。

模块一 什么是激励

一、激励的含义
所谓激励,就是组织通过设计适当的外部奖酬形式和工作环境,以一定的行为规范和惩罚性措施,借助信息沟通,来激发、引导、保持和规范组织成员的行为,从而有效地实现组织及其成员个人目标的系统活动。这一定义包含以下几方面的内容。

(1) 激励的出发点是满足组织成员的各种需要,即通过系统的设计、适当的外部奖酬形式和工作环境,来满足组织成员的外在性需要和内在性需要。

(2) 科学的激励工作需要奖励和惩罚并举,既要对员工表现出来的符合企业期望的行为进行奖励,又要对不符合企业期望的行为进行惩罚。

(3) 激励贯穿于组织员工工作的全过程,包括对员工个人需要的了解、个性的把握、行为过程的控制和行为结果的评价等。因此,激励工作需要耐心。赫茨伯格说,激励员工应锲而不舍。

(4) 信息沟通贯穿于激励工作的始末,从对激励制度的宣传、组织员工个人的了解,到对员工行为过程的控制和对员工行为结果的评价等,都依赖于一定的信息沟通。组织中信息沟通是否通畅,是否及时、准确、全面,直接影响着激励制度的运用效果和激励工作的成本。

(5) 激励的最终目的是在实现组织预期目标的同时,也能让组织成员实现其个人目标,即达到组织目标和员工个人目标在客观上的统一。

二、激励的作用
对一个企业来说,科学的激励制度至少具有以下几个方面的作用。

1. 吸引优秀的人才到企业来

在发达国家的许多企业中,特别是那些竞争力强、实力雄厚的企业,通过各种优惠政策、丰厚的福利待遇、快捷的晋升途径来吸引企业需要的人才。

2. 开发员工的潜在能力,促进在职员工充分发挥其才能和智慧

美国哈佛大学的詹姆斯教授在对员工激励的研究中发现,按时计酬的分配制度仅能让员工发挥 20%～30% 的能力,如果受到充分激励,员工的能力可以发挥出 80%～90%,两种情况之间 60% 的差距就是有效激励的结果。管理学家的研究表明,员工的工作绩效是员工能力和受激励程度的函数,即绩效=F(能力×激励)。如果把激励制度对员工创造性、革新精神和主动提高自身素质的意愿的影响考虑进去的话,激励对工作绩效的影响就更大了。

3. 留住优秀人才

德鲁克认为，每一个组织都需要三个方面的绩效：直接的成果、价值的实现和未来的人力发展。缺少任何一方面的绩效，组织注定非垮不可。因此，每一位管理者都必须在这三个方面均有贡献。在三方面的贡献中，对"未来的人力发展"的贡献就是来自激励工作。

4. 造就良性的竞争环境

科学的激励制度包含有一种竞争精神，它的运行能够创造出一种良性的竞争环境，进而形成良性的竞争机制。在具有竞争性的环境中，组织成员就会受到环境的压力，这种压力将转变为员工努力工作的动力。正如麦格雷戈所说："个人与个人之间的竞争，才是激励的主要来源之一。"在这里，员工工作的动力和积极性成了激励工作的间接结果。

三、激励过程及其包含的因素

（一）激励的过程

激励是一个非常复杂的过程，它从个人的需要出发，引起欲望（未得到满足的欲求）并使内心紧张，这种紧张不安的心理会转化为动机，然后引起实现目标的行为，最后通过努力使需要达到满足，紧张不安的心理状态得以消除。随后，又会产生新的需要，引起新的动机和行动。这样周而复始，循环往复。

（二）激励的要素

从激励过程中可见，激励的要素主要包括：外部刺激、需要、动机和行为。

1. 外部刺激

这是激励的条件。它是指在激励的过程中，人们所处的外部环境中诸种影响需要的条件和因素。外部刺激主要指管理者为实现组织目标而对被管理者所采取的种种管理手段和相应形成的管理环境。

美国旅行者公司首席执行官薄豪蒙说，我总是相信，如果你的企业没有危机，你要想办法制造一个危机，因为你需要一个激励点来集中每一个员工的注意力。

2. 需要

需要是激励的起点和基础。需要是人对一定客观事物或某种目标的渴求或期望。人的需求是其积极性产生的心理基础。要了解人们心理活动的规律和过程，使采取的激励形式更有针对性，更具有成效。

例如，对重视物质方面需求的员工，可以在物质方面给予更多的奖励；对物质条件充裕的员工，可以在精神上给予奖励；对事业心强的员工，可以给予工作鼓励。

3. 动机

动机是推动人从事某种行为的心理动力，它是构成激励的核心要素。动机是建立在需要的基础上的。当人们有了某种需要而又未能满足时，心理上便会产生一种紧张和不安，这种紧张和不安就成为一种内在的驱动力，促使个体采取某种行动。

人们在管理中所采取的各种行为都是由动机驱使的，有什么样的动机，就会产生什么样的行为。

4. 行为

这是激励的目的。它是指在激励状态下，人们为动机驱使所采取的实现目标的一系列动作。

假定一位推销员性格内向、讷言,而他的工作又要求他必须积极主动。这时,管理者就应该向他讲清楚道理,告诉他胆怯和恐惧是自然的。并告诉员工,只要他愿意付出代价和汗水,保持积极的心态,那么他肯定就能成为他自己所想成为的那种积极主动的员工。同时,还要向他讲述一些别人是如何克服了胆怯和恐惧的事例。再向这名销售员建议:经常向自己说一句自我激励的话。

结果,推销员每天都多次重复这句话:"要进取!要进取!"努力使自己大胆行动。在管理者的帮助下,这名销售员终于通过这种自我激励警句而行动起来,成为一名成功的销售员。

通过分析我们知道,人的任何动机和行为都是在需要的基础上建立起来的,没有需要,就没有动机和行为。人们产生某种需要后,只有当这种需要具有某种特定的目标时,需要才会产生动机,动机才会成为引起人们行为的直接原因。但并不是每个动机都必然会引起行为,在多种动机下,只有优势动机才会引发行为。管理者实施激励,即是想方设法做好需要引导和目标引导,强化员工动机,刺激员工的行为,从而实现组织目标。

模块二　激励的基本理论

一、内容型激励理论

内容型激励理论重点研究是什么因素激励人们努力从事自己的工作。基本上是围绕如何满足员工的需求进而调动其工作积极性开展研究,也称需求理论。其代表性理论包括马斯洛的"需求层次理论"、赫茨伯格的"双因素理论"、阿尔德佛的"ERG 理论"和麦克利兰的"需求理论"。

（一）马斯洛的"需求层次理论"

美国心理学家马斯洛提出的需求层次理论是流传最广、争议也最持久的激励理论之一。他将人的需求分为生理需求、安全需求、社交需求、尊重需求以及自我实现需求,如图 8-1 所示。

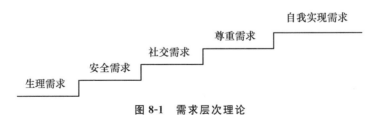

图 8-1　需求层次理论

1. 生理需求

生理需求是人类生存最基本的需求,如食物、水、住房、医药等。这是动力最强大的需求,如果这些需求得不到满足,人类就无法生存,也就谈不上其他的需求。

2. 安全需求

安全需求是保护自己免受身体和情感伤害的需求。这种安全需求体现在社会生活中是多方面的,如生命安全、劳动安全、职业保障、心理安全等。

3. 社交需求

社交需求是人们对情感与社会交流的需求,反映了人们渴望被他人或团体所接纳的心理需求,如对友谊、爱情、归属、信任与接纳的需求。

4. 尊重需求

尊重需求包括自尊和受到别人尊重两方面。自尊是指自己的自尊心,工作努力不甘落后,有充分的自信心,获得成就感后的自豪感。受人尊重是指自己的工作成绩、社会地位能得到他人的认可。这一层次的需求一旦得以满足,必然信心倍增,否则就会产生自卑感。

5. 自我实现需求

自我实现需求指个人成长与发展,发挥自身潜能、实现理想的需求,即人希望自己能够充分发挥自己的潜能,做自己最适宜的工作,这是人类最高一级的需求。马斯洛说过,除非一个人已经找到他最适合做的事,否则他会产生新的不满足。假如要得到内心的平静,音乐家一定要作曲,画家一定要画画,诗人一定要写诗。每个人都必须充分发挥潜能,我们可以称这种需求为自我实现。达到这一层次时,一个人由于在工作中能发挥自己的创造性而感到极大的满足,这样就能使人最大限度地发挥出自己的潜能。

由于每个人的需求各不相同,因此,管理人员必须用随机制宜的方法对待人们的各种需求。在工作中,管理人员要注意决定这些需求的各个特性、愿望和欲望,在任何时候,管理人员都应考虑到人的各种需求,如表 8-1 所示。

表 8-1 需求层次理论的应用

需求层次	激励因素(追求的目标)	应用
生理需求	工资和奖金 各种福利 工作环境	足够的薪金、舒适的工作环境、适度的工作时间、住房和福利设施等
安全需求	职业保障、保险 意外事故的防止	职业保证、退休养老金制度、意外保险制度、安全生产制度、危险工种营养福利制度
社交需求	友谊、家庭 团体的接纳 组织的认同	建立和谐的工作团队、建立协商和对话制度、互助金制度、联谊小组、教育培养制度
尊重需求	自信、名誉和地位 权力、责任和赏识	人事考核制度、职衔、表彰制度、责任制度、授权
自我实现需求	能发挥个人特长的环境 具有挑战性的工作	决策参与制度、提案制度、破格晋升制度、研发计划、工作自主权

(二)赫茨伯格的"双因素理论"

美国心理学家赫茨伯格认为:满足需要未必能起到激励的作用,要看满足什么样的需要。人类有两种不同类型的需求,或者对激励而言,存在两种不同类型的因素,它们彼此独立,而且能以不同的方式影响人的行为。赫茨伯格称能促使人们产生工作满意感的因素为激励因素;相应地称另一类促使人们产生不满意的因素为保健因素。

赫茨伯格通过调查发现,人们对诸如本组织的政策和管理、监督、工作条件、人际关系、薪金、地位、职业安定以及个人生活所需等,如果得不到,则产生不满;如果得到后能解除职工的不满,但不能使职工因感到满意而激发起职工的积极性。这类因素就是赫茨伯格所称的"保健因素"。保健因素通常与工作条件和工作环境有关,它不能直接起激励职工的作用,但能防止职工产生不满的情绪;保健因素改善后,职工的不满情绪会消除,但不能带来满意,职工处于一种既非满意、又非不满意的中间状态。

赫茨伯格还发现,人们对诸如成就、赏识(认可)、艰巨的工作、晋升和工作中的成长、责任感等,如果得到则感到满意,人就会受到极大的激励,因此称为"激励因素"。激励因素才能产生使职工满意的积极效果,如表 8-2 所示。

表 8-2 保健因素与激励因素

保健因素	激励因素
金钱	工作的挑战性
监督	赏识
地位	进步
安全	成长的可能性
工作环境	责任
政策与行动	成就
人际关系	

双因素理论的两个基本点如下所述。

1. 满意与不满意

赫茨伯格认为满意的对立面是没有满意,而不是不满意;不满意的对立面是没有不满意,而不是满意。

2. 内在激励与外在激励

双因素论实际上将激励分为内在与外在两种。内在激励是从工作本身得到的满足,如对工作的兴趣、责任感、成就感等,这些因素属于激励因素。外在激励是指外部的奖酬或在工作以外获得的间接的满足,如工资、工作环境,这种满足有一定的局限性。因为外在激励或保健因素只能满足人的低层次的生理需求,而不能满足人的高层次的精神需求,因而只能防止负激励,并不能持久有效地激励人的积极性。

这一理论提示管理者:提供充分的保健因素来消除不满,但不要以为这样就能明显提高工作积极性;提供充分的激励因素才是从人的内心激发积极性的有效途径。基于这一理论,赫茨伯格开创了"工作丰富化"的管理方法。

【讨论】

关于工资和奖金的管理,现在多数组织行为学家和管理学家强调金钱必须与绩效挂钩才会产生激励作用,你认为呢?为什么?

(三) 阿尔德佛的"ERG 理论"

美国耶鲁大学教授阿尔德佛于 1969 年提出了一种新的需要层次理论。该理论是对马斯洛理论的重要补充、修正和发展。阿尔德佛认为,人的基本需要,可以合并成三个方面,即生存需求(Existence)——关系到有机体生存的基本需求,如报酬、福利、安全条件等;关系需求(Relatedness)——人与人之间建立友谊、信任、尊重和建立良好人际关系的需求;成长需求(Growth)——个人自我发展与自我完善的需求,如图 8-2 所示。

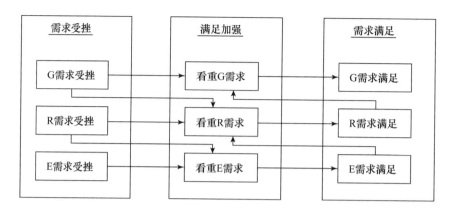

图 8-2　ERG 理论

ERG 理论认为，生存、关系、成长这三个层次需要中有任何一个缺少，不仅会促使人们去追求该层次的需求，也会促使人们转而追求高一层次的需求，还会使人进而更多地追求低一层次的需求。任何时候，人们追求需求的层次顺序并不那么严格，优势需求也不一定那么突出，因而激励措施可以多样化。ERG 理论还指出，需求被满足的程度越低，个体对该需求的追求就越强；当较低层次的需求得到满足后，对较高层次的需求会加强（满足-上进模式）；然而当较高层次需求受到挫折时，个体对低层次需求满足的追求将越强烈（受挫-衰退模式）。阿尔德佛还指出，各个职工的需求结构和强度是各不相同的。有的职工是生存需求占主导地位，有的职工是关系需求或成长需求占主导地位。管理人员应该了解每个职工的起初需求，然后采取适当措施来满足职工的不同需求，以便激励和控制职工的行为，实现组织和职工个人的目标。

ERG 理论的特点有以下三点。

（1）ERG 理论并不强调需求层次的顺序，认为某种需求在一定时间内对行为起作用，而当这种需求得到满足后，人们可能去追求更高层次的需求，也可能没有这种上升趋势。

（2）ERG 理论认为，当较高级需要受到挫折时，可能会降而求其次。

（3）ERG 理论还认为，某种需求在得到基本满足后，其强烈程度不仅不会减弱，还可能会增强，这就与马斯洛的观点不一致了。

（四）麦克利兰的需求理论

需求理论由美国哈佛大学麦克利兰教授于 1961 年提出。麦克利兰指出，在满足生理需求的前提下，人的高级需求可分为三类。

（1）权力的需求：表现为强烈地影响和控制他人的欲望，对政治感兴趣，谋求获得领导地位。

（2）归属的需求：表现为人与人间的友好情谊，希望与别人保持一种良好的人际关系，在社交中寻求满足。

（3）成就的需求：发挥自身能力，追求在事业上的成就。麦克利兰认为具有高成就需求的人有以下特征。

① 不回避风险（对风险采取现实主义的态度），敢于负责。

② 通过自身不懈的努力，全神贯注地完成工作。

③ 重视内在激励，在完成工作中获得满足。

④ 重视工作中的信息反馈，关心生产，也关心员工。

该理论指出,具有高成就需求的人,在组织中起着导向作用,能导致高成就组织的产生。管理者的责任就是要培养和塑造出富有创造精神和高成就需求的人。高成就需求的人,不是与生俱来的。组织应当为人才的成长创造良好的条件。

二、过程型激励理论

过程型激励理论着重于对行为目标的选择,侧重研究对激励理论的认知过程。即激励发生的过程与人的行为之间的关系——对动机的形成过程进行研究,主要包括弗洛姆的"期望理论"、亚当斯的"公平理论"和洛克的"目标设置理论"。

(一)弗洛姆的"期望理论"

期望理论是美国心理学家弗洛姆 1964 年在他的《工作与激励》一书中提出的。期望理论的基本观点是:人们之所以能够从事某项工作并达成组织目标,是因为这些工作和组织目标会帮助他们达成自己的目标、满足自己某方面的需求。某一活动对某个人的激励力量取决于他所能得到结果的全部预期价值乘以他认为达成该结果的期望概率。用公式表示为:

$$激励力 = 期望值 \times 目标效价$$

式中,激励力是指激励水平的高低,它表明调动一个人积极性,激发出其内部潜力的强度;

目标效价是指达成目标后对于满足个人需要其价值的大小;

期望值又称期望概率,是指一个人根据经验进行的主观判断,达成目标并能导致某种结果的概率。

(二)亚当斯的"公平理论"

公平理论是亚当斯于 1965 年提出来的,他的基本观点是,当一个人付出劳动并取得了报酬以后,他不仅关心自己所得报酬的绝对量,而且关心自己所得报酬的相对量。因此,他要进行种种比较来确定自己所获报酬是否合理,比较的结果将直接影响今后工作的积极性。

(三)洛克的"目标设置理论"

洛克于 1967 提出目标设置理论。该理论认为,设置达到目标是一种强有力的激励,是完成工作的直接的动力,也是提高激励水平的重要过程。外来的刺激,如奖励、工作反馈、监督的压力等,都是通过目标来影响动机的。目标导致努力,努力创造工作绩效,绩效增强自尊心和责任心,从而产生更高的目标。

【案例】 李强的困惑

李强已经在智宏软件开发公司工作了 6 年。在这期间,他工作勤恳负责,技术能力强,多次受到公司的表扬,领导很赏识他,并赋予他更多的工作和责任,几年中他从普通的程序员晋升到了资深的系统分析员。虽然李强的工资不是很高,住房也不宽敞,但他对自己所在的公司还是比较满意的,并经常被工作中的创造性要求所激励。公司经理经常在外来的客人面前赞扬他:"李强是我们公司的技术骨干,是一个具有创新能力的人才……"

去年 7 月份,公司有申报职称指标,李强属于有条件申报之列,但名额却给了一个学历比他低、工作业绩平平的老同志。李强本想问领导,谁知领导却先来找他:"李强,你年轻,机会有的是。"

最近，李强在和同事们的聊天中了解到他所在的部门新聘用了一位刚从大学毕业的程序分析员，但工资仅比他少50元。尽管李强平时是个不太计较的人，但对此还是感到迷惑不解，甚至很生气，他觉得这里可能有什么问题。

在这之后的一天下午，李强找到了人力资源部宫主任，询问此事。宫主任说："李强，公司现在非常需要增加一名程序分析员，而程序分析员在人才市场上很紧俏，为了能吸引优秀人才，我们不得不提供较高的起薪。为了公司的整体利益，请你理解。"李强问能否相应提高他的工资。宫主任回答："你的工作表现很好，领导很赏识你，我相信适当的时机会给你提薪的。"李强向宫主任说了声"知道了！"便离开了他的办公室，开始为自己在公司的前途感到忧虑。

（资料来源：http://www.doc88.com，有修改）

【分析】

1. 试用所学的理论解释李强的忧虑、困惑。
2. 谈一谈企业应如何做才能更好地、有效地激励员工？

模块三 激励基本类型

现代管理的一个明显的特点就是重视激励在管理活动中的作用，努力通过激励手段将组织目标转化为组织成员个人的目标。但是，人的需要的复杂性和多样性，决定了激励方式也必须是多种多样的。可以说，没有任何一种激励方式是对所有人都有同样价值和同样效力的。即使同一个人，在不同时期，对同一种激励也会有不同的反应。所以，没有一种一成不变的激励模式可循。管理者必须根据不同的对象，灵活地采取不同的激励方式和把握不同的激励力度。尽管在具体的管理活动中采取何种激励方式，取决于管理者的灵感和水平，但以下几种激励方式是管理者可以参照的基本类型。

一、工作激励

日本著名企业家道山嘉宽在回答"工作的报酬是什么"时指出：工作的报酬就是工作本身！这句话深刻地指出了工作本身的激励作用。按照赫茨伯格的双因素理论，对员工最有效的激励因素来自于工作本身。当企业解决了员工基本的温饱问题之后，员工就更加关注工作本身是否具有乐趣和吸引力，在工作中是否会感受到生活的意义；工作是否具有挑战性和创新性；工作内容是否丰富多彩，引人入胜；在工作中能否取得成就，获得自尊，实现价值等。要满足员工的这些深层次需要，就必须运用激励理论来进行工作设计。工作设计也称职务设计，是为了达到组织目标而将物质激励与精神激励结合起来，对工作内容、工作职能和工作关系等进行满足职工个人需要的设计，以激发员工工作的积极性，提高工作满意度和工作效率。其主要形式有：工作轮换、工作扩大化、工作丰富化、增加工作的意义和工作的挑战性、工作群体自治和弹性工时制等。

二、绩效薪酬激励

为了产生高水平的激励作用，管理者应该根据绩效水平为组织成员支付绩效薪酬，这通常称为绩效薪酬计划。

常见的几种绩效薪酬计划方案有以下几种。

(1) 计件工资:管理者根据每个员工生产的产品数量向其支付报酬。

(2) 佣金:管理者以个人销售额的一定比例向员工支付报酬。

(3) 利润共享:公司给予员工一定比例的利润。

(4) 员工持股:企业内部员工出资认购本企业部分股权,委托专门机构(一般为员工持股会)进行管理运作,并参与持股分红。员工持股计划给予员工部分企业的股权,使他们分享改进工作的利润绩效,实际上是公司以放弃股权的代价来提高生产率水平。员工持股计划使得员工们更加努力工作。相对而言,员工持股计划在小企业中比较流行,但也有像宝洁公司这样的大企业采用这种激励方式。绝大多数企业主管发现这种激励方式的效果很不错。

(5) 股票期权:企业资产所有者对高层次经营和技术人才实行的一种长期激励的报酬制度。经营者享有在约定的期限内(合同签订后5~10年或至经营者离职前)以预先确定的价格购买本公司股票的权利,如该股票价格届时上涨,经营者可以在他认为合适的价位上抛出股票,赚得买进和卖出股价之间的差价。但在合同期内期权不可转让,也不能得到股息。通过将企业高层经营管理者年薪中利润分享报酬的全部或部分转化为股票期权的形式,可以达到长期激励的效果,使其不但关心企业的现在,更关心企业的未来。

股票期权源于20世纪80年代初的美国,如今,在许多发达国家,对企业经理人员而言,以股票期权为主体的报酬制度已经取代了以基本工资和年度奖金为主体的传统报酬制度。我国北京、上海、深圳、武汉等地已有企业开始试行这种制度。这种有益的、积极的探索,在很大程度上激励了企业高层管理者和技术人才。

三、绩效晋升激励

对大多数公司来说,职位提升机制也是重要的激励方法,工资提高往往是职位晋升所带来的。实际上,许多职位虽然高低不同,但待遇却是相同的,如果公司提拔绩效杰出者,那么职位提升也是对绩效的一种回报。提升职位这种激励方法的作用大小,取决于某一员工有多大的机会获得提升以及职位提升后的收入增加程度(以及在将来提升职位后,期望中的收入增加)。

如果职位获得提升的机会太多或太少,员工很少有机会改变这种结果,那么职位提升这种激励机制的作用就会大打折扣。从这个角度讲,公司在组织架构上必须考虑到报酬和激励作用,公司的组织架构决定了职位提升的可能性大小、职位数量和提升时间,这些都影响到员工的工作动力和对事业前途的期望。

四、培训激励

培训不仅可以提高员工自觉性、积极性和创造力,增加企业产出和利润,既能使企业受益,还可以增强员工本人的素质和能力,使员工受益。因此有人说,培训是企业送给员工的最佳礼物。企业同时应把培训作为改善管理水平的机会和途径,围绕企业任务和目标来实施培训,通过培训提高内部沟通水平,达成相互理解与支持,以提高整体工作绩效。

【案例】 迪士尼公司对人员的培训与激励

世界著名的迪士尼公司,除其最高主宰沃尔特·迪士尼慧眼定位的产品——欢乐具有特殊价值外,更重要的一点是迪士尼公司在对人力资源的培训与激励上具有独到之处。让成千上万的游客心甘情愿付出高额代价,去享受迪士尼的超值服务是该公司的宗旨,因此精心规划、培养训练有素的员工成为公司的首要任务。

随着迪士尼公司兼并旅馆及其他休闲设施事业的发展,新员工来源更加广泛,这些人员有两种分配方向:计时员和支援专业人员的员工。前者从事身着传统服饰扮演美国拓荒英雄以及各种卡通人物以吸引游客的工作,后者则可能成为设计师或构想新计划的理财专家等职务的管理者。

由于员工的需要不同,对其培训方式也应不同。为此,在20世纪60年代,沃尔特先生创办了迪士尼大学。该大学负责研究与分析公司员工的需要,并提出训练计划来满足这些要求。大学根据各个营业点面临的不同问题,成立了众多训练基地,针对不同的工作人员设计训练课程。例如,对"卡通人物"的要求,他们强调"这不是在做一项工作,而是在扮演一个角色"。对前往应聘的人,他们首先要求其做自我评估,找到合适自己的位置;之后,会放一段影片给应聘者看,详细介绍工作纪律、训练过程及服饰,然后才能进入面谈;最后,再经过评选,被选中的应聘者方能由穿着全套角色服饰的教师带领进受训阶段。迪士尼大学的教师大多由各相关单位指派的杰出卡通人员担当,这类杰出人选的主要工作与其他卡通人员一样,但每周有一部分时间要承担上课任务。

迪士尼大学的课程之一是8小时的新人指导课,目的是让新人了解公司的历史和对顾客的服务标准。这一时期是他们接受无形产品——欢乐的时候。课程之二就是让他们了解自己所要担任的角色,并学习如何扮演。训练目的是使新人更加敏锐。接下来就是老手带新手的"配对训练",时间长短视参与的节目而定,大约是16~48小时。在这期间,新手可以向备受尊敬的优秀员工直接学习,同时培养以迪士尼为荣的理念,使他们更能有热情地投入工作,并努力自我要求。在完成这一部分的学习,并熟练掌握训练单上所列的项目之后,新手才能单独接待游客。

迪士尼的管理人员有25%是从内部提升的,为此,公司制定了"迪士尼乐园实习办法"作为主要的人力规划手段。对新人的指导课包括密集训练和主管介绍,以了解公司的产品和历史。之后再对各部门高级主管访谈,以了解各部门的目标及其在组织结构中所扮演的角色,例如,如何从销售或财务的角度为游客创造欢乐。最后,是参加一个正式的训练课程,了解公司策略及节目的制作过程。这些来自各部门具有管理才能发展潜力的人,在接受6个月的在职训练(他们每天要穿上卡通人物服饰)之后要通过期末考试才算结业,但结业并不保证晋升。受训目的不只是训练在职管理人员,更是训练储备管理人员,及早发掘人才。对初级管理人员进行密集训练,一旦晋升到中层管理人员,他们对公司的期望已经完全了解,并且具备了必要的专业技能,其后的训练就没有那么密集了。

迪士尼的卡通人物日复一日、年复一年,天天回答同样的问题、干同样的工作,这也是重复枯燥的,而且迪士尼将"面带微笑,服务顾客"视为宗旨,期望所有卡通人物扮演者都遵守公司高标准的要求。因此,为使卡通人物每天都能设法翻出一些新花样,让游客在这里看米老鼠时能够感受到神奇的滋味,迪士尼公司提供了各种奖励措施,包括服务优良奖、同人表扬活动、全勤奖,以及服务期满10年、15年及20年的特别奖励会餐。此外,公司餐厅提供免费啤酒以提高员工士气,公司还辅助进行各种社团活动。

另外,为更好地激励员工,公司还在各类节日期间,以各种方式感谢卡通人物扮演者及其家属。例如,在圣诞节期间,园区会为他们开放,管理人员则穿上各种角色的服装,取代卡通人物扮演者的工作,向员工庆贺。在迪士尼乐园中,管理人员则会充当售货员,贩卖汉堡包和热狗。所有活动的共同目标是:激发员工的活力、热忱、投入和荣耀,使他们能在适合自己的工作岗位上：自我要求，认同公司，与管理人员一起，为顾客提供更好的服务。

（资料来源：http://www.exam8.com/zige/guanli/fudao/200911/236787.html，有修改）

【分析】

> 1. 迪士尼公司采取什么激励方式？
> 2. 用激励理论解释该公司员工动机和行为。

五、社会心理激励

1. 目标激励法

目标一般是指那些通过奋斗能够获得的成就或结果。目标是分层次的，它不仅有大小之分，而且有远近之分，但无论是什么目标都是由人们的某种需要引起的，所以它本身就具有激励作用，它可以直接激发出人的行为的动力。现实生活表明，当人们受到富有挑战性的目标的刺激时，就会迸发出极大的工作热情，特别是对于那些事业心很强的人来说，总是愿意接受进步目标的挑战，在实现目标中大显身手。一个领导者如果能适时恰当地提出目标，不仅能极大地激发下级的工作热情和积极性、创造性，而且能够统一人们的思想和行动，使绝大多数人向着一个目标努力奋斗。

2. 形象与荣誉激励法

一个人通过视觉感受到的信息，占全部信息量的80%，因此，充分利用视觉形象的作用，激发员工的荣誉感、成就感、自豪感，也是一种行之有效的激励方法。常用的方法是照片、资料张榜公布，借以表彰企业的标兵、模范。在有条件的企业，还可以通过闭路电视系统传播企业的经营信息，宣传企业内部涌现的新人、新事、优秀员工、劳动模范、技术能手、爱厂标兵、模范家庭等。这样可以达到内容丰富、形式多样、喜闻乐见的效果。

荣誉激励在实质上是一种精神激励。它是对为组织存在和发展做出较大贡献的人，给予一定的荣誉，并将这种荣誉以特定的形式固定下来。这样，不仅可以激励这些获得荣誉的人，而且也可以对其他成员产生激励作用。

3. 信任关怀激励法

信任关怀激励法是指组织的管理者充分信任员工的能力和忠诚，放手、放权，并在下级遇到困难时，给予帮助、关怀的一种激励方法。这种激励方法没有什么固定的程序，总的思路是为下级创造一个宽松的工作环境，给员工以充分的信任，使其充分发挥自己的聪明才智；时时关心员工疾苦，了解员工的具体困难，并帮助其解决，使其产生很强的归属感。这种激励法是通过在工作中满足组织成员的信任感、责任感等需要达到激励作用的。

4. 兴趣激励法

兴趣对人的工作态度、钻研程度、创新精神的影响是巨大的，往往与求知、求美、自我实现密切联系。在管理中只要能重视员工的兴趣因素，就能实现预期的精神激励效果。国内外都有一些企业允许甚至鼓励员工在企业内部双向选择，合理流动，帮助员工找到自己最感兴趣的工作。兴趣可以导致专注，甚至于入迷，而这正是员工获得突出成就的重要动力。

业余文化活动是员工兴趣得以施展的另一个舞台。许多企业组织并形成了摄影、戏曲、舞蹈、书画、体育等兴趣小组，使员工的业余爱好得到满足，增进了员工之间的感情交流，感受到企业的温暖和生活的丰富多彩，大大增强了员工的归属感，满足了社交的需要，有效地提高了企业的凝聚力。

5. 参与管理激励法

参与管理激励法需要通过一系列制度和措施，如自我发展计划、合理化建议、雇员调查、员工评价、自我评议、同时评议等，使员工在管理和决策中发挥作用。这种参与同时是对员工的一种认可，迎合了员工赞许和归属的需要，使之获得成就感。实践证明，参与管理有利于激发员工工作积极性、主动性和创造性，缓和劳资关系，增强凝聚力，明显提高劳动生产率。

6. 数据激励法

数据激励法是一种通过数据对比方式把先进与落后反映出来，以达到鼓励"先进"、激励"后进"的做法。心理学家们认为，明显的数据对比，能够使人产生明显的印象，激发强烈的感想。这是因为，人都是有自尊心的，而自尊心正是激发人们积极向上的内在因素。数据激励法正是利用人们的这种自尊心，将存在于人们之间的工作成果上的差别以数据形式鲜明地表现出来，从而实现对人们行为的定向引导和控制。

思考：最有效的激励方式是薪酬激励吗？解释你的观点。

【案例】 通用电气公司员工激励六原则

通用电气仔细研究了奖金发放中的利与弊，建立起合理的奖金制度，它遵循了以下六项原则。

（1）明确告知发放奖金的条件。发放奖金前明确告诉每个工程师、会计师、流水账工人等员工的具体责、权、利。

（2）合理评估制度，可全面评估当事人。通用电气使用了360级评估法，员工不仅由上级严格评估，还同时由平级和下级来评估，最后综合考虑。打破由于"领导说好就好"而滋生巴结讨好上司的现象，更全面地、立体地看待员工业绩。

（3）及时奖励。迟到的奖励简直比没有奖金还令人沮丧，因为拖沓滞后的奖励让员工觉得公司对自己业绩的承认很勉强，容易挫伤员工积极性，奖金的激励作用无法正常发挥。通用公司虽然管理阶层庞大，但资金发放不需要层层审批，以便让员工及时得到奖金，使他们感到自己的细微成绩都被公司所熟悉了解，更有成就感。

（4）广泛传播奖励信息，改变把奖金看作个人隐私的这种陈旧观念。当公司奖励某个有功人员时，广泛的宣传不仅让他更有成就感，而且可以激励其他人，使这种获奖示范效应传递到公司每个角落，激发他人努力工作的欲望。而在我国一些企业还在实行所谓"背靠背"模糊奖励制，员工成绩得到上级认可后，对奖金数额保密，暗地发放奖金，好像"获奖"并不光荣，是偷偷摸摸的事。员工拿到奖金还要嘀咕一下"别人拿的奖金恐怕比我还高……"徒生猜疑，最终闹得心理不平衡，奖金的激励作用无法发挥，顶多可以培植员工对上级的"忠心"。管理者将职工应对企业的感激之情据为己有，与此同时也滋生了管理者徇私舞弊的不良风气。

（5）割断奖金与权利之间的"脐带"，通用电气废除奖金多寡与职位高低联系的旧做法，使奖金的发放与职位高低脱离，给人们更多的不需提高职位而增加报酬的机会，让奖金真正起到奖励先进的作用，也防止高层领导放松工作、不劳而获的官僚作风。

（6）奖励可逆性。不把奖金固定化，否则员工会把奖金看作理所当然，"奖金"也就沦为一种"额外工资"了，起不到奖励作用。通用电气根据员工表现的变化随时调整奖金数额，让员工有成就感,更有危机感,从而鞭策员工长期不懈地做好本职工作。

(资料来源:http://www.52mba.com,有修改)

【分析】

1. 你对通用电气公司的激励原则如何评价?
2. 为什么通用电气不把奖金固定化?

【本章案例分析】 林肯电气公司的按件计酬与职业保障

林肯电气公司的生产工人按件计酬,他们没有最低小时工资。员工为公司工作两年后,便可以分年终奖金。该公司的奖金制度有一整套计算公式,全面考虑了公司的毛利润及员工的生产率与业绩,可以说是美国制造业中对工人最有利的奖金制度。在过去的56年中,平均奖金额是基本工资的95.9%,该公司中相当一部分员工的年收入超过10万美元。近几年经济发展迅速,员工年平均收入为44 000美元,远远超出制造业员工年收入17 000美元的平均水平。在不景气的年头里,如1982年的经济萧条时期,林肯公司员工收入降为27 000美元,这虽然相比其他公司还不算太坏,可与经济发展时期相比就差了一大截。

公司自1958年开始一直推行职业保障政策,从那时起,他们没有辞退过一名员工。当然,作为对政策的回报,员工也相应要做到几点:在经济萧条时期他们必须接受减少工作时间的决定;而且接受工作调换的决定;有时甚至为了维持每周30小时的最低工作量,而不得不调整到一个报酬更低的岗位上。

林肯公司极具成本和生产率意识,如果工人生产出一个不合标准的部件,那么除非这个部件修改至符合标准,否则这件产品就不能计入该工人的工资中。严格的计件工资制度和高度竞争的绩效评估系统,形成了一种很有压力的氛围,有些工人还因此产生了一定的焦虑感,但这种压力有利于生产率的提高。据该公司一位管理者估计,与国内竞争对手相比,林肯公司的总体生产率是他们的两倍。自20世纪30年代经济大萧条以后,公司年年获利丰厚,没有缺过一次分红。该公司还是美国工业界中工人流动率最低的公司之一。该公司的两个分厂曾被《财富》杂志评为全美十佳管理企业。

(资料来源:http://wenwen.sogou.com/z/q192489461.htm,有修改)

【讨论】

1. 你认为林肯公司使用了哪几种激励理论来激励员工的工作积极性?
2. 为什么林肯公司的方法能够有效地激励员工工作?
3. 你认为这种激励系统可能会给管理层带来什么问题?

【做游戏学管理】 猜人名

[目的]
设置奖励,激励同学们在寻求YES答案的过程中,练习如何组织问题及分析所得到的信息。

[游戏程序与规则]

1. 组织与时间

(1) 5人一组。

(2) 时间：15～20分钟。

2. 要求

(1) 每组选1名代表为"名人"坐在椅子上，面对小组的队员们。

(2) 教师给坐在椅子上的每位"名人"带上写有名人名字的高帽。

(3) 每组的组员除了坐在椅子上的"名人"不知道自己是什么名人，其他组员都知道，但谁都不能直接说出来。

(4) 现在开始猜，从1号"名人"开始，他必须要问封闭式的问题如"我是……吗？"如果小组成员回答YES，他还可以问第二个问题。如果小组成员回答NO，他就失去机会，轮到2号"名人"发问，如此类推。

(5) 谁先猜出自己是谁者为胜。

(6) 教师准备小礼物给赢队。

3. 游戏前的准备

(1) 准备4顶写有名人名字的高帽。

(2) 在教室前面摆4把椅子。

[讨论]

(1) 如果你是"名人"，你会怎样改进提问的方法？

(2) 如果赢队没有礼物，你参与游戏的投入程度会有所改变吗？

【实务项目训练】 从不同角度看激励

一、训练目标

(1) 运用激励理论联系实际，进一步学习激励。

(2) 提高管理技能。

二、训练内容

学生自愿组成小组，每组6～8人。利用课余时间，选择1～2个企事业单位进行调查与访问，了解该企业激励员工的方法和措施，同时访问一些企业员工，收集对企业的评价信息。在调查访问之前，每组需设计两套针对企业和员工个人的访问提纲，根据课程所学知识，经过讨论制定，并设计调研的主要问题、具体方法和安排。

三、训练要求

(1) 每组写出一份简要的调查访问笔录和小结。

(2) 调查访问结束后，利用管理沙龙活动时间，组织一次课堂交流与讨论。

(3) 以小组为单位，由教师打分。

四、训练步骤

(1) 每组组长针对本组调查内容、结论进行阐述。

(2) 教师进行归纳总结与评价。

【技能自测题】

一、思考题

1. 管理者如何才能做好激励工作？

2. 激励的原则有哪些？能举例说明吗？

3. 马斯洛的需要层次论和麦克利兰的需要理论有什么相同点和不同点？
4. 如何看待"没有绝对的公平"这句话？
5. 如何正确运用激励原则？
6. 作为一个管理者，如何对本公司的销售人员进行激励？
7. 对于一个企业来说，激励有什么作用？
8. 为什么有的人对加薪水特别感兴趣，而有的人对公司的发展感兴趣？
9. 大学生能否通过激励知识的学习真正提升自己领导力和沟通能力？为什么？
10. 批评激励有效吗？解释你的观点。

二、实训报告

请学生为所在学校写一份关于如何提升教师满意度相关内容的报告，并进行讨论。

【参考文献】

[1] 〔美〕罗伯特·N.卢西尔.管理学基础：概念、应用与技能提高[M].2版.高俊山,戴淑芬,译.北京：北京大学出版社,2007.

[2] 〔美〕菲利普·L.亨塞克.管理技能与方法[M].2版.王汀汀,何训,陈晔,译.北京：中国人民大学出版社,2007.

第九章　领　　导

【学习目标】

■ **能力目标**
1. 学会作为领导者应如何塑造领导的影响力,进行有效的领导工作。
2. 根据不同的情境,采取相应的领导方式。

■ **知识目标**
1. 知道什么是领导,领导和管理有什么区别。
2. 理解领导的作用和领导的影响力。
3. 了解什么是领导风格及领导风格理论。
4. 理解有关的领导理论。
5. 掌握一个出色的领导者应该具备的素养和领导艺术。

■ **素质目标**
1. 通过资料收集、课外调查和课堂研讨,提高学生组织能力和思维能力。
2. 通过小组集体学习和训练,培养团队协作精神。

【本章内容概要】

你想成为领导者吗?通过本章的学习,能够帮助你了解谁是领导者,领导的作用和领导影响力的来源;理解成功的领导风格和几种相关的领导理论;掌握领导者的素养和领导的艺术,为你将来成为成功的领导者奠定基础。

任务导入

写一份题为《如何成为一名出色的领导者》的报告

一、任务目的

通过调查访问当今企事业单位成功的领导者,学习成功领导者们的领导素养和领导艺术以及如何塑造领导影响力,为自己将来能够成为出色的领导者作准备。

二、任务形式

讨论,撰写报告,分享成果。

三、任务要求

(1) 根据班级人数分组,每组 6~8 人,每组通过实地调查或在互联网搜索,调查访问 5 个成功知名的领导者。

(2) 调查结束后小组讨论,归纳总结 5 个成功知名领导者的共同之处和不同之处。(每组有 1 个主持人,大家畅所欲言)

(3) 结合 5 个成功知名领导者的总结资料,讨论在当今社会怎样才能成为一名出色的领导者。

（4）根据小组调研和讨论的内容，结合本章所学的知识，每组应提出一些可行的方案，为了使自己将来成为一名出色的领导者，现在应如何培养自己；撰写调研报告大纲。

（5）每组派出一个代表分享调研报告的思路。

（6）以学生为主体，教师把本章相关知识贯穿到讨论之中。

（7）课后结合本章各模块知识，完善自己的报告。

四、任务成果标准

至少形成1500字报告，语言通顺，层次清晰，书写规范，结合本章知识点，产生自己的想法，下次上课时提交。

五、教学建议

（1）教师要在上课前提前让学生搜集调研资料。

（2）课上形成大纲，课后完成报告（可以采用手写、Word电子文档或PPT等方式）。

（3）涉及的知识点让学生查找本书或相关书籍，由教师引导，启发式学习。

模块一 什么是领导

领导是有效管理的一个重要方面，是一项重要的管理职能，并直接影响到其他管理职能发挥作用。有效地进行领导是现代管理者必须掌握的一项基本技能。

一、领导的基本含义

（一）领导的概念

关于领导的概念，历来有不同的解释。从字面上来看，"领导"有两种词性的含义：一是名词属性的"领导"，即"领导者"的简称；二是动词属性的"领导"，即"领导者"所从事的活动。传统的管理理论认为领导是一个人或集体利用组织赋予的职位和权力，以率领其部署实现组织目标的活动。但更多的管理学者认为领导是一种行为和影响力，这种行为和影响力可以引导和激励人们实现组织的目标。领导是领导者为了实现组织目标而运用权力向其下级施加影响力的一种行为或行为过程。有效的领导经常表现为对下级较强的影响力，或表现为下级对领导者强烈的追随和服从的倾向。

（二）领导实质

领导实质上是一种对他人的影响力，即管理者对下级及组织的行为及心理的影响力。这种影响力能改变或推动下级及组织行为，从而有利于实现组织目标。这种影响力可以称为领导者影响力，管理者对下级及组织施加影响力的过程就是领导的过程。

二、领导和管理的区别

领导和管理有着密切的关系，从表面上看，两者似乎没什么差别。人们通常将它们混为一谈。但实际上，两者既有紧密联系，又有很大差异。领导与管理的共同之处在于，从行为方式看，领导和管理都是一种在组织内部通过影响他人的协调活动，实现组织目标的过程；从权力的构成来看，两者都与组织层级的岗位设置有关。

从本质上来说，管理是建立在合法的、有报酬的和强制性权力基础之上的对下级命令的行为，下级必须遵循管理者的命令。管理是维持组织运行的既定规则和制度，它使组织得以正常运转，没有行之有效的管理，企业将陷入一片混乱中，管理能使企业变得更加有秩序和有效率。但领导者则不同,作为一种影响别人的能力,不仅是来自于职位赋予领导者的合法权利,而且更多的是来自于个人的影响权和专长权,这两种权力与领导者的职位无关。

一个人既有可能是管理者,也有可能是领导者。但是,当一个人是管理者时,却不一定是一个领导者。在理想的情况下,管理者都应是领导者。反之,所有的领导者未必都是管理者,因为领导者也不一定都处在管理岗位上。一个人能够影响别人,并不表明他具有组织运营及岗位要求的管理能力,如计划、组织、领导、控制等。领导的本质就是下级员工对领导者的追随和服从,它不是由组织赋予的职位和权力决定的,而是取决于追随者的意愿。当然,有些管理者只有职位赋予的职权,但下级员工并不追随和服从他,所以也就不是真正意义上的领导者。

三、领导的作用

1. 指引作用

有人将领导比喻为乐队的指挥,一个乐队指挥的目的是通过演奏家的共同努力形成一种和谐的声调和正确的节奏。在组织的工作过程中,头脑清醒、胸怀大局、高瞻远瞩、运筹帷幄的领导者,能够帮助组织成员认清所面临的环境和形势,指明组织的目标和达到目标的途径。领导就是引导、指挥、指导,领导者应该指引组织成员最大限度地实现组织的目标,站在组织的前列,指引组织的发展方向并促使人们前进去实现组织的目标。

2. 协调作用

领导工作的作用在于引导组织中的全体成员有效地领会组织的目标,使全体人员能够充满信心、齐心协力。在实现组织目标的过程中,人与人之间、部门与部门之间都可能会发生各种矛盾、冲突以及在行动上出现偏离目标的情况。领导者的重要任务是协调各方面的关系,使全体人员步调一致地加速促进组织目标的实现。

3. 激励作用

组织成员中的个人的目标和组织的目标不可能完全一致,因为组织中的人员是由具有不同需求、欲望、个性、情趣和态度的个体组成的。领导的任务就是把组织的目标和个人的目标结合起来,把人们的精力引向组织目标,并使他们都热情、满怀信心地为实现组织的目标做出最大的贡献。

4. 沟通作用

在组织中,领导者在信息传递方面发挥着重要的作用,是信息的传递者、监听者、发言人和谈判者,在管理的各个层次中起着上传下达的作用,以保证管理决策和管理活动的顺利进行。

四、领导的影响力

在组织的管理中,要实现有效的领导,关键是领导者在被领导者心目中有崇高的威望,而威望的高低取决于领导者自身具备的影响力的大小。

所谓的影响力,就是一个人在与他人的交往中,影响和改变他人心理和行为的能力。每个人都具有影响力,但是交往的双方由于各自的知识、经验、能力、地位、权力等特点与各自条件、所处环境的不同,影响力所起的作用是大不相同的。可见,影响力的大小是一个相对比较量。领导者在组织中影响力的大小,是由诸多因素决定的。例如,地位、权力、知识、能力、品格和资历等因素。

(一) 领导者影响力的分类

领导者影响力包括两类：权力性影响力和非权力性影响力。这是两种产生于不同基础、发挥不同作用的影响力。

1. 权力性影响力

权力性影响力也叫强制性影响力，是由组织赋予个人的职务、地位、权力等所构成的影响力。这种影响力基于以下三点。

(1) 法定权，即是正式组织中的上级主管部门赋予某个个人以一定的职务和权力，它带有法定性质，使领导者有合法权力指挥、支配人们的工作行为，被指挥、支配者必须听命、服从。

(2) 奖赏权，是指领导者由于能够决定对下级的奖赏而具有的影响力，下级为了获得奖赏而服从与追随领导。

(3) 强制权，是指领导者由于能够决定对下级的惩罚而拥有的影响力，其下级出于恐惧的心理而服从领导。

权力性影响力的基础决定了其影响力带有强制性和不可抗拒性，这种由于职务、权力、地位而产生的影响力，完全是外界赋予的，因而在这种权力影响力作用下被领导者的心理与行为一般表现为被动服从。

2. 非权力性影响力

非权力性影响力也叫自然性影响力，与权力性影响力是相对的，是由于个人自身的品德、才能、学识、专长等因素而对他人形成的影响力。任何一个人如果他具有高尚的品德、渊博的知识或者表现出某种出众的专长，都会受人爱戴、敬佩，都会产生这种影响力。

非权力影响力的特点是自然性，在这种影响力作用下，人们的心理和行为多表现为自觉、自愿、积极主动。同时，在具体的组织工作中，它比权力性影响力具有更大的影响，并起着权力性影响力所不可替代的作用。

(二) 领导者影响力的来源

1. 权力性影响力的来源

权力性影响力的来源主要包括三个方面。

(1) 传统因素。传统因素是指人们对领导者的一种传统观念，认为领导者总是不同于一般人，有权、有才干，比普通人强，从而产生了对领导者的被动的服从感，这就使领导者的言行增加了影响力。只要你成为领导者，这种力量就自然而来。

(2) 职位因素。职位因素是指个人在组织中的职务和地位。具有领导职务的人，组织赋予他一定的权力，而权力使领导者具有强制下级的力量，凭借权力可以左右下级的行为、处境、前途乃至命运，使被领导者产生敬畏感。下级对领导的敬畏感与领导职位的高低成正比，领导者的职位越高，权力越大，下级对他的敬畏感就越强烈。

(3) 资历因素。资历是领导者的资格和经历。领导者的资格和经历对被领导者产生的心理影响称为资历因素影响。领导者的资历越深影响越大，它是一种历史性的因素。

显而易见，由传统因素、职位因素、资历因素所构成的影响力，是外界赋予的，它对下级的影响力带有强制性和不可抗拒性。这种权力来自领导者所担任的职务，有了这个职务，领导者就有了职务法定的权力，下级就要接受他的领导。这种权力是一种职位权力或地位权力,它取决于个人在组织中的地位。这种影响力对被领导者的作用主要表现为被动的服从,注定了它对人的心理和行为的激励作用是有限的。

2. 非权力性影响力来源

非权力性影响力既没有正式的规定,也没有组织赋予的权利,是靠领导者具有渊博的知识、高超的技能或高尚的品质,使下级自觉或不自觉地萌发对他的尊敬,自然而然地产生对领导者的服从感和依赖感。非权力性影响力的来源主要包括四个方面。

(1) 品格因素。品格因素是指领导者的品行、人格、作风等对下级的影响,使下级产生敬畏感,从而接受他的影响。

(2) 才能因素。才能因素是指领导者的领导能力与才干对人的影响。一个有才能的领导者会给组织带来成功,使下级对他产生敬佩感。敬佩感是一种心理磁力,会吸引人们自觉地接受其影响。

(3) 知识因素。知识因素是指领导者的博学多才对下级产生的影响。领导者广博的知识,会使人产生信赖感,从而增强其影响力。

(4) 情感因素。情感因素是指领导者对人有真挚的情感,使下级产生亲切感。具有亲切感的领导与下级之间的相互吸引力越大,彼此的影响力就高。一个领导者平时待人和蔼可亲,能时时体贴关怀下级,与下级的关系十分融洽,他的影响力往往比较高。

一般来讲,任何领导都同时具有两种影响力,但对不同的领导来说,两种影响力的大小却各不相同。对于权力影响力相同的两个领导者来说,其威信的高低,主要取决于非权力性影响力。因此,要想提高领导者的影响力与威信,一方面要合理用权,职权相称;另一方面要加强领导者的自身修养,全面提高个人素质,并且应使两种影响力相互促进、彼此呼应。一个能将两种影响力综合运用的领导者,才是具有领导艺术魅力的人。

【讨论】

1. 领导的影响力来源于何处?
2. 为什么有"人一走,茶就凉"这一说法?实质是什么?
3. 你心目中的领导是什么样的?

【案例】 小杨辞职的真正原因

A公司是一家私营软件开发企业,公司总经理李强是知名大学的计算机及应用专业毕业生,在一家大型软件公司工作,开始做软件开发,一年后因为他沟通能力较强,公司派他做销售业务,因为他积极努力,每年都是公司的销售冠军,但他总想自己做一番事业,四年后,辞职自己创业。五年下来,公司的业绩不断发展,规模也不断壮大,作为老板的李强既需要开拓新的业务领域和进行公司日常管理,又要承担商务谈判和大客户管理维护等工作,凡事都要亲力亲为,他感到有些力不从心。而公司的员工中,还没有人具备既能懂软件相关知识,又能够独立承担商务谈判和大客户管理的能力。

李强几次招聘的大学毕业生,都没能在公司里留下来,没过多久就都相继辞职,后来,李强把招聘目标定在高等职业学校毕业的学生身上。这次,李强招聘来了两个人,小赵和小杨,小赵主要负责正常的商务谈判,小杨主要负责大客户维护。随着两个人的经验和能力不断提高,李强终于感觉到,他可以在关注新的业务领域的同时,分出精力来关注公司的日常运营管理了。但正在李强庆幸自己的选择的时候,小杨却又提出了辞职。这让李强很恼火,他把小杨叫到自己的办公室狠狠地批评了一通。没过几天,他收到了小杨的一封邮件,内容主要内容是:"……您在大公司中积累了相当多的经验,我从中也学习到了很多很多,但这并不能说明您每次的看法决定都是正确的。每当我发表我的看法时,您或者是不予重视,或者是打断我的话,听也不听。但一旦出了问题,无论是多么小的事情,您都会大发雷霆,不论青红皂白就把我训一顿,这实在让我觉得没法跟您再干下去。现在公司私下流传着这样的说法:第一,老板的决定都是正确的;第二,当老板做出错误决定时,按照第一点执行。所以,大家都不在您面前表现过多的看法。但这又更加助长了您独断专行的情况。我是因为非常感谢您才与您说这些的,有不对的地方请您原谅。"

(资料来源:戴淑芬.管理学教程[M].北京:北京大学出版社,2013,有修改)

【分析】

1. 你认为作为领导人,李强具备哪些特质?
2. 小杨的信说明公司或者李强存在什么问题?如何改进?

模块二 领导风格

一、领导风格定义

企业领导风格一般指习惯化的领导方式所表现出的各种特点。习惯化的领导方式是在长期的个人经历、领导实践中逐步形成的,并在领导实践中自觉或不自觉地起着稳定的作用,具有较强的个性化色彩。每一位领导者都有其与工作环境、经历和个性相联系的与其他领导者相区别的风格。领导风格研究的理论价值和实践意义在于,它更能反映现实的领导活动,解释领导有效性的差异。

二、领导风格理论

(一)勒温领导风格

最早开始研究领导风格及其效果的是美国社会心理学家勒温。勒温根据领导过程中权力定位的不同,把领导者的领导风格分为以下三种类型。

(1)民主型。权力定位于全体成员,领导者则起指导者或委员会主席的作用。团体的目标和工作方针尽量公之于众并求得大家的赞同,具体工作安排和人员调配等经共同协商决定。鼓励成员提出有关团体工作的各种意见和建议,一切重要决策都经过充分协商讨论。领导者的一项重要职责,是在团体决策过程中及时提供各种可供选择的方案,以促进决策、解决分歧。

(2)专制型。权力定位于领导者个人手中,团体成员则处于无权参与团体决策的从属地位。团体的目标和工作方针都由领导者自作主张,具体的工作安排和人员调配也由领导者决定。不欢迎团体成员对团体工作提出意见,试图参与团体决策的任何企图都会受到压制。领导者根据个人的了解与判断来监督和控制团体成员的工作。下级只能被动、盲目、消极地遵守制度,执行指令。

(3)放任型。权力定位于每一个成员,领导者置身于团体工作之外,只起被动服务的作用。关于团体目标和工作方针缺乏指示,具体工作进程和人员调配不作明确指导。领导者满足于任务布置和物质条件的提供,对团体成员的具体执行情况既不主动协助,也不进行主动的监督和控制,听任团体成员各行其是,对工作成果也不作任何评价和奖惩。

勒温等人的实验结果表明,三种典型的领导风格中,以民主型领导风格的效果为最佳,其次是专制型领导风格,效果最差的是放任型领导风格。但勒温又进一步指出了,在现实的工作情境中,上述三种典型的领导风格并不常见,大量的领导者所表现出的领导风格,往往是介于不同典型领导风格之间的中间形态,如图9-1所示。

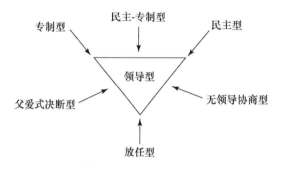

图 9-1　领导风格示意图

在图9-1中,民主-专制型领导风格是部分实施民主专制的混合型,包括由领导者给定实施民主的范围和由领导者在民主协商基础上做出个人决断两种情况。父爱式决断属于温和干涉型的领导风格,表现为在照顾成员个人需要基础上的领导者专制。无领导协商型属于坐等多数人裁定的领导风格,实际上也等于放弃了领导。

(二) 戈尔曼领导风格

根据戈尔曼的研究,一共存在六种领导风格,每一种领导风格都源于情商的不同组成部分。掌握了四种或者更多领导风格的领导者——尤其是权威型、合作型、民主型以及教练型领导风格——往往会营造出最好的工作氛围并取得最好的绩效。

1. 权威型

权威型领导动员大家为了一个共同的想法而努力。同时,对每个个体采用什么手段来实现该目标往往会留出充分的余地。

情商基础:自信、移情能力、改变激励方式。

适用情形:几乎所有的商业情形。

不适用的情形:有个别情况下不宜使用,例如,当与一个领导者在一起工作的是一个由各种专家组成的团队时,或者是一些比他更有经验的同事时。

2. 合作型

合作型领导风格以人为中心,合作型领导者努力在员工之间营造一种和谐的氛围。

情商基础:移情能力、建立人际关系、沟通。

适用情形:是一种不受时间约束的好方法。下列情况下尤其应该使用,例如,需要努力建立和谐的团队氛围、增强团队士气、改善员工之间的交流,以及恢复大家之间的信任等。

不适用的情形:它不宜单独使用。由于这种领导风格易千篇一律地对员工进行表扬,所以它可能会给那些绩效较差的员工提供错误的导向,可能会感觉到在这个组织之中平凡是可以容忍的。合作型应该与权威型风格结合使用。

3. 民主型

民主型领导方式是通过大家的参与而达成一致意见。

情商基础：协调合作、团队领导、沟通。

适用情形：当一个领导者对组织发展的最佳方向不明确，且须要听取一些能干的员工的意见，甚至需要他们的指导时使用此类型。即使已经有了很好的愿景，运用民主型领导风格，也可以从员工中得到一些新的思想来帮助实施这个愿景。

不适用的情形：这种领导风格最让人头疼的一个问题就是它会导致无数的会议，很难让大家达成一致意见，所以在危机时刻不应使用。

4. 教练型

教练型领导风格可发展人才以备将来之需。领导者会帮助员工们确定自身的优势和劣势，并且将这些与他们的个人志向和职业上的进取心联系起来。教练型领导非常擅长给大家分配任务，为了给员工提供长期学习的机会，往往不惜忍受短期的失败。

情商基础：发展别人、移情能力、自我意识。

适用情形：当人们"做好准备"时，这种领导风格最有效。例如，当员工已经知道了自己的劣势并且希望提高自己的绩效时，以及当员工意识到须要培养新的能力以进行自我提高时。

不适用的情形：当员工拒绝学习或者拒绝改变自己的工作方式时。

5. 示范型

示范型领导者会树立极高的绩效标准并且自己会带头做榜样。这种领导者在做事情时总是强迫自己做得又快又好，而且他们还要求周围的每一个人也能够像他们一样。

情商基础：责任心、成就动机、开创精神。

适用情形：当一个组织所有员工都能够进行自我激励并具有很强的能力，而且几乎不需要任何指导或者协调时，这种领导方式往往能够发挥极大的功效。

不适用的情形：像其他领导风格一样，不应单独使用。示范型领导者对完美的过度要求会使很多员工有被压垮的感觉。

6. 强制型

强制型的领导者需要别人立即服从。

情商基础：成就动机、开创精神、自我控制。

适用情形：在采用强制型领导风格时必须谨慎，只有在绝对需要的情况下才可以使用，诸如一个组织正处于转型期或者敌意接管正在迫近时。

不适用的情形：如果一个领导者在危机已经过去之后，还仅仅依赖于强制型领导风格或者继续使用这种风格，就会导致对员工士气以及员工感受的漠视，而这带来的长期影响将是毁灭性的。

【案例】 罗琼的领导风格转换

罗琼临危受命，担任某全球食品饮料公司的一个分公司的经理。当时分公司正陷入一场严重的危机，连续六年完不成指标，最近一年亏损严重。最高管理层士气低落，彼此抱怨，毫无信任。总公司给罗琼的指令是明确的——必须扭亏为盈。

上任伊始，罗琼意识到必须在短时间内展示自己高效的领导能力，并且与管理团队建立融洽与信任的关系。同时，罗琼也明白，当务之急就是要了解公司的问题出在哪里，因此她首要的任务就是听取关键人员的意见和想法。

在上任的第一周,罗琼与管理团队的每一位成员共进午餐和晚餐,目的是了解公司之前的情况并让每一个人都理解公司目前的处境。

同时,罗琼还尽力帮助团队成员解决工作中出现的问题。例如,有一位经理向罗琼吐露了他在工作上的烦恼:大家对他的意见很大,抱怨他没有团队精神,但是他自己却不这样想。罗琼看出他是一位很能干的管理人员,对公司来说很有价值,于是就与他达成了一项协议:一旦他的行为看起来有些违背团队精神,罗琼就会悄悄地提醒他。

在三天的外出会议期间,罗琼继续与员工们一对一地促膝谈心。此时她的目的是建设团队,号召大家为当前出现的危机献计献策,鼓励大家畅所欲言,表达自己的困惑与不满。

次日,罗琼要求团队成员集中精力解决问题,每个人都必须拿出三个具体方案并阐明应该采取的措施。罗琼惊奇地发现,大家的方案中都认为公司的当务之急应该是削减成本。

目标清晰了,罗琼开始采用一种新的领导方式。她将任务落实到个人,要求每个管理人员都对自己的任务负责。

在随后的几个月里,罗琼不停地阐述公司最新的远景目标,让每位员工牢记自己与这一目标紧密相连。特别是在计划开始几个星期里,罗琼认为这是成败的关键时期,如果有人此时不能尽职尽责,那么她有理由采取强制的手段。

最终结果是,公司的工作氛围焕然一新,员工不断创新并表示愿意为公司的远景目标奋斗。罗琼上任仅仅7个月,公司的利润就达到5000万美元,超过全年的利润指标。

(资料来源:http://wenku.baidu.com/link?url=F-5xxfUDCT-tsTnW34u5aJQYwhlbzbS6ZG8hizGFLogjT7GZe_ZyR2jCeYhwk6KKEreXNloURXvGWrLpt0JlkpujT4ZEiAEXQBiXTdSjl7a,有修改)

【分析】

1. 罗琼在不同时期用的领导风格是什么?
2. 如何才能做到各种领导风格的灵活转变?

模块三 领导理论

领导与其他管理职能一样,是任何组织普遍存在的管理活动。人们对领导及其效能的问题,做出了多种多样的解释,并形成了不同的领导理论,内容十分丰富。按理论形成的时间顺序,可以把现有的领导理论大体分为三类:领导特质理论、领导行为理论、权变领导理论。

一、领导特质理论

领导特质理论主要是研究领导者个人最有效的品质特征。传统的领导特质理论认为,领导特质是天生的,生来不具有领导特质的人,就不能成为领导者。在1969年美国心理学家吉普的研究中认为,天才的领导者应该具有七种特质:善于言辞、外表英俊、高超智力、充满自信、心理健康、支配趋向、外向敏感等。而美国的心理学家斯托格第等人认为,领导的先天特质是:有良心、可靠、勇敢、责任心强、有胆略、力求革新进步、直率、自律、有理想、良好的人际关系、风度优雅、身心愉快、身体健壮、智力过人、有组织力、判断力。到20世纪70年代中期,出现了一种均衡的观点,虽然没有哪一种特性确保领导者的成功,但某些性格特点还是有潜在的作用。到20世纪90年代,出现了新的观点,认为领导者确实具有某些共同的特性,但是领导者的特性并不是先天具有的,而是后天形成的。他们都是经过非常努力地学习和在实践中长期艰苦锻炼,才渐渐成为有效领导者的。

有效的领导者具有的共同特性,一般有以下几点:努力进取,渴望成功;强烈的权力愿望;正直诚信,言行一致;充满自信;追求知识和信息。每个领导者在这些特性方面,发展不可能完全均衡,因而形成了领导者各自的个性和领导风格。

领导特质理论系统地分析了领导者所具备的条件,对于培养、选拔和考核领导者具有积极的意义。但领导特质理论也存在一些缺陷,每个领导者的性格、心态和领导者所处的情景,以及追随者的状态都会对领导风格产生影响。

小资料

鲍莫尔提出的领导者特质清单如下。
(1) 合作精神,即愿与他人一起工作,能赢得人们的合作,对人不是压服,而是感动和说服。
(2) 决策能力,即依赖事实而非想象进行决策,具有高瞻远瞩的能力。
(3) 组织能力,即能发掘部属的才能,善于组织人力、物力和财力。
(4) 精于授权,即能大权独揽,小权分散。
(5) 善于应变,即机动灵活,善于进取,而不保守残缺、墨守成规。
(6) 敢于求新,即对新事物、新环境和新观念有敏锐的感受能力。
(7) 勇于负责,即对产品用户及整个社会抱有高度的责任心。
(8) 敢担风险,即敢于承担企业发展不景气的风险,有创造新局面的雄心和信心。
(9) 尊重他人,即重视和采纳别人的意见,不盛气凌人。
(10) 品德高尚,即品德上为社会人士和企业员工所敬仰。

(资料来源:http://www.docin.com/p-719720484.html)

二、领导行为理论

领导行为理论试图从研究领导者的行为特点与绩效关系,来寻找最有效的领导方式。主要从领导者更关心工作绩效,还是更关心群体关系,以及是否让下级参与决策等三个方面研究领导行为。

(一) 领导四分图理论

以美国俄亥俄州立大学企业研究所的斯托格第和沙特尔为核心的研究小组对企业的领导方式进行了一系列调查研究。他们发现,以人为中心和以工作为中心这两种领导方式在一个领导者身上有时是一致的,有时是不一致的。他们认为,这两种领导方式不是相互排斥的,应当把它们结合起来,而且有多种结合形式。领导者应当在组织的需要和个人的需要之间加以调节,找出最有效的领导行为方式。斯托格第首次以四分图形式来研究领导行为方式,所以这种理论又称"四分图理论"。

四分图理论将领导方式分为四种类型,即高关心人低组织、高关心人高组织、低关心人低组织、低关心人高组织的领导方式。一般来说,低组织和低关心人的领导方式效果不好,而高组织和高关心人的领导方式效果更佳,如图9-2所示。

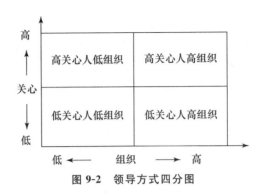

图 9-2 领导方式四分图

（二）布莱克管理方格理论

管理方格理论由美国得克萨斯大学的行为科学家布莱克和莫顿在 1964 年出版的《管理方格》一书中提出，它主要研究企业的领导方式及其有效性的理论。

管理方格理论认为，在企业领导工作中往往出现一些极端的方式，或者以生产为中心，或者以人为中心。为避免趋于极端，克服以往各种领导方式理论中非此即彼的绝对化观点，管理方格理论指出：在对生产关心的领导方式和对人关心的领导方式之间，可以有使二者在不同程度上互相结合的多种领导方式。为此，管理方格理论使用一张纵轴和横轴各 9 等分的方格图，纵轴和横轴分别表示企业领导者对人和对生产的关心程度。第 1 格表示关心程度最小，第 9 格表示关心程度最大。全图总共 81 个小方格，分别表示"对生产的关心"和"对人的关心"这两个基本因素以不同比例结合的领导方式，如图 9-3 所示。

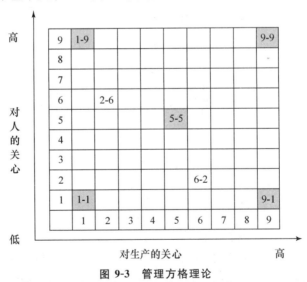

图 9-3 管理方格理论

在图 9-3 中，1-1 定向表示贫乏的管理，对生产和人的关心程度都很小；9-1 定向表示任务管理，重点抓生产任务，不大注意人的因素；1-9 定向表示所谓的俱乐部式管理，重点在于关心人，企业充满轻松友好气氛，不大关心生产任务；5-5 定向表示中间式管理，既不偏重于关心生产，也不偏重于关心人，完成任务不突出；9-9 定向表示理想型管理，对生产和对人都很关心，能使组织的目标和个人的需要最理想最有效地结合起来。

布莱克和莫顿认为，9-9 管理方格表明，在对生产的关心和对人的关心这两个因素之间，并没有必然的冲突，他们认为，9-9 定向方格最有利于企业的绩效。所以，企业领导者应该客观地分析企业内外的各种情况,把自己的领导方式改造成为 9-9 理想型管理方式,以达到最高的效率。

(三)参与管理理论

这是密歇根大学利克特教授和他的同事对领导者行为作了长达 30 年研究的研究成果,利克特在研究过程中所形成的某些思想和方法对理解领导行为尤其重要。利克特于 1967 年提出了领导的四系统模型,即把领导方式分成四种类型。

(1)专制命令型。采用这种方式的领导者极为专制,很少信任下级,主要是运用命令和惩罚手段来执行领导职能,不过偶尔兼用奖赏来激励下级,习惯采取自上而下的传达信息,决策权也只限于最高层。

(2)仁慈命令型。采用这种方式决策权较为集中,也授予下级部分权力,但实行严格的政策控制。领导者表现出对下级的信任和信赖,允许一定程度的自下而上的沟通,向下级征求一些想法和意见;采取奖赏和惩罚并用的激励方法;授予下级一定的决策权,但牢牢掌握政策性控制。

(3)协商型。采用这种方式的领导者对下级抱有相当大的但又不是充分的信任和信赖,通常酌情设法采纳下级的想法和意见;采用奖赏,偶尔用惩罚和一定程度的参与;从事于上下双向沟通信息;在最高层制定主要问题和总体决策的同时,具体问题由下级决定或决策,上下级之间通过协商共同解决问题。

(4)集体参与型。采用这种方式的领导者对下级在一切事务上持有充分的信赖和信任,总是倾听和酌情采纳下级的设想和意见;在上下级之间建立起相互信赖的关系,可以随便交换意见和讨论问题,信息在上下级人员之间传递畅通。

总之,在上述四种方式中,第四种方式更富有参与性的特点,利克特大力倡导这种方式。他的研究结果表明,采取这种领导方式从事经营活动的主管人员,一般都是极有成就的领导者;以这种方式来管理企业和公司,在制定目标和实现目标方面是具有成效的。

三、权变领导理论

权变领导理论产生之后,被应用于许多管理领域,权变领导理论研究的重点是领导者、被领导者和领导环境三者之间的相互影响。

(一)领导方式连续统一体理论

美国管理学家坦南鲍姆和施密特经过研究之后,于 1958 年指出,对命令型和参与型的领导方式要采取随机制宜的态度,领导者到底采取哪种领导方式更有效,应取决于多种因素。在这两种极端的领导方式中间,存在着多种过渡型的领导方式,这些不同的领导方式构成了一个连续不断的统一体,即领导方式的连续统一体理论。该理论主张按照领导者运用职权和下级拥有自主权的程度,把领导模式看作一个连续变化的分布带,以高度专权、严密控制为其左端,以高度放手、间接控制为其右端,从高度专权的左端到高度放手的右端,划分七种具有代表性的典型领导模式。坦南鲍姆认为,不能简单地从七种模式中选择某一种模式作为最好的,或者认为某一模式是极差的,而应该在一定的具体情况下考虑各种因素,采取最恰当的行动。坦南鲍姆认为,实践中的领导风格是丰富多彩的,影响领导风格成效的因素甚多,不能给领导风格简单排序,如图 9-4 所示。

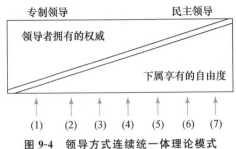

图 9-4 领导方式连续统一体理论模式

说明：(1)领导者作决策，宣布行之；(2)领导者说服下级，执行决定；(3)领导者提出观点，征求意见；(4)领导者提出可进行修改的决策草案；(5)领导者提出问题，征求意见做出决策；(6)领导者明确范围，请集体进行决策；(7)领导者允许下级在上级规定的范围内发挥作用。

（二）费德勒权变领导理论

美国当代著名心理学和管理专家费德勒在大量研究的基础上提出了有效领导的权变理论。他认为领导工作是一个过程，在这个工作过程中，领导者的有效性取决于群体的工作环境和领导者的个性，以及领导方法对群体的适合程度。根据费德勒理论，人能够成为领导者，不仅仅是由于他的个性特征，而且还由于各种环境因素、追随者的特征及领导与环境之间的相互作用。费德勒同时还提出，对领导者工作最起影响作用的三个基本因素是职位权力、任务结构和领导者与下级的关系。

(1) 职位权力。这是指领导者所处的职位具有的权力和权威的大小。一个具有明确的并且高的职位权力的领导比缺乏这种权力的领导者更容易得到他人的追随。

(2) 任务结构。任务结构即工作任务的明确程度和部下对任务的负责程度。任务清楚，工作的质量就比较容易控制，也更容易为组织成员规定明确的工作职责。

(3) 领导者与下级关系。费德勒认为，从领导者的角度看，领导者与下级的关系是最重要的。因为职位权力与任务结构大多可以置于组织控制之下，而上下级关系直接影响下级对其上级领导者的爱戴和信任，以及下级情愿追随领导者的程度。

费德勒根据这种情境因素的状况，把领导者所处的环境从最有利到最不利分为八种类型、三种状态，如图 9-5 所示。

上下级关系	好				差			
任务结构	明确		不明确		明确		不明确	
职务权力	强	弱	强	弱	强	弱	强	弱
情境类型	1	2	3	4	5	6	7	8
情境特征	有利状态				中间状态		不利状态	
有效领导方式	任务型				关系型		任务型	

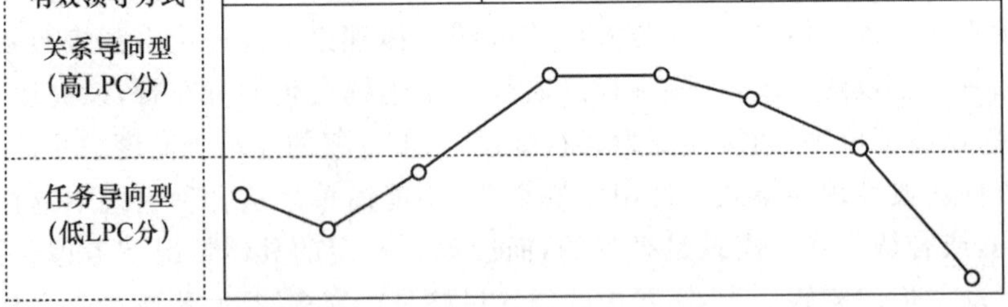

图 9-5 费德勒权变领导理论模型

费德勒的研究结果说明,对于各种领导情境而言,只要领导风格与之适应,就能取得良好的领导效果。在对领导者最有利和最不利的情境下(例如,1、2、3、8),采用"任务导向型"的领导风格效果较好。在对领导者中等有利情境下(例如,4、5、6、7),采用"关系导向型"的领导风格效果较好。另一方面,领导行为与领导者的个性是相联系的,所以领导者的风格是相对稳定的。

费德勒主张,要提升领导的有效性应从两方面着手:一是先确定工作环境中哪种领导者工作起来最有效,然后选择具有这种领导风格的管理者担任领导工作或通过培训使其具备工作环境要求的领导风格;二是先确定某管理者习惯的领导风格,然后对其所处的工作环境作适当的改变,使新的环境适合领导者自己的风格。

(三) 路径-目标理论

20 世纪 70 年代初,加拿大多伦多大学教授豪斯的路径-目标理论受到学术界的重视,成为当时最受推崇的观点之一。该理论是以弗洛姆的期望理论与俄亥俄州立大学的双因素理论为依据的。这种理论认为,领导者领导效率的高低,要看他是否能激励下级达到组织目标并在工作中获得满足,有效的领导者应该努力协助下级找到最好的路径,确定挑战性的目标,并消除在实现过程中出现的重大障碍。

豪斯等人通过研究提出了四种领导行为:① 指示型。由领导者发布指示,下级不参加决策。② 支持型。领导者对下级很友善并更多地考虑对职工的要求。③ 参与型。员工参与决策和管理工作。④ 成就取向型。领导者为员工确立挑战性的目标,并表示相信员工能达到这些目标。

对于这四种领导方式的采用,主要考虑两个方面的因素,即员工的个人特性和环境因素。个人特性包括员工受教育的程度、对成就的渴望、理解能力、愿意承担责任的程度等。环境因素包括任务的性质、组织的权力系统和工作群体等。

路径-目标理论指出,领导者可以而且应该根据不同的环境特点来调整领导方式和作风。当领导者可以弥补员工或工作环境方面的不足时,会对员工的工作绩效和满意度产生积极的影响。但是,如果任务本身已经十分明确或员工已经具备能力和经验处理它们时,若领导者还要花时间进行解释和说明,则效果可能会适得其反。

(四) 领导生命周期理论

领导生命周期理论是由美国管理学家科曼首先提出,后由赫西和布兰查德予以发展的。赫西和布兰查德认为,依据下级的成熟度,选择正确的领导风格,就会取得领导的成功。成熟度包括工作成熟度与心理成熟度。工作成熟度主要是指成就动机、承担责任的意愿和能力以及与工作有关的学识和经验等。心理成熟度指的是一个人做某事的意愿和动机,心理成熟度高的个体不需要太多的外部激励,他们主要靠内部动机激励。西方不少企业在培训其治理者的领导艺术时常使用这一理论,如《财富》杂志 500 家企业中的北美银行、IBM 公司、美孚石油公司、施乐公司等都采用此理论模型,甚至美国军队中的一些部门也采用这一模型培训其军官。

如图 9-6 所示,横坐标表示以抓住工作为主的工作行式,纵坐标表示以关心人为主的关系行为,第三个坐标是下级的成熟度。图中的四个象限代表四种领导方式。

第一象限,命令式(高工作低关系):领导者决策并责令下级执行工作任务;不重视人际关系和激励。

第二象限,说服式(高工作高关系):领导者说服下级接受上级所决定的工作任务和工作方法,给下级较多的指导;同时注重人际关系,采用激励手段保持下级的工作热情。

第三象限,参与式(低工作高关系):领导者采用激励手段促进下级的积极性;但在工作上不给予过多的指示和约束。

第四象限,授权式(低工作低关系):领导者授予下级自主决策、行动的权力,由他们独立地完成工作。

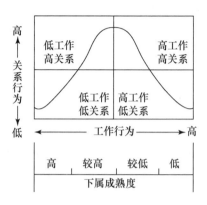

图 9-6　领导生命周期理论曲线

随着下级由不成熟向逐渐成熟过渡,领导行为应当按高工作低关系、高工作高关系、低工作高关系、低工作低关系逐步推移。

领导的权变理论是当代西方领导理论的一个非常重要的组成部分。它把领导行为与情境因素结合起来考察领导方式,主张根据具体的情况来确定最佳的领导方式。

【讨论】

1. 请结合你了解的管理实际,举例说明路径-目标理论,并分析这种理论模式在现实中的可行性。
2. 领导特质理论、领导行为理论与权变领导理论之间有什么不同。

【案例】　谁的方式更有效

王明是一位空调销售公司的总经理。他刚接到有关公司销售状况的最新报告:销售额比去年同期下降了 30%、利润下降了 10%,而且顾客的投诉上升。更为糟糕的是,公司内部员工纷纷跳槽,甚至还有几名销售分店的经理提出辞呈。于是,王明立即召集各主管部门的负责人开会讨论解决该问题。会上,王明说:"我认为,公司的销售额之所以下滑都是因为你们领导不得力。公司现在简直成了俱乐部。每次我从卖场走过时,都会看到员工们在各处站着忙自己的事情——聊天的、打私人电话的、玩手机的,对顾客视而不见。他们关心的是多拿钱少干活。要知道,我们经营公司的目的是为了赚钱,赚不到钱,想多拿钱,门儿都没有。你们必须记住,现在我们迫切需要的是对员工的严密监督和控制。我认为现在有必要在卖场装监控器,监视他们的工作状态。当员工没有履行职责时,你们要警告他们一次,如果不听的话,马上请他们走人……"

部门主管们对王总的指示都表示赞同。唯有销售部经理赵馨提出反对意见。她认为问题的关键不在于领导对员工的监管不够,而在于公司没有提供良好的机会让员工真正发挥潜力。赵馨认为每个人都有一种希望展示自己的才干,为公司努力工作并做出贡献的愿望。所以解决问题的方式应该从和员工沟通入手,真正了解他们的需求,使工作安排富有挑战性,促使员工们以从事这一工作而引以为豪。同时,在业务上给予指导,花大力气对员工进行专门培训。

然而,王明并没有采纳赵馨的意见,而是责令所有的部门主管在下星期的例会上汇报要采取的具体措施。

(资料来源:http://wenku.baidu.com/link?url=DjRRjsRI-mwZj9zjtEbkRoFOR8lMeB4jtv3kBTRoe8sN-iWH_avcQVCHzkbX20qhsu7QUXczMCBygQyfhzqqAKvy-b8dFoK1TlaGqPS6LXC,有修改)

【分析】

1. 你怎么评价王明和赵馨的工作方案?各位领导在工作中起什么作用?
2. 假设你是总经理或部门主管,请用领导者和管理者的不同角色开展下一步工作。

模块四 如何做一名出色的领导

众所周知,当今世界是一个极富竞争与挑战的世界,在市场经济的大潮中,企业中的领导者是整个企业的精神核心,在各个方面都影响着员工。作为一名出色的领导者,肩负着整个团队的管理重任,在企业里有着举足轻重的影响。一个团队能否顺利完成目标,与团队领导者的能力素养有着非常重要的关系。

要想真正成为一名出色的领导者,必须在工作、生活各个方面具备过硬的素质。从某种意义上说,领导者必须成为所有员工的理想楷模。这不仅是指通常所理解的"德",而且也是指同样重要的"智"。

一、领导者的素养

一个领导者要做好领导工作,完成自己的工作职责,除了掌握理论与沟通、激励的方法外,还要强调领导者应具有的素养。一个有素养的领导者,能极大地改善自己与被领导者之间的关系。领导者的素养内容如下。

(一)知识是领导者的工作基础

知识是人们思想、思考、思维的基础,是人们创新的非常重要的智力因素。当今处于一个瞬息万变的世界,各种新知识不断涌现,各种新思想层出不穷,领导者需要学习的东西很多。在目前的市场竞争中,仅靠过去的资本、传统的知识、传统的经验来领导组织,已经远远不够了。所以领导者必须不断学习,不断地获取当今时代的新知识来丰富自己,才能不断创新,促进企业的生存和发展。

创新是企业发展的灵魂,领导的过程就是企业不断创新的过程。任何创新的思想,都离不开知识。领导者只有从实际出发,创造地学习、创造性的思考、创造性的应用,才能真正掌握领导者所需要的知识,才能在实践中发挥应有的功效。

（二）创新思维是领导者的最大资本

创新的思维是每个领导者最大的财富，也是组织最宝贵的资产。未来社会的财富与资源，是掌握在那些具有创新思维的人的手中。创新思维能力，将决定一个人的勇气、胆识的大小，谋略水平的高低。在以智力为支撑的知识经济时代，企业靠什么去竞争？靠什么夺取主动权和优势？作为现代企业的领导者，不仅要有管理者和战略家的胆识和眼光，也应要有创新的思维，才能使组织有新的发展。

（三）热忱是领导者的力量源泉

一个热忱的企业领导者，无论从事什么工作，不论是处于顺境还是逆境，始终会认为自己的工作是一项神圣的天职，始终会用不急不躁的态度去进行。只要抱着这种态度，一定会达到预期的目标。其实，热忱不是一段单纯而美丽的话语，而是领导者迈向成功的力量源泉。

热忱具有感染性，领导者充满热忱的工作，可以极大地影响下级，领导者的热忱和员工的关系，就好像是内燃机和火车头的关系，它是员工行动的主要的推动力。出色的领导者就是那些知道怎样鼓舞他的追随者并使其产生热忱和激情的人。

（四）人格魅力是领导者的保障

领导者的人格力量既是个人修养的结果，也是社会实践的产物；既需要学习提高，更需实践的磨炼。领导者的人格力量，是在日常工作中，尽职尽责，逐步建立起来的。领导者在实践中完善自己、提高修养、改进工作作风。当挑战性的工作超出领导者原有的知识经验和心理准备时，往往更能激发领导者的潜能，丰富他们战胜困难的心理体验，完善他们的心理品质，提高他们的管理水平，展现他们不断进取的开拓精神，构建他们自己独特的人格力量。人格魅力是成为一名出色的领导者所必备的。

二、领导艺术

领导艺术是富有创造性的领导方法的体现。领导者在履行领导职能过程中，科学性和艺术性是相互结合、彼此交织在一起的。领导者要具备灵活运用各种领导方法和原则的能力和技巧，才能率领和引导广大员工克服前进道路上的障碍，顺利实现组织的目标。想成为一名出色的领导者，必须掌握以下领导艺术。

（一）授权艺术

授权是领导者在认真考察下级综合素质的前提下，将本由上级执掌的部分权力委托给下级。授权意味着准许并鼓励下级来完成工作，有助于锻炼下级的工作能力，增强他们工作的挑战性和提升他们工作成就感。

领导者在授权时要选择合理的授权方式，遵循以下合理的授权原则。

（1）授权留责原则。是指领导者将权力授予下级后，下级在工作中出问题，下级负责任，领导也应负领导责任。

（2）视能授权原则。是指领导者向下级授权，授什么权、授多少权，应根据下级能力的高低而定。

（3）明确责权原则。是指领导者向下级授权时，应明确所授权工作的任务和目标、责任和权力，不能含糊不清、模棱两可。

(4) 适度授权原则。是指领导者授权时应分清哪些权力可以授权,哪些权力应该保留。

(5) 监督控制原则。是指领导者授权后,对下级的工作要进行合理的、适度的监督控制,防止放任自流或过细的工作检查这两种极端现象。

(6) 逐级授权原则。是指领导者只能对自己的直接下级授权,不能越级授权和反向授权。

授权过程中最重要的就是权力和责任的统一。即在向员工授权时,既要定义好相关工作的权限范围,给予员工足够的信息和支持,又要定义好责任范围,让被授权的员工能够在拥有权限的同时,可以独立负责和彼此负责,这样才不会出现管理上的混乱。也就是说,被授权的员工既有义务主动地、创造性地处理好自己的工作,并为自己的工作结果负责,也有义务在看到其他团队或个人存在问题时主动指出,帮助对方改进工作。

(二) 用人艺术

领导者的用人艺术是领导者用人水平与领导能力的体现,在现代领导工作中,领导者是否能掌握用人艺术关系着事业兴衰成败。在充分了解和发挥员工长处的基础上,领导者应将工作的需要和个人的能力、兴趣和爱好等很好地结合起来,使每个员工在各自的工作岗位上兢兢业业,积极进取。一个出色的领导者在用人时应遵循如下基本原则。

(1) 知人善任,扬长避短。知人善任,就是领导者根据下级的不同秉性、不同性格,把不同性格和具有不同特长的下级放在合适的位置上以充分发挥他们的才能。根据发展状况和实际需要,认真研究企业对人才的需求,什么岗位需要什么样的人才,要做到心中有数。在对下级进行任务分工时应根据下级的能力和特长进行合理分配,这样才能使他们忠实真诚地为你效力,才能使他们负起应负的责任。扬长避短,就是要善于发挥下级的长处。用人的关键在于用人之长,这是领导者用人的眼光和魄力所在。

(2) 赏罚分明,激励人才。首先,赏勤罚懒。在公司内部,赏罚分明才能使职员有所触动,从而走向进步。有功不赏,会降低士气,挫伤员工做事积极性;只奖不罚只能让更多的人不满。建立合理的奖惩制度,做到赏罚分明是人事管理的主要内容。其次,惩罚有艺术。领导者应有公而忘私和罚不避亲的胸怀,惩罚的人或事宜少些,当先处理"重点人"。在惩罚过程中,要重教轻罚、先教后罚、多教少罚,正确处理宽与严的关系,要宽严适度,对待犯错误的下级要像医生对待病人一样,根据病情找出病因,说明其危害程度和严重性。最后,用赞赏来调动下级情绪。奖励在调动下级积极性方面不是万能的,而赞美恰好弥补了它的不足。表扬和鼓励使人们始终处于施展才华的最佳状态,但是没有什么比受到上司批评更能扼杀人们的积极性了。

(3) 认同和赞美可以增加下级的满足感。要有意识地对下级的工作进行积极的评价,如果能在工作中对于下级的努力进行及时的肯定,对于下级的工作来讲实际上是一种额外的推动。

(4) 巧妙地运用精神激励。比如在非正式场合表扬下级,奖励旅游,开展活动等,在非正式场合表扬下级可以缩短彼此的距离,不但能激励人、鼓舞人,而且能积极地暗示点拨。但要注意,在采用表扬激励方法时要特别关注在场人员的心理变化,不要给人留下相反的暗示印象。

(三) 决策艺术

决策是领导工作的中心环节。一名出色的领导要善于决策,不善于决策的领导是低效能的领导。领导的决策合理、及时、有艺术,下级拥护,心情舒畅,就会政令畅通。领导的决策艺术主要表现在两个方面。第一,下放决策权。即对于那些可以合理地委任给下级的决策,决不要自己亲自出马。第二,容缓决策时间。即对于那些可以合理地拖到明天的决策,决不要今天来做。这里的"合理地",是指对于某个特定的、迫在眉睫的决策,来定义"合理地"的范围。

决策前注重调查。领导者在决策前一定要多做些调查研究,搞清各种情况,尤其是要把大家的情绪和呼声作为自己决策的第一信号,不能无准备就进入决策状态。

决策中注意民主。领导者在决策中要充分发扬民主,优选决策方案,尤其碰到一些非常规性决策。

决策后狠抓落实。决策一旦定下来,就要认真抓好实施,做到言必行、行必果。决不能朝令夕改。一个领导者在工作中花样太多,是一种不成熟的表现。

领导者在决策过程中应遵循如下原则:信息原则、民主原则、创造性原则、可行性原则、时效性原则。

(四) 协调艺术

管理的本质是协调。在现代管理当中,无论是东方管理还是西方管理,都把协调作为维系一个组织正常运转的重要纽带。而且,东方管理的特点就是追求一种和谐的管理模式。和谐的管理模式的使命是什么呢?是协调人际关系,处理组织内部人和人之间的冲突与矛盾,使组织内无谓的内耗降到最低限度,从而产生内聚效应,以群体的合力向外抗争。因此,在这个过程中,协调艺术对一个出色的领导者而言就显得尤其重要。没有协调能力的人当不好领导者。协调,不仅要明确协调对象和协调方式,还要掌握一些相应的协调技巧。

(1) 对于上级的请示沟通协调。多向领导请示汇报工作,若在工作中有意或无意得罪了上级领导,靠"顶"和"躲"是不行的。理智的办法,一是要主动沟通。错了的事情要大胆承认,误会了的事情要解释清楚,以求得到领导的谅解。二是要请人调解,这个调解人与自己关系要好,与领导的关系更要非同一般。

(2) 对于下级的沟通协调。当下级在一些涉及个人利益的问题上对单位或对领导有意见时,领导者应通过谈心、交心等方式来消除彼此间的误解。对能解决的问题一定要尽快解决,一时解决不了的问题,也要说清原因,千万不能敷衍或糊弄下级。

(3) 对外争让有度。领导者在与外面平级单位的协调中,其领导艺术就往往体现在争让之间。大事要争,小事要让,不能遇事必争,也不能遇事皆让,该争不争,就会丧失原则;该让不让,就会影响全局。

(五) 时间管理艺术

时间在现代社会已成为一种有限的资源,对于领导者而言,要做好时间的使用规划。因为每天要处理大大小小各种事务,工作任务与工作时间之间的矛盾就显得更为突出。

领导在进行时间规划时,应注意以下两点。

(1) 统筹兼顾,保持时间上的弹性,合理分配工作、学习、休息的时间,做到劳逸结合,把握好工作节奏。

(2) 要善于使用零星的时间,通过工作规划的调整,把零星时间集中起来使用。不少领导在工作中感到时间不够,主要是缺少整块的时间来做一些重要的事情。

出色的领导者应学会管理时间,管理时间应包括两个方面。

(1) 要善于把握好自己的时间。当一件事摆在领导者眼前时,应先问一问自己"这事值不值得做?"然后再问一问自己"是不是现在必须做?"最后还要问一问自己"是不是必须自己做?"只有这样才能比较主动地驾驭好自己的时间。

(2) 不随便浪费别人的时间。有的领导者喜欢开会,一定要力戒"会瘾",不要把开会当作工作的全部。有些领导在工作中,常常把握不了自己工作的界限,本来属于下级的事情,他亲自动手,甚至对职工实行越级管理。表面上看起来,事无巨细,都亲自过问,实际上违反了组织管理的基本规则。

(六) 抓主要环节艺术

在组织各项生产、工作的任务中,找出对实现组织目标具有重要作用的某项工作或某个环节。当领导者遇到的问题千头万绪,似乎难以理清时,首要的任务就是要分清轻重主次,而不是安排人手分头匆忙应付,要善于抓住那些重大的影响全局的事情,集中时间和精力加以解决。

管理中有一个大家熟知的"二八定律",即如果面对十件事情,解决了其中最重要的两件事情,往往就能收到80%的效果。也就是说,在众多工作中,真正起到主要作用的往往是20%的重要事情。因此,领导工作就要抓住中心环节。一个出色的领导者,在工作中知道应该抓什么,不应该抓什么。例如,在推进一项工作时,领导应该抓的是方向、目标和结果的考核。即干什么、要达到什么样的结果,要做到心中有数。至于怎么干,用什么方法去干则应该交给下级。如果一项工作多人合作完成,则用什么人,怎样分工也应该交给具体负责这一工作的人,不要插手下级分内的事务。

一名出色的领导者,应内外兼修,不仅应该具备一定的领导素养,还应掌握一定的领导艺术。

【讨论】

1. 请谈谈领导授权和放权是否一致?
2. 应具备什么样的条件,才能成为一名出色的领导者。

【案例】 成功的领导方式

安东尼和布兰达都是美国某大学的基层管理人员。安东尼领导着学校一个5个人的绿化小组,这个小组主要负责校园东区的花草树木的修剪工作。布兰达则是校邮电所的负责人。

布兰达除了在工作中表现出色外,她还表现出许多领导的才能。邮电所是全校最安定、出勤率最高的单位之一。邮电所的同事们都一致推荐布兰达为负责人。人们问布兰达,为什么她与职工的关系能这么好,她说:"我把我的同事当作人看待,我关心他们的疾苦,同时,我也使大家都了解我们要做什么。这样,大家就能共同努力。我还经常注意大家在工作中好的表现,在总结评价时进行表扬,大家也通过小结懂得了今后应更好地改进工作。除此之外,最主要的是,我还注意在不同的情况下采用不同的管理方式。对于日常性的工作,用不着我每天去讲怎么做;有了新的工作内容,我才会向大家讲一下,使大家知道如何去做。"

而安东尼的情况则与布兰达很不一样。在他的小组里,职工的情绪低落,缺勤情况严重。根据记录,最近有几个组员表现很不好,对工作不负责任。当人们问起安东尼这是怎么回事时,他回答说:"我还不知道问题的症结在哪里。但是,我认为应该平等地对待工人。我也尽量使大家能了解我对工作的计划和要求,对每一件工作,我都给他们讲清楚应如何去做,而且我总是在身边进行监督。同时,在发放奖金时,我也平均地发放,我没有亏待任何一个人。"

【分析】

> 1. 试比较这两个人的领导方式的差异。
> 2. 哪一种领导方式理论可以对这两个管理者的领导方式和效果做出最好的解释?
> 3. 你认为安东尼怎样才能成为一个出色的领导者?

【管理工具】

> **领导力工具**
> 1. 领导风格理论:权威型、合作型、民主型、教练型、示范型、强制型领导风格。
> 2. 领导特质理论:主要是研究领导者个人最有效的品质特征。
> 3. 领导四分图理论:将领导方式分为四种类型,即高关心人低组织、高关心人高组织、低关心人低组织、低关心人高组织的领导方式。
> 4. 管理方格理论:全图总共81个小方格,分别表示"对生产的关心"和"对人的关心"这两个基本因素以不同比例结合的领导方式。
> 5. 参与管理理论:提出了领导的四系统模型。
> 6. 领导方式连续统一体理论:对命令型和参与型的领导方式要采取随机制宜的态度,领导者到底采取哪种领导方式更有效,应取决于多种因素。
> 7. 费德勒权变领导理论:领导者的有效性取决于群体的工作环境和领导者的个性,以及领导方法对群体的适合程度。
> 8. 路径-目标理论:提出了四种领导行为,即指示型、支持型、参与型、成就取向型。
> 9. 领导生命周期理论:提出了四种领导行为,即命令式、说服式、参与式、授权式。

【本章案例分析】 蓝天公司领导方式

蓝天技术开发公司由于在一开始就瞄准成长的国际市场,在国内率先开发出某高技术含量的产品,其销售额得到了超常规的增长,公司的发展速度十分惊人。然而,在竞争对手如林的今天,该公司和许多高科技公司一样,也面临着来自国内外大公司的激烈竞争。当公司经济上出现了困境时,公司董事会聘请了一位新的常务经理欧阳健负责公司的全面工作。而原先的那个自由派风格的经理仍然留任。欧阳健来自一家办事古板的老牌企业,他照章办事,十分古板,与蓝天技术开发公司的风格相去甚远。公司管理人员对他的态度是:看看这家伙能待多久。看来,一场潜在的"危机"迟早会爆发。

第一次"危机"发生在欧阳健召开的首次高层管理会议上。会议定于上午9点开始,可有一个人直到9点半才进来。欧阳健严厉地说道:"我再重申一次,本公司所有的日常例会管理人员都要准时参加,谁做不到,我就请他走人。从现在开始一切事情由我负责。你们应该忘掉老一套,从今以后,就是我和你们一起干了。"到下午4点,竟然有两名高层主管提出辞职。此后，蓝天技术开发公司发生了一系列重大变化。由于公司各部门没有明确的工作职责、目标和工作程序，欧阳健首先颁布了几项指令性规定，使已有的工作有章可循。他还多次与公司副经理徐钢说，公司一切重大事务向下传达之前必须先由他审批。他抱怨下面的研究部、设计部、生产部和销售部等部门之间互相扯皮，踢皮球，结果使蓝天技术开发公司一直没能形成统一的战略。

欧阳健在详细审查了公司人员工资制度后，决定将全体高层主管的工资削减10%，这引起公司一些高层主管的不满，进而向他辞职。研究部主任这样认为："我不喜欢这里的一切，但我不想马上走，因为这里的工作对我来说太有挑战性了。"生产部经理也是个不满欧阳健做法的人，可他的一番话颇令人惊讶："我不能说我很喜欢欧阳健，不过至少他给我们部门设立的目标我能够完成。当我们圆满完成任务时，欧阳健是第一个表扬我们干得棒的人。"采购部经理牢骚满腹，他说："欧阳健要我把原料成本削减20%，他一方面拿着一根胡萝卜来引诱我，说假如我能做到的话就给我丰厚的奖励；另一方面则威胁说如果我做不到，他将另请高就。但干这个活简直就不可能，欧阳健这种'大棒加胡萝卜'的做法是没有市场的。从现在起，我要另谋出路。"但欧阳健对被人称为"爱哭的孩子"销售部胡经理的态度，则让人刮目相看。以前，销售部胡经理每天都到欧阳健的办公室去抱怨和指责其他部门。欧阳健对付他很有一套，让他在门外静等半小时，见了他对其抱怨也充耳不闻，而是一针见血地谈公司在销售上存在的问题。过了不多久，大家惊奇地发现胡经理开始更多地跑基层而不是去欧阳健的办公室了。

随着时间的流逝，蓝天技术开发公司在欧阳健的领导下恢复了元气。欧阳健也渐渐地放松控制，开始让设计部门和研究部门更放手地去干事。然而，对生产部门和采购部门，他仍然勒紧缰绳。蓝天技术开发公司内再也听不到关于欧阳健去留的流言蜚语了。大家都这样评价他：欧阳健对我们的情况不是最了解的人，但他对各项业务的决策无懈可击，而且确实使我们走出了低谷，公司也开始走向辉煌。

（资料来源：http://wenku.baidu.com/view/dfaa7b3031126edb6f1a10a1.html，有修改）

【讨论】

1. 欧阳健进入蓝天技术开发公司时采取了何种领导方式？这种领导方式与留任的经理的领导方式有何不同？他对研究部门和生产部门各自采取了何种领导方式？

2. 当蓝天公司各方面的工作走向正轨后，为适应新的形势，欧阳健的领导方式将作何改变？为什么？

3. 有人认为，对下级人员采取敬而远之的态度对一个经理来说是最好的行为方式，所谓"亲密无间"会松懈纪律。你如何看待这种观点？你认为欧阳健属于这种领导吗？

【做游戏学管理】 经理该如何授权

[目的]

1. 作为一位领导者，应该如何有效授权？
2. 作为部门经理，明确哪些任务应授权。

[游戏程序与规则]

1. 组织与时间

(1) 5～10 人一组。

(2) 时间：20 分钟(10 分钟讨论,10 分钟游戏)。

2. 要求

(1) 教师选出一位总经理、一位总经理秘书、一位部门经理和一位部门经理秘书共 4 位操作人员。

(2) 把总经理及总经理秘书带到一个单独的角落,而后给他们说明各自游戏规则。

3. 游戏规则

总经理通过秘书给部门经理授权完成一项任务,该任务就是由操作人员在戴着眼罩的情况下,把一根 20 米长的绳子做成一个正方形,绳子要用尽。

(1) 总经理不得直接授权给部门经理,一定是通过秘书向部门经理传达,由部门经理指挥操作人员完成任务。

(2) 部门经理有不明白的地方不能直接请示总经理,需要通过自己的秘书请示总经理。

4. 游戏前的准备

眼罩 4 个,20 米长的绳子一根。

[讨论]

游戏结束以后,请同学们讨论游戏中反映出的管理问题:

(1) 如果你是总经理,你会如何通过秘书给部门经理授权?

(2) 如果你是部门经理,你会直接指挥吗?

【实务项目训练】 关于领导者领导风格的分析

一、训练目标

(1) 增强对领导理论知识的学习和巩固。

(2) 锻炼运用领导理论和领导方式等相关知识分析问题的能力。

二、训练内容与要求

(1) 从实际企业、互联网或报纸杂志中,搜集一个我国改革开放以来有关领导及领导方式方面的案例或材料。

(2) 运用自己所掌握的领导理论知识分析其领导中的问题。

(3) 制订出该领导者在领导行为及方式等方面的改进方案。

三、成果与检测

(1) 写出简要书面分析报告。

(2) 在班级组织一次交流与讨论。

(3) 教师根据分析报告与讨论表现评估打分。

【技能自测题】

1. 联系实际,谈谈你的领导艺术。

2. 你心目中的领导是什么样的?

3. 你认为领导应具备哪些素养?哪些素养最重要?

4. 领导者和管理者有何区别?
5. 领导的影响力来于何处?
6. 你如何理解管理方格理论?该理论对管理者有何启示?
7. 领导生命周期理论的主要观点是什么?该理论对管理者有何启示?
8. 领导连续统一体理论给予领导者什么样的启示?
9. 何为领导?领导在管理中的作用具体表现在哪些方面?
10. 领导理论的大体演变过程是怎样的?领导特质理论、领导方式理论与权变领导理论之间有什么不同?

【参考文献】

[1] 周三多. 管理学[M]. 3版. 北京:高等教育出版社,2010.
[2] 单凤儒,金彦龙. 管理学[M]. 北京:科学出版社,2009.
[3] 张满林. 管理学理论与技能[M]. 北京:中国经济出版社,2010.
[4] 史秀云. 管理学基础与实务[M]. 北京:北京交通大学出版社,2010.
[5] 张玉利. 管理学[M]. 3版. 天津:南开大学出版社,2013.
[6] 〔美〕菲利普·L.亨塞克. 管理技能与方法[M]. 2版. 王汀汀,何训,陈晔,译. 北京:中国人民大学出版社,2007.
[7] 吴焕林,赵明剑. 管理理论与实务[M]. 北京:北京交通大学出版社,2009.
[8] 丁苹,孙蔚闻. 管理学原理与实务[M]. 北京:北京交通大学出版社,2010.

第十章 沟 通

【学习目标】

■ 能力目标
1. 能够在特定的情景下进行有效的沟通。
2. 在实际沟通过程中克服沟通障碍。

■ 知识目标
1. 定义沟通,并了解沟通在管理过程中的作用。
2. 描述沟通的过程。
3. 熟悉沟通的各种类型。
4. 理解产生沟通障碍的原因。
5. 掌握管理者有效沟通的技巧。

■ 素质目标
1. 通过本章训练和学习,提高信息传递和管理沟通能力。
2. 通过小组集体学习和训练,培养团队协作精神。

【本章内容概要】

通过本章的学习,读者可以了解沟通及其在管理中的重要作用,熟悉沟通的类型,理解沟通障碍产生的原因,掌握有效的沟通技巧,全面提升沟通能力,为将来个人和职业发展方面所需的沟通技能奠定基础。

任务导入

写一份题为《与"陌生人"沟通》的报告

一、任务目的

学会运用沟通工具和技巧进行有效沟通,拓宽人际关系。

二、任务形式

讨论,模拟演示,分享成果。

三、任务要求

(1) 根据班级人数分组,每组 6～8 人,每组选择一个陌生的对象(这个对象是教师熟悉,学生生疏的人),开始讨论。讨论采取什么样的沟通方式接近指定陌生人,并采用什么样的沟通技巧与之进行沟通。能在教师规定的时间里让对方对你有个好印象。

(2) 结合讨论后的资料,根据沟通的类型、沟通技巧,有效沟通障碍的知识点,拟订方案。

(3) 每组派出一个代表分享方案思路。

(4) 以学生为主体,教师把沟通的相关知识贯穿到讨论之中。

(5) 课后结合本章各模块知识,具体完善沟通方案和实施沟通。

四、任务成果标准

课上形成简要的构思方案,课后根据方案具体实施沟通。在教师规定时间内,下次课在班级分享展示整个沟通过程和取得的成果。

五、教学建议

(1) 教师要在上课前提前让学生了解这个所谓"陌生人"的相关情况。
(2) 课上形成构思大纲,课后完成整个具体的沟通。
(3) 涉及知识点让学生查找本书内容或相关书籍,由教师引导,启发式学习。

模块一 沟通的原理

沟通是企业管理工作的一个重要方面。组织目标的实现要求不同成员提供不同的努力,不同成员在参与组织的活动中能够提供的贡献也不相同。良好的沟通是组织与组织成员相互了解的基本前提。对管理者来说,有效沟通不容忽视,管理者没有信息就不可能做出决策,而信息只有沟通才能得到。没有或缺乏沟通,再优秀的想法、计划、创意都将无法实现,许多事情会事倍功半,甚至半途而废,一无所获。可见,在管理中,沟通占有重要的地位。

一、沟通的定义

沟通是指为达到一定的目的,借助一定的手段将信息、思想和情感在个人或群体间进行传递、理解与交流的过程。著名管理学大师德鲁克说过,沟通是一种感知。沟通是信息的传递与理解,它具有目的性、信息传递性和双向交流性等特点。

要正确理解管理学意义上的沟通,应当注意把握以下三个基本点。

(1) 沟通是人与人之间的活动。要形成完整意义上的沟通,至少需要两个或两个以上的人。

(2) 沟通实质上是信息、情感和思想在不同人之间的共同分享,表明通过沟通,人们旨在对某些问题共同分享观点,并努力达到一致性的理解。沟通并不是妥协、认同,只不过是通过最有效的方式,明白无误地表达自己的观点。

(3) 沟通需要借助一定的符号形式来实现。人们可以使用姿势、声音、文字、词语等符号形式,表达所要传达的信息、思想和情感。

二、沟通的作用

美国著名的普林斯顿大学对1万份人事档案进行分析,发现"智慧""专业技术"和"知识"在个人的社会成功中只起25%的作用,影响个人成功的其余75%的因素与良好的个体间的沟通有关。哈佛大学就业指导小组对500名被解雇者调查结果表明,82%的被调查对象失去工作岗位与个体间沟通不良有关。

具体地说,沟通在管理中具有以下几方面的重要作用。

(1) 沟通是企业管理成功的基础。在管理工作中,管理者约70%的时间是用在与他人沟通,剩下30%左右的时间用于分析问题和处理相关事务。显然管理者大部分的时间花费在与他人的沟通上,沟通是管理者工作的重要组成部分。管理者不仅要充分表达他们的观点、影响他人的行为、调动员工工作的积极性,还要善于应付各种各样的冲突。营造良好的人际关系环境,实现组织的目标。这些都要依赖于沟通,即只有通过沟通,才能提高管理的效能。

(2) 沟通是企业与外部环境之间建立联系的桥梁。企业客观的社会存在性使企业不得不和外部环境进行有效的沟通。

(3) 个人事业的成功有赖于有效的沟通,日本松下电器的创始人松下幸之助曾告诫世人:"伟大的事业需要一颗真诚的心与人沟通。"松下幸之助就是凭借真诚的心与卓越的沟通技艺与供应商、客户以及内部的员工建立了广泛的人际关系网络,赢得了企业内外的普遍信赖与尊重,从而引领松下电器成为世界一流企业。

三、沟通的过程

沟通的基本过程就是信息的发送者将信息进行编码,通过信息沟通的渠道将信息传递给接收者。信息的接收者在接受信息时要对信息进行解码,而且要对发送者进行反馈。信息沟通的各个环节都可能遇到障碍,并且所有这些活动一定是在特定的环境下进行的,这就是沟通的一般过程。每个沟通过程一般都包括以下几个要素:发送者、编码、通道、解码、接收者、反馈、障碍、环境等,如图10-1所示。

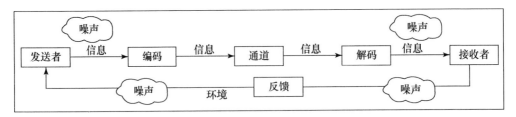

图 10-1 沟通的基本过程

1. 发送者

信息的发送者也就是信息源。信息源是指把头脑中的想法进行编码从而生成信息,信息实际上是从一个编码器输出的产品。作为信息源头的发送者来讲,最重要的是确立概念,明白自己要传递的信息是什么,需要信息的发送者,更应该善于说和写。

2. 编码

当信息发送者知道自己要传递的信息之后,要把信息转变成可被信息接收者觉察和理解的形式。如语言、文字、图片、模型、身体姿势、表情动作等。但由于编码是信息发送者把头脑中的概念、想法转变为传递符号,因而在编码过程中易出现编码错误,影响沟通效率。

3. 通道

通道是指传递信息的媒介物。究竟使用正式的通道还是非正式的通道,这是由信息源进行选择的。一个具体的信息可以通过不同的通道发送,不同的信息通道适用于传递不同的信息,通道的选择要根据具体情况来定。

4. 解码

解码指的是信息接收者的思维过程,包含了对已编码的信息的解释。要理解信息,就一定要解码,要把信息中的符号译成接收者可以理解的形式。

5. 接收者

接收者是信息指向的客体。接收者在接收信息的时候并不是完全被动的,他们会利用自己已有的经验、知识、态度,对信息进行感知和理解。同一信息,不同的接收者会有不同的理解。同一个接收者,由于接收时的情绪、状态或场合不同,也可能会对同一信息做出不同的解释,所以采取的行动也可能不相同。例如,对一个人的批评,是当众批评还是单独指出,对方感觉是不一样的。对于接收者而言,应该善于读和听。

6. 反馈

信息接收者在接收和理解信息之后对信息的发送者做出反应,这时反馈就发生了。反馈使沟通成为一个交互过程,反馈可以告诉信息发送者关于信息接收者接收和理解信息的状态和程度、信息是否丢失、信息是否被有效利用,也可以由信息发送者做出后续的决策,例如,是否要对信息进行补充说明,今后是否要改进自己的沟通方式等。同时,通过反馈,信息接收者可以加深对信息的理解。

7. 障碍

障碍也被称作"噪声",它是指在沟通过程中阻止理解和准确解释信息的因素。

8. 环境

环境也是沟通发生的地方,环境能对沟通产生重大的影响。

【讨论】

与同学讨论对沟通有哪些新的认识?通过对沟通的认识,对你有什么帮助?

【案例】 从历史小故事谈沟通的重要性

人与人之间最宝贵的是真诚、信任和尊重,而这一切的桥梁就是沟通。

有这样一则小故事。孔子和众弟子周游列国,当时遍地饥荒,有银子也买不到任何食物。过不多日,他们来到了某国,众人正饿得头昏眼花之际,发现集市上可以买到食物。弟子颜回让众人休息,自告奋勇地忍饥做饭。饭香飘出,这时饿了多日的孔子受不了饭香的诱惑,缓步走向厨房,想先盛碗饭来充饥。不料孔子刚走到厨房门口,就见颜回掀起锅的盖子,看了一会儿,便伸手抓起一团饭来,匆匆塞入口中。孔子见到此景,又惊又怒,一向最疼爱的弟子,竟做出这等行径。读圣贤书,所学何事?学到的是——偷饭吃?因为生气肚子也就饱了一半,孔子懊恼地回到大堂,沉着脸生闷气。没多久,颜回双手捧着一碗香腾腾的白饭来孝敬恩师。

孔子气犹未消,正色道:"天地容你我存活其间,这饭不应先敬我,而要先拜谢天地才是。"颜回说:"不,这些饭无法敬天地,我已经吃过了。"这下孔子可逮到了机会,板着脸道:"你为何未敬天地及恩师,便自行偷饭吃?"颜回笑了笑说:"是这样子的,我刚才掀开锅盖,想看饭煮熟了没有,正巧顶上大梁有老鼠窜过,落下一片不知是尘土还是老鼠屎的东西,正掉在锅里,我怕坏了整锅饭,赶忙一把抓起,又舍不得那团饭粒,就顺手塞进嘴里……"

至此孔子方大悟,原来不只心想之境未必正确,有时竟连亲眼所见之事,都有可能造成误解。于是欣然接过颜回手中的碗,开始吃饭。

(资料来源:http://www.bosshr.com/shownews_32513.html,有修改)

【分析】

1. 你从这则案例悟到了什么？
2. 有哪些管理学价值和意义？

模块二 沟通类型

管理者要想进行有效的沟通，就必须了解和把握沟通的类型。可以从不同的角度对沟通进行分类，下面将介绍沟通的几种主要类型。

一、正式沟通与非正式沟通

按信息传递的渠道，可将沟通分为正式沟通和非正式沟通。

（一）正式沟通

正式沟通是通过组织明文规定的途径进行信息传递和交流的一种沟通方式。它和组织的结构息息相关，一般而言，这种沟通遵循着组织的权力系统，只进行与工作相关的信息沟通，如组织内部规定的汇报、组织系统发布的正式命令、指示、文件、会议制度等。通过正式沟通渠道传播的信息又称"官方信息"。

正式沟通受组织监督，具有强制性、比较规范、井然有序、约束力强的特点。因此，在企业管理中，一般的信息都要通过正式沟通渠道下达和反馈。但是正式沟通也存在如下缺点：传播线路固定、呆板，沟通速度较慢；中间环节较多，信息易损耗。因为这种沟通往往必须逐级进行，有可能延误时间。

现实中组织的沟通不是单一渠道和单一形式的沟通，而是把各种沟通方式组合起来，形成了沟通网络。在正式组织中，人与人之间的信息交流结构称为正式沟通网络。美国心理学家莱维特把组织中常见的沟通网络归纳为五类，即链式、Y式、轮式、环式和全通道式，如图10-2所示。

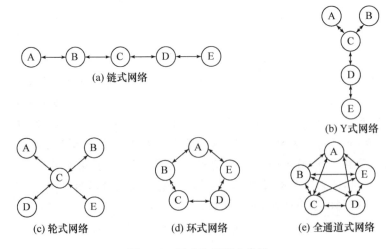

图 10-2 正式沟通基本类型

1. 链式网络

链式网络表示信息传递是逐级进行的,信息可由上而下传递,也可由下而上传递。这种信息沟通具有传递速度快的特点;但是,它没有横向联系,成员的满意程度低,只适合组织庞大、需分层授权管理的企业。

2. Y式网络

Y式网络表示逐级传递,最上层有多个主管。这种沟通网络传递信息速度较快,但成员满意程度不高,尤其是多头领导,要求不一,不利于下级正常开展工作。

3. 轮式网络

轮式网络表示主管人员居中,分别与若干下级发生联系的沟通。这种沟通传递迅速、易控制。在这种企业中,速度与控制往往比士气、创造性更被重视,居中心地位的主管因情报多,有较大的权力,因而比较自信和有自主性,心理上也比较满足。但是,由于缺乏联系,各下级成员之间互不了解,信息闭塞,成员满意程度低,有利于保密,不利于协作。

4. 环式网络

环式网络表示各成员之间依次联系沟通。这种沟通网络具有群体士气高、满意感强的特点,但信息传递速度慢,效率不高。在委员会之类的群体中可以采用此沟通形式。

5. 全通道式网络

全通道式网络表示组织内每个人都可以与其他成员直接地、自由地沟通,并无中心人物,所有的成员都处于平等地位,但由于缺乏中心人物,没有权威,信息传递速度也慢。例如,在招聘时用的无领导小组讨论即属于这种沟通网络。

上述沟通网络的研究虽然是在实验条件下进行的,而且主要是小型组织的沟通类型,但在企业管理实践中具有不可否认的启发意义。沟通网络代表一个组织的结构系统。事实上,一个组织要达到有效管理的目的,应采取哪一种网络,须视不同的情况而定:如要速度快、易于控制,则轮式网络较好;如果组织庞大,需要分层授权管理,则链式网络较有效。

(二)非正式沟通

非正式沟通是指在正式沟通渠道以外信息的自由传递和交流,与组织内部明文规章制度无关系的沟通。组织中信息的传播,正式沟通不是唯一的方式,还可通过非正式渠道沟通。非正式沟通的途径是通过组织的各种社会关系,这种社会关系超越部门、单位和层次。这种沟通不受组织监督,是由组织成员自行选择途径进行的。例如,在网络背后议论某人某事、传播小道消息、流言等。非正式沟通多以直接沟通为主,其优点是方便、快捷,不能表露人们真实的思想和动机,有时还能获得组织正式沟通难以获得的内外信息。在现代企业管理中,管理者们都十分重视非正式沟通,并利用其获得的各种信息,作为改善管理或制定政策的参考。缺点是容易失真,难以保证信息的准确性。

美国心理学家帕戴维斯曾在一家皮革制品公司专门对67名管理人员进行调查研究,发现非正式沟通有四种基本类型,如图10-3所示。

(1)单线式。通过一连串的人,把信息传递到最终接收者。

(2)流言式。一个人主动地把信息传递给其他许多人。

(3)偶然式。在偶然的机会传播小道消息。

（4）集束式。把小道消息有选择地告诉自己的朋友或有关人。集束式又称葡萄藤式。

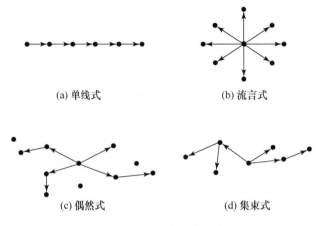

图 10-3　非正式沟通基本类型

小道消息由于均以口头传播为主，故易于形成，也会迅速消失，一般没有永久性的结构和成员。关于怎样评价非正式沟通渠道的问题上，人们有着不同的见解。一些人认为传播小道消息是散布流言蜚语，应该加以禁止；另一些人则认为小道消息的传播可以满足组织内成员的需要，而且有助于弥补正式沟通渠道不灵活的缺陷。

一般来说，在一个企业里小道消息盛行是不正常的，会破坏企业的凝聚力，不利于企业的管理。研究表明，小道消息盛行常常是大道消息不畅的结果。因此，完善和疏通正式沟通渠道是防止小道消息传播的有效措施。另外，由于小道消息常常是组织成员忧虑心理和抵触情绪的反映。所以管理者应该通过谣传间接地了解员工的心理状态，研究造成这种状态的原因并采取措施予以解决。所以，小道消息具有过滤和反馈两种机制，对员工来说，小道消息有一定的价值，它能够把正式沟通中的信息转化为自己的群体特殊用语；对管理者而言，可能更重要的是，可以对小道消息进行分析并预测其流向。但是，没有一个管理层能够彻底消除小道消息的传播，不过能够限定小道消息的范围和影响，并尽可能弱化其消极的效果。

总之，管理者应意识到小道消息不会消失，并且小道消息是组织沟通系统的一个重要组成部分，聪明的管理者应接受小道消息的存在，并纳为己用。

二、上行沟通、下行沟通与平行沟通

按沟通的方向，可将沟通分为上行沟通、下行沟通和平行沟通。

（一）上行沟通

上行沟通是指在群体或组织中下级的意见向上级反映，又称为自下而上的沟通。目的就是要有一条让管理者听取员工意见、想法和建议的通路。同时，上行沟通又可以达到管理控制的目的。上行沟通主要有两种表现形式：一是层层传递，即按组织中的固有原则与程序逐级向上反映；二是越级传递，即减少中间层次，让决策者与组织成员直接对话。

组织中上行沟通的渠道有很多，诸如意见箱、员工态度调查、小组会议、主管与下级员工的讨论、反馈表等。但这些途径能否真正发挥作用关键在于营造上下级之间良好的信赖关系。上行沟通对组织的高效起着至关重要的作用。有效的上行沟通与组织环境和工作氛围直接相关,努力形成和谐的工作氛围是保障上行沟通畅通有效的主要因素。

（二）下行沟通

下行沟通是指信息的流动是由组织层次的较高处流向较低处,通常下行沟通的目的是为了控制、指示、激励及评估。其形式包括管理政策宣示、备忘录、任务指派、下达指示等。有效的下行沟通并不只是传送命令而已,而是能让员工了解公司的政策和意图、计划的内容,统一思想和行动的一种重要手段,从而获得员工的信赖、支持。下行沟通的效率对组织沟通的总体效率会产生关键性的影响。

（三）平行沟通

所谓平行沟通,主要是指同一工作群体的成员之间、不同工作群体但同一层级的成员之间、同一层级的管理者之间,或任何等级相同的人员之间的沟通。在上行沟通、下行沟通、平行沟通三种沟通中,平行沟通是最为困难的。

平行沟通常常在节省时间和促进合作方面是十分必要的,有利于缩短沟通距离、节省沟通时间、促进协调合作等。但当正式的垂直通道受到破坏时,当员工绕过或避开自己的直接领导做事时,平行沟通会导致功能失调的人际冲突。

三、单向沟通与双向沟通

按沟通是否进行反馈,可将沟通分为单向沟通和双向沟通。

（一）单向沟通

单向沟通是指发送者和接收者之间的位置不变的沟通方式。在单向沟通中,一方只发送信息,另一方只接收信息而不发出反馈信息,例如,做报告、上课或演讲等。这种沟通方式的优点是,信息传递快,易保持信息发送者的权威性。当工作任务急需布置、完成,工作性质简单,属于程序性工作时,可以采用单向沟通方式进行沟通。单向沟通的缺点是,由于没有反馈,因此准确性差,有时还容易使接收者产生抵触情绪或抗拒心理。

（二）双向沟通

双向沟通是指发送者和接收者两者之间的位置不断交换,且发送者是以协商和讨论的姿态面对接收者,信息发出以后还需及时听取反馈意见,必要时双方可进行多次反复商谈,直到双方共同明确和满意为止,例如,交谈、会谈、协商等。双向沟通的优点是沟通信息准确性较高,接收者有反馈意见的机会,产生平等感和参与感,增加自信心和责任心,有助于建立双方的感情。双方能通过沟通而实现信息共享。双向沟通的缺点是,信息发送者在沟通时会遇到信息接收者的质询、批评和挑剔,因此心理压力较大;同时,信息传递速度也较慢。

四、语言沟通和非语言沟通

按信息的媒介,可将沟通分为语言沟通和非语言沟通。

（一）语言沟通

语言沟通是最普遍的一种沟通形式。根据语言的不同形式,语言沟通又可以分为口头沟通和书面沟通。

1. 口头沟通

口头沟通是指借助于口头语言实现的信息交流,它是日常生活和工作中群体成员最常采用的沟通形式。主要包括：口头汇报、讨论、会谈、演讲、电话联系以及非正式的小道消息的传播等。

口头沟通的优点是：信息在传递的过程中能观察接收者的反应，能获得快速传递和快速反馈。如果接收者对信息不确定，迅速的反馈可以使发送者及时核查其中不够明确的地方，因此，它能使我们及早更正错误。口头沟通的缺点是：当信息通过多人传递时，传递的人越多，信息失真的潜在可能性就越大，沟通效率较低。

2. 书面沟通

书面沟通是指以备忘录、信件、组织内部发行的期刊、布告栏以及其他任何传递书面文字、图示进行的信息传递和交流的形式。书面沟通形式虽然使用频率不如口头传递高，但它传播的信息量大。国际传播协会的调查研究表明，通过书面形式的信息通道所传递的信息量高于面对面的交流和电话交流。

书面沟通的优点是：① 具有准确性、权威性。与口头语言相比，书面语言要稳定得多，所以在商务活动中，与外部的各种契约合同和内部管理的各种材料大多采取书面的形式。② 具有较强的规范性，这种规范性有效地保证了沟通的顺利进行。因此，一些困难或复杂的信息适合采用书面的形式来表达，如各种书面声明等。③ 书面沟通形式适合于存档、查阅和引用。④ 书面沟通在某些情况下可以减少面对面沟通的摩擦。

书面沟通的缺点是：书面沟通方式对沟通者的要求比较高，每个人都可能有过这样的经历，把一件事情用口头方式说出来比较容易，一旦用规范的书面语言表达出来就不是谁都能做到的。一般来说，在企业活动中，职务和地位越高，使用书面语言的概率越大。因此，要成为一个中高级管理人员，具备一定的文字写作能力是一个基本要求。此外，书面材料的准备比较耗时和不利于反馈。总之，和口头沟通相比，书面沟通成本大、效率低、时间长；但是同时书面沟通却是是非分明、防止扯皮、内容清晰可查、具体明确、具有证据力等众多优势。因此，权衡利弊之下，组织管理中起用书面沟通方式形成制度并监督执行到位是非常必要的。

（二）非语言沟通

非语言沟通作为沟通活动的一部分，是传递信息的重要渠道。在完成信息准确传递的过程中起着重要的作用，据研究，在沟通中，55％的信息是通过面部表情、形体姿态等非语言传播的。甚至非语言还能传达某些无法用语言表达的信息。在群体组织的信息交流中，非语言沟通是一种不可或缺的沟通形式。

1. 非语言沟通内涵

非言语沟通是指通过非语言文字符号进行信息交流的一种沟通方式。人们利用身体动作、面部表情、空间距离、触摸行为、声音暗示、穿着打扮、实物标志等来表达思想、情感、态度和意向。人们在日常交往中往往会发现，有时非语言沟通可以起到语言文字所不能替代的作用，一个人的手势、表情、眼神、笑声等都可以说话或传情。所以，非言语沟通不仅是利用语言进行信息交流的一种补充，而且是一种人与人之间的心理沟通，是人的情绪和情感、态度和兴趣的相互交流和相互感应。

2. 非语言沟通的作用

（1）代替语言的作用。在沟通的过程中，有很多信息通过有声的语言是难以传递的，通过非语言却可以有效地传递。另外,非语言沟通作为一种特定的形象语言,它可以产生有声语言所不能达到的交际效果,我们经常在组织沟通中自觉不自觉地使用各种非语言沟通来代替有声语言,进行信息的传递和交流。因此,在信息交流过程中,用非语言形式沟通,既省去过多的"破费言辞"的解释和介绍,又能达到"只可意会,不可言传"的效果。

(2) 强化效果的作用。非语言沟通不仅可以在特定的情况下替代有声语言,发挥信息载体的作用,而且在许多场合,还能强化有声语言信息的传递效果。例如,领导者在会上提出一个远大的计划或目标时,他必须用准确的非语言沟通来体现这个目标的重要性。他应该用沉着、冷静的目光扫视全体人员,用郑重有力的语调宣布,同时,脸上表现出坚定的神情。这些非语言沟通大大增强了说话的分量,体现出决策者的郑重和决心。

(3) 体现真相的作用。非语言沟通大多数是人们的非自觉行为,一般是交际主体内心情感的自然流露,与经过人们的思维进行精心构织的有声语言相比,非语言沟通更具有显现性。在交际过程中可控性较小,它所传递的信息更具有真实性,因而非语言沟通常常可以印证有声语言所传递信息的真实与否。在现实交际中,常常出现"言行不一"的现象。真实地判断一个人的真实思想和心理活动,要通过观察他的身体语言。日常工作中,同事之间的一个很小的动作,就能验证谁是你的真心朋友。在商务谈判中,可以通过观察对方的言行举止,判断出对方的合作诚意和所关心的目标。

3. 非语言沟通的表现形式

(1) 沉默。中国有句话叫"沉默是金",沉默确实是沟通中很有用的武器,但必须有效的使用。否则,无论是在平时的日常生活中还是在商务沟通中,很容易使另外一个沟通者无法判断行为者的真实意图而产生恐惧的心理,从而不能进行有效沟通。沉默可能是对方想结束谈话,也可能是对对方的观点保持不同的意见抑或是想争取时间来准备自己的观点和思考自己的问题,当然,也可以是纯粹的交流感情。当你对一个想和你交谈的人沉默时,可能会伤害这个人的感情从而影响到重大的决定。在和不同的谈判对象谈判的时候要把握好自己沉默的度,不然会造成谈判的失败。

(2) 时间。时间作为非语言的表现形式,主要是因为我们可以根据沟通者对待时间的态度来判断沟通者的性格、观念和做事的方式,从而达到有效的沟通,准确地了解沟通者,做出符合自己利益的决策。

(3) 身体语言。身体语言在我们进行群体沟通的过程中总是伴随着有声语言出现,它包括面部表情、肢体语言和体触语等形式。

在沟通中,对接收者来说,要留意沟通中的非语言信息十分重要。在倾听信息发送者发出的言语意义的同时,还应注意非言语线索,尤其应注意两者之间的矛盾之处。例如,无论这个人说了什么,如果他时不时地看看手表,则意味着他希望结束交谈。

五、电子沟通

当今组织中不可或缺甚至可以说主要的沟通媒介就是电子沟通媒介。电子沟通包括电子邮件、即时通信和短信、视频会议等。

(一) 电子邮件

电子邮件是使用互联网传输并接收电脑的文本文件。电子邮件信息可以被迅速地撰写、编辑和储存。人们通过鼠标轻轻点击,就可以把邮件发送给一个人甚至上千个人。接收者可以在自己方便的条件下阅读电子邮件。

电子邮件打破了时间和空间的限制,让工作时间或工作地点不同的人们能够进行有效地沟通。电子邮件人发送信息、电子文件、图片或文档等附件。但电子邮件的普及导致被滥用,而且往往被用于不正当的目的。因为电子邮件包含不了人们的外貌特征和气质形象方面的信息,也不能传达微妙的手势等非言语的暗示。电子邮件可能被误解或曲解,容易产生矛盾。因此,很多管理者建议,在组织中对有争议或者敏感的问题进行沟通时,应避免使用电子邮件。

（二）即时通信和短信

即时通信和短信是一种接近于实时进行的文字信息沟通,是实时发生的,它可以在两个或更多用户间进行,它和电子邮件的区别在于,它的信息沟通立即完成,而且进行"对话沟通"相当方便。

即时通信和短信是管理者和员工之间及时相互联系的既快捷又廉价的手段,越来越多的实践证明,这种沟通方式并不是什么奢侈品,而是时代经济发展、商业发展的必然趋势。即时通信和短信最大的优点是,即使身在世界的任何地方和任何时间都可以方便地联系,尤其是短信。

虽然即时通信和短信有这么多的优点,但是无法替代电子邮件。可能电子邮件还是传达较长信息的更好手段,短信、微信只适合简短的信息。即时通信和短信也存在缺点,一些使用者认为这种科技十分扰人,由于它们的存在,员工很难保持精力集中;同时,即时通信和短信也存在一些信息的安全性问题。此外,最好不要让缺乏严肃性的短信、微信消息进入电子沟通中,很多人还是认为为了确保在职业上的沟通更加职业化,应当显示出自己的成熟和严肃性。不要使用自己难以理解的俗语,力图使信息更加简洁工整。当然,这些要求并不是说不能再使用即时通信和短信,只是需要明确自己和朋友之间的沟通与职业沟通之间的界限。

（三）视频会议

视频会议是用电视和电话等电子设备在两个或多个地点的用户之间举行现场会议,实时传送声音、图像的通信方式,而且还可以附加静止图像、文件、传真等信号的传送。会议成员可以远距离进行直观、真实的视频交流,通过电视发表意见,并能出示实物、图纸、文件等实拍的电视图像或者显示在黑板、白板上写的字和画的图,同时观察对方的形象、动作、表情等,使在不同地点参加会议的人感到如同和对方进行"面对面"的交谈。视频会议能够构造出一个多人共享的工作空间,在效果上可以代替现场举行的会议。

如果使用视频会议系统,那么管理者只需坐在办公室即可与全国甚至全世界的下级们面对面地商讨公司的业务,大学各个分校区的学生也可即时向在本部授课的教授提问。视频会议提供了面对面沟通的所特有的好处,而且还不用支付召集异地人员集中到一个会议室开会的直接成本和间接成本。在会议中,与会人员可以展示产品、可以发现其他人是否在认真听取会议观点和信息并做出适当的反应。此外,与会人员还可以被分成两个或多个小组,同时对问题展开讨论,推进决策进程。

通常,各种组织会使用多种沟通方式帮助员工保持联系和正常工作。过去,很多沟通方式都被当作孤立的方案来解决特殊的需要。现在,必须把它们放在更大的环境下考虑,尽量将不同的沟通方式整合到一个统一的平台,提升组织的沟通效率。

【讨论】

1. "低效的沟通是发起者的错误"你是否同意这种观点,请讨论。
2. 管理者在组织中应如何利用小道消息?

【案例】 电子邮件沟通的工作方式

研发部经理梁明才进公司不到一年,工作表现颇受主管赞赏,不管是专业能力还是管理绩效,都获得大家肯定。在梁明的缜密规划之下,研发部一些拖延已久的项目,都在积极推进当中。部门主管李达发现,梁明到研发部以来,几乎每天都加班。而且梁明上班时总是第一个到,下班时最晚一个离开。但是,即使在工作量繁忙的时候,其他同事似乎也都准时走,很少跟着梁明一起留下来加班,而平常也难得见到梁明和他的下级或是同级主管进行沟通。

李达对梁明怎么和其他同事沟通工作觉得很好奇,开始观察他的沟通方式。原来,梁明都是以电子邮件交代部署工作。梁明的下级除非必要,也都是以电子邮件回复工作进度及提出问题,很少找他当面报告或讨论。梁明对其他主管也是如此,电子邮件似乎被他当作和同事们合作的最佳沟通工具。

(资料来源:http://zhidao.baidu.com/link? url=vhFBJD4dxARbCk1JgIumEda7hEe4tt9pNbirjayb3qZDCFZEO1oK3bU6szOTBzY0Qpht23stXjk0ayIUPHR-1_,有修改)

【分析】

1. 请指出梁明的问题出在哪里?
2. 若你是梁明,应采取什么沟通方式?

模块三 沟通障碍

在日常的组织的沟通过程中,会出现很多沟通障碍,它们都会阻碍或干扰有效的沟通。为了提升组织的沟通效率,我们应该清楚沟通中会有哪些障碍。

一、有效沟通障碍

在沟通过程中,经常会有沟通无法进行或不能产生预期效果的现象,称为沟通障碍。就其形成的原因来看,沟通障碍主要来自以下几个方面。

(一)认知障碍

认知沟通障碍包括文化背景不同带来交流困难,风俗习惯差异导致误解产生,民族观念各异造成沟通受阻。认知障碍会导致对沟通情境、媒介、方式、时间、地点等缺乏统一的理解,进而导致问题产生。只有正确认识沟通障碍的客观存在,才能针对认知障碍采取有效的措施;反之,将导致沟通失败,最终难以解决实际问题。比如,最简单的"点头Yes,摇头No"是约定俗成的共识,但在有些地方,点头、摇头的含义却是正好与此相反的;若在沟通过程中不了解这一认知的差别,其沟通的结果必将适得其反。

（二）信息障碍

在组织沟通过程中，过多的信息传递环节、不确定的信息来源会造成障碍。信息接收者对信息来源的认可程度，直接决定了他对信息本身的认可程度。视为知己的人传递的信息得到的认可远远高于视为异己的人传递的信息。信息传递的环节越多，对信息进行的加工就越多，信息失真的可能性就越大，因为每个人都会根据自己的认知对信息进行理解。所以，面对自己每天接收到的各种信息，一定要抱有适当的怀疑态度，并通过各种途径进行确认，如直接向信息的最初发出者确认、通过收集相关资料和分析行为事实进行确认等，以保证信息的可靠性和真实性。

（三）地位障碍

在组织中，人们在地位上的差异也会成为沟通障碍。大量的实践表明，人们之间自发的沟通往往发生在同地位的人之间。并且人们经常会根据一个人地位的高低来判断沟通信息的准确性，并倾向于相信地位高的人提供的信息较准确，往往忽略了信息本身的可靠性，而更看中信息的发出者或接收者身份。例如，在讨论会上，那些地位高、年长或有声望的人的意见往往会得到较多的重视；相反，地位低的人的意见就容易被忽视。在这种情况下，自然会影响沟通的效果。

上级和下级之间，因为地位差异，权力有别，造成了沟通中的"过滤"现象，即下级和上级会基于对方的个性、地位、职责等要求过滤自己所掌握的信息，只去沟通认为对方应该知道的内容。企业中的地位差别，会导致人们看待问题的角度不同，理解问题的思路不同，进而导致沟通中的立场不同，给高效的沟通带来了挑战。

（四）物理障碍

在组织的信息沟通过程中还有可能遇到很多物理障碍的干扰。如在面对面沟通的过程中，人与人之间的距离过大或存在噪声，使人听不清楚对方的声音，或看不清对方的表情、手势，从而影响沟通效果。或者传递信息的载体本身存在问题，如信号受到干扰、通信设备存在问题，也会影响沟通的质量。

工作场所的空间设计会影响员工的沟通模式，如果某个组织想要促进员工个体间的关系，就该在空间上把员工安排得紧密些。现在的组织都采用了"开放式办公室"的设计以增进组织成员间沟通的次数和质量。但是，这种开放式的设计有时也会导致员工间过多的接触。员工在需要交流的同时，也有对私人空间的需要，没有看到这种需要的空间设计往往是以员工满意度和生产率的牺牲为代价来换取员工间的沟通。

（五）情绪障碍

情绪对信息沟通的影响也是很明显的。人们处在情绪的两极状态时，很难进行客观而理性的思维，而是代之以情绪的判断，很容易歪曲信息，从而使沟通失真。

激烈的情绪像脱缰的野马，难以驾驭和控制。无论是与情绪激烈的人沟通，还是自己情绪激烈地与他人沟通，其沟通效果都难以保证。情绪不稳定的人，注意力涣散、心情烦躁，并会因此影响到倾听的效果、反馈的及时性以及对对方表达的领悟能力。在组织沟通中面对有情绪的人，沟通者所要做的第一件事就是设法让对方的情绪平静下来。如果对方难以平复心中的怒火，就不要进行沟通或者延缓沟通。

（六）性别障碍

研究表明，男性通过交谈来强调地位，女性通过交谈来建立联系。也就是说，男人听和说以强调地位和独立；女人听和说以表示亲密和联系。因此，对许多男人来说，谈话主要是在等级社会保持独立和确认地位的一种方法；对女人而言，谈话是获得支持和肯定的一种谈判方式。

在交谈中，男性常常比女性更直截了当。男性可能会说："我想你在这一点上是错的。"女性则可能会说："你看过市场部在这问题上的调查报告吗？"男性常把女性的拐弯抹角视为"遮遮掩掩"。与女性相比，男性似乎更少自我夸奖。他们常常弱化自己的职权和成绩，以避免表现为一个自我吹嘘之人，并赢得他人的信赖之感。

（七）语言障碍

同样的词汇对不同的人来说意义却不相同。年龄、阅历、教育和文化背景是最主要的影响因素，它们影响着一个人所使用的语言以及他对语言的界定。此外，不同部门的划分也使得专业人员发展了各自的专业用语和技术用语。在大中型的组织中，成员的地域分布十分分散，每个地区员工都使用当地特有的习惯用语。

在组织中等级的存在也同样带来了语言上的问题。比如，诱因、配额这样的词汇，对不同管理层有着不同的含义。高层管理者常常把它们视作需要，而基层管理者则把它们理解为操纵和控制，并由此心生不满。

（八）组织结构障碍

组织层次过多，部门设置不合理等，是导致组织沟通障碍的一个重要因素。信息从最高层逐级向最低层或从最低层向最高层传递，在信息传递的过程中，每经过一个层次，都会产生信息失真。随着各级信息遗漏的积累，信息失真越来越严重，从而会对信息沟通的效果产生较大的影响。

二、有效沟通基础

要想在组织中进行有效的沟通，排除沟通障碍，提高沟通效率，必须打好良好的沟通基础，所以应注意以下问题。

（一）信息的明确性

有效的沟通必须保证信息在传递过程中的准确、清晰，这是良好沟通的开端。能够准确地反映发送者的意图，同时也要保证接收者准确地理解信息。只有按照准确、不失真的信息采取行动才能达到预期的效果，因此这是有效沟通的基本要求。

（二）信息的完整性

沟通过程中，信息发送者必须发送完整的信息，避免根据自己的意愿进行取舍，以偏概全。信息的接收者也不能断章取义，根据自己的意思进行选择性的接受。

（三）信息沟通的及时性

时效性是有效信息沟通的重要条件，信息应该被及时地、以尽量少的中间环节传到接收者处。当然，及时性也要求接收者及时地对信息进行反馈，并且保证信息被及时利用，以免过期失效。

（四）建立合理的信息传播体系

企业内部人数众多、机构复杂、信息流量大，为了使信息能有序地流动，管理者一定要建立稳定合理的信息传播体系，以便控制企业内部横向及纵向的信息流动，使各部门及员工都有固定的信息来源。

【讨论】

> 1. 对你而言，你经常遇到的沟通障碍是什么？
> 2. 在工作和生活中，你应如何克服各种沟通障碍？

【案例】 玛丽的误解

> 迈克在一家食品加工厂的包装车间里当管理人员，玛丽是车间里贴标签的工人。玛丽刚犯了一个严重的错误——包装流水线上的产品换了，却没有换上相应的标签，于是迈克找玛丽谈话。
>
> 迈克：你怎么可能让这种事情发生？我早就跟你说了，而且要你特别当心。
>
> 玛丽：当时我以为要是更换流水线上的产品，我会从打包工那里得到这个信息，可他什么也没对我说。
>
> 迈克：这不是我当时的意思，我说"打包者"，指的是打包机，当产品换线时，会有信息提示，那上面的红灯就亮了。
>
> 玛丽：我大概误解了你的意思。不管怎么说，那天你跟我说这件事的时候，我正为我母亲急得要命，她当时在医院里开刀，我真的没想到，贴标签会惹下这么大的麻烦。
>
> （资料来源：http://3y.uu456.com/bp_23k4b0szdi0sr9z0o3r3_10.html，有修改）

【分析】

> 1. 迈克传递给玛丽的信息不清楚是因什么情况引起的？
> 2. 迈克当时怎么做，才能保证信息准确到位？

模块四　管理者沟通技巧

一、有效的沟通技巧

有效沟通是组织管理活动中最重要的组成部分。组织管理与沟通是密不可分的，有效的沟通意味着良好的管理，成功的组织管理要通过有效的沟通来实现。虽然沟通中的障碍有时不可避免，但并非不可克服，作为管理者，应当注意认清沟通障碍形成的原因，恰当地改进沟通技巧，进而提高沟通效率，实现预期的组织目标。

（一）倾听的技巧

有效的沟通对组织中的人际交往有着积极的影响，而倾听则是有效沟通环节当中的一项不可或缺的重要技巧。卡耐基说过：一对敏感而善解人意的耳朵，比一双会说话的眼睛更讨人喜欢。倾听在组织有效沟通中具有重要的意义：它是获得信息的有效手段，有助于发现问题，解决问题；有助于掩盖自己的弱点；有助于建立信任，改善关系；有助于防止主观误差,调动积极性等。有人说,一个随时都在认真倾听别人讲话的人,可在闲谈之中成为一个信息的富翁。所以,作为管理者应掌握以下倾听的技巧。

(1) 创造有利的倾听环境。沟通时尽量选择安静、舒适的环境,使讲话者和倾听者都处于身心放松的状态,以避免倾听者分心。

(2) 认真倾听讲话者的主要观点。高效倾听的关键就是要抓住讲话者的主要观点。为了透彻理解讲话者言辞中的信息和情感,倾听者应集中精力捕捉讲话信息的精髓,避免沉浸于信息和情绪的细节。

(3) 具有足够的耐心。缺乏耐心是倾听的"绊脚石",它让很多人都在被动地倾听。人的理解能力各不相同,同样的一句话,可能会使一部分倾听者心情感到愉快,而让另一部分倾听者感觉到沉闷,因此,为了能够有效和他人沟通,在倾听过程中要训练自己具有足够的耐心。

(4) 摘掉偏见的"有色眼镜",坦诚倾听。有时候人难免会戴着偏见的"有色眼镜"看待自己周围的人,用自己的价值观去衡量他人。在沟通中也一样,不要因为对讲话者的职位、能力、外表、性格等存有偏见而阻碍自己有效倾听,要站在讲话者的立场上坦诚地倾听。

(5) 积极反馈。倾听者可以用眼神、点头、微笑等肢体语言和积极的提问对讲话者的信息进行反馈。尤其是在倾听过程中,没有听清楚、没有理解、想确认或者想要获得更多信息时,应积极地反馈给讲话者,让讲话者感觉到自己的讲话已受到重视。

(6) 不要臆测,要积极提问。准确理解,不要臆测,臆测只会导致倾听者距离沟通目标越来越远。不要在讲话者未完成讲话之前就自以为是地下结论,要在认真倾听完毕之后,根据自己想要知道的信息,对讲话者进行提问。

(7) 倾听者不要变成讲话者。在交谈中,有些人会表现得过于健谈。倾听者从一开始就把自己放在了讲话者的位置上,这样的倾听行为与其说是倾听,倒不如说是一场与讲话者的争论更为合适,因为倾听者显然已变成了另一个讲话者。

(二) 移情的技巧

所谓的移情,就是指一个人假设自己处在对方的位置上,从对方的角度出发考虑问题。成功的沟通者通常能够从接受者的角度来考虑,如何对信息进行编码和发送信息才能更有利于接收者的理解,他会考虑自己所发送的信息对接收者会产生怎样的影响,他得到这个信息时会做出怎样的反应。

(三) 面谈的技巧

在组织中,最常见的沟通是面谈方式。作为管理者,掌握好面谈的技巧,这对提升组织沟通的有效性有着很大的作用。掌握面谈技巧主要应掌握好以下几点。

(1) 选择恰当的谈话地点。不同的谈话地点,往往会产生不同的沟通效果。例如,在办公室谈话显得正规、慎重,边走边谈显得轻松、随意。

(2) 创造相互信任的谈话环境。交谈的气氛会影响信息沟通的效果,所以管理者在组织中不仅要取得下级的信任,而且要得到上级和同事们的信任,这就要求管理者们要诚心诚意,切忌言不由衷。

(3) 做好充分的交谈准备。面谈是一种双向沟通,随时可能出现意料之外的情况和信息。所以,交谈之前应设想各种可能发生的情况和安排,有必要还应做好交谈计划,这有利于正式交谈时思路清晰,说服力更强,沟通效果更好。

(4) 合理安排交谈时间。交谈的时间要讲究时机，防止干扰交谈对象的正常工作、休息，以免引起对方的不快、反感。交谈时还应合理把握时间的长度。

(5) 注意控制情绪。管理者进行面谈时，有时会碰到下级的顶撞、争论甚至对抗，或者上级的挖苦、讽刺甚至怒骂。无论哪种情况，都应做到胸怀坦荡，有理、有礼、有节，控制自己的情绪，尽可能避免受到对方情绪的影响。

(6) 注意非语言沟通。一项研究表明，在面对面的沟通中，有65％的信息是通过非语言形式传递的。若能够准确地把握非语言沟通信息，并有意识地加以运用，则会在很大的程度上跨域语言沟通本身的一些障碍，提高沟通效率。在面对面的沟通中，管理者要给对方合适的表情、动作和态度等非语言提示，使之与所要表达的信息内容相配合，如轻松的谈话应面带微笑，严肃的话题应庄重认真；否则，语言信息和非语言信息不一致，会影响沟通效果。

(四) 赞美的技巧

恰到好处的赞美可以拉近双方的关系，增进友谊和合作，消除尴尬和怨恨，可称得上是"特效的沟通润滑剂"。人没有不喜欢赞扬的，学会赞美，将会在沟通中一帆风顺。即使给领导提意见，也要先表扬后批评，不要怕人说溜须拍马，只要表扬的内容属实就没问题。掌握赞美的技巧应注意以下几点。

(1) 赞美要以事实为依据，以情境为准绳。

(2) 对对方的性格、兴趣不了解，就不具备赞美的条件。

(3) 笼统的赞美虽安全却不痛不痒，对细节的赞美会让对方比较受用。

(4) 学会使用程度副词、夸张语句、感叹语句表达赞美之情。如十分、非常、真不敢相信、难以置信、这个方案太棒了等。

二、与上级沟通技巧

在组织中，任何一个下级都应该跟上级沟通，但是大部分下级与上级沟通时总是战战兢兢的，极大影响了沟通效果。这就要求下级有必要好好掌握与上级的沟通技巧，具体如下。

(1) 长话短说。下级和上级沟通时最重要的就是如何在短时间内表达自己，所以事先要做好表达的准备，应以请示汇报或说服上级的目的出发，寻找资料和数据来支撑自己的观点。

(2) 不要给上级出问答题，尽量给他选择题。

(3) 一定要准备答案。对上级的提问有问必答并且回答清楚。

(4) 充实自己，努力学习。

(5) 接受批评，同样过错不再犯。

(6) 毫无怨言地接受领导安排的任务。

三、与下级沟通技巧

在组织中，成功的管理者沟通应不受任何客观条件的制约，而能够凭借游刃有余的沟通能力领导下级，取得事业的成功。所以掌握与下级的沟通技巧是至关重要的。

(1) 点燃激情感染下级。依靠制度进行管理，能够确保业绩的实现；依靠激情进行管理，能够使业绩得到超越。

(2) 借助闲谈了解下级。不善于闲谈的管理者，令人感到难于接近，久而久之，会堵塞真正了解下级的渠道。

（3）定期沟通坚持不懈。同下级的沟通不能一曝十寒,持续定期的沟通才能保证了解和掌握下级的最新情况。

（4）善用倾听体察下级。耐心的倾听能够反映出你对下级的态度,作为上级,同下级沟通时,展示态度比展示才能更重要,因此,作为管理者应学会倾听。

四、与平级沟通技巧

作为管理者,只有大胆走出自我的空间,敞开胸怀,乐于与同事进行坦诚交流,使自己的职场意义得到体现,才能拥有更加和谐、更加广阔的发展空间。应掌握以下与平级沟通的技巧。

（1）求大同存小异。平级之间由于经历、立场等方面的差异,对同一个问题,往往会产生不同的看法,引起一些争论,一不小心就容易伤和气。面对问题,特别在发生分歧时,不要过多争论,要努力寻找共同点,争取求大同存小异。

（2）改善关系用赞美。平级之间缺少知心的沟通,就容易相互猜疑、互挖墙脚,只会看重自己的价值,而忽视其他人的价值。对待同事的缺点或错误,有时幽默地赞美会比正面批评更有效果。

（3）直言相告未必对。实话实说本身并没有错,心胸坦荡、为人正直这是许多人都赞赏的美德,但实话实说也要考虑时间、地点、对象以及他人的接受能力等。如果说话过于直率,言辞过于生硬或激烈,只会产生不良后果,不但无法达到表示善意的初衷,有时甚至会走向极端。

（4）表达善于选词汇。沟通从心开始,平级之间的沟通更要注意考虑对方的感情。在沟通前应该认真思考对方能够接受什么样的语言、什么样的表达方式,因人而异地进行沟通,这是与平级之间沟通获得成功的第一步。

（5）说话不要犯忌讳。各地的风俗不同,说话上的忌讳各异,一不留神脱口而出,很可能会伤害平级之间的感情,因此,需要沟通双方在表达时注意避免犯忌。

【讨论】

1. 你的人际关系如何？与沟通技巧有关系吗？
2. 你在日常的沟通中都用到哪些沟通技巧？上面介绍的沟通技巧对你来说哪个最有用？为什么？

【案例】 该扣谁的钱？

林某是一家高科技企业的年轻的客户经理,有着双学位的学历背景和较好的客户资源,但是个性较强的林某,常常是公司各种规章制度的"钉子户",果不其然在公司新的绩效考核方法推行的过程中,林某又一次"撞到枪口上"。

林某所在的公司推行新的考核办法是,根据每个员工本月工作的工时和工作完成度对其工作进行考核,考核结果与工资中的岗位工资和绩效工资挂钩,绩效工资和员工创造出的相关效益挂钩。因为该公司有良好的信息化基础,工时是根据员工每日在信息化系统上填写的工作安排和其直接上级对员工工作安排工时的核定来累计的,员工的工作完成度也是上级领导对员工本月任务完成情况的客观反映。上月月末,该公司绩效考核专员根据信息化系统所提供的数据,发现林某上月的工时离标准工时差距很大,而且林某的工作完成度也偏低,经过相关工资计算公式的演算,林某这个月工资中的岗位工资和绩效工资要扣掉几百元钱。

拿到工资后的林某,面对工资数额的减少,非常激动,提出了如下几点质疑:(1)没写工作安排不仅仅是他的错,因为他的上级朱某没有及时下达任务;(2)没有完成相关的业绩目标责任也不应该全部由他承担,因为这和整个公司的团队实力有关;(3)和他同一岗位的同事相比,他认为自己的成绩比别人好,而拿到手上的工资却比同事低得多,这太不公平了。

带着一身的怨气,林某走进了一向以严明著称的公司经理赵某办公室,向其阐明自己的观点并要求经理给予答复。

(资料来源:http://3y.uu456.com/bp_23k4b0szdi0sr9z0o3r3_11.html,有修改)

【分析】

1. 本案例矛盾的根源在哪里?
2. 为了做好沟通,林某和赵某应该怎样做?

【管理工具】

沟通工具

1. 沟通七要素:每个沟通的基本过程一般都包括这几个要素:发送者、编码、通道、解码、接收者、反馈、障碍。
2. 正式沟通的五种途径:链式、Y式、轮式、环式和全通道式。
3. 非正式沟通四种途径:单线式、流言式、偶然式、集束式。
4. 有效沟通技巧:倾听的技巧、移情的技巧、面谈的技巧、赞美的技巧。

【本章案例分析】 上级和下级的沟通

案例涉及人员

主管:营销部主管马林

下级:营销员小刘

案例情景

小刘刚办完一个业务回到公司,就被主管马林叫到了他的办公室。"小刘,今天业务办得顺利吗?""非常顺利,马主管,"小刘兴奋地说,"我花了很多时间向客户解释我们公司产品的性能,让他们了解到我们的产品是最适合他们使用的,并且在别家再也拿不到这么合理的价钱了,因此很顺利就把公司的机器推销出去 100 台。"

"不错,"马林赞许地说,"但是,你完全了解客户的情况了吗,会不会出现反复的情况呢?你知道我们部的业绩和推销出的产品数量密切相关,如果他们再把货退回来,对于我们的士气打击会很大,你对于那家公司的情况真的完全调查清楚了吗?"

"调查清楚了呀",小刘兴奋的表情消失了,取而代之的是失望的表情,"我是先在网上了解到他们需要供货的消息,又向朋友了解了他们公司的情况,然后才打电话到他们公司去联系的,而且我是通过你批准才出去的!"

"别激动嘛,小刘",马林讪讪地说,"我只是出于对你的关心才多问几句的。""关心?"小刘很不满,心里想道,"你是对我不放心才对吧!"

(资料来源:http://www.yiqig.com/zhichanglizhi/guanliyishu/0R430922010.html,有修改)

【讨论】

> 1. 在上面的案例沟通中,你认为谁在沟通中的表现是错误的?
> 2. 若你是小刘或马林,你将如何进行沟通?应注意哪些沟通技巧?

【做游戏学管理】 沟通技巧训练

[目的]

(1) 让学生体会表情和动作在人际沟通中的重要性。

(2) 让学生学会运用沟通技巧来融洽与他人的关系。

[游戏程序与规则]

1. 组织与时间

(1) 5~10人一组。

(2) 时间:20分钟(10分钟讨论,10分钟游戏)。

2. 游戏规则

(1) 每人脸朝天花板,面无表情地随意走动,遇人转开。

(2) 每人脸朝自己脚尖,面无表情地随意走动,遇人转开。

(3) 每人脸看他人脸,面无表情地随意走动,遇人转开。

(4) 每人脸看他人脸,面带微笑,随意走动,遇人点头。

(5) 每人脸看他人脸,面带微笑,随意走动,遇人握手。

(6) 每人脸看他人脸,面带微笑,随意走动,遇人握手,心中说:"我喜欢你。"

(7) 每人脸看他人脸,面带微笑,随意走动,遇人握手,口中说:"我喜欢你。"

(8) 教师带领大家进行讨论。

[讨论]

游戏结束以后,请同学们讨论游戏中反映出的管理问题:

(1) 当大家都面无表情地走动时,你是否感觉不自在,希望别人能冲你笑一笑呢?

(2) 当别人主动向你打招呼或握手时,你是否很感动?

(3) 从这个游戏中你体会到什么道理?对你的生活和工作有帮助吗?

【实务项目训练】 说服能力训练

一、训练目标

培养说服别人的能力。

二、训练内容与要求

(1) 假如你们学院要举办某一项活动,需选择某一个企业赞助,写出一个与该企业领导见面会谈的方案。

(2) 设计一个模拟会谈的场景,使用该方案来进行会谈,达成双方的合作。

三、成果检测

教师根据学生们的设计方案与表现进行评估打分。

【技能自测题】

1. 简述沟通在管理中的重要意义。
2. 影响有效沟通的障碍有哪些？
3. 有人认为：非正式沟通往往能产生会造成不良影响的小道消息，因此应该尽量杜绝。这种看法你是否同意？请说明理由。
4. 分辨语言沟通和非语言沟通的不同。
5. 分析有效沟通障碍产生的原因。
6. 试比较书面沟通和口头沟通的不同。

【参考文献】

[1] 周三多. 管理学[M]. 3版. 北京：高等教育出版社，2010.
[2] 单凤儒，金彦龙. 管理学[M]. 北京：科学出版社，2009.
[3] 张满林. 管理学理论与技能[M]. 北京：中国经济出版社，2010.
[4] 史秀云. 管理学基础与实务[M]. 北京：北京交通大学出版社，2004.
[5] 张玉利. 管理学[M]. 3版. 天津：南开大学出版社，2013.
[6] 〔美〕菲利普·L.亨塞克. 管理技能与方法[M]. 2版. 王汀汀，何训，陈晔，译. 北京：中国人民大学出版社，2007.
[7] 吴焕林，赵明剑. 管理理论与实务[M]. 北京：北京交通大学出版社，2010.
[8] 丁苹，孙蔚闻. 管理学原理与实务[M]. 北京：北京交通大学出版社，2010.
[9] 张俊娟. 如何有效沟通[M]. 北京：人民邮电出版社，2010.

第十一章 控制与组织文化

【学习目标】

■ 能力目标
1. 正确识别企业管控的目标及采用的手段。
2. 以企业旁观者身份准确区分不同的控制类型。
3. 简单运用管理控制三步法评估企业控制过程。
4. 运用组织文化的三层次结构模型具体分析企业文化内容。

■ 知识目标
1. 了解控制的基本概念、目标和特征。
2. 理解控制的一般过程。
3. 熟悉组织文化的内容、作用和塑造途径。
4. 掌握文化控制的关键和措施。

■ 素质目标
1. 通过资料收集、课外调查和课堂研讨,提高组织文化控制的职业意识和能力。
2. 通过小组集体学习训练和企业实地访谈,培养自己对文化管理控制的探索精神。

【本章内容概要】

本章帮助读者理解控制的基本概念、特征、目标和类型以及如何进行实际控制。控制与计划、组织、领导等同属企业管理的重要职能。组织文化控制作为控制要素之一,是指利用企业的愿景、共同的价值观和行为规范实施控制的组织管理模式,属于内隐式的管控方式。好的文化控制是落实组织内部系统控制措施的助推器。团队控制、非正式控制和社会化控制是组织文化控制的具体表现和有效手段。掌握组织文化控制的重点及关键措施要先从了解组织文化的基本概念、结构、内容和作用开始,从熟悉组织文化的形成和塑造途径去理解企业文化管控的软约束特性。正确区分组织文化管控与正式官僚控制或组织文化建设的不同。

任务导入

写一份题为《如何控制旷课并提高到课率》的报告

一、任务目的

从大学生自身熟悉的"旷课"这一现象入手,通过《如何控制旷课并提高到课率》的方案设计,使学生切实体会到控制作为管理重要职能的作用、特点与过程重点,并能清楚校园文化、班级文化、学生个性文化(价值观念、行为准则和做事方式)三个层面的文化管理控制对有效控制旷课,提升到课率所起到的"缓冲、润滑和黏合"等重要作用。

二、任务形式

讨论,撰写报告,分享成果。

三、任务要求

（1）根据班级人数分组，每组参考人数为6~8人，选出组长，讨论大学生旷课的原因、拟采用的控制标准和方法，希望达成的到课率等（每组1人主持，1人负责记录，积极发言，说真心话）。

（2）根据小组讨论的内容，撰写报告大纲。

（3）小组代表分享"如何控制旷课并提高到课率"的基本思路。

（4）以学生为主体，教师把管理控制及文化控制的相关知识贯穿到讨论之中。

（5）课后结合本章各模块知识，以小组为单位，完善本组的建议方案。

四、任务成果标准

至少形成1000字的报告，要求语言通顺，层次清晰，书写规范，结合本章知识点，要有本组的报告特色，具有一定的可操作性，在指定的时间内提交。

五、教学建议

（1）在讨论过程中对学生所熟悉的类似控制现象（如考试作弊的控制）进行分析。

（2）课上形成大纲，课后完成报告（可以采用手写、Word电子文档或PPT等方式）。

（3）涉及的知识点让学生查找本书内容或相关书籍，由教师引导，进行启发式学习。

模块一 什么是控制

一、控制的概念与特征

（一）控制的概念

控制是指企业根据所制订的计划和相应标准，对与完成计划目标有关的各项作业活动进行检查和监督，必要时按既定标准进行纠偏或直接调整计划，确保企业实际经营与计划保持一致性的动态过程。简单来讲，控制就是保证实际结果和所订计划相一致的过程。因此，每一个管理者都应该把控制看成分内之事，以保证各业务单元、职能部门和全体员工的各项任务及活动都能围绕企业既定的总体目标进行。

（二）控制的特点

从控制的基础原理和主要过程来看，管理控制与经济、物理、生物等其他方面的控制活动基本都是相同的，但管理控制也会表现出一些自身的特点。

1. 管理控制的全局性

这里面有两层意思，一是管理控制的全员参与性。管理控制是管理者和被管理者、领导与员工的共同任务。这客观要求企业全体员工都要具有管理控制意识，要积极参与有关管理控制活动，而不是仅仅扮演被动执行者的角色。二是管理控制的系统性。管理控制涉及整个企业系统，覆盖企业组织的方方面面，是管理工作的重要一环。这就使得企业各职能部门、各业务单元在工作上需要相互协调，均衡发展。因此，管理控制的全局性重点强调要从控制的整体效果和目标出发，系统了解、掌握各单位的实际工作情况，调动相关人员积极参与到相关管理控制活动的实施之中。

2. 管理控制的动态性

随着互联网经济的到来，又使企业间的竞争进一步加剧，并逐渐呈现出"快鱼吃慢鱼"的特征。而这些变化必然会动态地传递到企业内部,并引发企业内部经营环境和条件的变化。企业也就无法再像过去一样"梦想"存在着一个相对静止的外部市场和经营环境,这就决定了企业管理控制不能采取"刻舟求剑"式的静态管理控制。动态的外部变化环境,必然要求动态的管理控制。实际上,企业管理控制正是通过改变控制方法或调整计划标准来强化管控的有效性,以提高计划目标实现的可控性和企业的环境适应性。

3. 管理控制重点在人

"一切问题的根本都是人的问题",管理说到底是对人的管理,管理的各项职能必然会围绕人来展开。计划是由人来制订,企业中的各项活动也是靠人来组织、领导;为了确保工作过程和结果与企业计划和目标的动态一致性,管理控制也就需要对人的控制,并且由人来执行。因此,管理控制的重点要放在人的身上,并依靠人有效开展各项管理控制活动。

4. 管理控制促进提升

客观地讲,企业员工在认知能力和工作能力等方面的个体差异性是客观存在的。因为认知能力不同,就可能出现对计划要求的理解差异;因为工作能力有别,即便大家对计划的理解完全一致,也不见得所有人在实际完成结果的质和量方面与计划要求完全相同。而管理者动态地发现问题并进行纠偏,也只有在大家真正认识到问题并具备纠偏的工作能力的时候,管理控制才会有效落地。也就是说,在实际管理控制工作中,管理者既要进行工作的检查和监督,还要重视促进员工的认知和工作能力的提升。比如,可以借助具体管理控制工作事项,积极向员工反馈信息,帮助员工端正工作态度,指导分析工作偏差产生的原因,辅导他们采取纠正措施。这样做,既能达到控制的目标,又能促进员工工作能力和自我认知能力的提升,进而促进管控工作的全面提升。

> 思考:1. 请谈谈你在学习"控制的概念与特征"前后对控制的理解是否有所不同?
> 2. 你认为控制过程和控制预期结果哪一个更重要?

二、控制的目标

事实上,管理控制本身并不是目的,也不是管理者的主观任意行为,它仅仅是保证目标实现的重要手段之一,也就是说,管理控制不能为了控制而控制,它是目标导向的。在企业动态发展的过程中,目标既是控制活动的起点和依据,也是控制循环过程的一个终点。目标贯穿于整个管理过程始终。管理控制作为管理的重要职能,其主要目标包括以下四个。

1. 控制管理偏差的积累

"千里之堤,溃于蚁穴",小的偏差和失误,当时看不会给企业带来严重损害,然而时间一长,量变一旦达到质变的程度,后果将会变得非常严重。例如,国内有一家比较知名的电脑城,由于招商人员逐渐放松了对商家的经营资质的要求和商誉考察,使得一些不良商家进入卖场经营。结果先是导致消费者投诉增加、110 报警数量不断上升,接着是商家之间争夺客户的恶性竞争引发群殴等恶性事件,最终因为卖场经营环境恶化,知名品牌厂商的优质商家不再续约,从该卖场集体退出,投奔了电脑城的竞争对手。这不仅导致了该电脑城的租金下滑,续约率逐年降低,还造成了不好的口碑传播扩散,当该电脑城的管理决策层最终意识到问题的严重性时,为时已晚。尽管电脑城推出了降低租金等很具吸引力的招商措施,但被很多有实力的经销商和知名品牌厂商婉拒。最终结果可想而知——电脑城出现大面积的空置,人气和财气顿失,从此一蹶不振。

这个案例告诉我们,工作中出现偏差不可怕,可怕的是不能及时获取偏差信息、不能及时采取矫正措施并有效控制偏差的积累,从而影响企业经营计划的完成和目标的实现,给企业带来浪费和损失,严重的甚至会最终令企业丧失竞争优势,以致回天乏术。

2. 适应变化的环境

事实上,不管是总体目标还是各部门的分目标,不管是年度目标还是季度目标,在企业目标制定之后和实现之前或长或短的一段时间内,周围环境和企业内部都有可能会发生变化。比如,国家政策法规的修订,竞争对手推出新品,客户偏好发生变化,企业内部人员发生较大变动等。这些变化不仅可能会阻碍企业目标的完成,更有可能直接或间接导致企业目标本身的修改。因此,企业需要形成自己的管理控制系统,根据环境的变化评估相应的机会和威胁,做出相应的预测,以强化企业适应环境变化的能力。

3. 处理复杂的组织内部关系

企业经营达到一定规模,必然形成层级管理。整个企业的管理权限则会分散在各个管理部门和层级,因此会形成复杂的企业内部组织关系。管理控制作为分权和授权管理的"孪生兄弟",能够较好地解决企业主管会面对的"一放就乱,一收就死"的两难问题。

4. 降低企业经营成本

低成本优势是企业获取竞争优势的主要来源之一。这就促使企业强化成本控制,通过有效的预算管理和财务控制等方法降低各种成本,减少浪费,获取低成本优势,从而取得市场竞争优势。

【案例】 土拨鼠哪去了?

一次,老师给我们讲了一个故事:有三只猎狗追一只土拨鼠,土拨鼠钻进一个树洞。这个树洞只有一个口。可不一会儿,居然从树洞里钻出一只兔子。兔子飞快地向前跑,并爬上另一棵大树。兔子在树上,仓皇中没站稳,掉了下来,砸晕了正仰头看的三只猎狗。最后,兔子终于逃脱了。

故事讲完后,老师问:"这个故事有什么问题吗?"我们说:"兔子不会爬树。""一只兔子不可能同时砸晕三只猎狗。""还有呢?"老师继续问。直到我们再也找不出问题了,老师才说:"可是还有一个问题,你们都没有提到——土拨鼠哪去了?"

(资料来源:http://www.xiaogushi.com/Article/zhihui/20100619164339.htm,有修改)

【分析】

> 从控制目标的角度看,这个故事带给你什么启示?

三、控制的过程

控制就是按照所订计划要求,明确相应的绩效衡量标准,然后把实际工作结果与预设的衡量标准进行比较,以确定企业实际运营过程中是否偏离计划目标,并判定偏离的严重程度。之后,进一步决定是否采取纠偏措施以及采取怎样的措施,以确保企业资源的有效利用和计划目标的圆满完成。

一般来说,无论控制的对象是新技术的研发还是产品的加工制造,是物质要素还是信息流,是营销宣传还是人力资源或财务资源,也无论采取怎样的控制方法和手段,管理控制一般都包括建立标准、衡量绩效和纠正偏差三个主要环节,如图11-1所示。

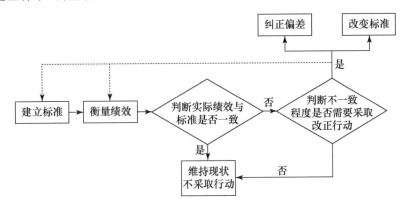

图11-1 控制过程示意图

（一）建立标准

控制工作始于建立标准。控制标准是企业所期望的业绩水平,是管理者对工作预期成果(阶段性成果和最终成果)的规范。这就像一把标出标准身高的卷尺,又像一个注明正常体温的温度计,是管理者检查和衡量实际工作绩效的客观依据。如果没有统一的控制标准,实际控制工作往往无从下手,或者流于形式,或者过于主观化,很容易出现大家按照各自认为的控制标准实施检查和监督。这就往往会出现"公说公有理,婆说婆有理"的现象。

在实际工作中,控制标准的制定主要包括确定控制对象、敲定控制重点及选用控制标准的方法三个重要方面。

1. 确定控制对象

想要什么就要控制什么,组织活动所需求的重点是经营成果,因此,控制要围绕目标成果进行。更进一步讲,管理者首先要围绕影响组织活动目标成果的所有因素进行控制,但鉴于组织资源、管理人员工作能力等方面的限制,在实际工作中,通常的做法是对影响组织目标成果实现的重点因素进行控制。也就是说,必须要找出重点因素并把这些因素作为控制的对象来管理。影响组织工作目标成果实现的主要因素包括以下三个方面的内容。

(1) 环境特点及其发展趋势。企业经营活动是决策者在某一特定的时期根据对外部经营环境的认识和预测进行计划和安排的。如果预期的外部环境没有出现或者发生了预料之外和不可抗拒的变化,那么原来的计划就有可能无法继续进行,从而也就难以实现预期的目标成果。因此,在制订计划时不仅要进行外部环境(如PEST)分析,还要列示企业未来经营的"正常环境"的具体标准的相关内容。

(2) 资源投入。企业经营目标成果是通过对包括人、财、物、信息在内的某些对象性和操作性资源的获取、整合、加工和应用转换而来。没有或缺乏这些必要的资源,组织目标的实现过程,也就是企业各种经营活动就会成为无源之水,无本之木。投入的资源的数量和质量会影响到目标成果的"多、快、好、省"的标准控制。因此,必须对资源投入进行必要的控制,使之在数量、质量及价格等方面符合预期经营成果的要求。

(3) 组织活动。输入到生产经营活动中的各种资源不可能自然形成产品和服务,组织目标成果是指,全体员工在不同时空利用一定的设备和信息技术对不同的资源进行不同加工的所得成果。企业员工的工作质量和数量是决定经营目标成果的重要因素,因此必须使企业员工的活动符合计划和预期结果要求。为此,必须建立员工的工作规范、各部门和各员工在各个时期的阶段性成果标准,以便对其活动进行实际控制管理。

2. 敲定控制重点

控制原理中有一条最为重要的原理——关键点控制原理。简单来讲,有效控制要求关注那些关键因素,并以此对经营成果(绩效、业绩)进行控制。事实上,企业无力也没有必要对所有成员的所有活动进行控制,学会找关键点,确定那些影响企业系统整体绩效的控制重点,也就控制了全局。一般而言,确定控制重点的指导原则主要包括以下几个方面。

(1) 选点要注意各标准之间的协调性和平衡性。控制重点应该是影响整个运行系统过程的操作点和事项。注意控制标准是否存在冲突,根据满意原则,结合具体部门工作性质,综合平衡各标准,优化企业整体绩效目标。

(2) 选点要能及时发现问题。偏差发现越早越好,这样就有可能对问题做出及时、灵敏的反应,避免出现重大损失。

(3) 选点应能全面反映并说明绩效水平。控制重点在时空上要分布均衡,在数量上既能使得管理者把握总体情况,也要顾及实施的可行性和经济性。

3. 选用控制标准的方法

(1) 常见控制标准的类别。敲定了控制重点,就可以制定出明确的控制标准。控制标准可分为定量标准和定性标准两大类。定量标准主要分为实物标准(如耗费的原材料、劳动力、产品质量、废品数量等)、价值标准(如单位产品成本、销售收入、利润等)、时间标准(如工时定额、交货期等)。定性标准是指顾客满意度、产品等级、合格率等。对企业来说,最常用的标准分别是时间标准、数量标准、质量标准和成本标准等。

(2) 制定控制标准的常见方法包括统计性方法(利用管理统计方法和 Excel、SPSS 等管理分析软件来确定预期结果)、经验估计方法(根据经验和判断来估计预期结果,如根据管理人员的经验值、专家打分来估计预期结果)和工程方法(在客观的定量分析基础上建立工程流程控制标准)。

(二) 衡量绩效

控制标准的制定就是为了衡量实际业绩,找出二者之间的差异,据此对实际工作进行评估。衡量绩效是控制工作的第二个环节,是控制的中间环节,也是工作量最大的一个环节,这个环节的工作质量影响着整个控制效果。

为了能正确、及时提供能够反映偏差的信息,同时又要兼顾控制工作在其他方面的要求,管理者在衡量工作绩效时应重点把握以下几个方面。

1. 通过衡量绩效,验证标准的客观性和有效性

衡量工作成效是以预定的标准为依据来进行的,这就出现一个问题:偏差到底是实际执行中出现的问题还是标准本身存在的问题。如果在实际执行中出现偏差,则要纠正;如果是标准本身的问题,则要修正和更新过去所设标准。因此,利用预先制定的标准去检查各职能部门、各业务单元、各阶段和所有员工工作的过程,同时也是对标准的客观性和有效性的验证过程。

实践是检验真理的可靠标准,检验控制标准的客观性和有效性,就是拿着标准对实际工作进行测量以判断能否取得符合控制需要的信息。衡量过程中也是在分辨和剔除那些不能为有效控制提供必需信息、容易产生误导作用的不适合的标准。例如,衡量职工出勤率是否达到了正常水平,不足以评价劳动者的工作热情、劳动效率或劳动贡献。再如,离职率低也不一定意味着员工忠诚度高,或许只是外部环境不利于跳槽,没有更好的选择机会而已。因此,通过衡量绩效,不仅进行了偏差测量,还验证了关键绩效指标(KPI)本身的客观性和有效性。

2. 确定适合的衡量频度

简单来讲,频度就是数量。例如,教师用课堂点名方式统计学生的到课率,一学期每节课都点名还是随机抽查多少次,一次课点名一次还是两次,是全部点还是随机抽取部分点名。有效的控制频度要求确定适合的衡量频度,而确定适合的衡量频度除了同一标准的测量次数或频度外,也要考虑被控制活动的复杂性和重要性,还要考虑控制对象的数量(即控制目标的数量)。还是以老师课堂管理为例,除了课堂点名外,要想想学生课堂表现、作业完成率、期末考试成绩等多项控制标准的性质和数量因素,还要考虑对于特定的班级人数,每次点名所花费的课堂时间是否在一个合理的范围内,这些都会影响点名的频度。

对控制对象或要素的衡量频度过高,不仅会增加控制成本,而且还会引起有关人员的不满,影响他们的作业态度,从而对组织目标实现产生负面影响;但衡量、检查次数过少,则有可能造成许多重大问题的偏差不能被及时发现,不能及时采取措施,从而影响战略和计划的完成。以IT企业为例,年度经营计划的目标成果控制频度按月度、季度、半年和全年进行分析评估,这与IT企业的行业特点有关。而零售业,比如店面经营,每天都要进行进销存分析,就流水毛利按库存量单位、客单价等进行动态信息采集分析,这又与零售行业特点密切相关。

3. 建立有效的信息反馈网络系统

负有控制责任的管理人员只有及时掌握了反映实际工作与预期工作绩效之间偏差的信息,才能迅速采取有效的纠正措施。然而,也不是所有的衡量绩效工作都由主管亲自完成,有时需要借助专职检测人员。因此,建立有效的信息反馈网络系统,可以将实际工作情况的信息实时传达给相关管理人员和相关部门人员,以便及时发现问题并做出相应处理。

建立这样的信息反馈系统,不仅更有利于保证预定计划的实施,而且能防止基层工作人员把衡量和控制视为上级检查工作、进行惩罚的手段,从而避免产生抵触情绪。例如,某大型手机连锁公司通过管理信息系统(MIS),要求下级30多家直营店面在每天上午11点和下午6点对店面销量和销售额以及任务完成情况等信息进行反馈和通报,对任务完成不好的店面迅速分析原因,上下联动,采取相应的有效跟踪措施。

(三)纠正偏差

纠偏是控制过程的第三大步骤,是在衡量绩效的基础上,进一步分析偏差产生的原因,制定并实施必要的纠正措施。为了保证纠偏措施的针对性和有效性,必须在制定和实施纠偏措施的过程中注意下述几个方面。

1. 找出偏差产生的主要原因

一旦实际工作绩效在可接受的标准范围之外,偏差也就产生了。但并非所有的偏差都会影响企业的最终成果。因此,在采取纠偏措施之前,必须对反映偏差的信息进行评估和分析。而评估和分析偏差信息,首先,要判断偏差的严重程度,判断其是否对组织活动的效率和效果产生影响;其次,要探寻导致偏差产生的主要原因。

在实际工作中,必须要花大力气找出造成偏差的真正原因,而同一偏差可能由不同的原因造成。例如,销售收入的明显下降无论从同比、环比还是和预算值相比都很容易发现,但引起销售下降的原因却不容易一下子就找到:是销售部门人员能力的问题,还是激励政策的问题?是产品研发的问题,还是生产交货的问题?是国家宏观政策调控还是竞争对手发力,客户偏好发生了变化?每一种可能的原因和假设都不能通过简单的判断确定下来。而对偏差原因判断不准确,纠正措施也就会有误,或者"头疼医头,脚疼医脚",治标不治本,即使收效一时却往往会对工作产生不良影响,甚至导致更严重问题的出现。因此,管理者必须内查外调,从根本上解决问题。事实上,个别职业经理人为了追求短期业绩,往往投机性透支组织资源,表面上看业绩不错,但很可能从根本上对组织机体造成了很大的伤害,积累着严重的潜在问题。但是由于其手法的隐蔽性和欺骗性,这样的偏差原因往往不容易被发现和识别出来。

2. 确定纠偏措施的实施对象

在管理控制过程中,需要予以矫正的可能不仅是企业的实际活动,也包括指导这些活动的计划或事先确定的衡量这些活动的标准。例如,因为销售部门绝大多数销售人员很多月份、季度都不能完成销售任务,所以老总发愁奖金发不出去。造成这种情况的真正原因就不太可能是销售人员都不行、都不想干好,这就需要在任务量等方面找找原因。因此,矫正措施的实施对象可能是组织所进行的活动,也可能是衡量的标准,甚至是指导活动的计划。

计划目标和标准的调整主要由两种原因决定:一种原因是当初制订的计划或标准本身就不科学、不合理,过高或过低,所以要修订计划或标准。如果大多数员工都能超额完成任务标准或者没人能完成任务标准,那很可能是标准本身的问题,而不是实际工作的问题。另外一种原因就是过去制订的计划和标准没有问题,但随着客观环境发生了预料不到的大的变化,或者是一些企业本身无法控制的外部不可抗力因素造成了大幅度的偏差,使得原有计划和标准已经不合时宜,就有必要进行计划和标准的调整,根据实际情况有时候要做出大的调整。例如,2003年北京爆发SARS疫情期间,中关村卖场的客流量急剧下降,很多经销商就降低了营业额预期,并相应减少了对店面销售人员的任务分配,卖场方也对卖场促销、各种活动等的当期任务额做出了相应调整。

3. 选择恰当的纠偏措施

(1) 几类主要的纠偏方法。结合偏差产生的原因性质和偏差程度,实际工作中所采用的纠偏方法主要有三种:第一,针对实际工作执行失误带来的偏差,控制工作主要通过强化管理、监督和检查等确保工作和目标的同向同步的吻合度;第二,如果是计划或标准本身的问题,控制工作就主要围绕计划和标准的修订展开;第三,如果是外部环境发生了重大变化,使得计划执行失去客观依据,控制工作就要帮助启动备选计划或者重新制订新的计划。另外,管理人员可以通过组织调整、人员调整等方法进行纠偏。领导者也可以通过领导方法的改变、选择更有效的领导方式——比如通过焦点小组座谈、计划宣传贯彻等方式让大家更清楚地理解各自任务——达到纠偏目的。

(2) 两种性质的纠偏措施。具体的纠偏措施从效果角度来看,基本可以分为马上执行的临时性应急措施和永久性的根治措施。对于那些直接影响企业正常经营活动的问题,多数应该迅速出手,马上解决。比如,企业内部的局域网一旦瘫痪,这时候就不要先追究是信息技术部门日常维护管理不到位,还是个别员工不正常操作的行为所致,而是需要马上采取临时性应急措施,以保证大家正常工作。待问题解决之后,针对此次断网可转为采取永久性的根治措施:如果是机房设备老化的问题,就按流程和预算提交申请,该换就换;如果是部门和人的问题,就根据相应规定制度对人员做出相应处理。

(3) 纠偏需要注意的几个主要问题。一是纠偏需要有成本最低的经济性。也就是看纠偏的工作成本是否大于偏差可能带来的损失。如果前者高于后者,实际工作中一般都会放弃纠偏;如果前者低于后者,就在几个纠偏方案中选成本最低的进行纠偏。二是要考虑原计划实施的影响。企业里个别领导一上台就急于展现自己的"英明",盲目否定原计划,不考虑"非零起点"的实际情况,不考虑原计划事实上存在的惯性和可能存在的影响,进行割裂式的控制,纠偏的结果很可能会造成企业更大幅度偏差的积累。三是要努力消除对纠偏的疑虑。任何纠偏都会在不同程度上引起组织结构、人员关系和活动的调整,也必然会在一定程度和一定范围内涉及相关人员的利益。纠偏过程中要充分考虑不同人员的态度,争取大多数人的理解、支持,尤其是纠偏对象和执行者的积极配合,降低或避免出现纠偏实施过程中的人为阻力。

【管理故事】

袋鼠与笼子

一天动物园管理员发现袋鼠从笼子里跑出来了,于是开会讨论,一致认为是笼子的高度过低。所以他们决定将笼子的高度由原来的10米加高到20米。结果第二天他们发现袋鼠还是跑到外面来,所以他们又决定将高度加高到30米。

没想到隔天居然又看到袋鼠跑到外面来,于是管理员们大为紧张,决定"一不做二不休",将笼子的高度加高到100米。

一天,长颈鹿和几只袋鼠们在闲聊,"你们看,这些人会不会再继续加高你们的笼子?"长颈鹿问。"很难说。"袋鼠说,"如果他们再继续忘记关门的话!"

(资料来源:http://baike.baidu.com/link?url=grXpdnZimYduzeDOovbdUtcsqck_fvbNgzruFH6dE9vE6iYZgLOey6tuARagQ7RZuMaUC7KzRDsv8xIsZYo9PK,有修改)

> 思考:1. 从管理控制过程来看,你认为动物园的管理人员在哪个环节出了问题?为什么?
> 2. 通过这个故事,你认为弄清问题根源和采取纠偏措施哪个更重要?为什么?

模块二 控制类型

控制可以按照不同的标准进行不同的分类。例如,大多数企业按照所使用的资源的应用领域,把控制工作分为物质资源控制、质量控制、人力资源控制、信息资源控制与财务控制;按照组织系统的层次,把控制工作划分为战略控制、结构控制和运营及财务控制;按照控制源不同,把控制工作分为正式组织控制、群体控制和自我控制;按照控制手段,把控制工作分为直接控制与间接控制;按照控制主体,把控制工作分为外部控制和内部控制;按照控制对象的范围,把控制工作分为局部控制和全面控制等。

当然,组织管控的手段可以在行动开始之前、进行中或结束后进行。根据控制时机的不同,控制工作可以分为前馈控制、现场控制和反馈控制三种类型。下面主要介绍这三种典型控制类型及其特点。

一、前馈控制

前馈控制又称预先控制或事先控制,是在企业运营活动开始之前进行控制,也就是所谓的"未雨绸缪,防患于未然"。因为它能够避免预期出现的问题,所以是管理者最希望采用的控制类型。实际工作中流行一句话"管理就是不给人犯错的机会"所表达的管理信息就包括前馈控制的意思。企业制定一系列的规章制度、作业流程、标准和规范,让员工在实际工作中遵守执行,从而保证工作的顺利进行,为了生产出高质量产品而对原材料进行控制等,都属于前馈控制。

(一)前馈控制的突出优点

(1)前馈控制是在工作开始之前进行的控制,防患未然,从而避免了事后控制无能为力的弊端。

(2)前馈控制是针对某项计划行动所依赖的条件而进行的控制,不针对具体人。因此,不会造成人员情绪对立冲突,易于被员工接受并付诸实施。

(二)前馈控制的实施条件

(1)要对计划和控制系统做认真、彻底的信息收集和分析,判定重要输入变量。

(2)要建立清晰的前馈控制系统模型和特定的员工模型。

(3)要经常检查模型的动态性应用,定期收集、评估实际和计划输入变量的差异。

(4)要根据实际输入的数据和计划输入数据的差异对预期结果的影响适时做出评估。

二、现场控制

现场控制又称同期控制或过程控制,是指组织经营活动过程开始之后,对工作中的人与事进行指导和监督,就像打排球中的二传手,考验的是控制者的现场控制能力。

(一)现场控制的突出优点

(1)现场指导下级以正确的方法进行工作。

(2)当面讲解、示范,培养下级的工作能力。

(3)现场随时发现并解决问题,避免经营损失扩大。

(二)现场控制的明显弊端

(1)容易受到管理者时间、精力、业务能力的制约,不能时时事事都进行现场控制。

(2)应用范围较窄。例如,对生产工作容易进行控制,对科研工作等几乎无法进行现场控制。

(3)容易在控制者和被控制者之间形成心理上的对立,不利于调动后者的积极性。

三、反馈控制

反馈控制又称事后控制,类似于成语所说的"亡羊补牢",是在工作结束之后进行的控制。例如,学校对违纪学生进行处理,企业对不合格产品进行市场召回等,都属于反馈控制。企业应用最广泛的反馈控制方法有:财务报告分析、标准成本分析、质量控制分析和人员绩效评定等。

"吃一堑,长一智",反馈控制对今后的经营活动矫正有帮助,也能为管理者评价今后的计划制订与执行提供有用的信息。这同时也显现了反馈控制最大的弊端,即在矫正措施之前,偏差已经产生了,木已成舟,结果已经出现。但在现实控制中,有些情况下,反馈控制又是唯一可选的控制类型。人们可以借助反馈控制,认识企业活动的特点及规律,为进一步实施前馈控制和现场控制创造条件,实现控制工作的良性循环,并在不断的循环(PDCA)过程中,提高控制效果。控制循环过程如图11-2所示。

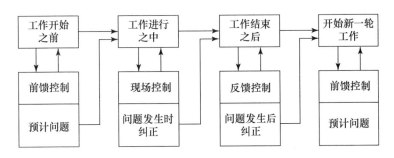

图11-2 控制循环过程

【管理故事】

扁鹊三兄弟,谁的医术最高明?

据《鹖冠子·卷下·世贤第十六》记载:魏文王曾求教于名医扁鹊:"你们家三兄弟,都精于医术,到底哪位最厉害?"扁鹊说:"大哥最好,二哥差些,我是最差的那个。"魏文王不解地说:"请具体解释一下。"扁鹊说:"大哥治病看神情,在病情发作之前,病人自己还没感觉得病,大哥就下药铲除了病根,这使他的医术难以被人认可,所以在外面治病没有名气,但在我们家中被推崇备至。二哥治病,是在病初起之时,症状尚不十分明显,病人也没有觉得痛苦,二哥就能药到病除,所以也就是街坊四邻知道二哥治小病很灵。我治病,都是在病情十分严重之时,病人痛苦万分的情况下,此时,他们看到我在经脉上穿刺,用针放血,或在患处敷以毒药以毒攻毒,或动大手术直指病灶,使重病人的病情得到缓解或很快治愈,所以我名闻天下。"魏文王大悟。

> 思考:1. 从事前、事中和事后控制来看,你认为它们哪个难度更大?为什么?
> 2. 你认为企业管理者最理想的控制类型是哪种?采用最多的是哪种?
> 3. 假如你也是医生,你最想成为扁鹊三兄弟中的哪一位?请说出你的理由。

模块三 什么是组织文化

一、组织文化的基本概念

组织文化或称公司文化,是指组织成员在长期共同工作或集体活动过程中因为相互影响、相关适应、相互调整,或者由于组织的创办者、领导者有意识地倡导和培育,形成不同成员的共同认知和行为的趋同。换言之,组织文化是组织在长期大的生存和发展过程中形成的,为组织多数成员所共同遵循的具有本组织特色的共同目标、基本信念、价值观念、团队意识、工作作风、行为规范和思维方式的总和。

简单来说,组织文化就是为组织广大成员所接受的共同的价值观念以及共同的行为准则和行动方式。组织文化是企业的灵魂,也是组织经营管理的强力黏合剂和润滑剂,没有文化黏合和润滑的组织就会变成一盘散沙,不堪一击。

二、组织文化的结构

一般来说,组织文化有三个层次结构,即精神层、制度层和符号层(如图11-3所示)。

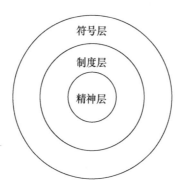

图 11-3　组织文化的结构示意图

(一)精神层

精神层又称为观念层或者理念层,是组织文化的内隐层,主要是指组织的领导者和成员共同信守的基本信念、价值标准、管理哲学、职业道德和精神风貌等,精神层是组织文化的核心层,即像电脑的CPU,是决定制度层和符号层的前提和关键。组织文化中有无精神层,是衡量一个组织是否形成了自己独特文化的标准。

(二)制度层

制度层又称为制度系统,是组织文化的中间层,指的是体现某一具体组织文化特色的各种规章制度、道德规范和员工行为准则的总和,也包括组织体内的分工协作关系的组织架构。制度层是由虚体文化(精神内层)向实体文化(符号显现层)转化的中介。就像连接显示器和CPU的电脑主板,对组织和成员的行为产生规范性、约束性影响。

(三)符号层

符号层也称为物质层或者器物层,是组织文化抽象内容的外在显现,属于组织文化的外显层,就像电脑的显示器,它是组织文化最直观的部分,也是人们最容易感知的部分。作为组织核心价值观的物质载体,通常包括组织的基本标识(如组织名称、标志、标准字和标准色等)、组织的徽标、旗帜、歌曲等,组织的自然环境和建筑风格,组织的服务特色、文化墙、文化传播网络及纪念品和公共关系用品等。

综上所述,组织文化的三个层次是紧密联系的。符号层上组织文化的外在表现和载体,是制度层和精神层的物质基础;制度层则约束和规范着符号层和精神层,没有严格合理的规章制度、组织文化形成和控制无从谈起;精神层上形成符号层和制度层的思想基础,也是组织文化的核心和灵魂。

三、组织文化的特征

组织文化具有以下几个主要特征。

（一）客观性

无论人们承认与否、喜欢与否，也无论被人们感知到多少、认识到什么程度，组织文化都会对每一名组织成员的行为产生某种程度的影响，从而影响着组织的发展变化。组织文化上客观存在的这一特征，被称为客观性。

组织文化的客观性表明了组织文化和其他事物一样，有其客观发展规律。也说明人们在组织文化面前不是束手无策，就是被动接受。相反，人们不但可以去了解、评价、控制、管理组织文化，而且可以通过认识、掌握和遵循组织文化的内在规律来主动进行组织文化建设与变革，培育和形成优秀的组织文化，使自我的组织文化成为自觉的组织文化，从而增强组织文化的"软实力"和相应竞争力。

（二）稳定性

组织文化是组织在长期发展中逐渐积累形成，就像人的性格，一旦形成又具有相对稳定性，不会随组织结构的改变、战略的资产转移或产品和服务的调整而随时变化。这种稳定性是因为在组织的内外环境发生变化时，组织成员的认知和行为往往会有一个滞后期，有时甚至在相当长的时间内不会同步发生变化。组织文化改变时，通常最容易、也是最先改变的往往是外在的符号层要素，其次是中间层次的制度行为层要素，最后才是内在的理念层要素。也就是文化结构的三个层次越往里层越相对稳定。

改变组织成员根深蒂固的思想观念和长期养成的某些行为习惯，有时需要数年甚至更长时间。特别是组织成员的群体性理念和行为就更加难以改变。稳定性表明组织文化的改变不是一朝一夕之功，需要时间。组织领导者在进行组织文化变革、更新和建设时，一定不能急功近利、急于求成，要持之以恒、百折不挠地加以推动。

（三）独特性

世界上没有完全相同的两片树叶，也没有任何两个人的个性完全相同。同样，每个组织都有其独特文化，这是由不同的国家和民族、不同的地域、不同的时代背景、不同的行业特点、不同的建立和发展过程，不同的组织使命和不同的组织规模和成员等因素共同决定的。例如，美国的组织文化更强调能力主义、个人奋斗和不断进取；日本文化深受中国儒家文化影响，多强调团队合作、家族精神。组织文化的独特性，也就决定了它对组织本身的路径依赖性。

组织文化的独特性，是组织文化的生命力所在。独特性决定了组织文化管理要从组织自身的历史和现实出发，并紧密结合组织未来发展目标，在遵循组织文化发展一般规律的基础上，注重发现和突出其特殊规律，体现文化个性特色。组织文化管理控制绝不能囫囵吞枣，照抄照搬其他组织、其他行业或民族的文化，否则会造成文化冲突和内耗。

（四）无形性

无形性也称为隐藏性。这就像我们天天呼吸的空气一样，尽管看不见、摸不着，平时感觉不到它的存在，却往往会潜移默化地影响组织成员的思考、判断和言行。组织文化对人们的影响是无形的、隐性的,往往只有在对比和变化中才能感受到它的内涵和价值。

(五)发展性

和其他事物一样,组织文化不是静止不动的,它随着历史的积累、社会的进步、环境的变迁以及组织变革逐步演进和发展。强势、健康的文化有助于组织适应外部环境和变革,而弱势、不健康的文化则可能导致组织的不良发展。组织文化的发展性可以表现为内外部环境相互作用下组织主动的选择,也可能是组织被动性的适应。

四、组织文化的内容

组织文化作为一个大系统,内容丰富,涉及面广,重点表现在以下几个方面。

(一)组织精神

组织精神指组织经过共同努力奋斗和长期培养所逐步形成的、认识和看待事物的共同心理趋势、价值取向和主导意识,是组织文化的核心和灵魂。成功的企业都有自己积极进取、富有鲜明个性的企业精神。例如,美国麦当劳快餐公司的"质量、服务、清洁、实惠"的企业精神,日本佳能公司的"自发""自治""自觉"的三自精神等。

企业精神的表现形式的特点是简明扼要、富有动员性的,有时候用一句口号就可以表示,例如,"做出业绩,数字说话""以有限资源创造无限服务""在赛马中识别好马""用户是总裁,客户是上帝"和"速度胜于完美"等。需要注意的是,一个企业总结提炼自己的企业精神要从实际出发,组织成员经过努力是可以做到的。任何"假、大、空"的口号和提法,虽然提得高、喊起来响亮,但无法真正落地生根,对员工和企业没有实际意义。

(二)组织的价值观

组织的价值观就是组织内部管理层和全体员工长期坚持的、对该组织的生产、经营、服务等活动以及指导这些活动的一般看法或基本观点,它是组织文化的基石。可以说,企业文化的很多内容都是企业价值观在不同经营活动或领域中的体现或具体化。

每一个组织的价值观都会有不同的层次和内容,成功的组织总是会随着外部环境的变化适应性地创造和更新价值观体系的某些内容,但核心价值观往往会持久不变,长期地、深刻地影响着组织的生存和发展。例如,同仁堂秉承"同修仁德,济世养生"的核心价值观,保证了其三百多年金字招牌越发灿烂。又如,IBM从创立到1992年的核心价值观是"尊重个人、追求卓越、服务顾客",这成为蓝色巨人数十年持续发展和不断保持辉煌的前提。

(三)组织伦理规范

伦理规范是从道德意义上考虑的。它虽然和制度一样都是行为准则和规范,但不具备制度的强制性特点,也就是说,它是非强制性的。如果说制度解决是否合法的问题,伦理道德规范就是解决是否合理的问题。因此,虽然它并没有强制性的约束力,但具有强大的舆论约束力,也属于相当重要的组织文化内容,主要涉及组织成员之间、组织成员与组织之间、组织与社会之间的关系等三方面的行为准则和规范。例如,法国阿科尔旅馆集团公司就曾以"发展、利润、质量、教育、分权、参与、沟通"作为企业共同道德,促进了公司快速发展。

由此可见,以道德为内容和基础的员工伦理规范和行为准则是组织管理规章制度的补充、完善和发展,并为组织的价值观注入了新的文化力量。当然,"火车跑得快,要凭车头带",如果高层主管不能设定并维持高标准的伦理规范,那么,很可能会上行下效,正式的伦理准则和相关的培训计划将会流于形式。

五、组织文化的作用

组织文化作为一种自组织系统,对于组织管理和未来发展具有十分重要的作用。组织文化在组织管理中所发挥的作用,又被称为组织文化的功能。这种作用或功能,也就是组织文化力的具体表现,主要有以下几点。

(一)导向作用

组织文化作为组织共同价值观,是一种软性的理智约束。它通过组织的共同价值观和目标不断向个人价值观和目标进行渗透和内化,使组织自动生成一套自我调控机制。它本质上会形成一种企业内部的动力机制,是以一种适应性文化引导组织的行为和活动,在必要时候可以使个人或者部门为实现企业整体目标而做出局部利益牺牲。

(二)约束作用

作为一个组织,即使有了千万条规章制度,即使规定的再细,也很难规范到每个员工的每个行为。但文化力的约束功能,作为不成文的软约束,能使组织文化信念在员工心理深层形成一种定势,构造出一种响应机制。只要外部诱导信号发生,即可得到积极的响应,并迅速转化为预期的行为。这种约束作用可以减弱硬约束对员工心理的冲撞,缓解心理冲突。这种约束作用还更直观地表现在企业风气和企业道德对员工的规范作用上。

(三)凝聚作用

一个组织的凝聚力是如何形成的?可以说是通过三条纽带共同捆绑而成:第一条是物质纽带;第二条是感情纽带;第三条是思想纽带。物质纽带主要是指薪酬和福利,它离不开企业分配理念的指导;而感情和思想纽带都直接属于文化的范畴。当企业的核心价值观被员工认同后,它就会变成一种强力黏合剂,从思想、感情等方面把员工团结起来,形成巨大的向心力和凝聚力,这就是企业文化的凝聚作用。正是通过这一凝聚作用,员工把个人思想感情与企业的兴衰荣辱紧密联系起来,产生对企业强烈的归属感,跟企业同命运、共呼吸。

(四)激励作用

倡导企业文化的过程也是帮助员工寻找工作意义、建立行为和社会动机的过程,这一过程也是文化氛围的营造的过程。这样的文化氛围一旦形成,就足以胜过任何行政命令,每个员工的贡献都能得到及时肯定、赞赏和褒奖,从而使员工从内心产生一种情绪高昂、奋发进取的主人翁责任感,并逐步形成"人创造文化,文化塑造人"的良性循环。

(五)辐射作用

文化的辐射作用是指文化力不仅在组织内部起作用,还会通过各种渠道对社会产生影响。人们通过企业的标识、广告、建筑、产品、服务以及组织领导、员工行为,可以了解企业与众不同的特色和背后深层次的价值观,从而认识、了解和选择企业。文化力向社会辐射的渠道很多,主要包括线上线下的传播媒体、公共关系活动等。在当代社会,企业文化在社会文化中扮演的角色越来越重要,这正是文化的辐射功能所致。

【案例】 华为公司的核心价值观

过去二十多年，华为抓住中国改革开放和ICT行业高速发展带来的历史机遇，坚持以客户为中心，以奋斗者为本，基于客户需求持续创新，赢得了客户的尊重和信赖，从一家立足于中国深圳特区，初始资本只有2.1万元的民营企业，稳健成长为世界500强公司。2014年，公司年销售规模达到近2882亿人民币。如今，华为的电信网络设备、IT设备和解决方案以及智能终端已应用于全球170多个国家和地区。华为的成功与其核心价值观是分不开的，主要体现在成就客户、艰苦奋斗、自我批判、开放进取、至诚守信、团队合作六个方面。

一、成就客户

为客户服务是华为存在的唯一理由，客户需求是华为发展的原动力。始终坚持以客户为中心，快速响应客户需求，持续为客户创造长期价值进而成就客户。为客户提供有效服务，是华为工作的方向和价值评价的标尺，成就客户就是成就我们自己。

二、艰苦奋斗

华为认为没有任何稀缺的资源可以依赖，唯有艰苦奋斗才能赢得客户的尊重与信赖。奋斗体现在为客户创造价值的任何微小活动中，以及在劳动的准备过程中为充实提高自己而做的努力。坚持以奋斗者为本，使奋斗者得到合理的回报。

三、自我批判

自我批判的目的是不断进步，而不是自我否定。只有坚持自我批判，才能倾听、扬弃和持续超越，才能更容易尊重他人和与他人合作，实现客户、公司、团队和个人的共同发展。

四、开放进取

为了更好地满足客户需求，我们积极进取、勇于开拓，坚持开放与创新。任何先进的技术、产品、解决方案和业务管理，只有成功转化为商业，才能产生价值。华为坚持客户需求导向，并围绕客户需求持续创新。

五、至诚守信

华为认为只有内心坦荡诚恳，才能言出必行，信守承诺。诚信是他们最重要的无形资产，华为坚持以诚信赢得客户。

六、团队合作

胜则举杯相庆，败则拼死相救。团队合作不仅是跨文化的群体协作精神，也是打破部门墙、提升流程效率的有力保障。

（资料来源：http://www.huawei.com/cn/about-huawei/corporate-info/core-values/index.htm，有修改）

【分析】

1. 华为的核心价值体现哪个理念？
2. 华为的核心价值观对华为的发展起到了什么作用？

模块四　组织文化的形成

一、组织文化的形成要素

组织文化首先是在一定环境下因组织生存发展的需要，在主要管理者的倡导下，通过不断地宣传和实践，让广大组织员工广泛认同、普遍接受，并自觉作为行动的选择依据时，组织文化才算在真正意义上建立形成。

（一）组织文化在一定环境中因组织生存发展的需要而形成

组织文化是在一定环境中，组织求生存、谋发展的过程中逐渐形成的。例如，顾客至上的经营观念，就是在商品经济出现买方市场，企业间激烈竞争的条件下形成的。企业作为社会有机体，要生存、要发展，但客观条件又存在某些制约因素和困难，为了适应和改变客观环境，就必然产生相应的价值观和行为模式。同时，也只有反映企业生存发展需要的文化，才能被多数员工所接受，才有强大的生命力。

（二）管理者的倡导与示范

企业文化首先是企业家文化，企业家是组织文化的先驱和倡导者。他们倡导某种价值观和行为准则体系主要借助两条途径。

(1) 在日常工作中，通过身体力行、言传身教，起到率先垂范的作用，然后通过身边的人由近及远，潜移默化中不断对企业员工产生影响，这样假以时日，大家的价值观和行为准则慢慢就会出现趋同效应。

(2) 借助重大事件的处理，促进企业成员对重要价值观和行为准则的认同。企业在生产经营过程中对重大突发事件的处理妥善与否对企业的持续发展可能产生重要影响：如果处理得当，则挑战变机遇；而处理不当，则有可能引发企业自下而上的危机。这些事件的处理过程中，企业管理层可能自觉、不自觉地遵循某些价值观念以及相匹配的行为准则。处理成功就会被员工所认同和自觉模仿，而企业文化就是在这种自觉模仿或认同的过程中逐渐形成的。

（三）组织成员的接受：社会化与预社会化

从社会学的角度看，文化的社会化过程是指与文化相适应的某些价值观和行为准则被组织成员接受的过程。如果严格区分，组织成员接受包括社会化和预社会化两个不同途径的文化。

所谓社会化，是指组织通过一定形式不断向员工灌输某种特定的价值观。比如，通过组织培训、宣传介绍反映特定价值观的英雄人物的事迹以及企业家在各种场合的言传身教等，从而使组织成员逐渐接受这些价值观和行为准则。

所谓预社会化，是指企业在招聘新员工时不仅提出相应的技能和素质要求，而且注意分析应聘者的行为特征，判断影响应聘者外显行为的内在价值观念与组织文化是否一致，从而保证新聘员工对组织文化的接受和其进入组织后在特定文化氛围中迅速融入。

二、组织文化的塑造途径

组织文化的塑造是个长期过程，同时也是个系统工程。CIS(Corporate Identity Systems)系统的导入就是一种直观、便于理解和操作的组织文化塑造方法。目前，也已经被许多企业所采用。从路径角度讲，组织文化塑造需要经过以下几个阶段。

（一）选择适合的组织价值观

组织价值观是整个组织文化的核心，它的选择是塑造良好组织文化的首要问题。选择组织价值观要结合本组织的实际特点，根据自身目的、环境要求和资源限制等特点，选择适合自身发展的组织文化模式。另外，要使得组织价值观和其他组织文化要素组合相互匹配，实现文化系统工程的整体最优。

（二）强化员工的认同感

选择并确定了组织价值观和组织文化模式之后，就可以把基本认可的方案通过一定的强化方式进行灌输，使之深入人心，落地生根。可采用的具体做法如下。

（1）利用一切宣传媒体和形式，宣传组织文化的内容和精华部分，以造势的方式创造浓厚的文化环境氛围。

（2）培养和树立典型。榜样和英雄人物是组织精神和文化的人格化身与形象缩影，能够以其特有的感召力和影响力为组织成员提供可以效仿的具体榜样。

（3）加强相关培训教育。有目的的培训和教育引导能够使组织成员系统地接受组织的价值观并强化员工的认同感。例如，企业人力资源部门组织的新员工入职培训。

（三）提炼定格

组织价值观的形成不是一蹴而就的，必须经过分析、归纳和提炼，方能定格。

（1）精心分析。在经过组织员工的初步认同和实践后，将反馈回来的意见加以剖析和评价，详细分析和比较践行结果与规划方案之间的差距，吸收采纳有关专家和员工的合理意见。

（2）全面归纳。在系统分析的基础上，进行综合化整理、归纳、总结和反思，去除那些落后或不适合的内容和形式，保留积极进步的形式和内容。

（3）精炼定格。把经过科学论证和实践检验的组织精神、组织价值观、组织伦理与行为予以条理化、完善化、格式化，再经过必要的理论加工和文字处理，用精炼的语言表达出来。

（四）巩固落实

要巩固落实已提炼定格的组织文化，首先，要建立必要的制度保障。在组织文化演变成为全体员工的习惯行为之前，要使每位员工一开始都自觉主动地按照组织文化和组织精神的标准去行动比较困难，即使在组织文化非常成熟的组织中，个别成员背离组织文化宗旨的行为也是经常发生的。因此，建立某种奖优罚劣的规章制度十分必要。其次，领导者在塑造组织文化的过程中起着决定性的作用，应该起到率先垂范的作用。最后，还可以通过组织文化的定期不定期的巡检、督导来强化文化落地行为。

（五）在发展中不断丰富和完善

任何一种文化都是特定历史的产物。当组织的内外部环境发生变化时，组织必须不失时机地丰富、完善和发展组织文化。这也是一个不断淘汰旧文化、不断生成新文化的文化更新过程。组织文化由此经过不断循环往复以达到更高层次。

【案例】 海底捞"家"的企业文化

四川海底捞餐饮股份有限公司(以下简称"海底捞")成立于1994年,是一家以经营川味火锅为主,融会各地火锅特色于一体的大型直营连锁企业。海底捞始终秉承"服务至上,顾客至上"的理念,以创新为核心,改变传统的标准化、单一化的服务,提倡个性化的特色服务,致力于为顾客提供愉悦的用餐服务。在管理上,海底捞倡导双手改变命运的价值观,为员工创建公平公正的工作环境,实施人性化和亲情化的管理模式,提升员工价值。

二十余年来,公司在北京、上海、西安、郑州、天津、南京、杭州、深圳、厦门、广州、武汉、成都、昆明等38个城市有137家直营餐厅;在中国台湾有1家直营餐厅;在国外,在新加坡、美国、韩国和日本等国家也有直营餐厅。

海底捞是一家火锅店,但它除了美食出名之外,更在于它的服务。海底捞热情周到的服务使其赢得了"五星级"火锅店的美名,成为中国火锅第一品牌。总经理张勇的管理手法很简单,就是树立一种成功的企业文化。

海底捞的企业文化可以用一个字"家"来概括,张勇在海底捞创造了一种家庭氛围,家的文化是海底捞发展的基础。那么,海底捞是怎样才能让员工把公司当成家的呢?归纳一下有以下几点。

1. 海底捞培养亲情

"把员工当人看",张勇的一句话道破了玄机。把员工当人看,确切地说,是张勇真正把海底捞的每个员工当作家人来对待的,衣食住行,样样考虑。他给员工租正规楼房,空调、暖气、电视、电话一应俱全;配置专人给员工打扫卫生,换洗被单;逢年过节慰问员工,同时每月给中层干部和优秀员工的父母发放补助;出资千万在四川简阳建了一所寄宿学校,让员工的孩子免费上学;设立了专项基金,用于治疗员工和直系亲属的重大疾病。

这一系列的亲情化、人性化的措施解决了员工的后顾之忧,让员工对企业有了强烈的归属感。员工才能把企业当家,从而激发了工作激情和潜能。

2. 海底捞信任员工

在海底捞信任的标志就是授权。海底捞的普通员工有给客人打折和免单权利。不论什么原因,只要员工认为有必要都可以给客人免一个菜或加一个菜,甚至免一餐。

3. 海底捞给员工公平和希望

海底捞给员工公平的环境,所有的员工都从一线做起,任何新来的员工都有三条晋升途径可以选择:管理线、技术线、后勤线。

海底捞的大部分人都是农村出来的,在海底捞学历不再是必要条件,工龄也不再是必要条件。海底捞有一套公平合理的晋升机制,让员工看到了真切的希望:只要你真诚、努力、踏实、肯干就有机会获得晋升。

4. 海底捞员工工作积极、态度认真

海底捞员工可以干12个小时,还笑着说不累。海底捞的员工,把公司当作自己的家,工作任劳任怨,积极主动。他们都认为只有公司这个"大家"好了,他们的"小家"才能好。海底捞的员工用心做事,虚心学习。当初张勇并不会做火锅,甚至连底料都不会炒,但他照着书本研究起了火锅的做法。海底捞创立之初生意冷冷清清。但张勇不气馁,用心学习,经过不断摸索,不断尝试,最终将海底捞打造成中国火锅第一品牌。

5. 海底捞员工有强烈的责任感,服务好客户在公司里每位员工树立自己的工作的责任感，不断要提高服务水平，站在客户角度想问题、解决问题，加强与顾客交流，让顾客满意，用优质的服务是取胜，形成自己的服务差异化竞争策略。

海底捞的所有做法别人都可以复制，只有海底捞的人是没法复制的，而这恰恰是海底捞的核心竞争力，也是企业文化建设并根植于本企业员工达到的最佳效果。

（资料来源：http://www.haidilao.com；黄铁鹰.海底捞你学不会[M].北京：中信出版社出版，2011年，有修改）

【分析】

1. 海底捞的企业文化都包括什么？
2. 海底捞的企业文化是怎么形成的？
3. 海底捞要想发展得更好，如何不断巩固和完善该企业文化？

模块五　组织文化控制

一、组织文化控制的基本概念

控制是组织管理的重要职能。组织文化控制作为控制要素之一，是指利用组织的愿景、共同的价值观和行为规范实施控制的组织管理模式。它具有软约束的特点，属于内隐式的管控方式。组织文化控制另外一个重要特点，是指它的权威和权力来源往往是非正式性的，它带给组织成员的指示是整体性的，而非具体特定的。有效的组织文化控制是落实组织内部系统控制措施的助推器。团队控制、非正式控制和社会化控制都是组织文化控制的具体表现形式和有效手段。

二、组织文化控制的实现方式

1. 通过导向作用实现控制

组织文化作为一种共同意识和价值观念，对组织员工有一种导向作用；把员工的个人目标引导到组织所确定的目标上来，使得员工在潜移默化中接受组织的共同价值理念，形成一种力量向既定的方向努力。例如，举报是预防性控制与监测性控制的基本工具，由于举报行为的敏感性，如果接收举报的部门在举报者心目中不具有权威性或者组织文化抑制举报行为，知情者会犹豫是否举报。

2. 通过凝聚作用实现控制

组织文化作为一种共同价值观，对组织员工有一种凝聚作用。它能够聚集一批具有共同理想的员工，在相互认同的工作方式和工作氛围里，为共同的目标而努力，使组织具有凝聚力和竞争力。中华民族具有深远影响的儒家伦理"仁、义、礼、智、信"，被视为许多企业的基本行为规范和道德规范。

3. 通过约束作用实现控制

组织文化作为一种规范和准则，对于员工还有约束作用。它是一种软的约束机制，这种约束作用使员工认识到什么是正确的、什么是错误的。

4. 通过激励作用实现控制

组织文化控制是一种"以人为本"的控制，它尊重员工在组织中的地位和作用，激发员工内在的积极性和创造性,使得员工朝着组织的既定目标努力。例如,日本企业重视组织文化的核心——共同价值观,它把战略、技能、结构、制度等黏合在一起,使员工对企业有归属感;公司实现利润目标、完成年度生产任务要举行重大庆典活动,使员工产生荣誉感和自豪感。

三、组织文化控制和正式官僚行政控制

正式官僚行政控制系统难以涵盖组织中全部管理控制的内容。因为在正式的官僚行政控制系统中,员工整天面对的是各种机械式的作业程序和严格、枯燥的制度,这种系统缺乏对人的关爱和理解;而组织文化控制,主要控制的是组织非正式制度的主要内容,被认为是最后一种有力的控制手段。可以从以下几个方面了解和认识二者之间的主要区别。

(1) 从交易理论的角度看比较两者之间的区别。正式官僚行政控制是通过双方签订一个合同来互相约束,从而降低交易成本。然而这个合同不可能是完美的,当环境变得复杂,出现了合同中没有规定的事项时,正式官僚行政控制系统不能发挥作用。而组织文化控制降低交易费用的机理与正式官僚行政控制不同,它能使交易双方相信,从长远目标看交易是公平的,双方的目标是一致的。

(2) 从组织管理控制的角度比较两者之间的区别。耶格尔通过跨国公司对其海外子公司的文化控制手段的案例分析后,从对人性的假设、控制成本、实施条件和控制内容等几个主要方面对组织文化控制与正式官僚行政控制的区别进行了全面系统的对比总结,具体如表 11-1 所示。

表 11-1 组织文化控制与正式官僚行政控制的区别

内容	类型	正式官僚行政控制	组织文化控制
对人性的假设		理性的经纪人	社会人和自我实现的人
控制成本		低,较短时间能实现	高,花费时间长
实施条件		简单稳定的环境	高度不确定性的环境
控制内容	选聘	具备所需工作技能,能接受并遵守组织的各项规章制度,选聘的过程相当程式化	选聘尤为重要,不仅要具备所需工作技能,还要认同组织的文化和价值观
	培训	程式化:学习本岗位的各项明确的技能和规章制度	不仅要学习各项规章制度,还须接受高强度的组织文化和价值观的灌输,并成为组织控制系统(自我控制)中的一员
	监控	按照规章制度和既定计划考核员工的行为和绩效,并作为奖惩的基础	工作绩效是通过人们相互接触和了解来考核的,共有的文化成为员工行为的一个强大向导

需要强调的是,尽管组织文化控制与正式的官僚行政控制手段有明显的区别,但二者是实现组织目标的一对相辅相成的控制手段,不能相互替代;二者的相互依存体现出组织长期控制和短期控制、有形控制和无形控制、刚性控制和柔性控制的合理结合。

四、组织文化控制与组织文化建设的区别

组织文化控制和组织文化建设的主要区别表现在以下几个方面。

（一）实施的主体和客体不同

组织文化控制的直接主体是组织文化，客体则是组织员工；而组织文化建设的主体是组织成员，客体则是组织文化。二者的主体和客体对象正好相反。

（二）功能涵盖范围不同

组织文化建设对内需要行使塑造组织愿景、凝聚群体共识、规范和激励员工行为等功能，对外则要传播和维护组织形象，提高组织的知名度；而组织文化控制更倾向于行使对内部功能。从二者的功能涵盖范围来看，组织文化建设涵盖的范围更广泛一些，实现功能更加全面。

（三）实施层面和实施目的不同

强大的组织文化具备以下两个特点：成员的一致性和这种一致性的力度。成员的一致性指的是员工对组织文化的认可程度；一致性的力度指的是员工贯彻组织文化的程度，主要通过员工的行为方式来体现。只有组织成员对某一问题或观念形成一致认识，并且这种一致的认识能被充分重视和理解时，才能形成强大的文化。组织文化分为三个层面，表层的符号文化，中层的制度文化和深层次的精神观念。表层的符号文化和中层的制度文化建设往往仅能反映组织成员的一致性，唯有统一的精神观念才能体现组织成员一致性的力度。

实际上，很多企业在组织文化建设的过程中往往因为过于追求一致性而忽略了一致性的力度，组织文化建设仅停留在表层的符号文化（如统一标识、Logo）层面，仅能部分承担组织文化建设的对外功能，实施目的还比较狭隘。而组织文化控制强调的则是成员一致性的力度，力求用企业的核心价值和精神观念实现员工的自我控制和自我管理，实施目的也较为广泛。

（四）实施方法不同

组织文化控制除了采用宣传、培训、沟通等方法外，还会利用任命深刻认同组织文化的经理人等方式来传播企业的核心价值观念。如果管理人员说的话可靠，并且在表达方面前后一致，则该团队的成员就会对其形成一致的期望，也就形成了明确的准则。

组织文化控制强调组织传统的一贯性，即组织文化控制更强调组织成员来源的相似性和可靠性。在组织文化控制作为首要控制手段的组织里，在选拔新成员时倾向于选择与现有成员相似背景的员工（如亲戚、同学等），这将大大降低组织文化方面的培训成本，而一般的组织更重视新进员工的业务素质和工作能力。

五、组织文化控制的重点环节及措施

（一）组织文化控制中可能存在的主要风险

（1）从组织价值观的角度看，缺少积极向上的组织文化，可能导致员工丧失对组织的信心和认同感，以致企业缺乏凝聚力和竞争力。

（2）从组织精神的角度看，缺乏开拓创新、团队协作和风险意识，可能导致组织缺少活力，致使组织发展目标成果难以实现，最终影响可持续发展。

(3) 从组织经营理念的角度看，缺乏诚实守信的经营理念，可能导致有违商业伦理和职业道德的事件发生。舞弊事件的发生，不仅造成组织经济损失，还会影响组织对外的信誉。

(4) 从企业并购重组的角度看，忽视企业间文化差异和理念冲突，可能会导致并购重组的失败。

(二) 组织文化重点环节的控制点及控制措施

组织文化在其形成、塑造和更新变革的过程中，可能遇到的上述风险，客观上要求管理者准确把握好培育和评估等重点环节并采取相应措施，以确保通过组织文化管控，使其更有利于企业目标成果实现的方向发展。

1. 培育环节的关键控制点及控制措施

(1) 组织应当积极培育具有自身特色的组织文化。企业应当培育体现企业特色的发展愿景、积极向上的价值观、诚实守信的经营理念、履行社会责任和开拓创新的企业精神，以及团队协作和风险防范意识。

(2) 组织应当根据发展战略和自身特点，总结优良传统，挖掘文化底蕴，提炼核心价值，确定文化建设的目标和内容，形成文化规范，使其构成员工行为守则的重要组成部分。

(3) 董事、监事、经理和其他高级管理人员应当在组织文化建设中发挥主导和垂范作用，以自身的优秀品格和脚踏实地的工作作风，带动影响整个团队，共同营造积极向上的组织文化氛围。企业应当促进组织文化建设在内部各层级的有效沟通，加强组织文化的宣传贯彻，确保全体员工共同遵守。

(4) 组织文化建设应当融入生产经营过程。切实做到组织文化建设与发展战略的有机结合，增强员工的责任感和使命感，促使员工自身价值在组织发展中得到充分体现。

(5) 企业应当重视并购重组过程中的文化建设，平等对待被并购方的员工，促进并购双方的文化融合。

2. 评估环节的关键控制点及控制措施

(1) 企业应当建立起有效的文化评估制度。重点应该关注董事、监事、经理和其他高级管理人员在文化确立与落地等方面的责任履行情况、全体员工对企业核心价值观的认同感、企业经营管理行为与组织文化的一致性、企业品牌的社会影响力、参与企业并购重组各方文化的融合度，以及员工对企业未来发展的信心。

(2) 企业应当重视组织文化的评估结果。巩固和发扬组织文化建设成果，针对评估过程中发现的问题，研究影响组织文化建设的不利因素，分析深层次的原因，及时采取措施加以改进。

【案例】 让全体员工认同的创新理念

远大空调有限公司总裁张跃说：远大是长沙的一家民营企业，近期将把企业的研发中心、资产中心、服务中心迁到北京，公司将面临新的发展机遇。认真回忆思考这些年走过的路所以取得一些成就，我觉得是由于在企业初创时，我们就打下了良好的基础，开始时什么都没有，但就给企业起名为远大，不仅意味着企业拒绝短期行为，还表明我们在成功面前不停步，永远追求企业大发展，对社会大贡献。我认为企业家的经营理念决定着企业是否能成功，也决定着能否真正具备国际竞争力。

1988年,我们兄弟创业时只有3万块钱和十几张草图,以及一大堆幻想。我们缺少资本、没有人才,所以需要创新东西,于是我们开发了无压锅炉。1992年,研制开发了中国第一台"溴化锂吸收式冷温水机",后统称"直燃机"。到1996年,我们的产品做到了世界最大规模。

企业的不断发展,使我们意识到在技术上要有绝对的领先,光有大厂是没用的。因此,我们在1996年开发出用网络控制产品的技术。1998年我们开始着力开发节能产品,我们的产品与国际上先进的产品相比可节省20%的能源,燃油燃气方面的产品在全世界有很好的销量。远大空调有限公司1998年进入美国市场,2001年在美国和法国取得同行业第一的市场占有率。2000年我们开始研发家用燃气空调,年内产品全面投产,掀起一股浪潮,燃气空调的新时代即将到来。

这一系列的研发生产活动,激发了员工的积极性、成就感。使创新的理念逐渐为全体员工广泛认同。当这一理念成为整个企业的共同理念后,企业各方面的效率大幅度提高。但如果没有形成一种持续的文化,企业长远的发展将难以保证。

(资料来源:张德.企业文化建设[M].2版.北京:清华大学出版社,2009)

【分析】

1. 远大空调有限公司的组织文化的核心理念是什么?
2. 从张跃总裁的一席话中,我们可以看出他最关心什么问题?你认为企业老总在组织文化塑造过程中应起到什么样的作用?
3. 结合你所了解的组织文化,谈谈远大空调有限公司的组织文化的可贵之处。

【本章案例分析】 十分钟的悲剧

2008年9月15日上午10点,拥有158年历史的美国第四大投资银行——雷曼兄弟公司向法院申请破产保护,消息转瞬间通过电视、广播和网络传遍地球的各个角落。令人匪夷所思的是,在如此明朗的情况下,德国国家发展银行竟在10点10分,按照外汇掉期协议的交易,通过计算机的自动付款系统,向雷曼兄弟公司即将冻结的银行账户转入了3亿欧元。毫无疑问,3亿欧元将是肉包子打狗有去无回。

转账风波曝光后,德国社会各界大为震惊,舆论哗然,普遍认为,这笔损失本不应该发生,因为此前一天,有关雷曼兄弟公司破产的消息已经满天飞,德国国家发展银行应该知道交易的巨大风险的存在,并事先做好防范措施才对。销量最大的《图片报》,在9月18日头版的标题中,指责德国国家发展银行是迄今"德国最愚蠢的银行"。此事惊动了德国财政部,财政部长佩尔·施泰因布吕克指示,一定要查个水落石出并严厉惩罚相关责任人。

人们不禁要问,在短短10分钟里,德国国家发展银行内部到底发生了什么事情,从而导致如此愚蠢的低级错误?一家法律事务所受德国财政部的委托,带着这个问题进驻银行进行全面调查。

法律事务所的调查员先后询问了银行各个部门的数十名职员,几天后,他们向国会和财政部递交了一份调查报告,调查报告并不复杂深奥,只是一一记载了被询问人员在这10分钟内忙了些什么。然而,答案就在这里面,看看他们忙了些什么。

首席执行官施罗德:我知道今天要按照协议预先的约定转账,至于是否撤销这笔巨额交易,应该让董事会开会讨论决定。

董事长保卢斯:我们还没有得到风险评估报告,无法及时做出正确的决策。

董事会秘书史里芬:我打电话给国际业务部催要风险评估报告,可那里总是占线,我想还是隔一会儿再打吧。

国际业务部经理克鲁克:星期五晚上准备带上全家人去听音乐会,我得提前打电话预订门票。

国际业务部副经理伊梅尔曼:忙于其他事情,没有时间去关心雷曼兄弟公司的消息。

负责处理与雷曼兄弟公司业务的高级经理希特霍芬:我让文员上网浏览新闻,一旦有雷曼兄弟公司的消息就立即报告,现在我要去休息室喝杯咖啡了。

文员施特鲁克:10:03,我在网上看到了雷曼兄弟公司向法院申请破产保护的新闻,马上就跑到希特霍芬的办公室,可是他不在,我就写了张便条放在办公桌上,他回来后会看到的。

结算部经理德尔布吕克:今天是协议规定的交易日子,我没有接到停止交易的指令,那就按照原计划转账吧。

结算部自动付款系统操作员曼斯坦因:德尔布吕克让我执行转账操作,我什么也没问就做了。

信贷部经理莫德尔:我在走廊里碰到了施特鲁克,他告诉我雷曼兄弟公司的破产消息,但是我相信希特霍芬和其他职员的专业素养,一定不会犯低级错误,因此也没必要提醒他们。

公关部经理贝克:雷曼兄弟公司破产是板上钉钉的事,我想跟施罗德谈谈这件事,但上午要会见几个克罗地亚客人,等下午再找他也不迟,反正不差这几个小时。

德国经济评论家哈恩说,在这家银行,上到董事长,下到操作员,没有一个人是愚蠢的,可悲的是,几乎在同一时间,每个人都开了点小差,加在一起结果就创造出了"德国最愚蠢的银行"。是疏忽?是马虎?是麻痹大意?是开小差?生活中,我们也常明知故犯,而将自己逼入绝境。实际上,只要当中有一个人认真负责一点,那么这场悲剧就不会发生。演绎一场悲剧,短短10分钟就已足够。

(资料来源:王伟.十分钟的悲剧[J].做人与处世,2009(2):18—19,有修改)

【讨论】

1. 是什么导致了德国国家发展银行发生这样的悲剧?
2. 从控制的角度看,德国国家发展银行在管理上存在哪些问题?
3. 从组织文化控制的角度看,这一悲剧的发生与德国的文化有没有关系?为什么?假如情景发生在中国,中国银行是否也会重蹈德国国家发展银行的悲剧?请说出你的理由。
4. 综合起来看,《十分钟的悲剧》这个案例带给你哪些管理启示?

【做游戏学管理】 你拉,他拉,顾客不爽啦!

[目的]

1. 感受管理控制无处不在,无时不在,已经融入管理者的日常工作中。
2. 体会实际企业管理控制面对多个管控对象和参与者实施管控的艺术。
3. 模拟企业管理控制的实操过程,感受总结现场管控的优点和不足。

[游戏程序与规则]

1. 组织与时间

(1) 5～10人一组。

(2) 时间：20分钟(10分钟讨论,10分钟游戏)。

2. 要求

(1) 2～3名学生分别扮演陪其中一位同学来电脑城某楼层买电脑的顾客和同伴的角色。

(2) 2名学生分别扮演该楼层两个竞争店面的电脑导购员上前搭讪拉客。

(3) 1名学生扮演电脑城的楼层经理。

3. 游戏规则

导购员主动和顾客边走边搭讪,套近乎,两个导购员的话尽量不要重复。电脑城楼层经理负责卖场管理,尽管有责任,也有权力制止导购员的拉客行为,但关键是,既让顾客感到舒服,留在电脑城继续购物,又要给导购员留面子,还要公平对待两个导购员,让他们心悦诚服,不好意思再拉客了。所有的角色需要共同努力,才能完成游戏的最终目标——顾客在卖场不受打扰地自由选择。

4. 游戏前的准备

要准备好不同角色的说明书以及任务说明书。注意：任务说明书可以由教师根据情况设计,也可以小组成员从网上查找并熟悉电脑城相关信息资料背景,自行设计台词和场景。关键是,游戏中的楼层经理要同时面对顾客、两个拉客的竞争导购员,三方进行现场管控。

[讨论]

1. 在穿外套时颠倒了习惯性的穿衣顺序后有何感受？在旁观者看来又是怎样的？

2. 为什么颠倒了习惯性的穿衣裳顺序会显得笨手笨脚的？

3. 是什么阻碍我们采取新的做事方式？我们在企业实际管理中要想进行管理变革和创新,以更有效的方式完成预期任务和目标,该如何面对和改变组织和个人的惯性？

【实务项目训练】 "员工上厕所禁带手机为了身体健康,你怎么看?"辩论会

一、训练目标

(1) 增强对企业实际管理控制活动的感性认识。

(2) 加深对企业实际管控的整个过程以及组织文化控制必要性的理论认识。

二、训练内容

某一小型科技公司规定,为了员工的身体健康,员工上厕所严禁携带手机等电子产品；上厕所不得超过8分钟,违者24小时内不得进入厕所,并在厕所门口贴了通知。

三、训练要求

(1) 全班中选出两组学生(正方与反方),每组5人,各组设一名辩论组长。

(2) 利用课余时间,各组进行充分准备本方辩论赛的相关资料。

(3) 任课教师作为主持人,辩论会为30～40分钟。

(4) 找5名学生评委进行评分。

四、训练步骤

(1) 辩论前将教室桌子重新摆放,达到能辩论要求即可。

(2) 每组组长组织本组参赛流程、内容、开头与总结性发言。

(3) 每组先各自陈述自己的观点,然后再进行双方辩论。
(4) 规定时间限制,到辩论结束时间,每组组长做2分钟总结。

五、总结与评估

(1) 由教师找5名学生做评委,给每组打分,满分100分。
(2) 教师做归纳总结与评价。

【技能自测题】

一、思考题

1. 管理控制重在目标还是手段?请结合你对控制概念的理解做出解释。
2. 管理控制过程一般来说包括哪三个重要环节?请画出管理控制示意图。
3. 管理控制按照时机可划分为哪三种类型?各自的优缺点又有哪些?
4. 组织文化结构分为哪三个层次?它们之间具有怎样的相互关系?
5. 组织文化有哪些主要作用?请举例说明。
6. 组织文化的形成要素有哪些?你认为最重要的形成要素是哪一点?为什么?
7. 组织文化的塑造路径一般要经过哪几个阶段?
8. 什么是组织文化控制?有必要通过组织文化进行管理控制吗?
9. 组织文化控制和正式官僚控制、组织文化建设相比较,有何不同?
10. 你认为组织文化控制的风险有哪些?相应的控制重点和措施包括哪些方面?

二、实训报告

请学生自行联系并访谈三名有经验的实际管理者或通过网络搜集实际企业管控的相关资料,写一份报告,讨论如何做好企业的管理控制工作及需要注意的问题。

【参考文献】

[1] 周三多,陈传明. 管理学[M]. 4版. 北京:高等教育出版社,2015.
[2] 戴淑芬. 管理学教程[M]. 3版. 北京:北京大学出版社,2009.
[3] 臧有良,等. 管理学原理[M]. 北京:清华大学出版社,2008.
[4] 〔美〕斯蒂芬·P. 罗宾斯. 管理学[M]. 7版. 毛蕴诗,译. 北京:中国人民大学出版社,2004.
[5] 张德. 企业文化建设[M]. 2版. 北京:清华大学出版社,2009.
[6] 特伦斯·迪尔,艾伦·肯尼迪. 企业文化[M]. 李原等,译. 北京:中国人民大学出版社,2008.
[7] 李继先. 企业文化变革理论与实务[M]. 北京:经济管理出版社,2009.
[8] Wilkins Ouchi. *EffecientCultures:exploring the relationship between cultureand organizational performance*[J]. Administrative Science Quarterly,1983(28):468—481.
[9] Baliga Jaeger. *Multinational Corporations:control systemsand delegation Issues*[J]. Journal of International Business Studies,1984(2):25—39.
[10] 王宁,陈志军. 文化控制——管理控制手段的新发展[J]. 山东社会科学. 2007(11).
[11] 孙爱英. 企业文化对企业控制机制选择的影响研究[J]. 经济经纬. 2007(06).
[12] 刘玉铭. 浅析如何加强对企业文化的控制[J]. 现代经济信息. 2013(18).
[13] 郝璐. 浅议内部控制的薄弱环节——企业文化控制[J]. 经营管理者. 2011(23).

第十二章　创新与企业家精神

【学习目标】

■ **能力目标**
1. 找到并分析现实企业的管理变革切入点、阻力和策略。
2. 找到并分析现实企业的创新类型、特征及与组织发展的关系。
3. 举例说明你最欣赏的企业家身上的哪些精神最值得你学习。

■ **知识目标**
1. 了解管理变革的历史演进和环境因素。
2. 理解创新的概念、作用及基本内容。
3. 熟悉企业家精神的成因及塑造培育路径。

■ **素质目标**
1. 通过资料收集、课外调查和课堂研讨,提高管理变革和创新的洞察能力。
2. 通过小组集体学习训练和企业家个人资料收集,找到心目中的企业家榜样,有意识地进行"企业家精神"的学习和自我养成教育。

【本章内容概要】

本章除了帮助读者了解管理变革的历史演进、环境因素,理解管理变革的切入点、可能遇到的阻力、应对策略及注意问题之外,还帮助读者理解创新的概念与作用、不同的类别与其特征、基本内容与创新管理过程等,熟悉创新作为组织发展的灵魂,与组织发展的相互关系,并进一步掌握企业战略创新、市场创新和文化创新与组织发展更加深入的关系重点。最后,学习理解企业家与企业家精神的内涵、企业精神的主要形式表现形式、影响企业家精神的形成的重要因素以及企业家精神塑造培养的重点方面。

任务导入 ▶

写一份题为《变革课堂教学方式、创新学生学习体验》的报告

一、任务目的

从大学生自身熟悉的"课堂教学"管理实景入手,通过撰写《变革课堂教学方式、创新学生学习体验》的报告,使学生切实体会到管理变革和创新的必要性、迫切性和困难性,实操性、过程性和复杂性,并能从中感受到管理变革和创新的成功离不开企业家精神的引领。

二、任务形式

讨论,撰写报告,分享成果。

三、任务要求

(1) 根据班级人数,分组,每组 6~8 人,选出组长,开始讨论:畅谈对现有课堂教学的真实感受、所期望的课堂学习体验,二者之间的突出差距点,并分析原因,提出可行性建议办法等(每组1人主持,1人负责记录,鼓励积极发言、畅所欲言、说真心话)。

(2) 根据小组讨论的内容,撰写报告纲要。

(3) 小组代表分享"变革课堂教学方式、创新学生体验"的基本思路。

(4) 以学生为主体,教师把管理变革、创新及企业家精神的相关知识贯穿到讨论之中。

(5) 课后结合本章各模块知识,以小组为单位,完善本组的建议案。

四、任务成果标准

至少形成1000字的报告,语言通顺、层次清晰、书写规范,结合本章知识点,要有本组的方案特色,具有一定可操作性,在指定的时间内提交。

五、教学建议

(1) 在讨论过程中对学生所熟悉的类似变革创新现象(如学校食堂餐饮店是如何进行变革创新学生餐饮体验的:可以直接送餐到学生宿舍以提高便利性等)进行分析。

(2) 课上形成大纲,课后完成报告(可以采用手写、Word电子文档或PPT等方式)。

(3) 涉及知识点让学生查找本书内容或相关书籍,由教师引导,启发式学习。

模块一 管理变革

一、管理变革的历史演进

从发达国家的企业管理演变的进程来看,企业管理变革普遍经历了从经验管理到科学管理、现代管理、后现代管理等几个阶段:一是20世纪初之前的传统经验管理阶段,其特征是管理者凭感觉、靠经验进行粗放式管理;二是20世纪初至20世纪40年代的科学管理阶段,其特点是以"泰勒制"为代表,企业管理从经验型走向科学化;三是20世纪50年代中期以后到20世纪末的现代管理阶段,其特点是科学的规范化、制度化、模式化的管理,主要表现为计划、组织、领导、控制等各个方面都有成套科学、规范的制度和程序;四是进入21世纪后,企业管理演进到"后现代管理"阶段,其核心特点是知识管理。

根据发达国家企业管理演变的脉络阶段并结合中国自身发展特点,中国企业管理历史沿革大体可以分为这样几个阶段:一是以中华人民共和国成立后到改革开放之前,企业一直处于计划经济体制下的传统管理阶段;二是改革开放以后,随着西方经济学和管理方式的逐步引进和吸收,中国进行了市场经济调节下的中西结合的管理阶段;三是进入21世纪后,中国的企业管理取得了跨越式发展,开始步入创新管理、自主创新管理的变革新阶段,出现了海尔、联想、华为等一大批管理变革创新的典范。

二、管理变革的环境因素

企业作为一个开放系统,其管理变革总是在适应内外部经营环境的发展变化中不断变化发展的。

(一) 外部环境

进入21世纪后,随着经济的全球化、知识化、科学化、虚拟化、网络化、创新化和协调化,随着生产方式的变革、组织活动空间与内涵的拓展,企业赖以生存和发展的外部经营环境正在发生着巨大而深刻的变化。正是这些环境变化因素不断驱动并引发了企业内部的管理变革。其中,带有本质性的外部环境变化主要体现在以下几个方面。

1. 经济全球化

经济全球化主要是指各个国家有越来越多的经济活动主体跨出国界，进行全球化整合资源、市场开拓等。在这种情况下，企业的资源配置、产品开发、管理范围、增长方式等都需要从全球化的大背景下来思考和策划。另外，经济全球化打破了企业之间的国界限制，企业面临着来自国际竞争对手的挑战，因此，现代企业管理变革必须将不断地提高企业的国际竞争力作为自己的变革目标。

2. 知识在企业生产要素中的地位和作用日益突出

如果说20世纪以前世界是处于农业经济时代，当时土地是其生产的核心要素。而到了20世纪工业经济时代，生产的核心要素则由土地转变为货币资本。进入知识经济时代后，知识在企业生产要素中的地位和作用越发突出。在企业生产要素中，一般来说，20世纪最有价值的是生产设备。而进入知识经济时代，21世纪最有价值的则转变为知识以及知识的应用。

3. 互联网技术信息化

互联网和移动互联的迅猛发展，使得信息变得更加无所不在、触手可及。信息技术的时代化必然推进管理变革的当代化。互联网信息技术不断影响并推动着企业内部的业务流程再造和组织管理流程变革的同时，也改变着企业间的横向联系，改变着企业间的交易合作和竞争方式等许多方面。此外，互联网信息技术还加速了企业运营方式的根本性变革。可以说，它已经渗透并不断推动着企业内部正在发生着深刻的管理变革。

4. 国内外市场需求结构趋向个性化、多样化、多层次化

全球市场随着经济的持续发展，现实需求和潜在需求日益扩大，中国消费者带给国际市场很大拉力，需求结构的变化也改变着相关国家的市场鼓励政策。以出国游为例，截至2014年11月，据联合国世界旅游组织（UNWTO）的数据统计，中国的出国旅游已经达到了上亿人次，排名世界第一。包括美国、日本、韩国、马来西亚、以色列和欧洲等国纷纷相应调整政策，推出对中国签证便利化、长期化和国内接待、退税等非常具体的吸引措施，以吸引更多的中国游客。另外，从中国国内市场消费特点来看，也正在从重视物质生活提供向注重物质与精神和娱乐的高品质生活消费转变，从自成体系的国内市场逐渐向国际化市场同步转变，市场更加细分化和特色化。所有这些不断叠加，构成了更加复杂多变的商业环境，不断挑战传统的管理模式，迫使企业管理必须探索新的变革方式，以适应外部市场环境的变化。

（二）内部环境

当企业在经营过程中出现管理体制不顺、经营管理者激励机制不到位、缺乏有效的领导监督机制、员工之间缺乏竞争、员工激励机制不当、决策失误、管理水平低下、经营不善、人才素质不高、缺乏创新精神和创新机制、财务混乱时，往往意味着企业需要变革管理。

三、管理变革的切入点

企业面对内外部变化的经营环境，不可能采用一劳永逸的管理方式。为什么有的企业能够长久不衰，有的企业却困难重重，一个很重要的原因就在于变革，只有能够根据外部环境的变化时刻变革的企业，才能取得长久发展。在以网络科技和知识管理为特征的新经济背景下，管理变革已经成为企业管理中最重要的方面。一个有效能的企业，应该具有较强的适应环境的能力，必须不断地实施管理变革，通过变革解决企业生存和发展中的

各种问题,成就企业的未来。

变革是企业的现实,管理变革主要表现在以下几个方面。

(一)目标

企业实施管理变革必须有目标,既要有精准的目标,又要有宏大的目标。精准是指管理变革要有具体的终点,例如,在半年内通过全面优化服务流程和服务人员培训将顾客满意度提升5%,以便于员工理解和衡量。宏大目标是指变革没有具体的终点,例如,尽快进行企业文化建设,对此目标人们要经常核查目标清单内容并使之适应不断变化的新情况。

(二)内容

内容是管理变革程序的核心,是硬性变革和软性变革的结合。硬性变革涉及组织结构、系统和战略,适于短期实施;而软性变革包括企业文化、工作方式、人员技能等方面的变化。

(三)规模

管理变革的规模取决于企业的资源,包括人力、资金、时间等。大规模的变革往往意味着要承担较大的风险。

(四)范围

范围是指管理变革所牵扯的广度,例如,涉及企业的整体变革,还是仅涉及企业内部某个业务单元的局部变革。

(五)速度

变革在企业内部推行的速度取决于企业驾驭变革的能力、环境条件以及变革的类型。

(六)方式

管理变革采取自上而下还是自下而上因领导风格而异。带有强制性的自上而下方式往往不如员工共同参与的自下而上的方式好。

四、管理变革的三层阻力

变革是企业求得生存和发展的必要条件,然而变革常常会剥夺一部分人的既得利益和权力,会影响企业内部的各种关系,因而对变革的抵制又是不可避免的。一般来说,变革的障碍也可能来自企业的整体利益,也可能是对变革的效果和带来的利益估计不足等。具体而言,企业变革管理的阻力可以从个体、群体和领导三个层面进行分析,如图12-1所示。

(一)个体阻力

个体阻力主要体现在求稳怕乱的心理惰性上,习惯于旧有价值观和模式,很难走出"舒适区";对新东西持怀疑态度,特别是当变革措施可能触及个人切身利益时,抵制就更加强烈。

(二)群体阻力

群体阻力主要体现为维护原有的群体规范不被触犯,如反对强化纪律、提高任务额度、优化组合等。

(三)领导阻力

领导方面的阻力主要集中在对改革后果不确定性的担心以及由此带来的权力和利益的

调整。

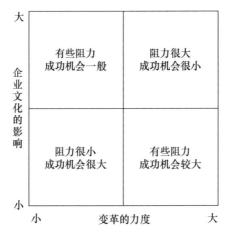

图 12-1　变革阻力分析框架

五、管理变革的两种策略

企业管理变革从进程、速度来看,一般可分为渐进式变革和剧烈式变革两种,如图 12-2 所示。渐进式变革又称改良式变革,主要指的是一系列持续的改进,会影响企业的某些部分,是在原有企业符合基本要求的前提下而做出的小改革;而剧烈式变革则涉及重大调整,会产生一个新的平衡,变革整体框架,尤其会影响原有的企业文化。此外,管理变革两种方式的区别还可以从工作重点的角度进行细分,即以改变结构为中心、以改变技术为中心和以改变人事为中心等。

图 12-2　渐进式变革与剧烈式变革的比较

六、管理变革需要注意的问题

据 2012 年《中国中小企业人力资源管理白皮书》调查显示,我国中小企业的平均寿命只有 2.5 年,集团公司的平均寿命也只不过 7～8 年。为什么有的企业不能长盛不衰呢?其原因是多方面的,但其中一个很重要的原因就是这些企业在管理变革的实施中存在着问题,突出地表现为以下两个方面。

(一) 做表面文章

不少企业管理变革思路清晰,目的明确,但在变革过程中往往热衷于面上轰轰烈烈,过于追求形式,其结果不言而喻。

(二) 急功近利

即管理变革想一口吃个胖子,而不是循序渐进。急功近利往往从一开始就埋下了失败的伏笔。在国内企业界,很多希望"脱胎换骨,流程再造"的案例,最后大都"胎死腹中、不了了之";而很多企业在信息化管理变革的过程中,都是采用了"先僵化、后优化、再固化"、小步快跑的"持续变革、持续改善"的策略,最终获得成功。企业管理变革是个漫长的过程,如果一个企业要进行大规模的变革,就更需要做好充足的准备。

【案例】 步兵多年的习惯

有个步兵退伍回到城里,他的朋友就给他介绍了一个女朋友。约会前,他的朋友给了他很多忠告:"你可能在战争中经历过很多事物,但有些事你要听我的。第一,下车后要替女朋友开车门;第二,女朋友入座时,你应帮她拉开椅子入座;第三,女朋友说话时你要温柔地看着她;第四,女朋友需要什么东西你一定要抢先做好,不要让她动手。"那个步兵说已经记住了,便去约会了。

第二天,当朋友打电话问步兵昨晚如何时,步兵沮丧地说:"我没有希望了!"于是朋友问他:"你是不是忘了替她开车门?"

步兵说:"不,我替她开了车门,她很高兴!"

朋友又问:"你是不是忘了帮她入座?"

步兵说:"不,我帮她入座,她说我是个绅士!"

于是,朋友又问:"你是不是在她说话的时候东张西望?"

步兵说:"不,我一直看着她,她说我很温柔,并且说我的眼睛很有魅力!"

最后,朋友问:"那你是不是在某事上让她自己动手了?"

步兵沮丧地说:"如果真是这样就好了。她说口渴,于是我就跑去替她买饮料。"朋友说:"那很好呀!"

步兵又说:"可是出于多年的习惯,我一拉开饮料罐,就向她砸了过去,自己躲到了草里……"

(资料来源:http://tieba.baidu.com/p/560845925,有修改)

【分析】

1. 从管理变革的角度看,这个故事带给你怎样的启示?
2. 这个步兵真的没有希望了吗? 如果有,请给这个步兵出出主意接下来该怎样做。

模块二 创　　新

一、创新的概念与作用

"创新"并不是陌生的词汇,对创新最早、最经典的描述当属著名经济学大师熊彼特。他认为创新就是进行创造性的破坏,创新是获得企业发展和超额利润的核心动力。另外,熊彼特认为创新涉及五个重要方面：① 用不同的方法生产；② 以新产品取代旧产品；③ 找到新的便宜的原材料来源；④ 找到新市场；⑤ 创建新的组织形式和经营模式。无疑，熊彼特的创新概念包含的范围很广，这五个方面也是创新的重要内容，但不是全部内容。

创新首先是一种思想及这种思想指导下的实践，是管理的一项基本职能。它是指形成一种创新性思想并将其转化成盈利的产品、服务或有效的工作方法的过程。对任何组织来说，它既是管理工作中的一个重要环节，又是一项重要的管理活动，有其内在的逻辑结构。

（一）创新工作是管理过程中的重要一环

在某一特定时期，一个组织的管理工作内容基本可以概括为：设计组织的目标、结构和运行规划，启动并监视组织的运行，使之符合预定的操作规范；分析组织运营中的变化，进行局部或全局性调整，使组织不断呈现新的状态。显然，这些管理内容的核心还是组织、领导与控制等保证计划目标实现的那些基本管理职能。从某种意义上来说，它们可以统一归类为管理的"维持职能"。任何组织系统的任何管理工作本质上均包括在"维持"或"创新"管理职能之中。有效的管理恰恰在于适度的维持与适度的创新的匹配性组合，目的就是提升组织管理效能和组织系统的动态适应性。

（二）创新工作是重要管理活动

创新即"王道"，在电子商务和全球竞争的动态、复杂环境中，要么创新，要么衰亡。组织作为一个有机体，只靠管理工作的维持显然是不够的，必须通过创新实现可持续发展。

1. 创新是组织获取经济增长的源泉

创新是经济发展的核心，对组织的发展至关重要。在过去一个世纪里，人类的经济获得了迅猛增长，20世纪大部分时期的增长率超过了第一次工业革命时期。这种发展和增长的根据就是熊彼特所说的创新。正是创新使得物质的繁荣增长更快、更便利。

2. 创新是组织谋取竞争优势的利器

在当今激烈的竞争压力环境中，企业要谋取有利位置，就不得不改进已有的制度，采用新的技术，推出新的产品和服务。正如思科系统公司的前首席执行官钱伯斯所说的，第一次抓住了某次创新浪潮的企业，将获得最大的酬偿，并极大地促进业务的发展。当竞争对手开始运用同类的技术，使你公司的竞争优势和差别化特点弱化了，这时你就应该及时转向另一次的创新。

3. 创新是组织摆脱发展危机的途径

这里所说的发展危机主要是指组织明显难以维持现状时，如果不进行改革，就难以为继的状况。组织在创业期，目标重点放在对需求快速、准确的反应，资金链不能断、要安全；进入"学步期"和"青春期"，目标更多要放在利润增加、销量和市场份额的扩大上；"成熟期"开始转向维持已有市场地位。相应地，在各阶段组织会出现领导危机、自主性危机、控制危机和硬化危机。组织只有通过不断创新才能渡过各种难关生存下来，并能持续健康地发展。

（三）创新工作有其内在的逻辑结构

人们对管理创新职能存在一种误解。例如，有些人将创新看成是偶然性的活动，看成是非正常的千奇百怪的事情。事实上，就个体的某次创新活动而言，它可能出自于探索的成员，创新的成果也许会超出常人想象，会有偶然性因素起作用。但是，组织的创新工作并不等于个别的创新活动,这里面更反映出组织创新导向的共性逻辑在个人创新的活动中起了作用。正是这样的创新原则指导着组织的创新活动和个人的创新行为。

二、创新的类别与特征

创新从不同角度进行考察可划分为不同的类别,并表现出不同的特征。

(一)局部创新和整体创新

这是从创新的规模以及创新对整个组织的影响程度进行的划分。局部创新是指在不改变组织性质和目标的前提下,改变组织活动的某些内容、要素本身或进行相互组合;而整体创新往往抱着"不破不立"的信念,改变组织的目标和使命,常常会对整个组织的运营系统和方式做"大手术"。

(二)消极防御型创新和积极进攻型创新

这是从创新与环境的关系角度进行的划分。顾名思义,消极防御型创新主要是指组织为了抵御外部环境变化带给组织的某种程度的威胁,为了避免这样的威胁给组织造成不可承受的损失,在组织内部展开的各种调整和新的布局;积极进攻型创新则是通洞察分析外部环境,发现其中所蕴藏的某些未来发展机遇后,主动调整组织战略和战术,以积极开发和利用这样的机会,从而谋求企业主动发展优势。

(三)初建时创新和运营中创新

这是根据创新所发生的时间段进行的划分。从社会角度看,成立公司,创建组织本身就是一项创新活动。组织的创建者在一张白纸上描绘组织的目标、结构、战略和运营等蓝图,这本身就要求创建者具有创新型的思想和意识去创造一个新生的组织系统。但这并不意味着创业成功就可以一劳永逸地不再需要创新。实际上,企业在组建完成开始运营之后,需要大量的组织创新活动支撑企业前行。

(四)自发创新和有组织的创新

这主要是从创新的组织程度角度进行的划分。组织作为一个系统,也有自己的子系统。作为企业,有客服部、销售部、生产部、财务部、人力资源部等,都可以视为子系统。外部环境的变化也一定会直接或间接地传递到各个子系统中。当这些子系统及其成员接收到外部变化的信号时,必然会适应性地在其工作内容、方式、目标等方面进行积极或消极的调整,以应对外部变化的要求。而各个子系统就像啮合的齿轮,又是相互联系和相互作用的,于是自发地调整并传递给其他子系统,这就是自发创新。

一般来说,系统内部自发创新和调整可能会产生两种结果:一种是各子系统的调整都是正确的,从组织整体角度来说是相互协调的,带给组织的总效果是积极的,但这更多的情况下是一种纯理想的结果;另一种情况是各子系统的创新和调整有的是正确的,有一些是错误的,这是通常可能出现的情况。因此,从组织整体来说,调整后的各部分的关系不一定协调,给组织带来的总效应既有可能为正,又有可能为负。也就是说,系统各部分自发创新的结果是不确定的。

与自发创新相对应的是有组织的创新。有组织的创新包含两层意思:一是指组织的管理人员根据组织创新需求和创新活动本身的客观规律制度化地进行相关创新活动;二是指组织的管理人员积极引导和利用各要素的自发创新,使之相互协调并与系统有计划地创新活动相配合，使得整个系统的创新活动有组织地展开。

与自发创新相对应，有组织的创新能给组织带来预期的、积极的和比较预期的结果。当然，有组织的创新也可能失败，因为创新本身意味着打破旧的秩序，打破原来的平衡，也是具有一定风险的。但是，有组织的创新取得成功的机会无疑要远远大于自我创新。

三、创新的基本内容

组织，作为一个有机系统，在创建及后期的运营过程中，其创新涉及方方面面，为了便于理解和掌握，我们以常见的企业组织系统为例来介绍创新的一些主要内容。

（一）环境创新

环境是企业生存的土壤，同时也是企业发展的制约因素。这里所说的环境创新，不是简单地调整内部结构或活动，被动地去适应外部环境，而是通过企业积极的创新活动去改变环境，去引导甚至创造环境，朝着有利于企业经营的方向变化。例如，通过企业的公关活动，影响政府对于社区相关政策的制定；通过企业的技术创新，影响社会技术进步的方向等。就企业而言，环境的创新主要是市场需求的创新。例如，苹果产品正是通过把外部环境的重要参与者——消费者的潜在需求变成现实需求的市场创新，通过引领市场需求从而大获成功的。

（二）目标创新

目标创新主要是指随着环境的变化，企业除了进行环境创新外，还可以根据变化的环境，对生产方向、经营方向和企业与其他社会组织之间的关系做出相应的调整。例如，改革开放之前，在高度集权的计划经济体制背景下，企业必须严格按照国家的计划要求来组织内部的生产和各项业务活动。经济体制改革之后，企业和国家、市场的关系发生了变化，企业开始自主经营、自食其力，在这种背景下，企业的目标必须调整为"通过满足顾客需要来获取利润"。至于企业在各个时期的具体的经营目标，则更需要适时地根据市场环境和消费需求的特点及变化趋势加以整合，每一次调整都是一种创新。

（三）制度创新

制度创新是从企业各成员间的正式关系进行调整和变革，也就是企业所有者、经营者、劳动者三者之间的关系不断优化，使各个方面的权力和权益得到充分的体现，使得组织的各成员的作用得到充分发挥。企业制度主要包括产权制度、经营制度和管理制度等三个方面的内容。

一般来说，三者的关系是产权制度决定经营制度，经营制度又决定管理制度；但反过来讲，当管理制度的创新和改进到了一定程度，则会要求经营制度层面做出相应的创新和调整；而经营制度的不断调整，则会引起产权结构的革命性创新。因此，三者从前往后是决定作用的顺序，而从后往前则是反作用的关系。

（四）技术创新

技术创新主要是从技术角度分析人、机、料等各种要素及其结合方式的改进和更新，是创新的主要内容，企业中出现的大量创新活动是有关技术创新的。因此，有人甚至把技术创新视为企业创新的同义词。企业的技术创新主要表现在要素创新、要素组合方式创新以及要素组合的结果创新等三个方面。

1. 要素创新

企业经营过程中投入的生产要素创新主要包括材料创新和设备两类。其中，材料创新的主要内容包括：开发新的渠道；开发和利用大量的廉价普通材料或寻找普通材料的新用途；改造材料的质量和性能等。材料无论从用量、成本比重还是性能质量角度来说，对企业都非常重要，这为现代材料工程创新提供了非常广的市场前景；而设备创新主要通过设备更新改造等创新方法来改善产品质量、降低能耗、节约劳动力等成本、延长设备使用寿命等，以提高企业竞争力。

2. 要素组合方式创新

要素组合方式创新主要包括生产工艺创新和生产过程的组织创新。其中，生产工艺创新主要包括工艺配方、工艺参数等内容。而生产过程的组织创新则包括设备、工艺装备、在制品及劳动者在空间的布局和时间上的组合分配优化等。例如，20世纪福特将泰勒的科学管理原理与汽车生产实践结合起来创新出流水线作业生产，流水线的问世引起了企业生产效率的革命。

3. 要素组合的结果创新

要素组合的结果就是企业向社会和市场提供的产品和服务。产品是企业的生命，企业只有不断创新产品，才能更好地生存和发展。产品创新包括很多内容，这里主要指有形的物质产品本身的创新，具体指产品品种的创新和产品结构的创新。产品创新同时也是企业技术创新的核心内容，往往涉及生产要素、生产工艺、生产设备的创新联动。

（五）组织架构设计创新

不管是环境创新、目标创新、还是技术创新或者制度创新，创新最终要由人来完成，因此，也就必然要求组织形式的变革发展，也就是需要进行相应的组织架构设计创新。

这既涉及管理劳动的横向分工的创新设计问题，又涉及纵向分工的创新设计问题。所谓横向分工创新，也就是把企业生产经营活动分成不同部分任务过程中的创新设计；所谓纵向分工创新，就是在所谓的集权和分权的设计方面进行创新。组织创新随着环境变化和企业经营目标等创新的需要会因需而动，但其根本目的在于更合理地使人员尽职尽责，提高管理劳动效率。

四、创新过程与管理所需技能

（一）创新活动的过程

尽管每个组织的创新内容、创新方式和创新成果不尽相同，但从创新的规律性来观察，它们普遍都会遵循一定的步骤和过程。概括起来看，有效的创新总体上包括发现创新切入点、框定创新构想、迅速执行落地和坚持不懈地推进等几个主要关键节点。

1. 发现创新切入点

熊彼特认为创新就是创造性的破坏，具体来讲，创新就是就所发现的某种不和谐、不协调的现象所带来的机会或威胁进行评估后，在一定程度上打破原有秩序、原有组合、原有关系等，目的就是重建新的组织和谐和平衡，推动组织适应新的环境和形势。因此，旧系统中不和谐、不协调本身就蕴含着创新的良机。

不协调现象既可能存在于组织系统的外部，又可能存在于组织系统的内部。就组织系统的外部来说，有可能带来创新机遇的变化主要有技术、人口、经济环境、社会文化与价值观念等方面的变化;就组织系统的内部而言,有可能生产经营过程中遇到的"卡壳"环节、企业意外的成功或失败,突如其来的人事变动等。所有这些往往会为企业带来新的发展和思考,也有可能对组织原来的思维模形成强烈的冲击,往往会成为企业创新的重要切入点。

2. 框定创新构想

透过不协调的现象看背后的原因,并据此分析和预测未来的变化趋势,估计它们可能给组织带来的积极或消极的后果,并在此基础上,努力利用机会或将威胁转换成机会,从而消除不协调,使系统在更高层面实现平衡的创新构想。

3. 迅速执行落地

速度胜于完美,先行动后完善,这是创新成功的核心秘密。企业经常在总结创新教训时说"起个大早,赶个晚集",意思就是指想的早,行动迟,错失良机,白白把创新的良机送给了竞争对手。只有不断地尝试、快速落地,企业才能真正抓住并利用好不协调所提供的创新机会,促成有效创新,从而带动组织的发展前进。

4. 坚持不懈地推进

组织创新有风险,创新的过程也不可能一蹴而就,而是一个不断创新、不断行动、不断尝试、不断提高的过程。企业创新的失败往往在于在距离成功很近时候的放弃;而创新的成功在很大程度上要归因于"最后一米"的坚持、"最后五分钟"的持续努力。

(二)创新的管理技能

"火车跑得快,全靠车头带",有效的创新工作离不开管理者对创新工作的重视,表现为管理者为下级创新的成功提供条件,营造氛围,有效地进行组织内部的创新组织管理等,主要表现在以下几个方面。

1. 平衡好维持与创新的管理职能关系

从传统的管理职能角度讲,管理者的首要职责就是保证事先制订的计划按照既定的规则预期完成。为了防止执行偏离预定的目标和轨道,管理者往往自觉或不自觉地扮演了"守护规矩"的角色,对于创新大都不积极鼓励,而是要求将创新风险降到最低。显然,这种管理维持的职能在变化的环境中,没有创新性的计划制订和适时的适度调整,面对变化的环境,真正实现组织预定目标,往往也只能是"刻舟求剑"。因此,管理者除了维持的职能,还要进行创新的管理职能发挥,自觉带头进行管理创新,积极鼓励引导他人创新,平衡好维持与创新二者之间的职能管理关系。

2. 制订计划要留有余地

创新需要打破旧的规则和秩序,需要投入时间和其他资源,因此,计划制订需要带有一定的弹性。创新需要思考,思考需要时间,需要留有一定的空间。美国的很多企业,往往会给员工留有一定的工作时间去自由地探索新的设想。另外,创新需要尝试,尝试需要物质条件和必要的场所等。如果每个部门的计划制订和执行都非常严密和严格,创新几乎没有了空间;员工如果真的有想法,也只能是在脑子里一闪而过,不可能给企业带来实际效果。因此,为了使员工有时间去思考,有条件去尝试,计划需要一定的空间和弹性。

3. 积极营造组织创新氛围

创新需要引导,创新需要一定程度的造势。通过大张旗鼓的宣传、树立榜样等激发员工创新,大胆尝试的良好的组织氛围,让员工觉得企业不仅在各自工作岗位上遵循既定的方式简单重复地执行,还可以开动脑筋去积极创新、发挥自己的聪明才智,自主创新,探索新的工作方法,找出新的工作程序,从而营造出员工以"创新为荣、以创新为乐"的主流组织氛围。

4. 对创新失败多些理解和宽容

创新的过程本身就充满了失败的可能。创新者应该清楚这一点,而创新的组织者和管理者更要认识到这一点。应该说,失败是正常的,甚至是必要的,管理者只有认识到这一点,才会正确对待创新中的失败,才会允许失败,把鼓励创新与宽容失败有机结合起来,让员工从创新失败中获取教训,这样可以有效缩短创新成功的距离。

5. 适时进行创新奖励

不管个人的创新动机最初是个人的兴趣、成就感还是自我实现等,如果创新的努力不能得到企业的认可,不能得到公正的评价与合理的奖酬,继续创新的热情和动力就会慢慢消失。因此,要保持每个人持续的创新热情,必须进行适时的创新激励。适时进行创新激励,需要注意物质激励和精神激励的结合,也要平衡好激励,既要达到促进内部竞争,又要保证成员之间的合作,还要兼顾创新成果激励和过程激励。另外,激励对象不仅要对创新做出突出贡献的成员进行激励,也要包括那些创新成功之前,甚至没有获得成功的努力者。所有这些适时激励的根本目的就是促进组织成员积极探索创新,从而有利于组织生存与发展。

【案例】 为什么赚钱的还是同一个菜农?

有一年,一个菜农细心地发现大家普遍计划减少茄子的种植面积,于是他决定扩大茄子的种植面积,结果当年市场的茄子出乎意料的贵,这个菜农由于种了很多茄子而大赚了一笔。而那些没有种茄子的看在眼里急在心里,抱怨自己失去了一个发财的大好机会,于是,许多人暗下决心来年一定多种茄子。第二年,由于人人都种了茄子,市场上的茄子供大于求,结果价格暴跌,大家都损失惨重。可是,那位第一年种茄子的农民却发了,因为当他得知很多人决定种茄子的时候,他将茄子的秧苗卖给种茄子的人,而自己却选择不种茄子。

(资料来源:王健.超越性思维[M].上海:复旦大学出版社,2009,有修改)

【分析】

1. 从熊彼特所说的创新的五个方面来看,你认为这个赚钱的菜农采用了其中哪两种?
2. 从这个故事中,你得到哪些创新和管理启示?

模块三 创新与组织发展

一、创新与组织发展的关系

创新是近几年来我国企业界的一个热门词汇。创新是组织发展的灵魂,也是组织发展的动力之源,还是组织获得持续竞争优势的利器,更是组织发展的根本保证;而组织发展则为持续创新奠定了基础,为进一步的深入创新提供了人、财、物等各种有利条件。正是创新与发展这种相互依存、相互作用、相辅相成所构成的互动关系效应,不断推动着企业的进步和持续发展。

通过很多企业的兴衰轨迹我们不难看出,走向兴盛的企业无一不与创新行为紧密相伴。据美国学者对美国技术中小企业的调查,有75%的被调查企业生存期超过了10年,约200个企业平均寿命为25年。调查结果显示正是由于不断创新,企业才不断壮大发展。由此可见,企业要长盛不衰,需要首先正确认识和把握创新与组织发展之间的相互关系,在创新中推动组织发展,在发展中促进更高层次的创新。

（一）创新扩大组织发展空间

1. 创新是企业发展的灵魂和动力源

正是通过创新,才能使企业的各种潜力要素得以激活、释放,使之最大限度实现其价值；也是通过创新,才能使企业实现超越、不断提升自身发展水平。因此,企业发展的历史就是其创新的历史,创新是企业发展的生命线。换言之,企业生存与发展的基础在于创新。创新是企业发展的必然选择,也是企业迅速成长和持续发展的灵魂和重要动力源泉。

2. 创新是获得企业竞争优势的利器

市场与企业间存在竞争性替代关系,而创新的目的就是帮助企业保持和提高竞争地位和优势。企业要想生存发展,必须以比市场更高效的方式组织各种资源,而这种更高的效率只有通过不断创新才能实现。从企业竞争的现实来看,企业只有通过不断推陈出新,才能提高其市场应变能力,不断扩大其竞争优势,从而获得更多的利润和市场份额,在市场竞争中立于不败之地；相反,如果离开了创新,企业只能停留在较低的竞争层面,必将被竞争淘汰出局。

（二）组织发展为创新实现提供条件

1. 发展为创新提供资金保证

企业的发展水平高、规模大、经济效益好、实力强,就有能力为创新研究提供雄厚的资金支持。现代经济具有高科技性和知识性特点,这就决定了其创新特点是高投入、高技术含量、高风险、高回报。目前,一些发展程度较高的企业其研发创新的投入通常占企业销售收入的额5%左右,有的达到10%以上；而一些国际知名大企业,其研发资金投入几乎相当于一个欠发达国家研发投入的总和。当前,我国的许多企业面临着研发创新投入的窘境。由于企业发展规模和经济效益等原因,企业研发经费平均还达不到销售收入的2%,有的还不到1%,甚至有的根本没有。由于企业发展程度低,创新资金缺乏,反过来又制约了企业的进一步发展。

2. 发展为创新提供人才支持

虽然说人才是一个相对宽泛的概念,但一般来说,作为当代具有国际竞争力的企业的高级人才,普遍具有两个特点：一是学历、知识层次高,具有较高的现代科学文化知识；二是开拓创新能力强,都在特定领域从事创新活动。如果离开了较高的知识层次和创新能力,通常称之为一般性人才。实际上,发展程度较低的企业,人员结构一般是低层次的平面结构,而发展程度较高的企业,则会形成一个多学科、多层次、立体型大的人才网络结构。目前,很多大企业都设有自己的研究所或研究院。如贝尔电话公司,拥有职工2万多人,具有博士学位的约占1/3,公司诺贝尔奖获得者就有7位,强大的人才优势使其创新一直走在同行前列。

一个企业要留住或吸引高层次的人才,必须具备两个方面的条件。一是要有优厚的报酬,即一流的人才,一流的待遇。而要做到这一点,显然是要建立在企业发展及经济效益好的基础上的。二是能为人才提供施展才能的舞台,也就是提供研发创新的环境,包括企业技术发展水平、开拓创新精神、科研的投入、以人为本的文化氛围、相容的人才群体等。作为高层次人才,除了物质待遇外,需要有自我价值实现和展示才能的空间。而良好的发展平台的提供,显然也同样需要基于企业的发展才能实现。

创新与发展是相互依存、相互推动的关系,二者的良性互动推动着企业不断发展壮大。但需要指出的是,创新推动着企业发展是就一般意义而言。也就是说,不是所有的创新都能推动企业发展,因为大的创新是一个多环节相结合的过程,包括创新的思路、概念化、产品化、市场化等。同时,创新的价值的社会实现还涉及多种因素,必须在管理、市场开发等方面进行相应的配套创新。如果某一环节、某一核心因素缺位或失调,都可能会影响创新的社会价值和市场价值实现。因此,需要充分认清创新的复杂性,并把它当作一项系统工程来组织实施,才能真正有效地通过创新来推动企业发展。

创新推动组织发展的形式涵盖非常广泛,包括目标创新、环境创新、技术创新、制度创新、组织架构设计创新、文化创新、知识创新、管理创新、运营创新、流程再造、战略创新、市场创新等许多方面。由此可见,组织发展实际上可以从多个角度选择创新切入点,其中有的创新切入点已经在前面的创新基本内容中做了介绍,下面将主要介绍包括企业战略创新发展、企业市场创新与发展以及企业文化创新与发展等三个方面。

二、企业战略创新与发展

成功的企业战略创新者往往会通过敏锐洞察市场需求变化带来的发展机遇,与本企业的核心能力相匹配,更加有效地开发企业的战略资产,不断创新企业发展战略,使企业不断壮大发展。

企业创新发展有很多经典案例,其中之一来自复印机市场。20世纪60年代,美国施乐公司在复印机市场占据统治地位。该公司根据复印量细分市场,根据大型企业对高速、大量复印的需求设计复印机,采用出租复印机的分销方式,年资本收益率一直到20世纪70年代初始终保持在20%左右。成功的原因在于,施乐公司敢于打破行规,进行战略创新,改变市场原有规则,从而获得企业不断发展。

三、企业市场创新与发展

一方面,企业作为微观经济主体,它的生存和发展离不开市场;另一方面,企业作为创新的主体,所有的创新也要过市场这一关。管理学之父德鲁克曾经说过,创新的成功不取决于它的新颖度、它的科学内涵以及它的灵巧性,而取决于它在市场上的成功。这句话进一步说明,成功的企业市场创新的关键不在于是否每天都能推出一项新技术或新产品,而在于创新技术和创新产品能否商品化、能否市场化。

按照经典的创新理论,市场创新主要包括几种情况:采用一种新产品,即消费者不熟悉或具有新特征的产品;采用一种新的生产方法,这种方法有可能不太成熟,或者仅仅是商业上营销商品的一种方法;开辟了一个从未进入过的市场;控制了原材料或半成品的供给来源;建立起与客户之间新的渠道。

四、企业文化创新与发展

优秀的企业不仅可以激发士气,使人奋发图强,而且可以使员工认同企业文化价值和发展目标,自觉地为企业的发展尽心尽力。在知识和信息时代,文化力比制造力、销售力、产品力显得更加重要,文化创新力是企业健康持续发展不可缺少的精神纽带和强力黏合剂。

正如文化作为企业的灵魂一样,文化创新作为企业创新的支柱,不断通过自身创新与企业战略创新、市场创新、制度创新和组织结构层级创新等互补协同,并在其他创新不能触及的地方发挥融合作用,进而推动企业的发展和进步。面对 21 世纪经济一体化、知识化、网络化的大趋势,面对复杂、变化的市场环境,文化创新不仅可以调节不同成员在企业发展过程中的非正式关系,还能够积极影响员工自身行为准则和行为方式的适应性调整。

(1) 企业文化创新将成为保证组织发展的重要创新管理手段,甚至是主要手段。这一变化与企业组织层级结构的网络化改造有关。在层级结构中,管理中枢主要采用等级制度统一指挥和控制整个企业发展活动,而在实现分权化管理的网络化结构中,管理中枢主要通过信息的提供来影响、引导和协调各工作单元的决策及实施。在这种情况下,文化创新就大有用武之地了。

(2) 企业文化创新将成为组织成员自觉创造的结果,而不仅是经营的副产品。实际上,网络化的层级结构带来的另外一个变化就是,管理中枢无须直接利用权力分配和协调下级单位的经营发展,可以根据企业的发展需要,大力倡导并宣传某种适合企业特点的文化,不断总结企业文化事迹并使各业务单元迅速普遍接受其中蕴含的价值观和行为准则,进而成为文化规范,使之影响员工的行为选择。"从群众中来,到群众中去",文化创新成为组织成员适应企业发展自觉创造的结果。

(3) 企业文化创新是组织发展的学习型创新,不再以组织的文化记忆为主。传统工业社会的企业文化体现的主要是企业的"组织记忆"。这种记忆记录了企业过去成功的经验,其假设环境参数不发生变化,人们依据过去的经验和惯例还可以应对未来的变化。然而,知识经济条件下的市场环境是急剧变化的,客观上需要人们的价值观念及行为准则方式要适应企业发展要求调整变化,这就要求企业文化必须是学习型创新。实际上,互联网时代,人们也没有足够的时间去等待组织记忆的形成,必须迅速学习新的行为准则和行为方式。而知识的迅速习得与经验的迅速交流又将促进推广新的行为准则和行为方式,进而推动企业的发展变化。

(4) 企业文化创新强调主导价值观和行为准则,允许异质价值观和准则存在。学习型的文化创新必然强调多元化文化的存在。如果没有对异质文化的容忍,就不可能有真正的文化创新。事实上,网络化分权结构的文化多元化与各工作单元的特点、与企业满足消费者个性化需求的市场发展特点是相一致的。在知识化、信息化时代,无论是企业内部的沟通网络纵横交错,还是各业务单元与外界的广泛接触,不可能要求企业以整齐划一的方式行事,各工作单元各具特色的行为和工作方式恰恰说明了企业文化创新的个性化。反过来说,文化的多元化必然会促进企业文化不断创新,从而必然会不断促进知识经济条件下的企业不断发展、走向繁荣。

需要注意的是,从企业文化的基本功能来看,企业文化创新对企业成员行为的影响具体表现为行为导向、行为激励和行为协调等三个方面;但因文化惯性等也有可能表现为制约企业发展的负功能。例如,20 世纪 20 年代,福特汽车公司的强调低成本的文化严重影响了其差异化发展战略,从而使福特在汽车行业的霸主地位永久性被通用汽车公司所取代。因此,企业文化从某种意义上讲,也是一把双刃剑。我们既要注意充分发挥利用文化创新所起到的引导作用,又要关注文化创新中的文化自身改造,以避免文化对企业发展可能产生的制约作用。

【案例】 "牛仔大王"李维斯传奇

"牛仔大王"李维斯的西部发迹史中曾有这样一段传奇:当年他像许多年轻人一样,带着梦想前往西部追赶淘金热潮。

一日,突然间他发现有一条大河挡住了他前往西去的路。苦等数日,被阻隔的行人越来越多,但都无法过河。于是陆续有人向上游、下游绕道而行,也有人打道回府,更多的则是怨声一片。而心情慢慢平静下来的李维斯想起了曾有人传授给他的一个"思考制胜"的法宝,是这样一段话:"太棒了,这样的事情竟然发生在我的身上,又给了我一个成长的机会。凡事的发生必有其因果,必有助于我。"于是他来到大河边,"非常兴奋"地不断重复着对自己说:"太棒了,大河居然挡住我的去路,又给我一次成长的机会。凡事的发生必有其因果,必有助于我。"虽后,他真的有了一个绝妙的创业主意——摆渡。没有人吝啬一点儿小钱坐他的渡船过河,他人生的第一笔财富居然因大河挡道而获得。

过了一段时间后,摆渡生意开始清淡。李维斯决定放弃,并继续前往西部淘金。来到西部,李维斯发现四处是人,于是他找到一块合适的空地方,买了工具便开始淘金。没过多久,有几个恶汉围住他,叫他走开,别侵犯他们的地盘。李维斯刚论理几句,那伙人便失去耐心,对他一顿拳打脚踢。无奈之下,李维斯只好离开。之后,李维斯好容易找到另一处合适的地方,没多久,同样的悲剧再次重演,他又被人轰出了。在他刚到西部那段时间,多次被欺侮。在最后一次被人打完之后,看着那些人扬长而去的背影,李维斯又一次想起他的"制胜法宝":太棒了,这样的事情竟然发生在我的身上,又给了我一次成长的机会。凡事的发生必有其因果,必有助于我。终于,他又想出了另一个绝妙的主意——卖水。

西部不缺黄金,但似乎自己无力与人争雄;西部缺水,可似乎没什么人想靠卖水赚钱。不久他卖水的生意便红红火火。慢慢地,也有人参与了他的新行业;再后来,同行的人已越来越多。终于有一天,在他旁边卖水的一个壮汉对他发出通牒:"小个子,以后你别来卖水了,从明天早上开始,这儿卖水的地盘归我了。"李维斯以为那人是在开玩笑,第二天依然来了,没想到那家伙立即走上来,不由分说,便对他一顿暴打,最后还将他的水车也打烂了。李维斯不得不再次无奈地接受现实。立即开始调整自己的心态,不断对自己说着:太棒了,这样的事情竟然发生在我的身上,又给了我一次成长的机会。凡事的发生必有其因果,必有助于我。李维斯开始调整自己注意的焦点。李维斯发现来西部淘金的人,衣服极易磨破,他又发现西部到处都有废弃的帐篷,于是他又有了一个绝妙的好主意——把那些废弃的帐篷收集起来,洗洗干净,制成了牛仔裤!从此,李维斯一发不可收拾,最终成为举世闻名的"牛仔大王"。

(资料来源:陈陇海,韩庭卫.企业管理培训故事[M].深圳:海天出版社,2004.有修改)

【分析】

1. 通过上面的小故事并结合所学知识,进一步谈谈你对创新的含义和作用等的理解。
2. 假如你将要创业或正在创业,"牛仔裤大王"李维斯的故事带给你怎样的商业启示?

模块四 企业家精神

一、企业家与企业家精神

（一）企业家内涵

"企业家"一词源于法文"Entreprenedre"，意思是"敢于承担一切风险和责任而开创并领导一项事业的人"，带有冒险家的意思。1800年前后，法国早期经济学家、作家萨伊将"企业家"一词推广使用。萨伊认为，企业家是把土地、劳动、资本这三个生产要素结合在一起进行活动的第四个生产要素，他承担着可能破产的风险。后来有不同的经济学家和管理学者对企业家的内涵做了进一步的研究。例如，英国经济学家马歇尔认为，企业家是以自己的创新力、洞察力和统帅力，发现和消除市场的不平衡性，创造交易机会和效用，给生产过程提出方向，使生产要素组织化的人；美国经济学家熊彼特认为，企业家是不断在经济结构内部进行"革命突变"，对旧的生产方式进行"创造性破坏"，实现生产要素重新组合的人；美国管理专家德鲁克认为，企业家是革新者，是勇于承担风险、有目的地寻找革新源泉、善于捕捉变化、并把变化作为可供开发利用机会的人。

尽管大家的具体表述不同，但仍然可以发现一些共同的企业家本质特征：冒险家、创新者总设计师和总指挥。需要强调的是，企业家与一般的厂长、经理等有所不同，主要表现就在于企业家敢于冒险，善于创新；企业家代表一种素质，而不是一种职务。另外，企业的发起人、经理人和投资人都有资格成为企业家，但又都有可能不是企业家。企业家精神是企业家的本质。简单来说，企业家就是参与企业组织和管理并具有企业家精神的人。然而，究竟什么是企业家精神，或者说，企业家精神又包含哪些主要内容？

（二）企业家精神内涵

从内涵上讲，企业家精神是指企业家这个特殊群体在长期的生产经营活动中形成，以企业家自身特有的个人素质为基础、以创新精神为核心，包括敬业精神、合作精神在内的一种综合的精神品质。从企业家创业、开拓创新的角度来理解，企业家精神是指将变革和开拓结合在一起的创业、开拓和创新精神。从企业经营管理实践的角度看，"企业家精神"则是指企业家特殊技能（包括精神和技巧）的集合，它是一种重要而特殊的无形生产要素；或者说企业家精神是指为企业家组织、建立及经营管理企业的综合才能。

需要特别指出的是，企业家精神也不是凭空产生的，企业家精神本来就是在长期实践中成熟起来的。一方面，它不可能脱离企业家个人载体，往往带有企业家自身的许多独有的特征，因此难以复制、模仿或间接获得；另一方面，这种企业家精神的强弱又往往与外在的环境有着密切的关系，它有时候又取决于外在因素的激励程度。因此，企业家个人及其从事的经营管理活动、企业所处内外部环境，这些在很大程度上都影响企业家精神的形成。

二、企业家精神的表现形式

企业家精神，作为企业家组织建立和经营管理企业的意识、思维和综合才能的表现方式，表现形式多种多样，如创业精神、创新精神、冒险精神、执着精神、合作精神、敬业精神、学习精神、诚信精神、契约精神、竞争精神、卓越精神、奉献精神、实干精神、开拓精神等。其中，较为典型的表现形式主要包括以下几个方面。

（一）创新精神：企业家精神的灵魂

创新精神是企业家精神的本质体现。一个企业最大的隐患，就是创新精神的消亡。企业家之所以被称为企业家，是因为他们拥有一个共同的特点就是具有强烈的创新精神。熊彼特认为企业家精神的真谛是创新，企业家的创新精神表现为企业家不甘心满足现状，不断追求发展变化，追求卓越的精神。企业家正是由于具有这种不安于现状的创新精神，才能在企业的生存和发展过程中不断创新，推动企业不断发展壮大，实现企业可持续发展。因此，创新精神是企业家精神的本质体现，是企业家精神的灵魂。例如，在20世纪60年代初，日本的汽车企业就锐敏地发现，随着全球能源日趋紧缺，节油将是汽车发展的方向；但美国的汽车企业却没有意识到这一点。后来石油危机爆发，以节油为主要特点的日本汽车迅速地扩大了其市场占有率，获得了重大的发展。

需要指出的是，创新是企业家艰苦工作的结果，是企业家活动的典型特征，从产品创新到技术创新、市场创新、组织形式创新等。创新精神的实质是"做不同的事，而不是将已经做过的事做得更好一些"。所以，具有创新精神的企业家更像一名充满激情的艺术家，企业家的创新精神更倾向于其实践性。

（二）冒险精神：企业家精神的天性

企业家精神的突出表现为冒险的天性。没有甘冒风险和承担风险的魄力，就不可能成为企业家。企业家精神的本质是创新，但由于创新具有探索性，外加在创新的过程中存在大量的不确定性，这就使得创新不可避免地存在风险性：可能成功，也可能失败。所以，从市场中的不确定性角度出发，企业家精神就是承担不确定性风险的精神。如果一个企业家不敢承担风险或者没有冒险精神，将失去新的发展机会，也就不可能实现创新。因此，冒险精神突出体现了企业家精神的天性。

（三）执着精神：企业家精神的本色

执着的信念和不懈追求是企业家精神的本色，是造就企业家精神的内在动机。企业家的人生与企业的命运密切相连，他们常常心甘情愿去冒险，为企业的生存和发展，奉献毕生的精力、智慧和才能，对工作全身心投入几乎达到痴迷的程度，坚定不移地率领企业走向辉煌，是企业"帝国的缔造者"。例如，2008年美国次贷危机及随后引发的全球性金融危机的背景下，资本家可以选择变卖股票退出企业，劳动者亦可以退出企业，然而企业家却是唯一不能退出企业的人。

三、企业家精神的塑造培育

企业家精神是企业生存和发展之本，是企业之魂。因此，企业家精神的塑造和培育具有非常重要的现实意义。但要培育中国的企业家精神，实际上又涉及方方面面。概括地讲，企业家精神的塑造和培育可以从两个层面进行，即社会和国家的外部宏观层面和企业家自身的微观层面。

（一）企业家精神塑造培育的宏观层面

从社会和国家的宏观角度，主要包括以下几个方面。

1. 建立科学的社会价值体系

企业家的素质和工作可以决定一个企业的兴衰成败，而企业是国民经济的细胞，是现代社会的经济基础。所以,企业家在现代经济社会中有着举足轻重的作用,他们是经济发展舞台的主角。

塑造和培育企业家精神,从国家和社会文化层面,必须营造一个允许、帮助企业家精神生长的文化环境。鼓励创新就要形成允许失败的社会价值观;倡导诚信,就要形成崇尚诚信的社会价值观,保障渴望真诚者的利益;倡导合作精神,必须形成合作共赢的社会价值观。从法律和社会道德两个层面上反对和禁止恶性竞争,鼓励合作,形成与社会主义经济制度和社会主义文化价值相适应的和谐局面。

塑造和培育企业家精神,还必须弘扬我国的优良文化传统,必须以党的理论和信仰教育我们的企业家,使他们具有正确的世界观和人生信仰,将自己的价值实现和为企业为国家做贡献有机结合在一起,形成敬业报国的精神理念。

2. 完善创业和企业家成长的制度环境和市场规则

只要政府部门能够提供必要的良好宏观环境支持,提供企业公平竞争所需的制度保障,注重挖掘和创造机会吸引企业家资源,就会激发企业家精神的发挥,会使企业家们不断成长和"创新",帮助投资者把握机会,进而扩大公共利益,为社会做出更大贡献。

(二)企业家精神塑造培育的微观层面

从企业家自身角度,主要包括以下几个方面。

1. 企业家应具有正确的价值观体系

我国是社会主义国家,企业家在学习一定的管理知识的基础上,应该自觉运用社会主义核心价值观和科学发展观武装头脑,摒弃"拜金主义""享乐主义"等不良价值观,树立正确的人生观、价值观和世界观,树立崇高目标和远大理想,自觉将个人价值与社会价值相适应,注重人文关怀,增强社会责任感,自觉将企业发展融入社会和谐发展之中。

2. 企业家应完善自我人格

企业家既要充分运用自身的知识,敏锐地观察形势,判定发展时机,又要敢于创新、敢于冒险,采用合作的态度和精神尊重知识、尊重人才,善于听取和采纳正确的建议,积极开展批评和自我批评,提高自身修养和性格的稳定性,培养积极进取的精神,锻炼果断坚持的品格。

3. 企业家应注重自我提升

企业家往往会在企业发展过程中总结经验和积累智慧,并在积小胜成大胜的过程中不断地对自己的经验和智慧进行心理强化,形成固有的心智模式,并且难以改变;有时候新知识、新情况的出现,使"温故而知新"的应对方法难以奏效,所以企业家必须不断地充实自己。发扬"活到老学到老"的精神,积极进行自我学习,参加有效的培训班,保持与同行和客户的沟通和交流,扩充自己的知识,保持谦卑的态度并自我反思,在自我解构、自我更新的过程中不断地完善自己。

【案例】 世界上第一台装在口袋里的袖珍收音机

1946年,盛田昭夫与井深大共同创建了索尼公司的前身——东京通信工业公司。盛田昭夫和井深大跑遍了城市的每个角落,寻找那些便宜的房屋。最后,终于找到了一个破旧的小屋子。这里的环境极其恶劣,远离中心市区,邻居家晾的尿布到处都是,每天上下班都得从尿布下钻出钻进,因为屋里漏雨,下雨时得打伞办公。

创业之初，他们利用自己的专长试制出了磁带录音机及磁带，投入市场却几乎没有销路。正是古董店的旧坛子启发了盛田昭夫：一定要面向懂得产品价值的人来推销，新产品才会畅销。于是他们展开了有针对性的推销。当盛田昭夫得知许多法院的速记员因为人员不足而不得不加班工作时，马上带来录音机上门展示，法院很快就大批订货了。随后他们把推销的重点又转到了学校。因为当时日本在驻日美军的控制之下，开始大力进行英语教育，英语教师不足，特别进行听力训练的条件很差，正好极需要录音机这种工具。

盛田昭夫和井深大又设计制造了一种价格更低廉、体积更小，更适合学校使用的磁带录音机。这样录音机便迅速普及到全国各地的学校，销路打开了，磁带录音机成了热销货。

并没有就此满足的盛田昭夫和井深大，进一步研制更具吸引力的新产品。正在这时从太平洋彼岸传来一个信息：最早美国贝尔实验室的研究人员在1947年12月，用两根针压在一小块锗片上，成功地研制出世界上第一个晶体管放大装置，可以把音频信号放大上百倍；接着，科学家肖克利在对这种早期晶体管工作原理进行研究分析的基础上，推出PN结型晶体管；后来，美国西方电子公司又把这种晶体管用于助听器的生产。

盛田昭夫和井深大敏感地意识到这项伟大的发明具有良好的发展远景。于是，盛田昭夫从父亲那里借来了在当时如同天文数字般的2万美元，准备投入生产新的产品。当时日本国内没有多少人理解晶体管的意义，可是，盛田昭夫和井深大却异常坚持，他们认定的事情从不会回头。不知经过多少次试验和失败，盛田昭夫和井深大终于在1957年生产出世界上第一台袖珍式晶体管收音机。在广告中，他们强调这种收音机小到可以放在衬衫口袋里。实际上，这种当时世界上最小的收音机还是比标准的男衬衣口袋大一点儿。为此，盛田昭夫要求公司所有的推销员都穿上特制的衬衫，口袋比普通衬衣的大一点，刚好可以放下这种收音机。

为了给这个即将诞生的"孩子"取个响亮的名字，盛田昭夫和井深大冥思苦想，最后决定用世界上不管哪个国家都能通用，不论哪个民族的人都不会读错而且易记的"SONY"命名。其含义是由拉丁文的"SONUS"（声音）和英语的"SONNY"（聪明可爱的小孩）两词合并而成，即"聪明可爱的孩子们组成的发声电器公司"。从此，盛田昭夫和井深大创办的"东京通信工业公司"也正式更名为"SONY公司"，即"索尼株式会社"。

打上SONY商标首批生产的200万台袖珍式晶体管收音机刚一投放市场，就受到消费者的青睐，出现了爆发性销售的热潮。销售额高达250万美元，正好是购买专利所用资金的100倍。从此，SONY的名称响遍了全世界。

（资料来源：http://www.chinapp.com/pingpaichuanqi/8060/，有修改）

【分析】

1. 结合本案例和相关知识，请谈谈你从盛田昭夫和井深大的身上感受到哪些企业家精神？
2. 结合本案例的和你所熟悉的老板或创业者故事，你觉得企业精神塑造关键在哪里？

【本章案例分析】 "除了老婆孩子，一切都要变！"

当韩国三星公司（以下简称"三星"）电子产品的市值已经超过索尼、日立、东芝、夏普和日本电器等日本五大电子巨头市值总和时，人们不仅唏嘘当年如日中天的日本企业整体衰落,更加惊叹着韩国三星的辉煌崛起。这家成立于1938年的韩国家族企业,用了70多年的时间,跨越三代人的努力,从贩卖鱼干、蔬菜和水果开始,逐渐成长为世界级的、充满变革和创新精神的高科技集团企业。

作为一个世界一流的大型企业集团,三星值得参考借鉴的地方很多。

1. 多管齐下、不遗余力、全面持续地推进三星系统性变革

20世纪90年代,三星的各类非相关多元化业务过多,使得公司暴露了种种问题,如安于现状、骄傲自满、思想守旧、盲目跟随等。1993年,李健熙发动了三星历史上前所未有的变革运动——新经营,他接连推出了一系列变革措施。

(1) 在变革思想观念方面,倡导建立健全的危机意识。李健熙曾先后三次举行产品对比会,当场拆解三星和竞争对手的产品,向三星人明示与世界最高水平的差距。他要求全体员工必须始终保持危机感,不断通过改变自身以适应环境的变化。

(2) 在变革目标方面,明确三星的目标是全球超一流企业。

(3) 在变革的口号方面,李健熙提出"'除了老婆孩子,一切都要变!'",后来成了三星变革的标志和世界性名言。

(4) 在变革的信号传递方面,三星的高层通过把原来的朝八晚五的作息时间,改成朝七晚四,向二十多万员工发出了一个明确的变革信号。

(5) 在变革步骤方面,李健熙首先要求所有高层要"从现在开始,从我开始变化!"为此,他还派出秘书室大部分人员去各分公司了解1800多名高级管理人员对变革的态度和看法。

(6) 在变革组织结构方面,重组了最高权力结构。李健熙设立了一个新的机构——结构调整本部(后改为战略规划办公室),形成了一个以会长、战略规划办公室、总裁团三者组成的高层铁三角决策模式。

(7) 提出建立符合时代精神的企业文化。李健熙明确将人性美、道德性、礼仪、礼节作为三星的"宪法",凌驾于一切之上,并要求每个员工必须遵守和执行。

三星的企业文化整理和推广工作做得很细致。除了全员培训之外,三星还制作了《三星新经营》小册子。此外,李健熙还命人将"质量第一"的思想录制成录像带,每天早晨组织员工观看。对于违纪人员,三星还会做出行政处罚,记录在案,并将这些人员名单记录本放置在三星的会客大厅内。

(8) 变革生产经营观念,强调以质量为主的经营。李健熙曾将价值5000万美元的问题手机和其他通信产品公开付之一炬;在生产的流程设计上,实行"一站停线(Line Stop)"系统,任何员工只要在生产流程中发现不合格的产品,都可以立即关闭组装生产线。

(9) 变革绩效考核制度,落实以质量为主的经营。将原来员工和企业绩效评估体系中65%考核产量等数量指标改为更偏重考核质量指标。

(10) 在变革人力资源政策方面,开展"天才、人才计划"。三星以高出市场价格3~5倍的高薪聘请全球"一流的人才",三星还善用奇才、怪才。公司的技术研发工程师有些曾经是电脑黑客,有些人根本没有受过正规的学校教育,只是凭借对计算机的痴迷和热爱,不断地摸索而逐渐成长为电脑组装、软件开发行业内小有名气的专家。

(11) 强调坚持同一个方向,实现团队协作。在三星经常会听到"Global Single SAMSUNG"这样的话,正是靠着统一协作企业文化,三星各公司、各部门之间才能真正实现有效协作。

(12) 在变革学习对象方面,开展全面立体的标杆学习运动。新经营实施以后,在新产

品开发方面学习索尼和3M;在库存管理方面,学习西屋电器和联邦快递;在客户服务方面,学习施乐公司;在生产管理方面,学习惠普;在销售管理方面,学习IBM和宝洁等。

总之,上述三星新经营的系统全面的变化体系,清晰地展现了三星变革的目的、内容、步骤、方法和所要追求的目标,新经营运动无疑成为三星发展过程中决定性的转折点。

2. 数字融合革命推进三星业务创新

1999年,三星对外宣布了"数字融合"战略,并大获成功。此后,三星在自己的企业发展史上将2000年及以后年份标示为"引领数字时代",骄傲地宣称"在数字领域,我们完全可以成为世界公认的领导者之一。"其实,日本索尼的出井伸之在更早的时候就提出了"数字化梦想",但是没有做到像三星那样选择正确的方法并一心一意地执行。

(1) 调整企业战略方向,聚焦到所谓的种子产业、苗圃产业和果树产业,退出枯木产业。三星公司在1998年亚洲金融危机之后就确立了以电子产品和电信产品为核心业务的战略,并快速退出了自己不擅长、没有发展前景以及发展潜力比较小的领域,从而将更多的资源和精力集中在发展潜力大的信息通信产业。

(2) 整合内部相关产业和事业部,实现资源优化。李健熙将三星电子、半导体和无线通信进行了合并。这样不仅节约了经营成本,还增强了三星有效运用资金与人力等资源的能力。

(3) 加大科技开发投入力度,不断开发核心技术。三星公司拥有13 000多名研究人员,2007年三星全球用于研发的费用已超过90亿美元,接近韩国政府当年的国家科研费用(104亿美元)。

(4) 建立品牌协调机制,打造高端品牌形象。三星原来有55个广告代理商,1999年时任CEO尹钟龙统一了公司的品牌代理机构,并统一了产品宣传口号——三星数字世界欢迎您。三星还以"年轻、流行、时尚数字先锋"为定位,将产品撤出折扣店,成功树立了"动感、时尚、高科技"的品牌形象。

(5) 推行WOW计划。即新产品开发要达到英文WOW这个感叹词的效果,令人拍案叫绝。为此,三星不断改进自己的产品设计和研发,在新产品推出市场前往往多次退回开发组,最终为客户创造了众多世界一流产品。

三星的持续变革和不断创新探索,不仅凝聚了上百万韩国人跨越半个多世纪的努力,造就了其辉煌,也引起了世界范围内广泛的关注。TCL董事长李东生说:"三星将是中国企业学习的榜样。三星有效仿的现实路径可寻。三星走过的路,也必将是中国同类企业未来要面对和必须要走的路。"

(资料来源:黄伟文.向三星学习变革和创新[J].企业管理杂志,2013,(3)90—93,有修改)

【讨论】

1. 三星的管理变革和创新主要从哪些方面进行切入的?
2. 三星的管理变革和创新为何要把企业文化做的这么细致?
3. 从三星会长李健熙身上,你能学到哪些企业家精神?
4. 你认为三星变革和创新的案例能够带给中国企业哪些管理变革和创新启示?

【做游戏学管理】 你已经习惯了吗?

[目的]

1. 体验组织与个人惯性及其强化对企业变革和创新带来的影响。
2. 感悟变革和创新可以从点滴改变做起。
3. 认识变革和创新带给企业和个人的更多选择的可能和甚至更好的效果。

[游戏程序与规则]

1. 组织与时间

(1) 学生1～5人一组。

(2) 时间：20分钟(10分钟游戏,10分钟讨论总结)。

2. 要求

(1) 请一位或多位同学(如所有穿西装的人、所有穿运动装的人,甚至所有穿风衣的人、所有穿毛衣的人)站起来,并脱掉他们的外套。

(2) 在他们穿外套时,要注意他们先穿哪只袖子。

(3) 然后,请他们再次脱掉和穿上外套,不过这次要先从另外一只袖子开始穿。

3. 游戏规则

(1) 不能把外套弄坏。

(2) 旁观者要认真观察整个过程的动作。

(3) 安排人员计时并对比一下两次脱掉和穿上衣服所用的时间。

4. 游戏前的准备

请同学事先准备几套外套服装。

[讨论]

(1) 在穿外套时颠倒了习惯性的穿衣顺序后有何感受？在旁观者看来又是怎样的？

(2) 为什么颠倒了习惯性的穿衣顺序会显得笨手笨脚的？

(3) 是什么阻碍我们采取新的做事方式？我们在企业实际管理中要想进行管理变革和创新,以更有效的方式完成预期任务和目标,该如何面对和改变组织和个人的惯性？

【实务项目训练】 企业管理变革实操小调查

一、训练目标

(1) 增强对企业实际管理变革情景的感受能力。

(2) 了解管理者进行管理变革的整个过程及所需要的关键技能。

二、训练内容

学生自愿组成小组,每组6～8人。利用课余时间,选择1～3个企事业单位的管理者进行调查与访问,请他们讲述自身或他们公司的管理变革的实例和故事。高层、中层、基层管理者都可以,向他们了解企业变革前遇到的具体问题,变革方案是如何产生,如何推行,中间是否遇到过意想不到的问题,又是如何克服的,变革的最后结果如何等。在调查访问之前,每组需根据课程所学知识,经过讨论制定访谈提纲,设计好调查的主要问题、具体方法和安排。

三、训练要求
(1) 每组写出一份简要的调查访问笔录和小结。
(2) 调查访问结束后,利用管理沙龙活动时间,组织一次课堂交流与讨论。
(3) 以小组为单位,由教师打分。

四、训练步骤
(1) 每组的组长组织本组人员对调查内容和结论进行阐述。
(2) 教师做归纳总结与评价。

【技能自测题】

一、思考题
1. 你觉得企业管理变革和外部生存环境有关系吗?试说明变革的环境要素。
2. 管理变革往往会从哪些切入点进行?可能会遇到哪三层阻力?
3. 渐进式变革和剧烈式变革有何不同?变革过程中最需要注意哪两大问题?
4. 管理变革和创新有什么区别和联系?基层管理者最重要的素质与技能是什么?
5. 创新和管理变革有何不同?创新类型有哪些?分别表现为怎样的特征?
6. 创新过程重点包括哪些环节?成功的创新管理需要哪些主要的管理技能?
7. 创新包括哪些主要内容?为什么说创新是企业发展的灵魂?
8. 如何区分普通的管理者和真正的企业家?企业家的内涵是什么?
9. 企业家精神有哪些具体表现形式?试着说出具有这些精神的企业家名字。
10. 企业家精神的形成会受到哪些因素影响?如何塑造和培养企业家精神?

二、实训报告
请学生自行联系拜访或通过上网查找自己感兴趣的一名创业者或企业家的相关资料和故事,写一份报告,讨论分析创业者带给你的创新启示并说明从其身上你学到哪些精神启示。

【参考文献】

[1] 李占祥.后现代管理理论[J].冶金管理.2005,(02).
[2] 〔英〕大卫·史密斯.创新[M].秦一琼等,译.上海:上海财经大学出版社,2008.
[3] 周三多,陈传明.管理学[M].4版.北京:高等教育出版社,2015.
[4] 〔美〕斯蒂芬·P.罗宾斯.管理学[M].7版.毛蕴诗,译.北京:中国人民大学出版社,2004.
[5] 〔美〕彼得·德鲁克.创新与企业家精神[M].蔡文燕,译.北京:机械工业出版社,2009.
[6] 马春光.国际企业管理[M].北京:对外经济贸易大学出版社,2005.
[7] 叶盾轲.产业结构软化与企业管理变革趋向的研究[D].中国海洋大学,2012.
[8] 熊彼特.经济发展理论[M].北京:北京出版社,2008.
[9] 王健.创新启示录:超越性思维[M].上海:复旦大学出版社,2009.
[10] 王宏.企业创新与发展研究[D].昆明理工大学,2001.
[11] 赵玉林.中小企业创新发展研究[D].武汉理工大学,2009.
[12] 温碧燕.企业战略创新的思路和方法[J].商业研究.2006(338).
[13] 刘隽.企业创新发展的三维模式[D].东北财经大学,2005.

[14] 陶志刚.企业文化创新机制研究[D].大庆石油学院,2008.
[15] 刘喆,吴建鸣,刘金花.浅谈企业文化创新与企业发展[J].电子世界,2013(13).
[16] 曹晋红.企业文化创新与企业发展[J].北京机械工业学院学报,2001(01).
[17] 王峥.企业家精神培育研究[D].长春理工大学,2007.
[18] 董晓芳.企业家精神、企业生命周期和聚集经济[D].西南财经大学,2012.
[19] 旷锦云,程启智.企业家精神与企业可持续发展[J].经济问题探索,2010(10).
[20] 吴奕湖,侯先荣.创新、合作、敬业——企业家的三种精华[J].经济纵横,2000(03).
[21] 刘啟龙.试论从心理角度培养和塑造企业家精神[J].中小企业管理与科技,2013(03).
[22] 丁栋虹.企业家精神[M].北京:清华大学出版社,2010.
[22] 阮兢青,陈文标.民营企业的企业家精神培育[J].现代企业,2008(09).
[23] 王璞,马瑞民,肖立中.战略管理工具与案例[M].北京:机械工业出版社,2009.